Sintiendo el calor

Perspectivas internacionales sobre la prevención de la ignición de incendios forestales

Janet Stanley
Universidad de Melbourne, Australia
Alan March
Universidad de Melbourne, Australia
James Ogloff
Universidad Tecnológica de Swinburne, Australia
Jason Thompson
Universidad de Melbourne, Australia

BLS Bridging Languages and Scholarship

Serie sobre Cambio Climático y Sociedad

VERNON PRESS

www.vernonpress.com

En América:

Vernon Press
1000 N West Street, Suite 1200,
Wilmington, Delaware 19801
Estados Unidos

En el resto del mundo:

Vernon Press
C/Sancti Espiritu 17,
Málaga, 29006
España

BIS Bridging Languages and Scholarship

Serie sobre Cambio Climático y Sociedad

Número de control de la Biblioteca del Congreso: 2024947000

ISBN: 979-8-8819-0221-6

También disponible: 979-8-8819-0096-0 [Hardback]; 979-8-8819-0220-9 [PDF, E-Book]

Esto es una traducción al español de la obra original en inglés:

Stanley, J., March, A., Ogloff, J., Thompson, J. (2020), *Feeling the heat: International perspectives on the prevention of wildfire ignition*, Vernon Press: Wilmington, DE.

Diseño de portada: Vernon Press. Imagen de portada de Vik Dunis.

El búho poderoso, *Ninox strenua*, es el búho más grande de Australia, con una envergadura de hasta 140 cm. Vive en el este y sureste de Australia, sobre todo en grandes zonas boscosas. El búho poderoso se aparea de por vida, lo que puede durar más de 30 años, y anida en grandes huecos de árboles de eucalipto que tienen al menos 150 años. El búho poderoso está en peligro de extinción y se habría visto gravemente afectado por los recientes incendios forestales en Australia. También le afectan negativamente las quemas prescritas de alta frecuencia, ya que reducen su fuente de alimentación de aves y mamíferos más pequeños.

Índice

Lista de figuras

Lista de tablas

Agradecimientos

Los autores del libro le dan las gracias a las siguientes organizaciones que han colaborado en la financiación de la investigación: Australian Research Council (proyecto LP160100661), Crime Stoppers Victoria Limited y The Bushfire and Natural Hazards Cooperative Research Centre. Muchas organizaciones han cooperado con este proyecto, por lo que los autores están muy agradecidos. Entre ellas, la Policía de Victoria, el Departamento de Medio Ambiente, Territorio, Agua y Planificación de Victoria y 226 strategic, que han elaborado muchas de las figuras y tablas. El profesor Brendan Gleeson y el personal del Instituto de la Sociedad Sostenible de Melbourne, Escuela de Diseño de la Universidad de Melbourne, nos han prestado siempre su apoyo en la investigación sobre los incendios forestales. Janet también quiere dar las gracias a su familia y a su marido John, que editó algunos capítulos y toleró sus frecuentes ausencias, permitiéndole permanecer encorvada frente al ordenador.

Prefacio

Este libro pretende unir la historia de los incendios forestales para ofrecer una perspectiva estratégica sobre un tema vital pero desatendido internacionalmente: la prevención de incendios forestales. Los incendios forestales suelen considerarse y abordarse en tres segmentos, que comprenden: la planificación previa al incendio, la extinción del incendio y la recuperación tras el incendio. Sin embargo, hay una fase previa: la prevención de la ignición. El término "prevención" se relaciona a veces con la planificación previa al incendio, pero la idea de "planificación" suele conllevar la suposición tácita de que algo va a ocurrir. Aunque, por supuesto, no todos los incendios forestales pueden evitarse, pasar por alto las acciones preventivas fomenta la creencia de que es inevitable que no se pueda evitar ningún incendio forestal.

Este descuido puede deberse a varias razones. El organismo responsable de los incendios forestales en los países industrializados, los servicios o brigadas de bomberos se han encargado históricamente de la extinción de incendios. Se han especializado en el incendio en sí, en lugar de ocuparse de cuestiones mucho más amplias relacionadas con los incendios forestales, como, por ejemplo: ¿Cuál es la causa de los incendios forestales? ¿Por qué aumentan los incendios forestales? ¿Cuál es el impacto de los incendios forestales? ¿Cuál es la mejor manera de prevenirlos? ¿Quién debe participar en la toma de decisiones sobre los incendios forestales? ¿Qué valores se ven amenazados por los incendios forestales? Al mismo tiempo, otras disciplinas se han mostrado reacias a contribuir al debate sobre los incendios forestales. Ello se debe quizá a la competencia de los servicios de extinción de incendios en la tarea de extinguirlos, pero también a que la velocidad de cambio en el número y la gravedad de los incendios forestales que se experimentan en la actualidad ha pillado a la gente desprevenida. Vincular múltiples voces es complejo, sobre todo cuando no existen las estructuras necesarias para tal proceso. También es difícil lograr cambios importantes cuando hay complejidades en torno al poder, género, política, ideología y sistemas jerárquicos, como ha ocurrido en algunos servicios de bomberos, algunos departamentos gubernamentales y algunos grupos de presión.

Este libro pretende poner de relieve la dicotomía entre la situación de que una parte importante de los incendios forestales son causados por el hombre, mientras que la gran mayoría de las actuaciones en relación con los incendios forestales implican cambios en el entorno natural. Esto se lleva a cabo en el contexto del cambio climático, la extinción de especies y emergencias, debido al uso de combustibles fósiles y al desmonte de tierras que conducen a condiciones inhóspitas para las sociedades humanas actuales. En palabras de los científicos expertos en climatología, se requiere una profunda transformación basada en una reorientación fundamental de los valores humanos, la equidad, el comportamiento, las instituciones, las economías y las tecnologías.

Aunque en este libro se ha intentado adoptar una perspectiva internacional, la complejidad y amplitud del tema, las muy diferentes situaciones y enfoques adoptados entre países, así como la falta de conocimientos empíricos en muchas áreas asociadas, crean dificultades considerables para abordar el campo de los incendios forestales. Gran parte de la información se encuentra en la literatura gris y en los medios de comunicación, de difícil acceso y calidad variable. Algunas áreas de los incendios forestales se pasan casi totalmente por alto, especialmente los incendios forestales en los países industrializados asociados con el cambio de uso del suelo, los beneficios económicos y los conflictos. Sin embargo, a pesar de las limitaciones, se espera que este libro ofrezca una perspectiva mucho más amplia de la que tradicionalmente se da en torno a los incendios forestales, de forma que estimule una mayor implicación interdisciplinar en el campo y anime a los investigadores a empezar a llenar las múltiples lagunas de conocimiento. De hecho, se argumenta que este enfoque es vital si se quiere reducir la incidencia de los incendios forestales a medida que el planeta se calienta.

Los autores de este libro proceden de disciplinas muy diferentes. Las dificultades asociadas a un enfoque integrado de la prevención de la ignición, así como su necesidad, quedan patentes en este libro. La historia integrada no ha hecho más que empezar. Debido en parte a algunas diferencias en los enfoques disciplinarios, los capítulos se han redactado de forma que cada uno de ellos pueda leerse como un conjunto de trabajos sobre un tema concreto, así como parte de una historia más completa.

Por último, mientras se publicaba este libro, los catastróficos incendios forestales de Australia seguían devastando el país. El mundo estaba pendiente. Un resultado positivo de esta catástrofe fue el llamamiento de muchos australianos a una mayor acción contra el cambio climático y, en menor medida, a la protección del medio ambiente. Al mismo tiempo, se pusieron de manifiesto las deficiencias de las respuestas actuales a los incendios forestales en Australia. La confusión sobre la ignición y la prevención de los incendios, la influencia de la ideología y no de las pruebas en las opiniones y la política, y la necesidad de más recursos para la prevención de los incendios y la necesidad de más recursos para la extinción de incendios. Queda por ver si estos déficits se subsanan en el futuro. Es de esperar que este libro fomente una respuesta más eficaz en Australia y a escala internacional.

Sección 1:
Panorama actual

Los cuatro primeros capítulos de este libro exploran cuestiones relacionadas con la situación actual de los incendios forestales. El capítulo 1 examina la magnitud del problema. El capítulo 2 ofrece una visión general de las causas de la ignición, poniendo en evidencia el deficiente estado de conocimientos sobre esta cuestión. En el capítulo 3 mostramos nuestros más recientes estudios sobre las personas que malintencionadamente provocan incendios. Por último, el capítulo 4 ofrece una visión general de los patrones presentes en las igniciones de incendios forestales.

Capítulo 1
Incendios forestales: tenemos un problema

Introducción

Este libro trata de la prevención de incendios forestales, es decir, de evitar la primera chispa que da lugar a un incendio forestal. Se argumenta que se trata de un tema que, a nivel internacional, apenas se tiene en cuenta en la investigación, en las políticas y en la práctica. Cuando se debate y se pone en práctica, se suele adoptar un enfoque limitado. A menudo, este enfoque acotado va acompañado de confusión en cuanto a la finalidad de la actividad, así como del descuido de una amplia gama de oportunidades que podrían contribuir a la prevención. Este libro pretende ofrecer una perspectiva amplia de la prevención de la ignición de incendios forestales, teniendo en cuenta los muchos componentes de la historia de los incendios forestales. Esperamos que desvele las interacciones entre sistemas múltiples y muy complejos. En particular, el libro incluye material sobre incendios forestales provocados, que, aunque se cree que son cerca de la mitad de todos los incendios forestales, no se tiene en cuenta en los enfoques de prevención.

Este primer capítulo presenta una visión general de por qué se ha escrito este libro. Introduce el tema de los incendios forestales, su creciente gravedad y frecuencia, y cómo éstos pueden ser, en el mejor de los casos, gravemente perturbadores, pero más a menudo desgarradores, provocando cambios personales y sociales. Presenta los principales factores que conducen a los incendios forestales e interactúan con ellos: el cambio climático, el crecimiento demográfico, la planificación urbana y territorial, y las principales lagunas de conocimiento sobre los incendios forestales. Se discute la visión actual de la prevención y el fracaso a la hora de abordar la prevención de la ignición.

Un incendio forestal se define en el Cambridge Advanced Learner's Dictionary (2017) como un incendio en una zona de vegetación combustible que se produce en el campo o en una zona rural. Las definiciones varían, ya que algunas incluyen la velocidad de combustión y si el incendio forestal está controlado o no (Johns 2014). Sin embargo, los autores de este libro sostienen que un incendio forestal debe considerarse como cualquier fuego que se propague asociado a la vegetación y que se inicie fuera de una zona urbana densa (aunque pueda amenazar zonas urbanas). Esto es válido, sea cual sea el carácter o la fuente de ignición del incendio. En este libro utilizaremos el término "incendio forestal", excepto cuando *bushfire* forma parte de un título o de una cita. A veces se utilizan otros términos a nivel internacional, como "wildland fire" en EE.UU., "bushfire" en Australia y "forest fire" en Europa, y a veces en Norteamérica. Aunque estos términos pueden utilizarse cuando se trata de un bosque o como descripción general de un incendio de vegetación, no siempre se aclara su uso.

Incendios forestales en el momento de escribir este libro

En el momento de escribir este capítulo (mediados de 2018), había una ola de calor sin precedentes en todo el hemisferio norte. Las temperaturas inusualmente altas, a menudo acompañadas de escasas precipitaciones, comenzaron en mayo de 2018 y se prolongaron hasta agosto. Los incendios forestales sin precedentes acompañaron a este calor en muchos países, en cuanto al número de incendios, su tamaño, las dificultades para extinguirlos y su impacto. Además de producirse en países tradicionalmente más propensos a los incendios forestales, como Portugal, España, Grecia, Rusia, Canadá y California, los incendios se extendieron a lugares de clima tradicionalmente más frío. Los incendios forestales han sido raros en Suecia, Laponia, Círculo Polar Ártico y Alaska. Pero los incendios de 2018 también afectaron a Noruega, Dinamarca y Letonia. En julio de 2018, Grecia sufrió numerosos y graves incendios forestales que dejaron 102 muertos y 187 personas hospitalizadas con quemaduras graves[1]. En julio y agosto de 2018, Suecia luchó por extinguir unos 4.000 incendios forestales en el contexto de un récord de altas temperaturas en 250 años (Johnsen 2018). El 9 de agosto, había 465 incendios ardiendo en toda la Columbia Británica, con el peligro de incendio clasificado como "alto" o "extremo" en prácticamente todas las partes de la provincia (Judd 2018). Se dice que los incendios forestales de 2018 en California, notificados por CALFIRE (El Departamento de Silvicultura y Protección Contra Incendios) y el Servicio Forestal de Estados Unidos, fueron los más destructivos de los que se tiene constancia. Un total de 7.571 incendios quemaron 676.312 hectáreas o 6.763 kilómetros cuadrados, la mayor superficie quemada anual registrada (California Department of Forestry and Fire Protection 2018). El Insurance Information Institute registró algo más de 8.054 incendios forestales en 2018, que cubrieron 737.804 hectáreas (Insurance Information Institute 2019). El incendio de Camp en el norte de California, que comenzó el 8 de noviembre de 2018, del que se dice ha sido el incendio más destructivo registrado en el estado hasta el momento (2019), provocó 88 muertes y quemó 18 800 estructuras, incluidas 14 000 casas (Insurance Information Institute 2019).

---

[1] Wikipedia en referencia a un periódico griego, mayo de 2019, https://en.wikipedia.org/wiki/ 2018_Attica_wildfires.

En 2018, Texas tuvo 2.387 incendios más que California. A California le siguieron Carolina del Norte, Georgia, Florida y Oregón (Insurance Information Institute 2019). En 2017, mientras que California ocupaba el primer puesto de la lista, se produjeron grandes incendios forestales en estados diferentes a los de 2018, lo que sugiere que el riesgo de incendios forestales está bastante extendido en EEUU. De hecho, a principios de agosto de 2018, 14 estados de EEUU informaron de grandes incendios desde Alaska hasta Nuevo México (Irfan 2018a). Aunque la superficie total quemada en EEUU en 2018 fue inferior a la superficie total quemada en 2017, los incendios de 2018 fueron un 30% mayores que la media de la última década, lo que los convierte en los incendios más destructivos de los que se tiene constancia.

A la mayoría de los países les resultó difícil extinguir estos incendios forestales de 2018, ya que no disponían de los recursos de reserva a la escala necesaria. A nivel internacional, a veces se aportan otros recursos a las tareas de extinción de incendios, tanto desde dentro de los países como entre ellos. En 2018 se desplegaron militares y prisioneros para ayudar en la extinción de graves incendios forestales en California (Fathi 2018; US Forest Fire Services 2019). Se utilizaron aviones militares y de pasajeros para arrojar retardantes del fuego sobre las llamas (Irfan 2018b). El ofrecimiento de aviones y helicópteros de países vecinos ayudó en la extinción de incendios en Suecia (Smith, Vonberg & Miller 2018). La lucha contra el fuego en el Reino Unido contó con la ayuda del ejército y la policía (BBC News 2018a).

Los efectos de estos incendios se están dejando sentir en forma de muertos y heridos, pérdida de viviendas y propiedades, y pérdida de bosques comerciales y animales de granja. La contaminación del aire puede estar causando enfermedades respiratorias, hemorragias nasales, tos y problemas oculares en el Reino Unido (BBC News 2018a). Sin embargo, las pérdidas menos visibles rara vez se detallan formalmente. Entre ellas se incluyen el sufrimiento personal; la pérdida de pertenencias valiosas y mascotas; la pérdida de empleo; el aumento de las rupturas sentimentales y la violencia doméstica; y la pérdida y el cambio en los ecosistemas naturales, incluido el declive y la pérdida de especies. En el Reino Unido la prensa hablaba de la destrucción de 809 hectáreas (2.000 acres) de páramos, que refleja el elevado número de víctimas entre la fauna silvestre, aves y animales de granja (Cox 2018; Halton 2018). Un experto en fauna salvaje del Reino Unido afirmó que los efectos del incendio podrían durar hasta quince años (Halton 2018). Más adelante se señala que en algunos países, como Australia, el impacto adverso puede ser permanente cuando los lugares son objeto de incendios repetidos.

Como ocurre con el impacto de los incendios forestales, los medios de comunicación prestan poca atención a la causa de los incendios. Sin embargo, se ha establecido un claro vínculo entre el cambio climático y los incendios forestales. World Weather Attribution (2018) ha descubierto que la probabilidad de que se produzca la ola de calor de 2018, asociada a los incendios del hemisferio norte, tiene hoy día una probabilidad más de dos veces mayor que si las actividades humanas no hubieran alterado el clima. Este tipo de olas de calor serán menos excepcionales en el futuro. La revista The Economist (2018a) publicó un artículo titulado En primera línea de fuego: El mundo está perdiendo la guerra contra el cambio climático. Otras revistas incluyen artículos que reflejan una llamada a la acción similar, como el Salón: "Sobre el cambio climático, es hora de empezar a entrar en pánico: La crisis por el calentamiento global justifica una respuesta sin precedentes" (Rozsa 2018).

La frecuencia y el tamaño de los incendios forestales

La incidencia de los incendios forestales va en aumento, junto con el riesgo de que un fuego que comience en una zona forestal o de pastos se haga grande y peligroso o se convierta en un incendio "catastrófico" (Dutta, Das y Aryal 2016; Hughes y Alexander 2017). Las descripciones de la gravedad de los incendios forestales varían entre los autores y las fuentes; sin embargo, los términos incendio forestal 'catastrófico' o 'extremo' se utilizan a menudo en un intento de diferenciarlo de un incendio forestal 'normal' (Tedim et al. 2018). Un incendio catastrófico o extremo es prácticamente imposible de extinguir sin un supresor natural, como una lluvia intensa, y la propagación del fuego es difícil de predecir (Sharples et al. 2016). En ocasiones, el impacto del incendio forestal también se utiliza como punto diferenciador (Tedim et al. 2018). Williams y sus colegas (2019) sugieren que el crecimiento de los incendios será exponencial en los próximos 40 años.

En el oeste de Estados Unidos, el número de grandes incendios forestales y el tamaño de la superficie quemada han seguido aumentando en cada década desde los años setenta, a pesar de la mejora de la cobertura y los recursos de los bomberos (Paton, Buergelt y Flannigan, 2015; Westerling, 2016). El aumento de la superficie quemada en cada década es, de media, un 390% superior al de la década anterior. Canadá evacuó a 90.000 personas en diciembre de 2016 y se informó de que el incendio seguía activo 17 meses después (Balch et al. 2017; Nuccitelli 2017). Los incendios de 2017 y 2018 en Canadá fueron los mayores registrados desde la década de 1950, con 1,2 millones de hectáreas y 1,4 millones de hectáreas de bosque quemadas, respectivamente. Los incendios alpinos de Victoria (Australia) se acercaron a este tamaño, ya que el incendio de 2003 abarcó 1,2 millones de hectáreas (DELWP 2019; Jia et al. 2019).

Europa viene sufriendo incendios muy grandes desde principios de la década de 1990 que desbordan los recursos y la capacidad de lucha contra el fuego. Se prevé que los incendios forestales aumenten su número en el futuro, desplazándose también hacia el norte (Paton et al. 2015). El gran y cada vez mayor número de grandes incendios forestales en Rusia plantean especiales dificultades en torno a la extinción de los incendios, debido a la lejanía de muchas zonas y a las dificultades de acceso (Paton et al. 2015).

África es el continente con mayor frecuencia de incendios forestales, sobre todo en el norte de Angola, la región meridional de la República Democrática del Congo, el sur de Sudán y la República Centroafricana. En estos países, el fuego se utiliza como tala y limpieza de bosques para la agricultura (United Press International 2006). Mientras que los incendios forestales son frecuentes en algunos países asiáticos, son un problema emergente en otros, como Taiwán y la India (IPCC 2019; Paton et al. 2015). Indonesia ha sufrido y sigue sufriendo incendios forestales de gran magnitud (Sagala, Sitinjak y Yamin 2015). China no tiene muchos incendios forestales, que se dice que se deben a la deforestación, aunque ha experimentado algunos graves (Lawson 2019).

Australia se encuentra entre los países más propensos a los incendios del mundo (Paton et al. 2015). Según el Comité Directivo Australiano para la Revisión de la Prestación de Servicios Gubernamentales, en 2013-2014 se registraron 101 867 incendios en los servicios de bomberos australianos (SCRGSP 2016). Esta cifra comprendía 19.524 incendios "estructurales" (un incendio dentro de un edificio o una estructura construida por el hombre), 43.646 incendios "paisajísticos" (un incendio en un bosque o una zona de pastos, conocido como incendio forestal) y 38.697 "otros" incendios (estos incluyen vehículos, otras propiedades y la quema de basura que se escapó). Así pues, alrededor del 43% de los incendios registrados se clasificaron como incendios paisajísticos.

Estas cifras se refieren a los incendios registrados oficialmente y es probable que sean una subestimación de los incendios reales, especialmente de los incendios pequeños y/o que se extinguen rápidamente. La mayoría de los incendios son de menos de cinco hectáreas (Parlamento de Victoria 2017). De hecho, parece que se trata de una subestimación, revelada mediante la estimación de puntos calientes basada en imágenes de satélite (Dutta, Das & Aryal 2016). Esta técnica descubrió que en 2013 Australia experimentó una media semanal de 4.495 incendios forestales, lo que representa unos 238.940 incendios forestales para el año, más de cinco veces y media los incendios paisajísticos registrados oficialmente en Australia para 2013/4 (SCRGSP 2016). Algunos de ellos serán incendios provocados deliberadamente por las autoridades para reducir el material combustible en una zona concreta, especialmente en otoño, cuando se producen la mayoría de las quemas controladas[2].

---

[2] En este libro se utiliza el término "quema controlada". Se define como "la aplicación controlada de fuego bajo condiciones ambientales específicas a un área predeterminada

Según la investigación mencionada, los incendios forestales han aumentado en Australia un 40 % en los cinco años transcurridos hasta 2016 (Dutta, Das y Aryal, 2016). Esto se asocia con un aumento a largo plazo del clima extremo de incendios, y un aumento de la duración de la temporada de incendios en gran parte de Australia y en muchos otros países (Organización Meteorológica Mundial, 2018).

El impacto y el coste de los incendios forestales

Los incendios forestales han provocado numerosos efectos adversos. Entre ellos se encuentran la pérdida de vidas humanas; lesiones físicas y emocionales; pérdida de estructuras, productos y bienes; alteración y pérdida de biodiversidad. Esta última incluye un aumento de la fragmentación de los bosques y de la penetración de malas hierbas, la erosión del suelo y la pérdida de valores paisajísticos y recreativos (Martínez, Vega-García y Chuvieco, 2009). Aunque estos impactos se mencionan en la literatura, el impacto total de los incendios forestales en el medio ambiente, las personas y las economías no se ha calculado completamente, ni se ha comprendido aún en su totalidad (Barron 2018).

Impacto medioambiental de los incendios forestales

El fuego siempre ha formado parte de la civilización humana, ya sea a pequeña escala para actividades como cocinar y calentarse, o a mayor escala, como arma de guerra o para gestionar la vegetación. De hecho, muchos paisajes se han formado y moldeado gracias a la actividad humana de la quema. Puede haber una dependencia ecológica de la continuación de un régimen de incendios, como en algunos ecosistemas australianos en los que determinadas especies vegetales sólo se propagan después de un incendio. Por tanto, la quema, tal y como históricamente la han llevado a cabo muchas comunidades indígenas australianas, puede ser importante para la continuidad de determinados ecosistemas (Gammage 2011).

El impacto dependerá también del calor, el tamaño y la frecuencia del fuego, así como de las condiciones meteorológicas locales. Esto se aplica tanto a los incendios forestales no intencionados como a las quemas controladas. Los incendios pueden promover el crecimiento de nuevas semillas, pero también pueden provocar daños medioambientales. Los daños pueden producirse cuando la quema es demasiado frecuente para que las plantas y los animales se recuperen, cuando el fuego no ofrece una vía de escape para los animales y

y en el momento, intensidad y velocidad de propagación requeridos para alcanzar los objetivos de gestión de recursos planificados" (AFAC 2012). Este proceso también se conoce como "quema en frío".

también cuando el incendio forestal se produce en una zona que no tiene un registro histórico de incendios, como las zonas del oeste de Tasmania (Zylstra 2016). En Canadá, los ecosistemas septentrionales basados en el abeto balsámico, la picea blanca y el cedro blanco, no tienen adaptaciones especiales al fuego, estando históricamente sujetos a incendios esporádicos cada varios siglos. Por ello, estos bosques tienen dificultades para recuperarse de quemas más frecuentes (Natural Resources Canada 2019). De hecho, las quemas frecuentes combinadas con los cambios climáticos están provocando la conversión generalizada de bosques en matorrales en muchos países, acelerando así las conversiones de ecosistemas o perdiendo ecosistemas preexistentes (Jaffe 2019; Johns 2014; Kitzberger et al. 2017). Se dice que estas conversiones son una de las principales razones de la disminución mundial de mamíferos, aves, peces y reptiles en un 60 % desde 1970. El Fondo Mundial para la Naturaleza considera que este declive de las especies pone ahora en peligro el futuro de las personas (WWF 2018).

Impacto social, sanitario y económico

Los incendios forestales pueden provocar la muerte de residentes y bomberos, aunque la pérdida de bomberos es menos común en países con sistemas de extinción de incendios más desarrollados. En todo el mundo, 273 personas murieron a causa de incendios forestales en 2018, siendo los incendios en Estados Unidos responsables de 108 víctimas mortales y 100 en Grecia (Löw 2019). A pesar de que 27.000 residentes fueron evacuados debido al incendio Camp Fire de 2018 en California, 86 personas perdieron la vida (Löw 2019). El año anterior, los incendios forestales en Portugal que causaron 66 muertes fueron descritos por el primer ministro portugués como "la mayor tragedia de vidas humanas que hemos presenciado en nuestro país en años" (según DW 2017). Los incendios de enero de 2009 en Victoria, Australia (Sábado Negro) causaron 173 muertes.

Aunque no siempre se contabilizan las lesiones y enfermedades relacionadas con los incendios, en Australia hay más heridos por incendios forestales que por todas las demás catástrofes naturales juntas (Tomison 2010). La Comisión de Productividad (2018) de Australia estima que en 2015-16 se produjeron 3.416 hospitalizaciones debido a lesiones directas por incendios, lo que equivale a una tasa de 14,3 por cada 100.000 personas. A nivel internacional, se dice que los incendios forestales causan indirectamente 330.000 muertes prematuras al año (The Economist 2018b). Las partículas del humo de los incendios forestales pueden exacerbar los problemas respiratorios, especialmente entre los niños, las personas mayores y las personas con asma (Hamers 2018). Esto puede afectar a las personas que viven a distancias considerables del incendio, como ocurrió en Nevada y en amplias zonas de California. Los incendios forestales en Indonesia provocan regularmente que Malasia y el norte de Australia queden cubiertos de humo durante varios meses, con un impacto negativo sustancial en la salud del sistema respiratorio (Frankenberg, McKee y Thomas 2005). El impacto del humo de los incendios forestales en el Reino Unido en 2018, fue mencionado anteriormente (BBC News 2018b).

También pueden producirse impactos en las personas debido al estrés psicológico y al trauma (McCaffey et al. 2014). El estrés aparecerá cuando se produzcan muertes y lesiones de familiares o vecinos. Las alteraciones del comportamiento son más comunes tras un incendio grave, donde el abuso de sustancias, la violencia familiar, las autolesiones y los suicidios pueden aumentar hasta un 8% (Doherty y Clayton 2011). Tanto los niños como los adultos pueden sufrir estrés postraumático y problemas de comportamiento persistentes asociados al miedo o la ansiedad. La necesidad de evacuar viviendas y asentamientos ante un incendio forestal puede provocar un estrés significativo. Más de 50.000 personas fueron evacuadas en los incendios del norte de California de 2018 (BBC News 2018c). Quienes viven en países más pobres e industrializados pueden no disponer de alojamiento de emergencia (Paton, Buergelt & Flannigan 2015). La falta de vivienda puede convertirse en un problema a más largo plazo en los países más pobres y donde las personas no tenían seguro de vivienda en los países industrializados. Aunque pueden surgir sentimientos positivos por el apoyo interpersonal ofrecido y un aumento de la conexión con la comunidad, existe el riesgo de que esto sea efímero y surjan disputas sobre cómo se gestionó el incendio y la reconstrucción posterior. Los incendios californianos de 2018 quemaron 1,7 millones de hectáreas, lo que obligó a 12.000 personas a luchar contra el fuego, que a su vez perdieron tiempo de trabajo y personal.

Además de los hogares, los incendios forestales pueden destruir y dañar otras infraestructuras, empresas y explotaciones agrícolas. Pueden afectar a la calidad del suelo por el impacto del calor y la cobertura de ceniza, dañando así la agricultura y la producción de alimentos. Aunque se dice que hay importantes lagunas de conocimiento en la comprensión de los impactos en la calidad del agua tras los incendios forestales, se conocen algunos de estos impactos. Los grandes incendios forestales de 2009 en Victoria tuvieron el efecto de reducir el rendimiento de las cuencas hidrográficas de Melbourne entre un 20% y un 30% durante unos 30 a 50 años (Skinner, entonces director gerente de Melbourne Water, según Ker 2009). Los ríos y las presas de las granjas pueden desarrollar niveles elevados de sedimentos en suspensión, nutrientes y metales, así como floraciones de cianobacterias (algas verdeazuladas). Estos fenómenos pueden eliminar tanto el oxígeno como la luz solar en el agua dulce y producir potentes toxinas, amenazando así la calidad del agua en ríos y embalses (Smith et al. 2011).

Los incendios forestales pueden crear peligros adicionales, como el aumento de la crecida del agua, las inundaciones repentinas, los corrimientos de tierra y los aludes de lodo en terrenos desprovistos de vegetación por el fuego, lo que provoca el agotamiento del suelo y los sedimentos acuáticos antes mencionados (Smith et al. 2016). De hecho, puede darse un patrón observado (por uno de los autores) cuando tras un incendio forestal se producen precipitaciones excepcionalmente intensas. Los grandes incendios pueden cambiar las condiciones meteorológicas locales, creando tormentas y rayos (Badlan et al. 2017). Tales condiciones, descritas como tormenta de fuego, crean un calor intenso hasta de 15 kilómetros en el aire y pueden desencadenar tormentas eléctricas y condiciones de viento que anulan las condiciones terrestres y desplazan la tormenta de fuego de forma impredecible (Badlan et al. 2017; Evans 2019).

Munich Re (en una evaluación parcial del coste) concluyó que las catástrofes "naturales" más caras de 2018 fueron los incendios forestales de California (Löw 2019). El más caro de estos incendios fue el Camp Fire en el norte de California (Löw 2019). Este incendio, junto con el incendio de Carr en julio/agosto de 2018, y los incendios de Woolsey en noviembre de 2018, provocaron pérdidas por valor de 24.000 millones de dólares; los seguros cubrieron el 75% de estas pérdidas. Balch y sus colegas (2017) sitúan los impactos directos e indirectos acumulados de los incendios forestales en las infraestructuras y las comunidades posiblemente en 60.000 millones de dólares.

La consultora Deloitte Access Economics (2016) ha realizado posiblemente la evaluación más exhaustiva de las pérdidas provocadas por los incendios forestales en Australia en relación con los incendios forestales del Sábado Negro de 2009 en Victoria. Black Saturday describe alrededor de unos 400 incendios forestales, muchos de los cuales se unieron, que se produjeron entre el 5th y el 9th de febrero de 2009. Los incendios marcaron un hito en la respuesta de Australia a los incendios, con la muerte de 173 personas; 2.029 hogares perdidos, 61 empresas, 5 escuelas y una serie de pequeñas ciudades perdidas, así como 400.000 hectáreas de tierra quemada, en gran parte en la interfaz entre el paisaje rural y el urbano.

Deloitte Access Economics dio el inusual paso de calcular los costes sociales, que se cifraron en 3.900 millones de dólares australianos. Esto incluye muertes, lesiones físicas y discapacidad, salud mental, abuso del alcohol, mala salud, incluidas enfermedades crónicas, violencia familiar y ruptura de relaciones. También incluían delitos (aparte de los saqueos que se produjeron inmediatamente después del incendio), pérdida de animales domésticos, dislocación social y pérdida de redes de energía y comunicación, pérdida de patrimonio y cultura y costes sociales continuados. Deloitte descubrió que los costes a largo plazo de las catástrofes naturales pueden estar infravalorados en más de un 50%. Sin embargo, como Deloitte omitió algunos costes a corto plazo en sus cálculos, los autores de este libro sugieren que es probable que la subestimación sea superior al 50%. El coste de recuperación de la catástrofe relacionado con las infraestructuras gubernamentales y comunitarias, así como las donaciones personales de tiempo y dinero, aparecen excluidos en los cálculos. National Economics (NIEIR 2014) ha desarrollado un modelo del impacto adverso de los incendios forestales en las economías locales y en las decisiones de inversión, basándose en un incendio ocurrido el Sábado Negro, que tuvo graves repercusiones en un municipio de Victoria.

La lucha contra los incendios también genera costes considerables. En 2015, el Departamento de Agricultura de EE.UU., responsable de los incendios forestales en el país, destinaba el 50% de su presupuesto a la extinción de incendios forestales. Esto obligó a transferir fondos de otros programas, como los de ocio y uso económico de los bosques (US Department of Agriculture 2015). Se dice que la supresión de incendios forestales en 2017 volvió a superar la financiación disponible (Departamento de Agricultura de EE. UU. 2019), Bach y sus colegas (2017) lo estimaron en 2.000 millones de dólares. En marzo de 2018, el Congreso decretó que la lucha contra los incendios no supondría restricciones en los costes de prevención, mantenimiento y restauración, aunque el presidente Trump consideró que los gastos de supresión se debían a la mala gestión de los bosques (Holpuch y Anguiano 2018; The Economist 2018c).

La Country Fire Authority (CFA), el servicio de bomberos rurales de Victoria, contaba con 2.507 empleados remunerados, 35.263 voluntarios operativos y 18.821 voluntarios de apoyo en 2017, respaldados por unos activos totales de aproximadamente 1.500 millones de dólares (CFA 2017). Los funcionarios públicos de los Departamentos de Medio Ambiente, Territorio, Agua y Planificación (DELWP) y Parques de Victoria también participan en la gestión de incendios. La Policía de Victoria realiza labores de investigación y vigilancia de los sospechosos de provocar fuegos, así como labores de respuesta de emergencia durante un incendio forestal. Como se señala en los informes de los medios de comunicación, comentados en este capítulo, los incendios graves también son combatidos por el ejército y la policía en muchas partes del mundo.

En 2016-17, para Australia en su conjunto, las organizaciones de servicios de bomberos atendieron un total de 394 054 incidentes de emergencia, de los cuales aproximadamente una cuarta parte fueron incidentes relacionados con incendios (Comisión de Productividad 2018). Las organizaciones asociadas con responsabilidades de emergencia asistieron a un total de 77 832 incidentes (esta cifra excluye Queensland), de los cuales aproximadamente el 20 % estaban relacionados con incendios. Estos datos excluyen las demás actividades relacionadas con incendios realizadas por los servicios de bomberos y servicios relacionados, como la quema controlada, la educación y la formación. 20.008 equivalentes a tiempo completo de personal remunerado fueron empleados por organizaciones de servicios de bomberos, de los cuales el 77% eran bomberos remunerados, y 152.883 eran voluntarios (Comisión de Productividad 2018). Mientras que las cifras de personal de bomberos remunerado aumentaron muy ligeramente en el año hasta 2016-17, las cifras de voluntarios disminuyeron más que el aumento del personal remunerado. Las estimaciones realizadas por National Economics sugieren que el número de bomberos en general debe duplicarse para 2030 con el fin de mantener el ritmo del cambio climático (NIEIR 2013).

Ignición de incendios forestales

Una perspectiva que se repite en este libro es la necesidad de definir claramente los términos, especialmente en relación con la "ignición" y la "propagación" de los incendios forestales. La ignición se refiere al inicio o punto de combustión de un incendio. Para que se produzca la combustión, se necesita una fuente de calor (como una cerilla encendida), oxígeno y combustible. Así pues, la ignición se produce cuando una fuente de calor (que puede incluir brasas o llamas) se aplica al combustible que tiene aire a su alrededor. El principal proveedor de calor es el comportamiento humano directo o indirecto. La combustión espontánea, o material que se incendia por la creación de calor, en lugar de por un agente externo, es poco frecuente, aunque no desconocida. Puede ocurrir con el carbón, los almacenes de grano, los trapos aceitosos, la basura, el compost y la fermentación de algunos productos.

Una vez que se ha producido la ignición, la propagación de un incendio viene determinada por la cantidad, sequedad y continuidad del combustible; las condiciones meteorológicas locales; las características geográficas, como la inclinación y dirección de las pendientes; las prácticas actuales y pasadas de uso del suelo; y las características de la extinción, como el tiempo de respuesta, el equipo y el enfoque adoptado por los bomberos. El combustible y las condiciones meteorológicas están interrelacionados, y existen diversos puntos de vista sobre su importancia relativa. Las altas temperaturas, especialmente cuando se asocian a fuertes vientos y falta de precipitaciones, pueden crear las condiciones para que un incendio forestal sea más feroz, se desplace más rápido y cubra una superficie mucho mayor (Bradstock et al. 2014). El interfaz entre el clima y el combustible es complejo. Una buena temporada de lluvias puede favorecer el crecimiento de la vegetación, lo que, a su vez, puede aumentar el riesgo de propagación de un incendio en años posteriores si el tiempo es cálido y seco, y especialmente si también hay fuertes vientos. Al mismo tiempo, las precipitaciones y la humedad reducen las posibilidades de ignición de incendios forestales a corto plazo. Coen, Stavros y Fites-Kaufman (2018) han creado un modelo de impactos muy localizados de las condiciones meteorológicas y de viento creadas por el propio incendio, como la disminución de la presión atmosférica que provoca vientos más fuertes que las mediciones oficiales tomadas en las cercanías. Sostienen que dichas condiciones pueden tener un mayor impacto sobre el fuego en algunas laderas que las estrategias de reducción de la limpieza de arbustos.

Una persona con intenciones positivas o negativas puede provocar directamente un incendio forestal. Las consecuencias de esta acción pueden ser positivas o negativas para el incendiario, para otros miembros de la sociedad y para el medio ambiente. Por ejemplo, se puede encender un fuego con la intención de reducir la carga de combustible para que un incendio posterior sea menos grave. Otra posibilidad es que una persona desee impresionar a sus compañeros participando en actividades delictivas, como prender fuego a un coche abandonado, de modo que el fuego se propague a la vegetación adyacente y se produzca un incendio forestal. Ninguno de los dos desea necesariamente provocar un incendio de grandes dimensiones y peligroso. Un incendio forestal también puede encenderse de forma indirecta y no malintencionada por el uso de maquinaria que produce chispas, o por dejar desatendido una fogata al aire libre. Un rayo puede provocar un incendio forestal. Las brasas pueden salir suspendidas en el aire de un incendio forestal y provocar otro en otro lugar.

El registro oficial de un incendio forestal puede indicar la fuente de ignición del fuego. Aunque la fuente del origen del fuego puede cambiar si el incendio se investiga directamente, el registro oficial no siempre se modifica. A menudo, los registros oficiales tienen gran parte del origen de los fuegos en la categoría de "desconocido". Los medios de comunicación pueden hacer sugerencias sobre la causa del incendio y, de nuevo, esto no suele corregirse si posteriormente se descubre que la causa fue otra diferente. En los ejemplos de incendios descritos anteriormente en este capítulo se puede observar cierta incertidumbre sobre la causa. En Suecia, los medios de comunicación informaron de que varios de los incendios de 2018 fueron provocados por personas que utilizaban ilegalmente barbacoas desechables (se había prohibido su uso debido a las condiciones meteorológicas). También se sugirió que los incendios fueron provocados por rayos. Un cable dañado en un poste de servicios públicos habría iniciado el incendio forestal de 2018 en el este de Ática (Grecia). Se dijo que había fuertes indicios de que los incendios de 2018 en Kineta, Penteli y en Grecia[3] fueron provocados. En el Reino Unido, un hombre de 22 años fue detenido en relación con el incendio del páramo de Winter Hill; varias personas

---

[3] Stergiou 2018, Wikipedia refiriéndose a un periódico griego, 26 de julio de 2018.

fueron vistas encendiendo fuego cerca de allí (BBC News 2018c). Se cree que el incendio de Barnsley, en South Yorkshire (Reino Unido), fue provocado deliberadamente, al igual que el incendio de Saddleworth Moore, ya que se vio a gente haciendo fuego poco antes de que se declarara el incendio (BBC News 2018c; Cox 2018; Lewis 2018). En Estados Unidos, un hombre de 51 años fue detenido y acusado de dos cargos de incendio provocado en el condado de Orange, California; el incendio provocó la evacuación de 20.000 residentes (Robinson 2018). A mediados de 2018, no se habían determinado las causas de los grandes incendios de 2015 y 2017 en California (Atleework 2018).

Mientras que los medios de comunicación se hacen eco de estos incendios, otros incendios forestales reciben menos atención, ya que se producen con regularidad, quizá todos los años en las últimas décadas, y suelen estar fuera de los principales países industrializados. Estos incendios pueden detectarse gracias a los datos en tiempo real de los satélites de la NASA. En Indonesia se registraron 11 254 incendios durante una semana en agosto de 2018 (Global Forest Watch Fires 2018). Si bien es ilegal provocar incendios para despejar tierras en Indonesia, la práctica es común, y se dice que el 99% de los incendios en Sumatra y Kalimantan se encienden deliberadamente (NASA Earth Observatory 2014). Durante la misma semana, se produjeron 164 919 incendios en la República Democrática del Congo, y 109 137 en Zambia (Global Forest Watch Fires 2018). Aunque el número y la extensión de estos incendios superan con creces los registrados en Europa y Norteamérica, los medios de comunicación y el mundo académico de Occidente tienden a pasarlos por alto en su gran mayoría.

A escala internacional, se afirma que la mayoría de los incendios forestales se producen como consecuencia de la actividad humana. La proporción exacta varía por muchas razones, sobre todo debido a la falta de una investigación rigurosa de la causa de muchos incendios. Lovreglio y sus colegas (2010) informan de que el Informe de 2006 de la Organización de las Naciones Unidas para la Agricultura y la Alimentación sobre la gestión del fuego y la evaluación mundial, estima que la región mediterránea representa la mayor proporción de incendios provocados por el hombre en el mundo (95%), seguida del sur de Asia (90%), Sudamérica (85%) y el noreste asiático (80%). Un estudio publicado en Proceedings of the National Academies of Science descubrió que los humanos causan el 84% de los incendios forestales en Estados Unidos, ya sea directa o indirectamente (Balch et al. 2017). Los incendios forestales iniciados por la actividad humana, en el marco de condiciones de peligrosidad, han triplicado la duración de la temporada de incendios, quemando una superficie siete veces mayor que la afectada por los incendios provocados por rayos y son responsables de casi la mitad de toda la superficie quemada. Las causas de la ignición se examinan con más detalle en el capítulo 2.

Los factores agravantes que aumentan el riesgo de incendio forestal tras la ignición

Como ya se ha señalado, los incendios forestales son cada vez más frecuentes y tienen efectos adversos. La investigación sugiere que gran parte del oeste de Estados Unidos experimentará un aumento de la superficie quemada, con mayor gravedad, en los próximos 30 años (King 2017; Kitzberger et al. 2017; Stambaugh et al. 2018). Es probable que esto se deba a varias causas. Si la proporción de personas que encienden fuego se mantiene sin cambios, entonces el número de incendiarios aumentaría con el crecimiento de la población. Al mismo tiempo, bajo la influencia del cambio climático aumentan considerablemente las posibilidades de que se produzca un incendio forestal y el riesgo de que alcance grandes dimensiones. Todas estas son cuestiones complejas que hacen que la predicción de incendios sea muy difícil en nuestro estado actual de conocimientos (Bradstock et al. 2014; Pausas & Fernández-Muñoz 2012). El riesgo de incendio también se ve agravado por respuestas de prevención inadecuadas. El enfoque actual de la prevención de incendios puede resumirse como "de menor escala, descoordinado, carente de un enfoque integral y raramente evaluado" (Stanley & Read 2016, p.153).

Influencia del cambio climático en los incendios forestales

Es difícil saber por dónde empezar un debate sobre el cambio climático. La ciencia es clara e inequívoca, y se dispone de pruebas de que el cambio climático desempeña actualmente un papel en cada evento de calor extremo. Sin embargo, no se está dando una respuesta adecuada a este conocimiento (Lewis & Perkins-Kirkpatrick 2018). Dadas las actuales políticas de cambio climático, el mundo está en camino de tener un aumento de temperatura de 3,1°C a 3,7°C para 2100 (Climate Action Tracker 2018). Sin embargo, una publicación reciente del Instituto Potsdam informa de que, incluso si se cumplen las reducciones de emisiones de carbono exigidas en la COP21[4], sigue existiendo el riesgo de que el planeta entre en condiciones de "Earth Hothouse" (Steffen et al. 2018). Un clima Hothouse Earth se estabilizará, a largo plazo, en una media global de 4°C a 5°C por encima de las temperaturas preindustriales. Diciembre de 2018 y enero de 2019 fueron los meses más calurosos jamás registrados en Australia, y los bajos niveles de precipitaciones

---

[4] La COP21 es un acuerdo de las Naciones Unidas para reducir las emisiones de gases de efecto invernadero, adoptado en diciembre de 2015 y ratificado por 185 países en enero de 2019.

han continuado durante 2019 en muchos estados (Bureau of Meteorology 2019). Tasmania tuvo su enero más seco registrado, con incendios forestales destructivos (Organización Meteorológica Mundial 2018). Estos graves impactos se han producido en el extremo inferior del aumento de temperatura previsto.

Weitzman (2010, 2012) se pregunta si es prudente considerar el aumento de la temperatura únicamente en términos medios, y señala que un factor central de cualquier análisis económico creíble del cambio climático tiene que ser su extrema incertidumbre. Weitzman sostiene que es importante conocer la forma de las probabilidades bajo una curva de distribución. Hay que tener en cuenta tanto los riesgos conocidos como los desconocidos. Sin embargo, la forma de esta curva de probabilidad del aumento de la temperatura es incierta.

Los trabajos de Weitzman han demostrado que, a medida que aumenta la temperatura, aumenta la gordura de la cola del límite superior de la curva de probabilidad, por lo que aumenta el riesgo conocido de pasar a temperaturas aún más altas. Un ejemplo de la implicación de esto es el siguiente. Si la cola de la curva normal es gorda, con 408,71 partes por millón (ppm) de gases de efecto invernadero (GEI) (tal como estaban en agosto de 2018), entonces hay un 0,9% de probabilidades de que la temperatura aumente hasta 6 °C o más. Con la tendencia actual de aumento de la temperatura a 3°C, entonces la probabilidad de que la temperatura aumente a 6°C o más si la cola es gorda es del 6%. A 4°C, hay entre un 14% y un 15% de probabilidades de alcanzar los 6°C, sea cual sea el tamaño de la cola. Aunque este trabajo es objeto de debate, Weitzman no es el único eminente científico climatológico que señala la incertidumbre de los modelos climáticos utilizados actualmente. Sostienen que subestiman los costes sociales y económicos del cambio climático y el valor de la descarbonización (Roberts 2018). Este problema puede reconocerse con la incapacidad de contabilizar plenamente los costes de los incendios forestales, como se ha señalado anteriormente en este capítulo.

Desgraciadamente, la magnitud de este riesgo potencialmente catastrófico no es reconocida por algunos países en los que los políticos no proporcionan una política adecuada para reducir las emisiones de GEI. Aunque la mayoría de los países han suscrito el acuerdo para cumplir objetivos de reducción de emisiones, este total es insuficiente y las medidas sobre el terreno suelen ser limitadas. En concreto, Estados Unidos y Australia podrían describirse como dos países atípicos en relación con su actitud ante el cambio climático. El presidente Trump exclamó que "Nos encanta el hermoso y limpio carbón de Virginia Occidental" y el primer ministro Morrison trajo y acarició un trozo de carbón en el Parlamento en 2017. El penúltimo predecesor de Morrison, Abbott, afirmó que el cambio climático es una "absoluta mierda", comparándolo con matar cabras para apaciguar a un dios volcánico (Secombe 2018, p.10).

Mientras que Estados Unidos se ha retirado del acuerdo de París y está dando marcha atrás en las políticas de reducción de emisiones, Australia se aferra tenuemente al acuerdo de París, pero no pone en marcha políticas para cumplirlo (Wentz 2018). Durante el punto álgido de los incendios forestales californianos en agosto de 2018, el presidente Trump tuiteó que los incendios estaban empeorando debido a las malas leyes medioambientales que conducían a una falta de agua para luchar contra los incendios, una situación fuertemente refutada, con el cambio climático aclarado por los expertos en incendios como la razón de los graves incendios (Robinson 2018). California había experimentado su mes más caluroso en 124 años de registros, precedido por una sequía de cuatro años. La reaseguradora Munich Re sitúa el cambio climático como causa de los incendios forestales californianos extremos de 2017 y 2018 (Löw 2019). Australia también ha experimentado esta similitud de muchos años de grave sequía.

Australia no está en vías de alcanzar su modesto objetivo de reducción de emisiones del 26-28% por debajo de los niveles de 2005 para 2030, al que se comprometió en París y fue ratificado el 6 de noviembre de 2016. De hecho, las emisiones de Australia siguen creciendo bajo un vacío legal de políticas de emisiones (Climate Action Tracker 2018). El 24 de agosto de 2018, facciones derechistas y negacionistas del calentamiento climático dentro de su propio Partido Conservador destituyeron al Primer Ministro australiano en funciones, Malcolm Turnbull. Mientras se producía esta destitución política, se planteaban ayudas para los granjeros afectados por la sequía que luchaban por mantener vivos a sus animales, apoyados por dádivas gubernamentales de 1.800 millones de dólares (Seccombe 2018). En una encuesta realizada a 1.300 agricultores, el 90% afirmó estar preocupado por los daños causados al clima, el 88% dijo que quería que sus representantes políticos hicieran más por el clima y el 85% expresó cierto nivel de preocupación por el aumento del riesgo de incendios forestales (Farmers for Climate Action 2016). Seccombe señala que mientras la Casa del Parlamento olía la sangre de Turnbull, "en otras partes del país, la gente olía otras cosas: polvo, muerte y humo" (Seccombe 2018, p.4). Ese día, unos 70 incendios ardían en Nueva Gales del Sur en pleno invierno. Todo el Estado estaba oficialmente en sequía. Se había impuesto una prohibición total de fuegos, la declaración más temprana de la historia.

El sistema clima/incendios forestales

La incidencia y la gravedad de los incendios forestales aumentan con el efecto del cambio climático y, al mismo tiempo, el propio incendio forestal aumenta los riesgos del cambio climático. El aumento de las temperaturas, junto con sequías más frecuentes y graves y las condiciones asociadas, están incrementando el riesgo de incendios forestales, especialmente en el suroeste y sureste de

Australia (Hughes & Fenwick 2016). Las temperaturas elevadas aumentan la evapotranspiración, lo que reduce la humedad en el suelo y en la vegetación, aumenta la actividad de los rayos y alarga la temporada de incendios (Paton, Buergelt & Flannigan 2015). Sin embargo, el aumento del número y la intensidad de los incendios forestales ha crecido significativamente, incluso en el paso hasta el actual aumento de la temperatura media global de 1°C en 2018 (con un margen de error de ±0,13°C), por encima de la línea de base preindustrial (1850-1900) (Organización Meteorológica Mundial 2018). Si las temperaturas globales alcanzaran los 3 °C por encima de los niveles preindustriales, la superficie quemada en el sur de Europa duplicaría su tamaño. En California, la temporada media de incendios es 84 días más larga que en la década de 1970. Sin el cambio climático, solo se habría quemado la mitad de terreno entre 1984 y 2015 (The Economist 2018b y c). Se dice que los incendios forestales aumentaron bruscamente en los bosques del oeste de EE. UU. a mediados de la década de 1980, debido al calentamiento y al deshielo primaveral más temprano y una reducción asociada de los niveles de humedad (Westerling 2016).

Los incendios forestales emiten gases de efecto invernadero, como dióxido de carbono, óxido nitroso y monóxido de carbono. Dos grandes incendios en los Alpes australianos en 2003 y 2006/7 provocaron la emisión de 132 millones de toneladas de dióxido de carbono (Bowman & Murphy 2015), el equivalente a aproximadamente una cuarta parte de las emisiones anuales de Australia en 2003. El Departamento del Interior de los Estados Unidos (2018) estimaba que la temporada de incendios forestales de 2018 en California había liberado 68 millones de toneladas de dióxido de carbono, aproximadamente el 15% de las emisiones anuales totales de California, o suficiente CO_2 como para poner en peligro el progreso del estado hacia el cumplimiento de sus objetivos de reducción de gases de efecto invernadero (Berwyn 2018). La destrucción internacional de bosques representa alrededor del 17% de las emisiones, aproximadamente lo mismo que todas las formas de transporte internacional (The Prince's Rainforest Project 2009). Las emisiones procedentes de la tala de bosques tropicales pueden ser responsables de entre el 20% y el 60% de las emisiones procedentes de la quema de combustibles fósiles (Crutzen & Andeae 1990, Ekayani 2011). Como la mayor selva tropical del mundo, la Amazonia desempeña un papel vital en la mitigación del cambio climático absorbiendo y almacenando dióxido de carbono. Cuando se tala o se quema, la selva no solo deja de cumplir esta función, sino que libera de nuevo a la atmósfera el dióxido de carbono que había almacenado anteriormente. El 60% de la Amazonia se encuentra en Brasil, y la deforestación es responsable de casi la mitad de las emisiones de GEI del país, según datos gubernamentales.

Sin embargo, la cantidad exacta de emisiones procedentes de los incendios forestales es compleja, lo que da lugar a estimaciones variables. Por ejemplo, los mega incendios pueden aumentar las emisiones totales, ya que las emisiones procedentes de la descomposición de la madera muerta suelen superar con creces las emisiones directas del propio incendio. Los árboles en crecimiento utilizan dióxido de carbono. Los aerosoles de los incendios forestales tienen efectos refrigerantes a corto plazo, pero las partículas de los incendios pueden aumentar el deshielo (Berwyn 2018; CBC radio Canada 2018). La utilidad de la quema controlada como herramienta para reducir el tamaño de los incendios forestales y, por tanto, las emisiones de carbono, es cuestionada por algunos investigadores tanto en Australia como en Estados Unidos (Bowman et al. 2013). Estas cuestiones se tratan con más detalle en el capítulo 8.

Al mismo tiempo, los bosques tropicales pueden almacenar hasta el 10% de las emisiones anuales; capacidad de almacenamiento que se pierde cuando se destruye el bosque. Un informe reciente de las Naciones Unidas, elaborado a partir de unos 7.000 artículos científicos, concluye que para mantener el calentamiento global por debajo de los 2ºC es necesaria una reducción significativa de las emisiones del sector terrestre. Estas emisiones proceden de la agricultura, la silvicultura y el desmantelamiento de tierras (Howden 2019). El informe afirma que todos los ecosistemas terrestres, incluidas las tierras agrícolas, los bosques y los humedales, absorben alrededor del 22% de las emisiones de carbono. Por lo tanto, el fuego en las zonas rurales y forestales que degrada la tierra y corre el riesgo de cambiar los sistemas de agua, humedad y evaporación es un suceso circular que surge tanto del cambio climático y también promueve el cambio climático. Los daños causados por los incendios, que también contribuyen al aumento de la sequía en las zonas áridas, han aumentado un 40% desde 1961 (Howden 2019).

Crecimiento demográfico

La población mundial actual es de 7.600 millones. Se espera que alcance los 8.600 millones en 2030, los 9.800 millones en 2050 y los 11.200 millones en 2100 (Departamento de Asuntos Económicos y Sociales de las Naciones Unidas 2017). Esto equivale a unos 83 millones de personas que se suman a la población mundial cada año. El mayor crecimiento se está produciendo en los países más pobres. Se espera que esta tendencia en el tamaño de la población continúe, incluso suponiendo que los niveles de fertilidad sigan disminuyendo, ya que la esperanza de vida está aumentando.

Como consecuencia de este aumento de población, también lo sería el aumento en proporción de la población de personas que encienden fuego, directa o indirectamente, de modo que la dotación de incendiarios aumentará a medida que crezca la población. Sin embargo, como se desarrollará en el capítulo 3, las desventajas aumentan el riesgo de incendios malintencionados. La desigualdad dentro de los países ha ido en aumento desde 1980 (Dervis & Qureshi 2016). Por ejemplo, la renta media del 10% más rico de la población es aproximadamente nueve veces superior a la del 10% más pobre en toda la OCDE, un múltiplo de siete hace tan solo 25 años. Dervis y Qureshi sostienen que el acusado aumento de la desigualdad en muchos países y la reducción de la clase media en las economías avanzadas son muy preocupantes. Hay otras tendencias preocupantes que pueden aumentar la aparición de incendios forestales. Por ejemplo, los niveles "históricos" de migración que experimentan muchos países, como es el caso de Australia, también pueden estar aumentando el riesgo de incendios forestales (OCDE, OIM y ACNUR 2018, p.5). Los nuevos migrantes pueden llevar sus viejas experiencias y hábitos a su nuevo país. Dejar hogueras desatendidas, quemar basura y desconocer las normas contra incendios, pueden provocar incendios forestales en lugares de alto riesgo de incendio, como es el caso anecdótico de Victoria.

Planificación urbana para el crecimiento demográfico

Un resultado de este crecimiento demográfico, en muchos países, es una huella cada vez mayor de las ciudades y los asentamientos urbanos. La creciente expansión puede penetrar en zonas boscosas y/o praderas, donde se originan muchos incendios forestales. La planificación urbana ha permitido este desarrollo en muchas partes del mundo, en lugar de acomodar el aumento de la población mediante una mayor densidad urbana suficiente para albergar a la creciente población. Sin embargo, algunas ciudades, como Vancouver (Canadá), han conseguido densificar las partes central y media de la ciudad para absorber mejor los aumentos de población. Otras presiones están facilitando esta expansión. Un ejemplo de ello es la necesidad de obtener financiación para apoyar el suministro de servicios en las nuevas urbanizaciones de la periferia urbana. Esto ha llevado a un aumento de aprobaciones de licencia de obras, para permitir que el gobierno local aumente sus tasas o ingresos fiscales (The Economist 2018c). Las presiones de la reconstrucción de viviendas tras los incendios forestales han llevado en ocasiones a la derogación de las normas de construcción. Se ha permitido que las casas se construyan más cerca unas de otras y con calles más estrechas en lugares propensos a incendios, lo que conlleva mayores dificultades de acceso en la lucha contra incendios y el riesgo de que las brasas se desplacen de una casa a otra (González-Mathiesen, March & Stanley 2019). Así, pues, a escala internacional, la planificación urbana y del uso del suelo no ha proporcionado una respuesta válida a las numerosas presiones crecientes del crecimiento demográfico y el cambio climático y los desafíos asociados de los incendios forestales en países con alto riesgo de incendios forestales (The Economist 2018c). Desde 1990, el 60% de las nuevas viviendas en California, Washington y Oregón, se han construido en ubicaciones colindantes con áreas naturales. Así, en 2017, el 28% de las casas de California se consideraban de riesgo alto o extremo de incendio forestal (Irfan 2018a; Löw 2019). En Victoria y Nueva Gales del Sur, muchos de los suburbios de expansión urbana situados en los bordes de las ciudades presentan grandes retrasos en la dotación de infraestructuras, de modo que las oportunidades de empleo y el transporte público son escasos (Brain, Stanley y Stanley 2018). La mezcla de exclusión social y los altos niveles de desempleo juvenil, junto con la penetración urbana en zonas propensas a los incendios, es potencialmente una combinación volátil para los incendios forestales dudosamente originados, una cuestión que se discute más a fondo en el capítulo 4 (Stanley 2020). Los jóvenes son el grupo más numeroso de personas que provocan incendios (Tomison 2010). Se pueden encontrar altos niveles de desempleo juvenil en muchos países que experimentan incendios forestales. En mayo de 2019, los niveles de desempleo juvenil en Grecia eran del 40,4%, en España, del 31,7% y en Italia, del 30,5% (Statista 2019). La desilusión, la desventaja y el aburrimiento crean un caldo de cultivo propicio para hacer fogatas.

El fracaso en la prevención de incendios forestales

Cómo se entiende la prevención

Las características físicas de los incendios forestales, en particular mediante el uso de modelos de comportamiento y propagación del fuego, han estado disponibles en Estados Unidos, Canadá, Australia, España y Grecia desde los años 50 y 60 (Lovreglio et al. 2010). Por el contrario, la prevención de la ignición en primer lugar se pasa por alto en gran medida. Se destinan pocos recursos a mejorar la comprensión de los factores que impulsan la ignición de los incendios forestales o a tomar medidas para prevenirla (Lovreglio et al. 2010; Stanley & Read 2013). El término "prevención" se utiliza a veces en relación con los incendios forestales, pero tiende a percibirse de distintas maneras. Se prefiere utilizar el término "mitigación" que, de nuevo, no suele definirse y también se utiliza de forma incoherente. Coughlan y Petty (2012) establecen dos vínculos muy importantes que se destacan en este libro. Hablan de dos aspectos del papel de la actividad humana en los incendios forestales: en primer lugar, como fuente de ignición de incendios forestales (por tanto, prevención de la ignición) y, en segundo lugar, en relación con la determinación de la gravedad, frecuencia, extensión e intensidad de los incendios forestales en todo el mundo (por tanto, mitigación o prevención de que el incendio se haga más grande). Es importante dejar clara esta distinción, ya que los autores de este libro creen que está conduciendo a la pérdida de muchas oportunidades para reducir el número de incendios forestales.

El lenguaje es poderoso, ya que abarca cómo se definen los temas, las actitudes, los valores y los comportamientos (Saunders 2017). Dicho contexto prescribe cómo las personas deben considerar y responder a las ideas (Hartley 1982). Diferentes palabras crean diferentes ideas y sugieren diferentes enfoques. Otras palabras relacionadas con los incendios forestales también definen cómo deben verse los problemas. Por ejemplo, a menudo los bosques se describen de forma restrictiva como "cargas de combustible", en lugar de ecosistemas complejos que albergan muchas especies y tienen dinámicas de inflamabilidad y dependencia de los incendios muy diferentes (Zylstra 2017). Las "cargas de combustible" sugieren que los bosques son uniformemente peligrosos y ofrecen "una única respuesta a todas las cuestiones relacionadas con la reducción del riesgo de incendios" (Zylstra 2017, p.26).

El informe del Marco de Reducción del Riesgo de Sendai, elaborado por la Oficina de las Naciones Unidas para la Reducción del Riesgo de Desastres, menciona la prevención, pero prefiere la noción de reducción del riesgo para todos los peligros "naturales" (UNISDR 2015). Se considera que el riesgo de desastres abarca "la vulnerabilidad, la capacidad, la exposición de las personas y los bienes, las características de las amenazas y el medio ambiente" (UNISDR 2015, p.14). El informe prosigue diciendo que este conocimiento puede utilizarse para la evaluación del riesgo antes de un desastre, para la prevención (de la que casi no se habla) y la mitigación, la preparación y en respuesta a las catástrofes.

El informe de investigación de la Comisión de Productividad de Australia (Comisión de Productividad 2015) sobre todos los riesgos "naturales" habla mucho de mitigación, pero tampoco en este caso define el término. En un documento presentado a la investigación se habla de mitigación en términos de preparación, educación y programas de concienciación. El Instituto Nacional de Ciencias de la Construcción de EE.UU. (2017) ha estudiado el coste/beneficio de la prevención de catástrofes y los beneficios de la mitigación previa a estas. Se refiere a este trabajo como la preparación por adelantado para futuros desastres, que asegurar que el acontecimiento tenga una vida más corta y resultados más manejables. El informe se refiere en gran medida a las normas de construcción para mejorar la durabilidad de los edificios. La bibliografía europea adopta una perspectiva similar, en la que "las medidas y políticas destinadas en realidad a mejorar la preparación se etiquetan como prevención" (Sapountzaki et al. 2011, p.1470). Sapountzaki y sus colegas (2011) señalan que, si bien la prevención es ampliamente reconocida como la primera prioridad en la gestión de riesgos, la mayoría de los organismos responsables de la gestión de riesgos se centran en la planificación de emergencias más que en la prevención, una situación especialmente cierta en Italia y Grecia. Esta omisión también se evidencia a nivel internacional a través del uso de horizontes a corto plazo y los limitados fondos asignados a la prevención, en comparación con los fondos dirigidos a la extinción del incendio y la cantidad de debates sobre la gestión y mitigación de riesgos.

Los incendios forestales provocados intencionadamente se han pasado por alto, en gran medida, en las conversaciones sobre la prevención de los fuegos. Muller (2009a) sugiere que la ignición de muchos incendios provocados deliberadamente puede prevenirse utilizando conocimientos sobre la prevención de otros delitos. Por lo general, se entiende que el *triángulo del delito* consta de tres componentes: un delincuente motivado, un objetivo adecuado y la ausencia de vigilancia (Muller 2009a). La idoneidad de este enfoque se plantea con más detalle en capítulos posteriores de este libro. Si bien la prevención ofrece la esperanza de que se pueda evitar un desastre potencial, parte del problema es que la prevención no es emocional, visual o llamativa, y el éxito de la prevención es muy difícil de medir (Henkey 2018; Stanley 2013). ¿Cómo sabemos que lo que no ha ocurrido, se ha evitado gracias al trabajo silencioso y de fondo que ha abordado las causas de la ignición del fuego? A pesar de esta dificultad, evitar que se produzca un incendio en primer lugar es un área que los autores sugieren que es muy importante si la incidencia de los incendios forestales no va a aumentar continuamente con el tiempo.

Henkey (2018) ofrece algo de esperanza, informando de que hay un creciente interés en la fase de prevención de incendios forestales, con el Departamento de Seguridad Nacional de EE.UU. y la Agencia Federal de Gestión de Emergencias situando cada vez más la prevención en pie de igualdad con otras áreas de gestión de emergencias - planificación, respuesta y recuperación. Sin embargo, un análisis más detallado del informe sugiere que este interés sigue centrado en evitar que el incendio forestal adquiera grandes dimensiones, haciendo hincapié en la protección de bienes críticos, como el transporte y los sectores alimentario y agrícola. Esto no quiere decir que no se preste atención a la prevención de la ignición, que se produce principalmente en forma de vigilancia de los sospechosos de encender el fuego.

Existe cierta confusión con otros conceptos relacionados con los incendios forestales. Existe una tendencia actual de investigación y aplicación de políticas sobre riesgos naturales en torno al concepto de resiliencia. "A pesar de este discurso académico controvertido, la resiliencia es cada vez más la base de las políticas y los programas públicos de gestión de riesgos naturales y catástrofes" (Parsons et al. 2016, p. 1). Parsons y sus colegas creen que esta perspectiva de resiliencia ha llegado para quedarse. Sin embargo, el amplio predominio de este concepto probablemente ha reducido el espacio para otros aspectos, como la prevención. Aunque el término "resiliencia" (de nuevo) tiene muchos significados, Parsons y sus colegas sostienen que se refiere a la capacidad de las comunidades para prepararse y recuperarse de los fenómenos naturales peligrosos, así como a las capacidades de las comunidades para aprender, adaptarse y transformarse hacia la resiliencia. Así pues, estas cuestiones presuponen que se producirá un suceso "natural", es decir, se salta la prevención y podría decirse que actúa como distracción. El término resiliencia también tiende a generalizar, por ejemplo, pasando por alto habitualmente las cuestiones de equidad en su aplicación. Al hablar de comunidades resilientes, atribuye la responsabilidad a las capacidades individuales de afrontamiento, incluso cuando la distribución de los recursos es desigual.

Prevalece la opinión de que los incendios forestales son un fenómeno "natural", con la suposición asociada de que no se puede detener la ignición, a pesar de que la gran mayoría de ellos son provocados por el hombre (Lovreglio et al. 2010). A esta situación no ayuda el hecho de que no se investigue exhaustivamente la causa de la mayoría de los incendios forestales. Dado que en Australia sólo se declara uno de cada cinco incendios forestales (una proporción similar que probablemente se repita en otros países), y que no se investigan todos los incendios declarados, es difícil hacerse una idea exacta de la importancia de las distintas causas de ignición. Se suele dar prioridad de investigación a los incendios de mayor envergadura y más peligrosos, aunque el resultado de un incendio forestal no está directamente relacionado con la fuente de ignición. A menudo, las pruebas sobre la causa son difíciles de determinar, por lo que la causa se puede clasificar como desconocida o se puede documentar la causa más probable. La manipulación de los datos puede ocultar las causas de la ignición. Es probable que la información registrada en un conjunto de datos haya sido recopilada por muchas personas diferentes; por lo tanto, el uso de las categorías de datos puede no ser coherente, los datos pueden no actualizarse cuando se dispone de nueva información y los datos pueden no compartirse entre las autoridades pertinentes. Aunque esta situación no se ve favorecida por las difíciles y complejas situaciones de los incendios forestales (Muller 2009b), este enfoque ha cambiado poco desde que se reconoció en Australia hace diez años. La gestión de datos se trata con más detalle en los capítulos 2 y 9.

Existen muchas condiciones relacionadas con la ignición de incendios forestales que abarcan el comportamiento humano y las políticas gubernamentales. Aportan una amplia gama de posibilidades de prevención, la mayoría, se argumenta, infrautilizadas. Cuando estas opciones se ponen en práctica, quedan en gran medida sin registrar y no se evalúa su eficacia y utilidad. Este libro pretende ampliar el abanico de opciones de prevención, recomendando la integración de políticas y procesos para lograr un enfoque global e integrador que abarque los aspectos generales de los incendios forestales.

¿Cuánto se gasta en prevención?

Los costes asociados a la prevención no parecen estar disponibles, aunque hay algunos trabajos sobre los costes de la mitigación. Según la Comisión de Productividad (2015) de Australia, los gobiernos invierten en exceso en la reconstrucción posterior a los desastres y poco en la mitigación. Así, los costes de los desastres naturales se han convertido en un creciente pasivo no financiado para los gobiernos. Entre 2009-10 y 2012-13, se gastaron en Australia 11.000 millones de dólares australianos en la recuperación de todos los desastres, mientras que se gastaron 225 millones de dólares australianos en mitigación (Comisión de Productividad 2015). La Comisión recomienda que el gobierno federal aumente las asignaciones para mitigación a cada estado australiano, de 26 a 200 millones de dólares australianos al año, cifra que los estados deben igualar. La Mesa Redonda Empresarial Australiana recomienda un fondo anual de 250 millones de dólares australianos (Gough 2018). Cabe señalar que la Comisión de Productividad y la Mesa Redonda Empresarial Australiana se refieren a todos los 'desastres naturales', no solo a los incendios forestales. La mitigación a la que se hace referencia está en las categorías de prevención del tamaño y el impacto de los desastres naturales a través de proyectos y programas de Gestión Nacional de Emergencias relacionados con el apoyo a los voluntarios, la educación, la investigación y la inversión en infraestructuras. Tampoco se menciona la prevención en lo que respecta a abordar el cambio climático, ni a detener la ignición, descuidos criticables.

The California Department of Forestry and Fire Protection gastó 3.800 millones de dólares estadounidenses en la lucha contra los incendios en 2018 en el estado de California, más de lo que gastó en los 30 años anteriores juntos (The Economist 2018c). En EE. UU., el National Institute of Building Sciences (2018) descubrió que las subvenciones de mitigación concedidas por el Gobierno federal ahorraban unos 4 dólares por cada dólar gastado para protegerse de los incendios forestales. Sin embargo, la mitigación a la que se hace referencia se refiere a los códigos de construcción en la planificación estructural. El trabajo de uno de los autores encontró que la adhesión a las nuevas regulaciones de construcción posteriores al Sábado Negro de 2009 en Victoria resultó en un aumento de cuatro veces en las tasas de supervivencia en comparación con las casas más antiguas construidas antes de las nuevas regulaciones (Holland et al. 2013).

Demasiados fuegos que apagar

El mundo parece no estar en absoluto preparado para el aumento del número y la intensidad de los incendios forestales y las implicaciones de este cambio de paradigma. A modo de ejemplo, hace algunos años, el instituto de investigación australiano NIEIR recibió el encargo del Sindicato Unido de

Bomberos de Australia de realizar una estimación de la necesidad futura de bomberos con empleo remunerado en Australia (NIEIR 2013). El trabajo fue difícil por varias razones, una de ellas las incoherencias presentes en los datos sobre el número de bomberos en Australia. Por ejemplo, en Victoria, los datos de la Comisión de Productividad (SCRGSP 2012) y los del Censo (ABS 2013) diferían en más de la mitad. La deficiente recopilación de datos sobre incendios forestales es un tema sobre el que se volverá repetidamente en este libro. La investigación reveló que más de la mitad (52% de 547) de las Áreas de Gobierno Local en Australia no tienen un bombero empleado asociado a un cuerpo de bomberos o al gobierno. La tasa de crecimiento del empleo de todas las fuentes de bomberos a nivel nacional, de 2006-07 a 2010-11, fue inferior al 2,4%, aunque esto puede haber cambiado en los años siguientes. Sobre la base del crecimiento de la población (vidas que necesitan protección) y el crecimiento de los activos inmobiliarios, el NIEIR descubrió que el número total de bomberos empleados tendrá que aumentar aproximadamente un 50% para 2030. El ritmo de contratación sugiere que la capacidad está disminuyendo en lugar de aumentar. Teniendo en cuenta el cambio climático, además del aumento de la población, Australia necesitaría entre 3.566 y 4.350 bomberos profesionales más en 2020, y entre 8.095 y 10.024 en 2030, sobre la base de 2012. Estos cálculos se refieren únicamente a los incendios forestales, y no al enfoque de "todo tipo de riesgos" y de respuesta a emergencias que adoptan cada vez más los bomberos tradicionales.

Parece que Australia no es el único país que experimenta problemas en torno a la extinción de incendios. Como ya se ha señalado, en algunos países fue necesario recurrir a otras personas para luchar contra muchos de los incendios de 2018, como el ejército y los presos. Una reducción del número de bomberos en España en 2012, debido a los costes, coincidió con los peores incendios forestales de la última década (Salvador 2016). Dada la magnitud de los incendios forestales y los amplios y crecientes costes en los que se incurre, los autores de este libro sugieren que, aunque siempre será necesario aumentar las operaciones de extinción, una mayor inversión en la prevención de la ignición podría reducir los costes totales de los incendios forestales y es vital en la gestión de los mismos. La Comisión Australiana de Productividad señala que "los actuales mecanismos gubernamentales de financiación de catástrofes naturales no son eficaces, equitativos ni sostenibles". Son propensos al desplazamiento de costes, las respuestas ad hoc y el oportunismo político a corto plazo... "Los gobiernos invierten en exceso en la reconstrucción posterior al desastre y poco en la mitigación". Como tales, los costes de los desastres naturales se han convertido en un creciente pasivo no financiado para los gobiernos" (Comisión de Productividad 2015, p.2).

Contenido del libro

Este libro se centra en gran medida en la prevención de la ignición, en particular vinculando la cuestión del encendido deliberado de incendios forestales con lo que comúnmente se percibe como cuestiones principales de los incendios forestales: planificación, preparación, mitigación, extinción y recuperación. El libro argumenta que un enfoque más amplio de la prevención de incendios forestales que incluya una mejor comprensión de la ignición puede producir mejores resultados para la sociedad y el medio ambiente. Sin embargo, esto no será suficiente por sí solo, ya que también es urgente prestar atención a los factores subyacentes de los incendios: el cambio climático y una mejor planificación urbana que encaje con el enfoque de los servicios de emergencia.

Aunque el contenido del libro abarca una perspectiva internacional (en la medida en que se dispone de material), se hace hincapié en la situación del Estado de Victoria (Australia). Hay varias razones para ello. Algunos dicen que Victoria es la parte más vulnerable del continente, más vulnerable a los incendios del mundo; por lo tanto, es vital adoptar las mejores prácticas (Buxton et al. 2011; Gill, Stephens & Cary 2013). Cada país tiene su propia forma de entender y abordar los incendios forestales. Además, como en Australia, cada estado o división gubernamental dentro de un país suele tener su propio enfoque localizado. El objetivo de este libro es ofrecer una perspectiva global que vincule muchas cuestiones en lugar de presentar variaciones detalladas presentes en muchos países. Además, los autores viven en Victoria, por lo que pretenden aprovechar un conocimiento localizado más profundo.

Cabe hacer una advertencia en relación con este libro. Como se ha señalado, el campo de la prevención de incendios forestales no se ha abordado de forma exhaustiva. La investigación La investigación es escasa y rara vez se aborda de forma sistemática y exhaustiva. El interés académico en el amplio campo de los incendios forestales, especialmente en relación con la respuesta, ha crecido recientemente. Muchos de los trabajos sobre incendios forestales tienen una década o más de antigüedad y, aunque sólo tengan unos pocos años, dado el rápido cambio de las condiciones climáticas, el crecimiento de la población y la urbanización, existe la necesidad de un enfoque sistemático y exhaustivo. y la urbanización, existe el riesgo de que no reflejen la situación actual o futura. Dicho esto, en las primeras investigaciones se exploraron cuestiones importantes, algunas de las cuales no han tenido un desarrollo reciente, por lo que no debe pasarse por alto esta bibliografía más antigua.

Este libro se divide en tres secciones. En la primera (capítulos 1 a 4) se abordan cuestiones específicas relacionadas con los incendios forestales que es importante comprender para tener éxito en su prevención. El capítulo 2 explora lo que se entiende actualmente por causas de ignición. El capítulo 3 aborda la cuestión de los incendios provocados, mientras que el capítulo 4 examina los patrones temporales y de localización asociados a los incendios forestales. La segunda sección (capítulos 5 a 9) aborda la prevención con más detalle. El capítulo 5 ofrece una visión general de los enfoques actuales de la prevención y plantea un debate sobre las amplias áreas de conocimiento y las respuestas asociadas a la prevención. El capítulo 6 presenta un estudio de caso sobre el papel y el lugar del gobierno local en Victoria en relación con los incendios forestales. El capítulo 7 habla del papel y el lugar de la comunidad en la prevención de incendios forestales. El capítulo 8 explora el impacto de los incendios forestales en el medio ambiente y el capítulo 9 examina las deficiencias actuales de los datos oficiales sobre incendios forestales. La sección 3 consta de dos capítulos. El capítulo 10 presenta una visión general de la posición y el papel de la prevención, mientras que el capítulo 11 ofrece más detalles sobre posibles proyectos y programas de prevención.

Capítulo 2
¿Por qué se producen
los incendios forestales?

Introducción

Lovreglio et al. (2010) nos dirigen sucintamente al problema de nuestros limitados conocimientos sobre la ignición de incendios forestales con dos citas: "Es prácticamente imposible diseñar campañas específicas de prevención de incendios si no se pueden identificar las causas de los incendios forestales de forma sistemática" (FAO 1999, recogido en Lovreglio et al. 2010, p.8). Y de nuevo, "Hasta que no mejoremos nuestra capacidad para determinar las causas de los incendios forestales, nuestros esfuerzos de prevención seguirán siendo básicamente disparos en la oscuridad" (Environment Policy 2003, recogido en Lovreglio et al. 2010, p.8).

Mientras que en el primer capítulo se ofrecía una visión general de las distintas causas de ignición de los incendios forestales, en el presente capítulo se ofrece una valoración más exhaustiva de las causas de ignición. En él se examina cómo se percibe en general cada causa, así como algunos de los contextos y cuestiones sobre la fuente de ignición. El capítulo comienza con una visión general de algunas de las complicaciones que rodean a la comprensión de las causas de ignición. Se retoma el debate sobre cómo se percibe el fuego, introducido en el capítulo 1. A continuación, se analiza cómo se registran, definen y clasifican las causas de ignición. Ilustra cómo la falta de normalización en los conjuntos de datos, tanto dentro de un mismo país como entre distintos países, está frenando la comprensión de la ignición y, por tanto, su prevención.

Visión general del encendido

A escala internacional, los incendios forestales se consideran de manera diferente. Aunque algunos países aún no disponen de un sistema de recopilación de datos sobre incendios forestales, los que sí lo tienen, por lo general sólo registran los lugares en los que los incendios forestales se inician de determinadas maneras. La fiabilidad de este registro también varía, con una gran disparidad en el porcentaje de incendios forestales investigados para determinar (en la medida de lo posible) la causa de la ignición. Este parece ser un problema común a muchos países, al igual que el registro de los incendios forestales. Por ejemplo, el cotejo de los informes sobre la situación de los incendios en los EE. UU. encontró 71.499 informes sobre incendios forestales individuales en 2017 y 58.083 en 2018. Sin embargo, el número de incendios forestales que se produjeron no parece estar disponible (National Interagency Fire Centre 2019). Esto es especialmente preocupante dada la reciente coyuntura de incendios catastróficos, sin precedentes por sus profundos y duraderos impactos sociales, económicos y ambientales. El capítulo 9 también ofrece más información sobre las dificultades que tiene el terreno para registrar datos sobre incendios forestales.

Como se señala en el capítulo uno, existe la firme creencia de que los incendios forestales son un "acontecimiento natural" que no se puede detener. Por ejemplo, el informe final de la Investigación sobre la Preparación para la Temporada de Incendios en Victoria señalaba que: "A lo largo de la investigación ha quedado claro que los incendios forestales no son un fenómeno natural evitable. Forma parte del paisaje australiano" (Parlamento de Victoria 2017, p. 2). Este capítulo pretende aportar pruebas para rebatir esta creencia. Sostiene que no es útil describir los incendios forestales como un fenómeno "natural", ya que implica que no se puede hacer nada para prevenirlos, como se afirma en el informe de investigación mencionado. Ya en 2010, Lovreglio y sus colegas plantearon esta cuestión. Los autores se mostraron "sorprendidos" de que los incendios forestales sigan considerándose riesgos naturales incluso por algunas fuentes autorizadas, como la NASA y en documentos oficiales de la Unión Europea. Los autores señalan que: "Los incendios forestales no son ni un fenómeno natural ni una catástrofe natural, a excepción de los incendios provocados por agentes naturales. Son, por el contrario, un fenómeno antropogénico que depende exclusiva y directamente del comportamiento social" (Lovreglio et al. 2015, p.8). Daniel Calleja Crespo, Director General del Medio Ambiente de la Comisión Europea, afirmó en el prólogo del informe Incendios forestales en Europa, Oriente Medio y Norte de África 2017: "En la inmensa mayoría de los casos, es la intervención humana la que provoca los incendios, que, en condiciones meteorológicas extremas, se propagan sin control. ... La prevención de incendios es, por tanto, clave para atajar los incendios forestales" (San-Miguel-Ayanz et al. 2018, p.6). Sin embargo, a pesar de esta afirmación, el informe parece tener una visión limitada de las medidas preventivas. Cita actividades como el clareo de bosques, el pastoreo y la plantación de especies resistentes al clima para crear bosques diversificados, sin volver a mencionar las actividades humanas.

Mientras que muchos ecosistemas norteamericanos y australianos evolucionaron bajo la influencia del fuego, los actuales regímenes de incendios forestales son un fenómeno muy diferente (US National Park Service 2017). En el pasado, los incendios forestales rara vez quemaban toda la vegetación, sino que dejaban un mosaico de zonas quemadas y no quemadas en el paisaje. Esto ofrecía nuevos brotes, lugares para anidar y fuentes adicionales de alimento gracias a los insectos que colonizaban la madera muerta. Los registros históricos de los indígenas australianos revelan que utilizaban el fuego para fomentar el crecimiento de la hierba y atraer a los canguros para poder alancearlos como alimento (Gammage 2012). Los primeros colonos blancos dejaron constancia de que estos fuegos eran poco calurosos, se apagaban al día siguiente y dejaban zonas sin quemar.

Un incendio forestal puede iniciarse de varias maneras. Balch et al. (2017) examinaron 1,5 millones de registros gubernamentales estadounidenses, de 1992 a 2012, de incendios forestales extinguidos o gestionados por agencias estatales o federales, excluyendo las quemas controladas y las quemas agrícolas gestionadas. Estos datos registraron que: "Los incendios forestales provocados por el hombre representaron el 84% de todos los incendios forestales, triplicaron la duración de la temporada de incendios que dominaron un área siete veces mayor que la afectada por incendios provocados por rayos y fueron responsables de casi la mitad de la superficie quemada". Política nacional y regional Los esfuerzos nacionales y regionales para mitigar los riesgos relacionados con los incendios forestales se beneficiarían si se centraran en reducir la expansión humana del nicho de incendios" (Balch et al. 2017, p. 2.946). Balch y sus colegas (2017) concluyeron a partir de este análisis que el papel directo de las personas en el aumento de la actividad de los incendios forestales se ha pasado por alto en gran medida.

Una persona, con intenciones positivas o negativas, puede encender directamente un incendio forestal. Las consecuencias de esta acción pueden ser buenas o malas para el incendiario y para otros miembros de la sociedad. Por ejemplo, se puede encender un fuego con la intención de reducir la carga de combustible, por lo que un incendio forestal posterior puede ser menos grave. Otra posibilidad es que una persona desee impresionar a sus compañeros participando en una actividad delictiva, como prender fuego a un coche abandonado. Ninguno de los dos desea provocar un incendio de grandes dimensiones y peligroso, aunque éste puede ser el resultado. Un incendio forestal también puede producirse de forma indirecta o no intencionada por el uso de maquinaria que produce chispas, o por dejar una hoguera al aire libre sin vigilancia. La caída de un rayo puede provocar un incendio forestal sin la participación directa de un ser humano, aunque, como se explica más adelante, el cambio climático provocado por el hombre está aumentando la incidencia de los rayos. Un incendio forestal puede producirse debido a las brasas que soplan de otro incendio, iniciando un incendio forestal en un nuevo lugar.

Complicaciones en la comprensión de la causa de la ignición de incendios forestales

Categorizaciones diversas

Muchos factores complican nuestra comprensión de la ignición de los incendios forestales. La mayoría de estas complicaciones son comunes a nivel internacional, lo que dificulta las comparaciones tanto dentro de un mismo país como entre distintos países. Sin una comprensión exhaustiva de los detalles que rodean la ignición: dónde, qué, cómo y por quién se enciende algo, es difícil entender por qué ardió ese edificio, coche o bosque en concreto y, por tanto, qué enfoques de prevención son necesarios.

Es importante distinguir entre incendios urbanos y estructurales y un incendio en un entorno rural o forestal, aunque se reconoce que esta diferenciación puede difuminarse con algunos incendios que se producen en la interfaz rural/urbana. En EE.UU., los registros oficiales tienden a diferenciar entre incendios urbanos e incendios forestales, mientras que en Victoria no se suele hacer esta distinción con respecto a los incendios malintencionados. La Unión Europea informa sobre la fecha, el tamaño y la ubicación de los incendios forestales de 33 países europeos y del norte de África, recopilando los datos recogidos por estos países (San-Miguel-Ayanz et al. 2018). Los incendios forestales son definidos por la Unión Europea como incendios que se propagan total o parcialmente en un bosque u otro terreno boscoso, a diferencia de otro lugar rural o urbano. Los incendios que se producen en ubicaciones rurales que quedan fuera de esta ubicación definida no parecen ser recogidos por la Unión Europea. Por ejemplo, la Antigua República Yugoslava de Macedonia registra que se produjeron 1 787 incendios en 2017, 301 (17 %) de los cuales fueron incendios forestales; no se explica la naturaleza de los demás incendios. Sin embargo, Grecia parece no diferenciar los incendios forestales de otros incendios en su sección del informe, lo que sugiere que la definición de incendio forestal se utiliza de forma variable. La causa del incendio forestal se describe de forma diferente según los países. Algunos países no indican la causa, como Chipre y Bélgica, mientras que otros sólo ofrecen información limitada. Las quemas controladas parecen no estar registradas en la mayoría de los países.

En Australia, lo que se quema suele clasificarse como "vegetación", "estructural" y "otros", lo que deja de lado la cuestión de si el incendio podría describirse como un incendio urbano o un incendio forestal rural. Por ejemplo, cuando se informa de incendios de "vegetación", como en el Informe de la Comisión de Productividad (2018), tales incendios pueden ocurrir en un bosque, a lo largo de una carretera, dentro de un óvalo deportivo, y de hecho, en cualquier lugar (en un entorno urbano o rural) con vegetación. Un incendio "estructural" puede producirse en una zona urbana o rural, donde puede dar lugar a un incendio forestal "de vegetación". Del mismo modo, un vehículo quemado puede encontrarse en cualquier lugar y, en ocasiones (accidental o intencionadamente), provocar un incendio forestal. En el caso de los incendios provocados intencionadamente, suele ser importante diferenciar entre incendios urbanos e incendios forestales rurales, ya que puede haber una diferencia en la motivación que lleva a la ignición del fuego. Los incendios estructurales pueden estar motivados por un deseo de venganza, o para cobrar una indemnización del seguro, es decir, una razón instrumental. Un incendio puede encenderse por motivos expresivos, como un trauma no resuelto o una psicopatología, y posiblemente sea más probable que se trate de un incendio de vegetación. Estas diferentes razones darían lugar a diferentes enfoques de prevención dirigidos a estas diferencias motivacionales.

Variación de las causas percibidas de los incendios forestales

Como se ha sugerido anteriormente, es muy importante comprender el motivo de la ignición de un incendio. Las causas de ignición de los incendios forestales en Australia se suelen clasificar como accidentales (también conocidas como imprudentes), sospechosas, deliberadas (o malintencionadas), naturales, de reignición, de quema controlada, otras y desconocidas (Bryant 2008a). A menudo, estas categorías incluyen una serie de sucesos. Por ejemplo, la ignición accidental de un incendio forestal puede deberse a las chispas de la maquinaria, al fuego encendido para quemar rastrojos de un cultivo agrícola o a la combustión en un vertedero.

Otros países utilizan sus propios sistemas de clasificación y, al igual que en Australia, la identificación más detallada de las causas de los incendios forestales suele variar en función del organismo recaudador. Por ejemplo, el California Department of Forestry and Fire Protection (2015) utiliza las categorías: indeterminado, varios, quema de escombros, rayos, incendio provocado, energía eléctrica de vehículos, uso de equipos, hogueras, jugar con fuego y fumar. Keeley & Syphard (2018), que examinaron los patrones históricos de las fuentes de ignición de incendios forestales en California, expresaron su confianza en la veracidad de los registros de incendios muy tempranos. Consideran que los archivos estatales y federales muestran que los gestores siempre han sido concienzudos a la hora de informar para garantizar la precisión y la exhaustividad. Aunque también señalan que las categorías han cambiado con el tiempo, que la cuestión del interfaz urbano/rural y que ignoran las categorías de incendios forestales "desconocidos" y "varios".

La incertidumbre es aún mayor, ya que la asignación de la categoría en la que situar la causa de ignición puede variar en función de quién la clasifique y a menudo se basa en juicios de valor (Muller 2009b; Plucinski 2014). Por ejemplo, en Australia, Bryant (2008a) señala que los investigadores de incendios pueden sospechar que un fuego se encendió deliberadamente basándose en las pruebas del lugar, el momento u otras circunstancias, o en ausencia de otra explicación factible. Un problema similar se da en Italia y España, donde la causa de un incendio suele basarse en la opinión del agente forestal que rellena el formulario (Lovreglio et al. 2010; Salvador 2016). Muchos países también dependen de la información de los expedientes judiciales una vez que el acusado ha sido condenado; si es que lo es. Cuando posteriormente se dispone de información sobre la causa del incendio, la base de datos oficial no siempre se actualiza (comunicación personal a uno de los autores). Dado que un delincuente que enciende un fuego intencionado no es necesariamente detenido de inmediato, los índices registrados de incendios intencionados "deben considerarse parcialmente especulativos y, por tanto, sólo una estimación" (Bryant 2008a, p. 2).

A pesar de esta incertidumbre, los datos y las opiniones de los profesionales sugieren que la mayoría de los incendios son causados por el hombre. El Servicio de Parques Nacionales de Estados Unidos (2017) afirma que las personas causan el 90% de los incendios forestales en ese país. Un artículo reciente y el servicio de bomberos de California sitúa la cifra en el 95% (recogido por Arango 2018; Balch et al. 2017). Mientras que el Informe Europeo sobre Incendios afirma que los humanos causan los incendios forestales en la gran mayoría de los casos, Hungría cree que el 99% de sus incendios forestales son causados por humanos. Como se ha señalado anteriormente, la causa exacta varía mucho de un país a otro, y la negligencia, así como la causa "desconocida", ocupan un lugar destacado en muchos países (San-Miguel-Ayanz et al. 2018).

Un ejemplo australiano

Hace diez años, Bryant (2008a) analizó las causas de los incendios paisajísticos en Australia. Estos datos se extrajeron de 280.000 incendios de vegetación procedentes de 18 de los principales organismos de gestión de incendios y tierras responsables de incendios forestales de todos los estados y territorios, y abarcaban cinco años hasta 2001/02. El Instituto Australiano de Criminología (2017) cotejó esta información en datos de toda Australia (figura 2.1). Bryant señala que la proporción de incendios de vegetación designados como intencionados variaba entre organismos y regiones, además de señalar otras incoherencias. En general, como muestra la figura 2.1, el Instituto Australiano de Criminología registra que aproximadamente el 8% de todos los incendios de vegetación se registraron como intencionados, y otro 22% como sospechosos. Sin embargo, alrededor del 40% de los incendios de vegetación registrados no tenían una causa asignada. Cuando se investigan los incendios, se descubre que la mayoría se han debido a un fuego malicioso (Tomison 2010). Un análisis realizado en Australia Occidental situó la tasa de incendios malintencionados en el 68%. Por tanto, si la mitad de las causas no asignadas en el análisis de Bryant se encendieron deliberadamente, reflejando las tasas de incendios malintencionados conocidas y sospechadas, quizá el 50% de los incendios se encendieron malintencionadamente durante este periodo de tiempo en Australia.

Otro estudio australiano sobre la causa de la ignición, realizado por Muller (2009b), halló una gran variación en los incendios forestales malintencionados registrados. Oscilaban entre una media anual del 19% (datos del NSW Rural Fires Services 1999/2000 a 2003/4) y el 69% (datos del Department of Fire and Emergency Services, WA, 2000/1 a 2006/7). Según Muller, el 29% de los incendios forestales se debieron a una causa "natural". Sin embargo, el análisis de Bryant concluye que el 4% de los incendios se definieron como "naturales". Bryant señala un punto de confusión en el que los incendios definidos como "naturales" pueden estar sospechosamente encendidos pero avivados por causas "naturales", como el viento, ampliando así el fuego.

Figura 2.1: Causas de los incendios forestales de 18 organismos australianos de gestión de tierras e incendios, 1997/98 a 2001/2.

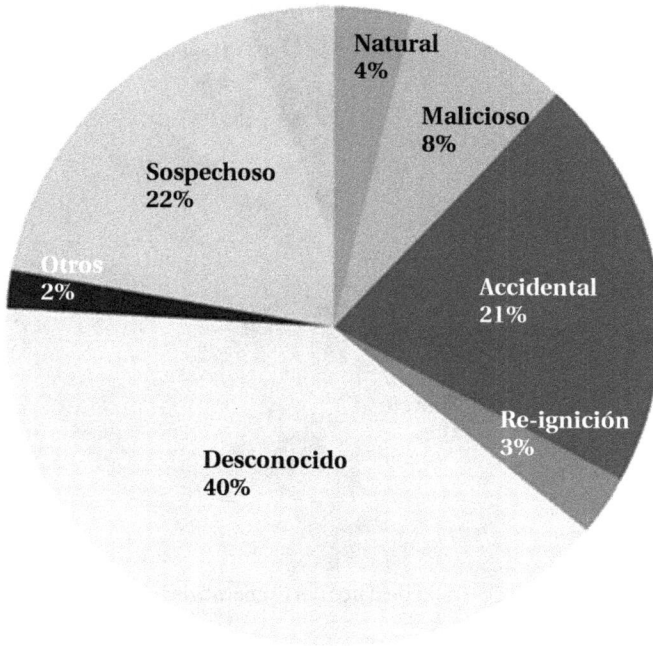

Fuente: información derivada del Instituto Australiano de Criminología 2017.

La figura 2.2 resume 29 años de datos sobre las causas de los incendios forestales en Victoria (1997/98 a 2016/17). Los datos se han recategorizado en grupos comparables con los datos de Bryant de la figura 2.1, reconociendo que los dos periodos de tiempo y las zonas registradas son diferentes. La proporción de incendios en cada una de las categorías varía entre los dos conjuntos de datos. Los datos de Victoria no utilizan la categoría de "sospechoso", registrando el 30% de los incendios como intencionados, y el total de incendios sospechosos y malintencionados de la figura 2.1. No está claro cómo trata la categoría "sospechoso" el conjunto de datos de Victoria. Las mayores diferencias entre los conjuntos de datos se encuentran en las categorías natural y desconocido. Los relámpagos son siete veces más frecuentes en los datos de Victoria que en los nacionales, mientras que las causas desconocidas son 4,5 veces más frecuentes en los datos nacionales que en los de Victoria. Es posible que un incendio forestal se atribuya a un rayo por el conjunto de datos de Victoria cuando se desconoce la causa.

Figura 2.2: Causa media de 29 años de los incendios forestales en Victoria de 1987/88 a 2016/17.

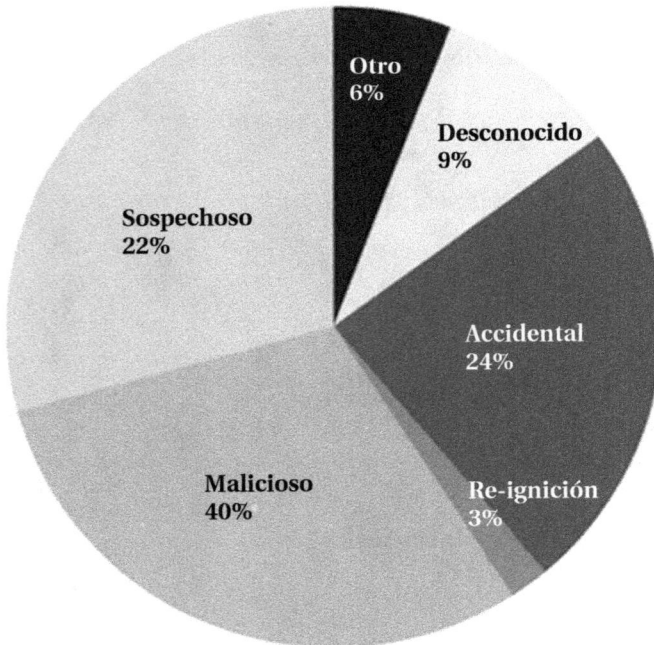

Fuente: Derivado de datos del Gobierno de Victoria.

Causas de los incendios forestales vistas internacionalmente

La figura 2.3 muestra las causas de los incendios forestales ocurridos en 2010, cotejadas por el California Department of Forestry and Fire Protection (2015) y organizadas en categorías similares a las de la figura 2.1. En una nota del informe del Departamento de California se indica que los datos solo incluyen los recopilados a partir de informes de incidentes, y que no hay obligación de facilitarlos. El bajo número de incendios notificados (312) sugiere que falta mucha información. La categoría "otros" es la más numerosa, y la mayoría de las causas de esta categoría se describen como "varias". El 10% de la categoría "otros" se atribuye al tabaco, y en menor medida a fallos y a las hogueras. Sólo el 5% de los incendios fueron intencionados. No se utiliza la categoría de "sospechoso", pero esta categoría puede estar incluida en un gran número de causas desconocidas. El año anterior, 2009, (Coughlan & Petty 2012) informaron de que, en las costas del sureste de EE.UU., los incendios "provocados ilegalmente" representaban el 37% de los incendios forestales. Otro 38% de los incendios se describieron como encendidos legalmente de forma malintencionada, pero que escaparon, convirtiéndose en un incendio forestal.

Figura 2.3: Fuentes de ignición de los incendios forestales en California, 2015.

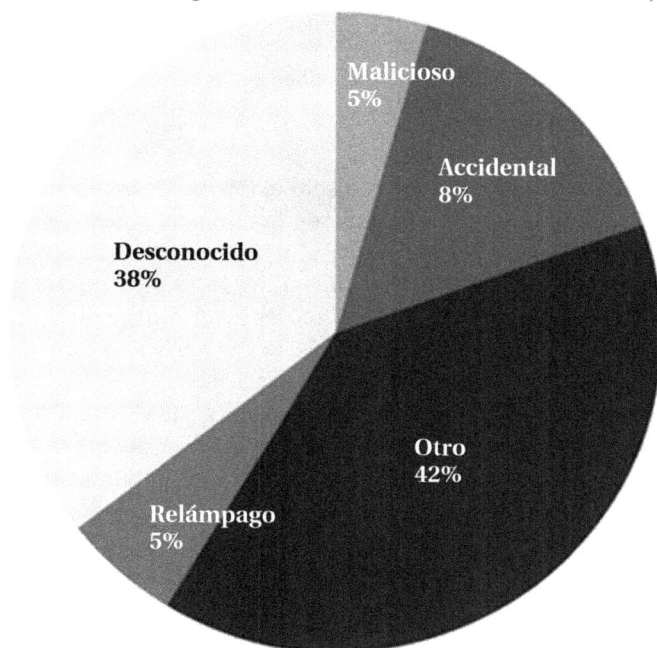

Fuente: Derivado del Departamento Forestal y de Protección contra Incendios de California 2015.

Como se informó anteriormente, la revisión de Balch y sus colegas (2019) de los incendios registrados en los EE. UU. (1992 a 2012) encontró que el 84% de los incendios forestales fueron iniciados por el hombre, el 21% debido a incendios provocados, lo que representa alrededor de 40,000 incendios forestales anuales. La lista de los incendios forestales provocados por el hombre es tres veces más larga que la provocada por los rayos. Los incendios provocados por el hombre triplican la temporada de incendios provocados por rayos y se consideran el principal factor de riesgo para los ecosistemas y las economías.

La mayoría de los incendios forestales registrados en la región propensa al fuego de Ática, Grecia (67% en el periodo 1991-2004) se registran como de causa desconocida (Tedim, Xanthopoulos & Leone 2015). Sin embargo, otros datos sobre incendios forestales en la región italiana del Lacio, ocurridos entre 2003 y 2007, informan de las siguientes categorías y proporción de incidentes:

- Incendio provocado - 77,3

- Desconocido - 11,3

- Ignorancia (definida como no informar de un incendio, no apagar una hoguera, tirar un cigarrillo, etc.): 10,1%.

- Accidental (por desconocimiento) - 0,8

- Causas naturales - 0,5%.

Catry et al. (2007) informan de que sólo el 3% de los incendios forestales investigados (incendios que se produjeron total o parcialmente en una zona boscosa) en España entre 2000 y 2005, fueron causados de forma natural (rayos). Alrededor del 49% de los incendios forestales fueron causados maliciosamente, mientras que el 37% se debieron a negligencias y el 11% fueron causados accidentalmente. Padilla y Vega-García (2011) informan que, en España, entre 1996 y 2005, las personas causaron el 78% de los 197.625 incendios forestales, sin embargo, se dice que los incendios, donde la causa era desconocida, se incluyen en esta categoría. Salvador (2016) informa de que el 95% de los incendios forestales son causados por el hombre, aunque señala que las causas del 67% de los incendios forestales de 2012 en España se clasificaron como "desconocidas".

Resumen de la sección

A pesar de la confianza expresada por Keeley y Syphard (2018) en relación con los datos de incendios forestales de California a nivel internacional, la mayoría de los conjuntos de datos reflejan la falta de certeza de las causas de ignición en los incendios registrados. En 2008, Bryant llegó a la conclusión de que la gran mayoría de los incendios de vegetación se producen por causas humanas, incluidos los incendios malintencionados. A pesar de la incertidumbre revelada, la conclusión de Bryant sigue siendo relevante más de una década después, cuando afirma que la reducción de los incendios forestales provocados deliberadamente puede tener una influencia significativa en el número total de incendios en Australia. Esto podría ampliarse a muchas causas de incendios forestales en muchos países. Reducir las causas "desconocidas" y la incertidumbre en torno a las causas es muy importante para poder emprender un planteamiento plenamente eficaz de prevención de la ignición de incendios forestales malintencionados y de otro tipo.

Las siguientes secciones examinan las causas de los incendios forestales con mayor detalle, utilizando como ejemplo datos australianos. Se organizan en incendios "autorizados" y "no autorizados", que suelen ser registrados oficialmente por las agencias relacionadas con los incendios, e incendios forestales que no suelen registrarse en las estadísticas oficiales de incendios forestales. La inclusión de los incendios que no suelen registrar los organismos relacionados con los incendios pretende ampliar el debate sobre los incendios forestales en cuanto a por qué se excluyen algunos incendios, ya que todos los incendios forestales tienen resultados potencialmente peligrosos. La presentación del material de esta manera también pretende ilustrar cómo se establecen límites artificiales en torno a diferentes aspectos de un mismo problema, a menudo formados por enfoques históricos arraigados, juicios de valor tácitos e ideología.

Causas de los incendios forestales que suelen registrarse

Las causas particulares de los incendios forestales tienden a ser registradas oficialmente por las agencias de bomberos y los departamentos gubernamentales. En esta sección se analizan las causas que más se registran oficialmente a nivel internacional. Estos incendios forestales pueden ser provocados deliberada o accidentalmente por una persona, y ninguno de los dos casos recibe mucha atención por parte de la investigación o las políticas (Balch et al., 2017). política (Balch et al. 2017). Los incendios forestales también pueden surgir como resultado de la actividad humana indirecta y suelen registrarse oficialmente.

Encendido malicioso

Se cree que los incendios malintencionados y sospechosos no autorizados representan hasta la mitad de los encendidos de incendios forestales a escala internacional, aunque, como se ha comentado anteriormente, los registros oficiales al respecto varían enormemente entre países y, a menudo, dentro de un mismo país, así como a lo largo del tiempo. Los motivos de los encendidos intencionados e ilegales varían mucho, pero se suele considerar que se deben a una necesidad psicológica o pragmática del incitador. Estas cuestiones se tratan con más detalle en el capítulo 3. En este libro también se tratan dos casos especiales de encendido malintencionado. En primer lugar, el "pirómano imitador", en el que la persona intenta provocar un incendio malintencionadamente, impulsada por las imágenes que aparecen en los medios de comunicación. Puede que intenten emular la forma en que se encendió un incendio anterior; este tema se trata en el capítulo 11. El segundo grupo particular de incendiarios son los que están asociados a los cuerpos de bomberos. Este tema se trata en el capítulo 3.

Encendido accidental o imprudente

Los incendios forestales accidentales o provocados por imprudencia incluyen muchas causas de ignición. Dichas causas van desde sucesos imprevistos, como las chispas de la maquinaria que encienden un fuego, hasta incendios forestales que no deberían haberse producido si se hubiera cumplido la ley, como una hoguera encendida en un Día de Prohibición Total de Incendios. Como se expone más adelante, puede haber una considerable confusión entre lo que se define como doloso y lo que se considera accidental o imprudente.

Hogueras o barbacoas

Según el conjunto de datos de Victoria, de 1987/88 a 2011/12 se produjo una media de 66 incendios forestales al año a causa de una hoguera o barbacoa, y de 2012/13 a 2016/17 la media se triplicó. Hogueras desatendidas (que no se habían escapado de su emplazamiento) se excluyeron de la Figura 2.2. Esta información solo se registró en los años 2015/6 y 2016/7 y supuso un número desproporcionado de registros de incendios, 676 fuegos, lo que representa el 31,3% de los incendios registrados en el periodo de dos años. Este aumento de los registros se debe posiblemente a la decisión en Victoria de vigilar más de cerca las hogueras en los parques estatales, debido a la mayor preocupación por los incendios forestales. Una pequeña parte también puede reflejar la gran afluencia de inmigrantes a Melbourne en los últimos años; personas no necesariamente conscientes de la inflamabilidad del monte australiano. En consecuencia, el Gobierno de Victoria ha empleado más patrullas aéreas y de vehículos para vigilar las hogueras encendidas en zonas boscosas públicas. La ignición debida a barbacoas al aire libre se identificó tanto en los incendios forestales de Suecia como del Reino Unido ocurridos en julio y agosto de 2018, a los que se hace referencia en el capítulo uno.

La notificación de hogueras desatendidas por los victorianos a los servicios de emergencia no parece reflejar la reciente preocupación oficial por las hogueras. La investigación en Victoria sobre la notificación por parte de la comunidad de incendios forestales a una autoridad responsable. La investigación encontró que incluso si el encuestado del cuestionario de investigación era el único testigo de una fogata desatendida o potencialmente peligrosa, y era un Día de Prohibición Total de Incendios, el 68% de los encuestados no informaría esa fogata (Read & Stanley 2018). Sin embargo, el 66% de los que no informarían dijeron que manejarían la situación ellos mismos, presumiblemente viendo que el fuego se apagara. Esto todavía deja alrededor de un tercio de los encuestados que aparentemente no harían nada.

Otras igniciones imprudentes o accidentales

A lo largo de 29 años hasta 2017, el conjunto de datos de Victoria ha registrado una media anual de 39 incendios forestales derivados de la quema de hierba y matorrales, y 22 incendios forestales debidos a la quema de una hilera o montón de árboles desbrozados. Algunos de estos incendios pueden deberse a quemas ilegales, mientras que otros pueden haber tenido permiso para arder, pero el fuego se escapó. Otras causas menos frecuentes de incendios forestales que se registraron en el conjunto de datos fueron:

- eliminación de residuos domésticos (media anual de 5 incendios)
- eliminación de residuos industriales, incluida la tala (5)
- escapes de máquinas (5.5)
- incendio forestal debido a líneas de transmisión (6)
- chispas de tren o camión (3)
- incendio de edificios o parte de ellos (2.5)
- fuegos artificiales (2).

Intención incierta

Dos categorías de "ignición de dispositivos para fumar cigarrillo, cerilla, pipa" (18 de media anual), y "quemar un vehículo o una máquina" (27 de media anual), no fueron incluidas por el conjunto de datos de Victoria en la categoría maliciosa. Estas fuentes de ignición o combustible son utilizadas en ocasiones por quienes provocan incendios dolosos. Tomison (2010) señala que muchos incendios accidentales se atribuyen a cigarrillos. Dada la dificultad de encender un fuego con cigarrillos, muchos incendios en carretera atribuidos a cigarrillos pueden, de hecho, ser malintencionados. De hecho, uno de los autores de este libro fue testigo de un incendio que quemó vegetación y un edificio, cuya causa se atribuyó a un incendio accidental debido al lanzamiento de un cigarrillo desde un coche. Sin embargo, el autor tuvo conocimiento de que se produjeron cinco incendios a lo largo de un par de kilómetros de autopista en un intervalo de tiempo de 20 minutos, de los cuales sólo uno llegó a ser grande y peligroso, y por tanto probablemente el único del que se informó. Es poco probable que cinco incendios agrupados en tiempo y lugar sean accidentales.

En el análisis exhaustivo llevado a cabo por Bryant (2008a), existía una gran variación en la forma en que se consideraba un incendio forestal que se creía causado por el tabaquismo de los fumadores. Esto varió desde el 16,8% de los incendios relacionados con el tabaquismo en una agencia del sur de Australia registrados como accidentales, hasta el 100% registrados como accidentales en agencias de otros estados. Por otro lado, el 0,3% se registró como un suceso incendiario en una agencia, y el 30,5% en otra agencia. La investigación en Australia Occidental (sin fecha) informa de que el 60% de los 1.631 incendios ocurridos a lo largo de dos años se clasificaron como no intencionados, el 38% como intencionados y el 2% como desconocidos.

El problema más amplio de establecer la causa y la culpabilidad

Aunque tanto el encendido intencionado como el no intencionado pueden tener consecuencias muy graves, la intención declarada o percibida de una persona, que es sorprendida encendiendo un fuego al aire libre, son consideraciones importantes a la hora de determinar las consecuencias para esa persona. En Australia, en virtud de la *Ley de Delitos Sumarios de Victoria* (2012), es ilegal encender un fuego al aire libre que provoque destrucción, daños o peligro para la vida o la propiedad, o dejar un fuego desatendido al aire libre. En la práctica, es difícil obtener una condena en virtud de la *Ley de Delitos Sumarios de Victoria*, y cuando un delito se juzga en el Tribunal de Magistrados, las penas son bajas (Programa de Prevención de Incendios Provocados de Gippsland 2017). Los magistrados de Victoria pueden imponer multas de 37.310 dólares australianos, o dos años de prisión, o ambas cosas. Sin embargo, en la práctica, la mayoría de las sanciones por infracción en las que se incurre son en gran medida "*Compromisos de buena conducta*" o una sanción del orden de 200-300 dólares australianos de multa. Así, si el incendio fue descrito por el incitador como "no intencionado", y se apagó rápidamente, entonces la persona puede recibir una multa de 300 dólares australianos en Victoria.

Alternativamente, una persona que admite que quería provocar un gran incendio forestal, y si este incendio mató a personas, entonces un adulto puede ser condenado a una larga pena de prisión. A menudo se desconoce la verdadera intención del autor del incendio. Así pues, la pena puede depender de si la ignición se considera "malintencionada" o "accidental", y también en algunas situaciones de si el incendio llega a ser grande y peligroso. El incitador puede correr el riesgo de recibir una condena de 15 años de prisión en un tribunal penal en Australia, o de 25 años si se producen muertes, o puede recibir una pequeña multa o una advertencia emitida por el gobierno local.

Por ejemplo, Brendan Sokaluk, de 39 años, fue condenado por matar a 10 personas al provocar deliberadamente un incendio forestal en Victoria el Sábado Negro de febrero de 2009. El incendio provocó la pérdida de 150 viviendas y la destrucción de 36.000 hectáreas de terreno en "un incendio catastrófico" (Justice Coghlan, citado por Farnsworth 2012). Ese día, la temperatura alcanzó un máximo de 46°C y las ráfagas de viento de 70 kilómetros por hora avivaron el fuego. Aunque Sokaluk encendió maliciosamente al menos un fuego, es posible que no se propusiera crear un incendio catastrófico que provocara muchas muertes. Sokaluk fue condenado a 17 años y 9 meses de cárcel. En Estados Unidos, una persona puede recibir una pena más severa por un incendio "accidental". Por ejemplo, un hombre de California fue encarcelado y puesto en libertad condicional al cabo de dos años, tras provocar un incendio forestal que destruyó casas. Estaba segando su campo en pleno día con una temperatura de 105 grados F, a pesar de que un vecino le había advertido del peligro de incendio (Bulwa 2008).

Además, puede ocurrir que en Victoria se produzca poca o ninguna intervención de ningún tipo, como informar a la policía o que las autoridades escolares tomen medidas. Tales circunstancias pueden darse cuando un joven enciende un fuego intencionado, por ejemplo, en un cubo de basura, pero el fuego es visto y extinguido rápidamente. Así pues, complicaciones como las señaladas anteriormente han llevado a describir el incendio provocado como "un delito de detección" (Salvador 2016, p.340). En otras palabras, encender fuego no se percibe como un delito hasta que la policía u otro funcionario lo considera como tal.

Distinguir entre las causas de ignición puede ser una tarea difícil y laboriosa, pero que los autores creen que debe llevarse a cabo para comprender mejor el riesgo futuro de incendios forestales con el fin de establecer estrategias de prevención. De hecho, Martínez y sus colegas creen que la clasificación habitual de los incendios como negligentes o intencionados, aunque útil a efectos legales, puede no serlo en determinados lugares en los que la razón por la que se produjo el incendio puede no estar clara, como se ilustra más arriba (Martínez, Vega-García & Chuvieco 2009). Martínez y sus colegas sugieren que en las propiedades agrícolas muy subdivididas pueden producirse tasas más elevadas de incendios accidentales debido al mayor uso de maquinaria agrícola, a un mayor riesgo de conflictos y al descuido de las tierras. Todas estas causas pueden dificultar la determinación del motivo del incendio.

Encendido indirecto debido al comportamiento humano

Algunos incendios forestales pueden no ser directamente atribuibles a la actividad de una persona concreta, pero el fuego puede estar causado indirectamente por la acción o la inacción humanas.

Encendido 'natural'

El rayo y la combustión espontánea suelen definirse como fuentes "naturales" de incendios. Los rayos fueron responsables del 0,55% de los incendios forestales, y la combustión del 0,48% de los incendios forestales, en una investigación realizada en Australia Occidental (Plucinski 2014). Los datos de Victoria registran una asistencia a una media de 199 incendios forestales provocados por rayos incendios forestales provocados por rayos al año. Sin embargo, como se señaló en el capítulo uno, el aumento registrado de rayos también puede estar en parte asociado a los seres humanos, debido al aumento de la actividad tormentosa asociada a la falta de respuesta adecuada al cambio climático (Steffen, Alexander y Rice 2017). De hecho, el Instituto Australiano de Criminología (2008) señala que, a pesar de estas incertidumbres, en el momento de redactar este informe, los incendios "naturales" son en realidad bastante raros. Catry et al. (2007) informan de que sólo el 3% de los incendios forestales investigados con éxito entre 2000 y 2005 en España se produjeron de forma "natural". Sin embargo, no todos los informes tienen esta opinión. Prestemon y sus colegas informan de que, según los registros oficiales de incendios forestales, los rayos causaron el 45% de los incendios forestales y el 80% de la superficie quemada gestionada por el Servicio Forestal de EE.UU. y gestionada por el Departamento del Interior[1] lands between January 2000 and December 2008 (Prestemon et al. 2013).

Parece que el cambio climático provocará más rayos. Las investigaciones predicen que la media anual de rayos aumentará en EE.UU. alrededor de un 12% ±5% SD por cada grado de aumento de la temperatura media global del aire en grados centígrados (Romps et al. 2014). Dado que la temperatura media mundial ha aumentado 0,5°C, a lo largo de los 29 años de datos, y suponiendo que la tasa de aumento se produce en Australia, como en los EE.UU., se podría esperar que hubiera una pequeña tendencia al alza durante este tiempo (de alrededor del 6%) en el número de rayos registrados. Sin embargo, no se pudo ajustar ninguna línea de tendencia a lo largo del tiempo a la distribución de 29 años de Victoria.

---

[1] El Departamento de Interior de Estados Unidos es responsable de la gestión y conservación de la mayor parte de los terrenos y recursos naturales federales. Supervisa organismos como el Bureau of Land Management, el United States Geological Survey y el National Park Service.

Encendido debido a líneas eléctricas

En muchos países se observa una gran incoherencia en los datos relativos a los incendios provocados por líneas eléctricas. Una base de datos de Victoria ha registrado una media de seis incendios forestales al año que comienzan de esta manera. En la investigación parlamentaria de Victoria sobre la preparación para los incendios forestales se dijo que las infraestructuras eléctricas inician unos 200 incendios forestales al año (Parlamento de Victoria 2017). El Department of Forestry and Fire Protection (2018) descubrió que las líneas eléctricas iniciaron el 8 % de los incendios en 2015, quemando 149 241 acres, más del doble que por cualquier otra causa. Sin embargo, Penn (2017) informa de que este problema ha aumentado significativamente en EE.UU. desde entonces, lo que ha llevado a que las líneas eléctricas se encuentren entre las tres principales causas de incendios forestales.

A menudo no se registran los incendios

Encendido de fuego autorizado

En determinadas circunstancias, se autoriza encender un fuego en un entorno rural para reducir el combustible, limpiar el terreno, con fines agrícolas o para quemar basura. Aunque se trata de una ignición, si el fuego está confinado, es pequeño y se dan las condiciones asociadas al permiso para encenderlo, probablemente no se clasificaría como incendio forestal. Sin embargo, los límites en torno a la forma de este incendio pueden ser difusos. Por ejemplo, en qué momento debe registrarse el incendio si se hace más grande de lo previsto, no se cumplen las condiciones del permiso o el verdadero propósito de la ignición varía respecto a la solicitud.

Permisos de quema

Australia tiene un sistema de clasificación de los días de peligro de incendio. Los bomberos o un gobierno local determinado declaran un Periodo de Peligro de Incendio, que puede durar seis o siete meses, dependiendo de las condiciones meteorológicas. Durante este periodo se necesita un permiso para encender fuego al aire libre. Las vedas totales de incendios (Total Fire Bans, TFB) son declaradas en Victoria por la Country Fire Authority (el principal organismo de servicios de bomberos rurales) los días en que es probable que los incendios se propaguen rápidamente y sean difíciles de controlar. Por lo tanto, en los días de TFB, actividades como barbacoas al aire libre, hogueras y el uso de motosierras o maquinaria agrícola que puedan generar chispas son prohibidas. En circunstancias particulares, cuando no exista un TFB, podrán permitirse fuegos para quemar basura, retirar escombros y quemar vegetación despejada. Esto se permite cuando el gobierno local lo considere seguro, por ejemplo, cuando las condiciones meteorológicas y del terreno no supongan un riesgo elevado de incendio forestal y se cumplan los requisitos de seguridad, como la preparación de un cortafuegos de tres metros y la notificación a los vecinos. El fuego puede utilizarse para quemar la vegetación no deseada después de la tala, como ocurre actualmente en Australia.

Combatir el fuego con fuego

El fuego se utiliza habitualmente en Australia, y en otras partes del mundo, como medio para reducir la gravedad de un incendio forestal o controlar un incendio forestal potencial o en curso. En ausencia de un incendio forestal, se enciende un fuego de tierra de baja temperatura para reducir la carga de combustible, de modo que, si se produce un incendio forestal, éste no sea tan grande y arda con menor intensidad. Esto se conoce como quema de reducción de combustible, quema fría o quema controlada. Estas quemas controladas son llevadas a cabo por las autoridades de emergencia en terrenos de propiedad pública, grandes bosques estatales, parques nacionales y bordes de carreteras en EE.UU. y Australia (US National Park Service 2017). En EE. UU., el 74 % de los estados utilizan algún proceso formal para permitir o autorizar la actividad de las quemas controladas (Melvin 2018). En Australia, en particular, se han convertido en una práctica muy controvertida.

Debido a las condiciones climáticas secas y a un comienzo temprano de la temporada de incendios, Victoria solo completó alrededor del 30% de los programas de quema controlada previstos para la próxima temporada de incendios forestales 2018/19. Se quemaron 66.000 hectáreas y se planificaron 190.000 (Doyle 2018). La temporada de incendios forestales de 2017 se prolongó hasta principios de abril de 2018, y la mayor parte de las 66.000 hectáreas de quemas controladas que el Estado logró alcanzar se condensaron en una ventana de 2½ semanas. Aunque hay poca información disponible, la evidencia anecdótica sugiere que en algunas situaciones en las que un incendio forestal está presente en un área aislada, este es controlado por las autoridades de incendios, pero no extinguido activamente. De este modo, el incendio se convierte en una "quema controlada", o en una "quema ecológica", aunque se trate de un incendio que tiene el potencial de ser muy grande y destructivo (véase, por ejemplo, Green 1931; Kilgore 1973).

Al parecer, bastantes quemas controladas se convierten en incendios incontrolados. Esto ocurrió cerca de Lancefield, un pequeño asentamiento a las afueras de Melbourne, en 2015. Una quema controlada rompió las líneas de contención y destruyó cuatro casas, quemando más de 3.000 hectáreas de tierras de cultivo y bosques estatales (Edwards 2015). Aunque algunas quemas controladas están registradas en los conjuntos de datos oficiales, muchas no parecen estarlo. La investigación en Australia Occidental informó de que una media del 2,5% de los incendios forestales en dos distritos de bomberos de la zona de Perth entre 2004 y 2012 fueron resultado de quemas controladas que se escaparon (Plucinski 2014). Las pruebas aportadas a la investigación parlamentaria de Victoria señalaron que el Gobierno de Victoria realizó 670 quemas controladas en 2014-15 (Parlamento de Victoria 2017). La base de datos de Victoria registró que anualmente se atendió un promedio de seis incendios forestales debido a la reignición de quemas controladas. El otro uso del fuego, conocido como retroquema, es aquel en el que los bomberos encienden un fuego para reducir la fuente de combustible y así reducir o evitar la propagación de un incendio forestal ya existente. Es probable que este tipo de respuesta se considere parte del incendio forestal original. Las quemas controladas y la retrocombustión se tratan con más detalle en el capítulo 8.

Quemas ecológicas

Algunos sistemas ecológicos requieren fuego para abrir las vainas de las semillas y facilitar la reproducción de las plantas (US National Park Service 2017). Por ello, a veces se realizan quemas ecológicas en los parques forestales. Sin embargo, como se verá en el capítulo 8, a menudo no está claro cuál es el objetivo de un incendio autorizado.

Encendido no autorizado

Ciertos tipos de incendios tienden a no ser registrados por las agencias de bomberos, aunque los datos pueden ser recogidos en algunos países por otras autoridades, como el Ministerio de Agricultura en España (Salvador 2016). Es posible que esta información no se haga pública. En Europa, aunque algunos países ofrecen datos sobre incendios relacionados con la agricultura, esta información no se incluye en la recopilación de datos sobre incendios de la Comisión Europea (San-Miguel-Ayanz et al. 2017).

Ciertos tipos de incendios forestales pueden tener razones agrícolas, culturales e históricas para encenderse, o pueden tener intenciones más antisociales o ilegales, como la venganza y el mantenimiento del empleo. Por ello, no está claro cómo deben clasificarse. Algunos de estos incendios se consideran "prácticas normales", como los incendios con fines agrícolas, y otros quizá deberían ser objeto de persecución legal como incendios provocados. Aunque algunos incendios históricos o relacionados con la agricultura no lleguen a descontrolarse, sí pueden tener un amplio inconveniente con el humo, contaminación y daños al suelo, etc. Los riesgos asociados a este tipo de incendios van en aumento, sobre todo en el contexto del crecimiento demográfico y el cambio climático.

Incendios en vertederos

Los incendios en vertederos pueden producirse debido a incendios de superficie, combustión espontánea o calor heredado. El calor heredado es el enterramiento inadvertido de una fuente de calor. La combustión espontánea se produce cuando una fuente de calor enterrada, resultante de la descomposición biológica o la oxidación química, produce un aumento de la temperatura si la masa de residuos no puede disipar el calor más rápido de lo que se produce, un proceso conocido como "fuga térmica" (Foss-Smith 2010). Por ejemplo, la combustión espontánea en vertederos se ha detectado en un lote de pilas de mercurio que sufrieron un cortocircuito durante el asentamiento final de un vertedero, y en trapos de algodón empapados en pintura de aluminio. Los incendios bajo la superficie pueden permanecer calientes durante años en condiciones de falta de oxígeno. Los incendios en vertederos emiten un cóctel tóxico de gases fugitivos, como formaldehído, cianuro de hidrógeno, sulfuro de hidrógeno, óxidos de nitrógeno, así como *dibenzoparadioxinas* policloradas y dibenzofuranos policlorados (Bates 2004; Foss-Smith 2010; Thornton 2002). Por lo tanto, estos incendios pueden ser potencialmente letales y tener efectos agudos y crónicos en la salud (Foss-Smith 2010). A escala internacional se han realizado muy pocas investigaciones sobre los incendios en vertederos, a pesar de que se producen con frecuencia. En EE.UU. se producen unos 8.300 incendios en vertederos al año (US Fire Administration 2004) y en el Reino Unido entre 280 y 300 al año. La información anecdótica habla de un gran número de incendios en vertederos en los últimos años en Suecia y Australia (Lönnermark et al. 2008). Un problema adicional en Victoria es la aparición de incendios en varias plantas de reciclaje en los últimos años, que provocan humo tóxico sobre los suburbios de Melbourne (Preiss 2019). Las plantas habían acumulado grandes reservas de plástico en las instalaciones que suponían un riesgo real de incendio para las comunidades locales e incumplían la normativa de seguridad (ABC News 2019). No se han anunciado las causas de estos incendios.

Incendio en las minas de carbón

Se dice que el calentamiento espontáneo que provoca incendios en las minas de carbón es un problema importante en todo el mundo (Singh 2013). Este problema está presente en la mayoría de los países que explotan minas de carbón: EE.UU., China, Australia, Sudáfrica, Alemania, Indonesia e India. Los incendios pueden ser difíciles de detectar y durar décadas, ya que son muy difíciles de extinguir, sobre todo si se deja que el fuego crezca. Un incendio minero bajo la ciudad abandonada de Centralia, Pensilvania, lleva ardiendo 52 años (hasta 2014) (Zhang 2014). Se dice que hay cientos de incendios de minas ardiendo en la actualidad y se espera que sigan ardiendo hasta finales de siglo, con estimaciones de entre 20 y 600 millones de toneladas métricas de carbón perdidas anualmente por estos incendios (Munroe 2019). El carbón ardiendo libera al aire elementos potencialmente tóxicos como mercurio, metano, monóxido de carbono, dióxido de carbono, arsénico, flúor y selenio (Munroe 2019; Singh 2013). También pueden hacer que la zona circundante se caliente y se vuelva inestable, pudiendo provocar socavones.

Quema agrícola

La tala y quema de pastizales y bosques para la agricultura se practica sobre todo en zonas de África, el norte de Sudamérica y el Sudeste Asiático. África Central tiene una larga tradición de quemas estacionales para eliminar los cultivos viejos y las malas hierbas, y devolver los nutrientes al suelo (Jenner 2018). Esta práctica domina los casos de incendios forestales observados en Angola en la semana hasta el 21 de junio de 2018, donde el satélite de la NASA reveló que ardían 67.162 incendios. India tiene una larga historia de quema de rastrojos agrícolas. Esto contribuye a la grave contaminación del aire en Delhi. Desafortunadamente, se dice que la práctica está aumentando debido a los cambios en el clima que requieren una rotación más rápida en el uso de la tierra para permitir un segundo cultivo. Los incendios extremos duplican la cantidad de contaminación y aumentan los niveles totales de partículas 12 veces por encima de las recomendaciones de la OMS, e incluso 20 veces en algunos días (Jenner 2019). Aunque la práctica es ilegal, la disuasión no es suficiente para evitarla. Rusia oriental también tiene tradición de esta forma de quema agrícola.

Lovreglio y sus colegas examinaron los motivos de los incendios en tres zonas del sur de Italia, planteando una serie de preguntas a un grupo de expertos seleccionados (Lovreglio et al. 2010). Se dijo que los motivos más frecuentes de los incendios estaban relacionados con el uso agrícola histórico del fuego, como la quema de rastrojos. En España también persisten los planteamientos agrarios tradicionales y el uso histórico del fuego en las actividades agrícolas (Martínez, Vega-García & Chuvieco 2009). Salvador (2016) señala que los incendios asociados a prácticas agrícolas o para desbrozar matorrales, fueron la mayor causa de incendios en 2012, alrededor del 22% de los incendios o unos 43.000 incendios en España.

De hecho, muchos países llevaron a cabo esta práctica, pero hace relativamente poco tiempo que se ha abandonado. Australia utilizaba el fuego para eliminar animales, como ratones y serpientes, y para quemar el exceso de vegetación de desecho antes de cosechar la caña de azúcar. Sin embargo, en el norte de Australia se siguen encendiendo fuegos para mejorar el crecimiento de la hierba para el ganado que deambula por vastas zonas. Tales prácticas agrícolas provocaron incendios en el pasado en las zonas rurales del sur de EE.UU.

(Doolittle & Lightsey 1979). Prestemon y sus colegas (2013) consideran que la reducción de esta forma de encender fuego en EE.UU. puede explicar en parte su creencia en una tendencia a la baja en el número de incendios forestales. Sin embargo, este informe abarca datos bastante antiguos, de 1972 a 2008.

Incendios institucionales y económicos

Algunas empresas provocan incendios intencionados para talar los bosques. En Indonesia se queman tierras para cultivar aceite de palma. (The Prince's Rainforest Project 2009). A veces se paga a las aldeas locales para que provoquen el incendio para la empresa (comunicación personal a uno de los autores). Las prácticas agrícolas de plantación drenan los bosques húmedos, creando así las circunstancias para un aumento del riesgo de incendios en los suelos secos de turba.

Salvador (2016) escribe que el uso de la tierra puede ser controvertido; por lo tanto, los incendios forestales pueden encenderse para lograr resultados corporativos o empresariales. Dichos resultados podrían ser el desmonte y la especulación del suelo. A pesar de que en 2012 se produjeron en España unos 1.000 incendios forestales con estos fines, se produjeron muy pocas condenas penales de infractores empresariales. De las 186 sentencias penales por incendios forestales identificadas entre 2008 y 2012, solo 12 se saldaron con una multa a una empresa. Salvador (2016, p.348) señala que los delitos contra el medio ambiente, incluido el incendio doloso, ilustran "un nexo de desigualdad promulgado por un sistema judicial discriminatorio y el poder de las empresas para cometer daños ambientales sin preocuparse por sus consecuencias penales".

Grandes extensiones de la selva amazónica han sido taladas en las últimas décadas para expandir el cultivo de cosechas y la cría de ganado vacuno, o para aumentar el valor de las propiedades agrícolas (Givetash 2019). Bajo el actual gobierno brasileño, el número de incendios forestales en la Amazonía ha aumentado un 80% desde el 1 de enero hasta finales de agosto de 2019, en comparación con el mismo periodo del año anterior. Esto ha dado lugar a más de 74.000 incendios (Givetash 2019; Human Rights Watch 2019). El 10 de agosto fue considerado el 'día del fuego', coincidiendo con la promesa del presidente de Brasil de reducir las protecciones medioambientales de la selva y promover su 'desarrollo'. La tala ilegal por parte de redes criminales, y los incendios forestales resultantes, están relacionados con actos de violencia e intimidación contra los defensores de los bosques y con la incapacidad del Estado para investigar y perseguir estos delitos. Los incendios forestales son provocados por personas que completan el proceso de deforestación en el que se han eliminado árboles de valor, con el fin de despejar el terreno.

Existen pruebas anecdóticas de que los incendios en zonas remotas de Australia pueden ser encendidos ocasionalmente por las personas contratadas económicamente para extinguir incendios forestales. Del mismo modo, uno de los autores fue informado de la práctica de retrasar la extinción de incendios por parte de bomberos ocasionales remunerados, con el fin de maximizar el pago más elevado que se adquiere cuando se lucha contra el fuego.

Los incendios forestales como herramienta de conflicto

El fuego se ha utilizado contra personas y comunidades como arma de violencia y guerra (Baird 2006). En Galicia (noroeste de España) y en el norte de Portugal se dice que los incendios provocados asociados a conflictos sociales, como la pérdida de pastizales utilizados por la comunidad local, son un problema importante (Ganteaume et al. 2013). En España, los incendios forestales pueden ser utilizados en disputas por la tierra, por venganza, utilizados como forma de protesta en relación con la reforestación o una clasificación de conservación, o también pueden ser utilizados por grupos para crear disturbios sociales (Salvador 2016). Los conflictos por la tierra provocaron incendios en el pasado en las zonas rurales del sur de EE.UU. (Doolittle & Lightsey 1979).

En la investigación realizada en Italia por Lovreglio y sus colegas (2010), a la que se ha hecho referencia anteriormente, la segunda causa más frecuente de incendio, después de los fines agrícolas, era el resultado de conflictos laborales. Estos podían ser como protesta por la declaración de una zona protegida, venganza contra las administraciones o entidades públicas, o conflictos de propiedad o laborales. Especial importancia tuvieron los incendios provocados por los bomberos. Irónicamente, Lovreglio y sus colegas (2010) señalan que, como resultado de estos incendios, los ciudadanos afectados exigen más recursos para la extinción de incendios, creando así un círculo vicioso. Martínez, Vega-García y Chuvieco (2009) hallaron una asociación similar en España donde se observó que la tasa de desempleo era mayor en las zonas donde se producían más incendios.

El fuego se ha utilizado como arma. Por ejemplo, se utilizó una campaña sostenida de quemas contra el grupo étnico de los rohingya que viven en Myanmar (Consejo de Derechos Humanos 2018). En 2013 y 2014, la violencia antimusulmana en el estado de Rakhine (Myanmar) incluyó la quema de mezquitas. A partir del 25 de agosto de 2017 se utilizó el fuego de forma más generalizada contra los rohingya, junto con otros actos de violencia extrema. Se dijo que las fuerzas de seguridad de Myanmar participaron activamente y fueron cómplices (Consejo de Derechos Humanos 2018). Al menos 392 pueblos rohingya del estado de Rakhine fueron destruidos por el fuego, así como la incineración de cadáveres en fosas comunes, y personas que habían sido encerradas en estructuras, quemadas vivas.

Terrorismo e incendios forestales

La bibliografía sobre terrorismo e incendios forestales es muy escasa. El escaso material sobre este tema se refiere en gran medida al uso del fuego en un entorno urbano. Parte del propósito del terrorismo no es sólo destruir, sino también crear terror en la gente y asegurarse de que haya cobertura mediática en torno a este suceso (Stanley & Goddard 2002). Sin embargo, algunos incendios provocados por terroristas pueden tener otros fines. Por ejemplo, puede utilizarse para desviar los servicios de emergencia de un ataque en otro lugar o sobrecargar los recursos (Joint Counterterrorism Assessment Team 2019). Estas características distinguen este comportamiento de la mayoría de los encendidos maliciosos, en los que el incitador busca una gratificación personal del suceso y prefiere mantener en secreto su participación. El incitador de fuego malicioso rara vez tiene la intención de crear un incendio grande y peligroso. Sin embargo, en algunas publicaciones sobre terrorismo y otros temas más amplios, se tiende a utilizar los conceptos de incendio provocado y terrorismo indistintamente, así como a describir los incendios forestales como una "zona de guerra". Esto vuelve a crear cierta confusión en cuanto a la causa y el propósito de la ignición y, de nuevo, conduce a que no haya una vía clara para la prevención de la ignición.

Jackson y Frelinger (2007) analizaron 5.000 registros de las armas utilizadas por terroristas internacionales y nacionales entre 1980 y 2005, conservados en dos bases de datos de la RAND Corporation (EE.UU.). Señalan que hay más registros sobre los sucesos más recientes, ya que el terrorismo doméstico no se ha registrado históricamente. También advierten sobre la calidad de los datos. Aunque es probable que el fuego forme parte incidentalmente de muchos actos terroristas, Besenyö (2017) informa de que el 11% de los incidentes perpetrados por 55 organizaciones terroristas utilizaron intencionadamente alguna forma de fuego, ya fuera solo o en combinación con otras armas.

Aunque la mayoría de los incidentes terroristas se produjeron en un contexto urbano, los incendios forestales parecen formar parte de la agenda de algunos terroristas. Se habla de los incendios forestales como método de terror en EE.UU., Australia y Europa, señalando además la ubicación, la época del año y el clima que serían más adecuados para un evento de este tipo (Besenyö 2017). En 2012 y 2017 se han encontrado en revistas terroristas instrucciones dirigidas a terroristas nacionales sobre cómo fabricar artefactos incendiarios para atacar zonas silvestres (Joint Counterterrorism Assessment Team 2019). Debido a las escasas detenciones de incendiarios malintencionados, existen sospechas relacionadas con la ignición por terroristas en algunos incendios forestales, como en la Riviera francesa en julio de 2003, Grecia en 2007, Rusia en 2012, y en Arizona en 2013. Sin embargo, parece que el componente publicitario del acto terrorista está ausente en estos sucesos, si el terrorismo es la causa.

Parece haber más pruebas de terrorismo por parte de extremistas palestinos mediante incendios forestales en Israel en 2016, desplazándose los incendios a zonas urbanas (Besenyö 2017). Esta forma de terror mediante incendios forestales ha sido utilizada desde la década de 1920 por terroristas palestinos, que se dice que son responsables de un tercio de los incendios forestales en Israel (Baird 2006). En 2016, los incendios superaron los 1.773. Para extinguirlos se necesitaron aviones de extinción de incendios de muchos países, entre ellos Estados Unidos. Como consecuencia, el Primer Ministro israelí declaró que todos los incendios provocados se considerarían a partir de ahora un acto terrorista y se tratarían en consecuencia.

Fuego utilizado por los cazadores

En Europa el fuego puede ser utilizado por los cazadores, o para protestar por una limitación de las zonas de caza, representando alrededor del 2,4% de los incendios conocidos o unos 12.000 incendios en España en 2012. La caza también provoca incendios forestales en Italia (Ganteaume et al. 2013). En el Territorio del Norte (Australia), los incendios forestales pueden ser provocados por cazadores recreativos de cerdos (Notzon & Damjanovic 2017).

Conclusiones

Se pueden extraer varias conclusiones. Existen serias limitaciones de datos a nivel internacional, sobre el registro de la causa de los incendios, que deben abordarse. Aunque cabe esperar cierta variación entre países en la categorización de las explicaciones causales, la magnitud de las variaciones sugiere grandes imprecisiones en los datos. Se reconoce que la causa humana de la ignición es importante, pero rara vez se aborda, y el vínculo entre las personas y la prevención está casi totalmente ausente en la mayoría de los informes sobre incendios forestales. A nivel internacional, sigue existiendo la firme creencia de que la prevención se centra exclusivamente en la modificación del medio ambiente. No está claro por qué algunos incendios forestales se declaran oficialmente y otros no. Quizás el predominio de la ideología de que el fuego es un fenómeno "natural" esté nublando muchas de las ideas. Es posible que sea el contexto histórico y cultural el que ha normalizado estos incendios, lo que explica en cierta medida por qué el gran número de incendios forestales que se producen, por ejemplo, en Angola (África), se quedan en gran medida fuera de las conversaciones sobre incendios forestales.

Es urgente establecer normas de registro para comprender mejor las causas de los incendios forestales. Estas normas deberían tener un enfoque internacional para permitir el intercambio de investigaciones y conocimientos. Al mismo tiempo, las causas de los incendios forestales deben investigarse de forma localizada y matizada, con el fin de comprender los factores específicos que influyen en el país, la cultura y el espacio. La visión de túnel de los aspectos de los incendios forestales posiblemente sólo pueda superarse mediante una participación mucho más amplia de las disciplinas en la investigación de los incendios y las aplicaciones sobre el terreno. Esta aportación más amplia podría ofrecer perspectivas en torno al comportamiento humano, la planificación, la economía, la ecología, los climatólogos, los demógrafos y los filósofos, para separar los valores y la ideología de los resultados empíricos. En este libro se argumenta que sólo a través de estos cambios se conseguirá un sistema completo y eficaz de prevención de la ignición de incendios forestales, con el objetivo de reducir su incidencia en todo el mundo. Muchas de las cuestiones planteadas aquí se tratan con más detalle en otros capítulos del libro.

Capítulo 3
¿Quién enciende los fuegos y por qué?[1]

Introducción

La primera pregunta que se hace mucha gente cuando se entera de que alguien ha provocado maliciosamente un incendio es: "¿por qué alguien haría eso?". En efecto, es difícil entender por qué la gente podría encender fuegos malintencionadamente, incluso los que pueden tener resultados catastróficos. En el fondo, todas las personas tienen algún interés en el fuego y disfrutan con él. Nos gusta sentarnos alrededor del fuego frente a la chimenea y observar el fuego. Los niños, en particular, sienten fascinación por el fuego. Dada la importancia del fuego en la evolución de los humanos, nuestro interés por el fuego no es extraño (Ogloff 2009). Lo que es más difícil de entender, sin embargo, es cómo algunas personas, más allá de la infancia, continúan con un interés antinatural por encender fuego. Por desgracia, nuestra capacidad para responder a la pregunta fundamental de por qué algunas personas encienden fuegos maliciosamente sigue siendo algo limitada. Parte de la razón de nuestra falta de comprensión se debe a que son muy pocos los que son detenidos. Por ejemplo, en Victoria, la Agencia de Estadísticas sobre Delincuencia informó que de los 4,480 delitos de incendio provocado (con 1,397 delincuentes únicos) identificados entre 2011 y 2016, solo el 37% de los delitos fueron resueltos (Agencia de Estadísticas del Crimen 2016).

Las preguntas relativas a los incendiarios malintencionados para incendios forestales son aún más difíciles de responder, dado el asombrosamente bajo número de delincuentes identificados por delitos de incendios forestales (Ducat & Ogloff 2011). Por ejemplo, en la muestra de Victoria durante el período de cinco años comprendido entre 2011 y 2016, solo se detuvo a 46 delincuentes de este tipo (Agencia de Estadísticas sobre Delincuencia 2016). De los autores de incendios forestales, más de la mitad eran conocidos por la policía por delitos anteriores y 16 (34 %) habían cometido previamente un incendio provocado o algún delito de daños. Lamentablemente, el escaso número de delincuentes identificados ha dificultado los esfuerzos por identificar características comunes o realizar análisis comparativos con otros autores de incendios provocados para determinar si los que provocan incendios intencionados constituyen un grupo distinto de delincuentes. El menor número de condenas por incendios provocados puede deberse a varias razones. En

---

[1] Agradecemos a la Dra. Lauren Ducat, psicóloga clínica y forense por su ayuda en la preparación de este capítulo.

primer lugar, no sólo es más difícil detectar incendios forestales malintencionados, dado que pueden producirse en zonas rurales y remotas, sino que también es más difícil identificar a los autores (Willis 2004). En segundo lugar, incluso los individuos que son detectados pueden no ser acusados de delitos específicos de incendios forestales, sino de otros delitos relacionados, lo que dificulta la recopilación de datos sobre estos individuos (Doley 2003). Por estas razones, lo que sabemos sobre los autores de incendios forestales es limitado; sin embargo, se sabe más sobre otros autores de incendios provocados.

Este capítulo ofrece una visión general de lo que se sabe sobre los incendiarios urbanos malintencionados y, en la medida de lo posible, sobre los que provocan incendios forestales malintencionados, que pueden compartir características comunes (Ducat & Ogloff 2011). Comenzamos con una breve mención de la prevalencia estimada del encendido de fuegos en la comunidad en general. A continuación, consideramos grupos específicos de infractores malintencionados de incendios forestales, como los que padecen enfermedades mentales, las mujeres y los jóvenes infractores. También consideraremos hasta qué punto existen marcadores que diferencian a los incendiarios dolosos de otros delincuentes, qué puede llevar a una persona a encender fuego deliberadamente, incluyendo una breve discusión de las teorías actuales sobre el encendido de fuego en adultos, los subtipos de incendiarios y, por último, la cuestión de los incendios provocados por el personal de los servicios de extinción de incendios. El capítulo concluye con una discusión de las lagunas de conocimiento y futuras áreas de investigación para comprender mejor la psicología de estos individuos.

Prevalencia de incendios provocados

Debido a la baja tasa de identificación de incendios provocados de forma malintencionada y a los bajos índices de aprehensión incluso cuando se sabe que los incendios fueron provocados deliberadamente, no es posible determinar de forma definitiva la tasa de prevalencia de incendios provocados de forma malintencionada en la comunidad (Ogloff 2009). No obstante, algunos investigadores han intentado establecer tasas de prevalencia del encendido malintencionado de fuegos. Por ejemplo, Gannon y Barrowcliffe (2012), y Barrowcliffe y Gannon (2015), se propusieron evaluar la prevalencia y las características de los pirómanos no detenidos. En el primer estudio, el 11% (n = 168) de los encuestados informaron de un diagnóstico anterior de problemas de conducta. En el segundo estudio, 158 personas de los 5.568 hogares encuestados declararon haber provocado incendios intencionados. Esto representa una tasa del 2,84%. En EE.UU., la *Encuesta Epidemiológica Nacional sobre Alcohol y Afecciones Relacionadas* examinó la incidencia de encender fuego en la comunidad (Blanco et al. 2010). La investigación reveló una tasa de prevalencia estimada a lo largo de la vida de aproximadamente el 1% de la población adulta de EE.UU.

Aunque estos resultados demuestran que la tasa de incendios intencionados entre la población es baja, las cifras muestran un gran número de fuegos provocados de forma malintencionada. Por ejemplo, los resultados de EE.UU. indicarían que aproximadamente 2 millones de estadounidenses adultos encienden fuegos deliberadamente. Aunque informativos, estos datos no proporcionan una indicación de la naturaleza o gravedad de los fuegos encendidos. De hecho, la prevalencia y la naturaleza de los incendios intencionados se han considerado un problema de salud pública internacional (Tyler et al. pública internacional (Tyler et al., en prensa).

Características comunes de los pirómanos

Cada vez hay más bibliografía que describe las características de los que provocan fuego (Ogloff 2009). Comenzamos describiendo las características comunes observadas entre los grupos de incendiarios, discutimos las pruebas emergentes sobre las características psicológicas que pueden distinguirlos de otros delincuentes y a los incendiarios reincidentes de los que lo han sido una sola vez, y exploramos brevemente las diferencias en varios grupos de incendiarios (los jóvenes, los persistentes, los incendiarios accidentales, las mujeres y los que padecen enfermedades mentales).

Antecedentes y datos demográficos

Aunque los incendiarios son un lote heterogéneo, las investigaciones existentes apuntan a una serie de características que son relativamente comunes entre los que han sido detenidos (Bell, Doley y Dawson 2018; Dickens et al. 2009; Doley 2003; Ducat, Ogloff y McEwan 2013; Ellis-Smith, Watt y Doley 2019; Gannon y Pina 2010; Martin et al. 2004; Prins 1995; Rix 1994). Las conclusiones de los estudios citados muestran que los incendiarios malintencionados son en su inmensa mayoría varones jóvenes, solteros, caucásicos, con dificultades interpersonales. A menudo proceden de una infancia desfavorecida en la que sufrieron abusos y tienen un bajo nivel educativo. Suelen tener un estatus laboral bajo y relaciones empobrecidas. Como grupo, suelen tener un historial delictivo "versátil" o diverso.

La investigación ha demostrado en gran medida que el objetivo de los incendiarios son las propiedades residenciales (Gannon y Pina, 2010; Tyler et al., 2015). Sin embargo, lo más probable es que esto se deba a los tipos de incendios que se identifican como provocados y se denuncian, y a los tipos de delincuentes que son detenidos. También es cierto que se ha llevado a cabo una cantidad desproporcionada de investigaciones en jurisdicciones, como el Reino Unido, donde los incendios forestales son menos problemáticos.

En 2008, Muller publicó un estudio que investigaba la población de incendiarios (1.099 acusados de incendios provocados y 133 de incendios forestales) de Nueva Gales del Sur (Australia) entre 2001 y 2006. Prácticamente todos eran hombres (90%) y adultos (84%). Un número desproporcionado tanto de adultos (20%) como de adolescentes (37%) eran indígenas. Más de la mitad de los delincuentes adultos tenían una condena previa por algún delito, pero muy pocos tenían condenas previas por incendios provocados (3% de los delincuentes por incendios provocados, y 2% de los delincuentes por incendios forestales tenían condenas previas por incendios provocados). De los 555 individuos que tenían una condena anterior, sólo siete (1,3%) eran exclusivamente incendiarios; la polivalencia delictiva era la norma.

Pocos estudios han examinado el provocar fuego por parte de grupos indígenas, especialmente en Australia, lo cual es sorprendente, dada la importancia histórica y cultural del fuego en la cultura aborigen (Muller & Bryant 2008a; Willis 2004) y la sobrerrepresentación de los aborígenes y los isleños del Estrecho de Torres en la cultura aborigen (Muller & Bryant 2008a; Willis 2004). Un estudio australiano reciente de Ellis-Smith, Watt y Doley (2019) descubrió que, aunque su muestra era abrumadoramente no indígena, había una diferencia significativa entre el número esperado y el observado de australianos indígenas como porcentaje del número total de pirómanos representados en su muestra. También encontraron algunas diferencias en las características de los incendiarios indígenas y no indígenas. Los incendiarios indígenas tenían más probabilidades de haber estado bajo los efectos de sustancias en el momento de cometer el delito y de haber encendido fuegos impulsivamente por motivos expresivos. Curiosamente, menos incendiarios aborígenes habían recibido diagnósticos de salud mental que el grupo no aborigen. Los autores postularon que esta diferencia podría estar más relacionada con la infrautilización de los servicios por parte de este grupo que con una diferencia real. Lamentablemente, no se analizaron los objetivos ni la ubicación del incendio (incendio forestal, estructural, etc.) para determinar las diferencias entre los grupos.

Dos estudios australianos han examinado las diferencias entre hombres y mujeres que prenden fuego deliberadamente. En un estudio a gran escala en el que se compararon las variables psiquiátricas y delictivas de todos los hombres (909) y mujeres (143) que fueron condenados por encender fuego en Victoria entre 2000 y 2009, Ducat, McEwan y Ogloff (2017) descubrieron que hombres y mujeres reincidían en tasas similares, con características similares de los reincidentes entre los dos grupos. Sin embargo, se observó que las mujeres eran menos versátiles que los hombres en el ámbito penal y que habían cometido menos delitos en el pasado, especialmente delitos violentos. A las mujeres se les diagnosticó con más frecuencia depresión o abuso de sustancias y trastornos de la personalidad (sobre todo Trastorno Límite de la Personalidad) que a los hombres.

Ellis-Smith, Watt y Doley (2019) exploraron las características de los pirómanos convictos, explorando las decisiones de sentencia de 305 delincuentes incendiarios en toda Australia. En consonancia con los hallazgos internacionales, las mujeres representaron el 11% (34) de la muestra. Casi la mitad de las mujeres (48%) y más de un tercio de los hombres (36,5%) habían sido diagnosticados con una enfermedad mental. Sin embargo, no encontraron diferencias significativas en los tipos de diagnósticos identificados, siendo la depresión y la esquizofrenialos más notables. También hallaron tasas similares de encendidos exclusivos y características similares de los delitos entre hombres y mujeres. Curiosamente, sin embargo, descubrieron que la proporción de mujeres condenadas durante el periodo de 25 años había aumentado.

Delincuente

La literatura sobre el encendido del fuego está repleta de debates sobre la cuestión de si los incendiarios son un conjunto único de individuos y si son delincuentes versátiles o exclusivos (Ducat, McEwan & Ogloff 2013). La investigación muestra cada vez más que los pirómanos, y en particular los reincidentes, tienen menos probabilidades de ser delincuentes "exclusivos" y muchas más de ser delincuentes polivalentes, cometiendo incendios dolosos en el contexto de diversas carreras delictivas. Por ejemplo, Soothill, Ackerley y Francis (2004) examinaron la reincidencia en cuatro muestras diferentes con un total de más de 10.000 pirómanos condenados en Inglaterra y Gales entre 1951 y 2001. Encontraron una tasa de reincidencia en incendios provocados de entre el 7,8% y el 20,7% tanto en hombres como en mujeres, pero una tasa de reincidencia general de entre el 52% y el 70%.

En cuanto a la versatilidad delictiva en el estudio señalado anteriormente, Ducat y sus colegas (2013) descubrieron que sólo el 20% de su muestra de más de 1.000 pirómanos eran "exclusivos", mientras que el 44% tenía tres o más tipos de delitos. Los delincuentes exclusivos tendían a ser más jóvenes y a no tener otros antecedentes delictivos. Ellis-Smith y colegas (2019) replicaron recientemente los resultados de Ducat y colegas, encontrando que aproximadamente el 19% de su muestra eran incendiarios exclusivos, y la mayoría mostraba versatilidad delictiva. Una vez más, de forma similar a los hallazgos de Ducat y sus colegas, la mayoría de los incendiarios exclusivos estaban siendo condenados por primera vez, no tenían antecedentes de delincuencia juvenil y eran más propensos a prender fuego a su propia propiedad. Del mismo modo, estudios anteriores han descubierto que la mayoría de los autores de incendios provocados son penalmente polivalentes (Barnett, Richter y Renneberg 1999; Muller 2008). Estos resultados indican que la versatilidad delictiva es un factor de riesgo clave para la comisión de delitos en el futuro, como ocurre en otros grupos de delincuentes.

Iluminación de incendios de altas consecuencias

Los incendios provocados de forma malintencionada pueden ir desde pequeños fuegos en cubos de basura hasta grandes incendios que destruyen propiedades y, en ocasiones, provocan la muerte de personas. La mayoría de las investigaciones no han tenido en cuenta la naturaleza y gravedad de los incendios provocados. Así, pues, se plantean una serie de cuestiones en relación con los incendios más graves, entre ellas si las características de los incendiarios de fuegos de consecuencias graves son similares a las de otros grupos de incendiarios, y si los índices de reincidencia establecidos y los factores asociados a la reincidencia en el encendido de fuegos a los incendiarios de alta prevalencia. La escasa bibliografía sobre los incendiarios de fuegos de consecuencias graves indica que hay poco solapamiento entre los que provocan fuegos repetidamente y aquellos cuyos fuegos provocan lesiones, muertes o destrucción significativa.

Geller y sus colegas emprendieron estudios para determinar la naturaleza de los fuegos encendidos por los pacientes de un gran hospital estatal de EE UU. En primer lugar, descubrieron que el 7% de los incendiarios que reinciden ponen en peligro la vida encendiendo fuego (Geller, Fisher & Moynihan 1992). Del mismo modo, descubrieron que el 12,5% reincidía prendiendo fuego a casas (Geller, Fisher & Bertsch 1992). Hallazgos como los revelados por Geller y sus colegas muestran que pocos pirómanos reincidentes ponen en peligro la vida o provocan incendios más graves, y estos grupos representan sólo una pequeña proporción de todos los sujetos analizados.

En su estudio seminal de 1.346 personas que encendían fuego en EE.UU., Lewis y Yarnell (1951) sugirieron que el encendido de fuego de alta consecuencia y el encendido de fuego repetido no estaban relacionados. Por ejemplo, descubrieron que los más propensos a causar lesiones graves, o incluso la muerte, estaban motivados por los celos; sin embargo, también eran los menos propensos a provocar más incendios. Del mismo modo, en un amplio estudio de pirómanos canadienses, Rice y Harris (1991) compararon a los que encendían fuego una sola vez con los que lo hacían repetidamente; estos últimos tenían niveles más altos de agresividad, provocaban incendios en entornos domésticos y rara vez intentaban apagar los fuegos. Más recientemente, los estudios sobre incendios provocados-homicidios han descubierto que una alta proporción de estos delitos se producían en los hogares de las víctimas (65%), ocurrían por la noche (61%) y tenían como objetivo a las parejas íntimas (46%) (Drake & Block

2003; Ferguson et al. 2015). Ferguson y sus colegas (2015) también encontraron tasas más altas de enfermedad mental (19,1%), suicidios post-homicidio (11,2%) y alcoholismo o drogadicción (19,1%) entre los autores de homicidios provocados, en comparación con los autores de homicidios no relacionados con incendios provocados. Estos estudios limitados, por lo tanto, indicaban que los incendios provocados de consecuencias graves podrían, de hecho, surgir por diferentes razones, en diferentes contextos.

Dickens y sus colegas (2009) también han argumentado que las intenciones (motivos) asociados con el encendido de fuego de alta consecuencia pueden distinguirlos de los incendiarios de fuego reincidentes y han cuestionado la convención de que "un gran incendio es sólo un pequeño incendio que no ha sido controlado" (p. 32). La sugerencia de que las intenciones que subyacen al hecho de encender fuego no están vinculadas al daño consecuente implica que el hecho de encender fuego difiere de otras formas de delincuencia. Ciertamente, las intenciones de los incendiarios de causar daño y los resultados reales de su comportamiento pueden no coincidir debido a aspectos de planificación/tiempo, las condiciones ambientales, los factores de población y el acceso a los servicios de bomberos y rescate. Sin embargo, esto también podría decirse de otras formas de delincuencia, pero no disminuiría la importancia de comprender los motivos de los autores.

Nanayakkara y sus colegas (en prensa, a) llevaron a cabo un estudio reciente sobre los incendios de alto valor (n = 114) basado en datos obtenidos del Tribunal de Instrucción de Nueva Gales del Sur, Australia. En Nueva Gales del Sur, los incendios de alto coste provocados (que superan los 100.000 dólares de daños) y los que causan lesiones graves o la muerte son investigados por el Tribunal de Forenses. Entre otras cosas, el estudio investigó los motivos de los incendios de alto valor. Los autores identificaron cinco tipos de incendios provocados utilizando un escalado multidimensional: 1) violencia de pareja; 2) desesperado; 3) ganancia instrumental; 4) vandalismo; y 5) interés por el fuego. En particular, se observó que la mayoría de los incendios examinados incluían la planificación y el uso de acelerantes, lo que reafirma el carácter intencionado de los incendios de consecuencias graves.

La escasez general de investigaciones sobre los incendiarios responsables de los incendios más dañinos y destructivos pone de manifiesto una laguna en la bibliografía. En consecuencia, la cuestión de si los pirómanos reincidentes son también responsables de incendios de consecuencias graves sigue en gran medida sin respuesta. La bibliografía disponible apunta a que factores similares a los que distinguen a los que encienden fuego una sola vez de los que lo hacen repetidamente (es decir, enfermedades mentales graves o violencia) también podrían marcar las diferencias entre los incendiarios nocivos y los reincidentes.

Enfermedades mentales

Es bien sabido que las enfermedades mentales están sobrerrepresentadas entre los delincuentes convictos en general (por ejemplo, Schilders & Ogloff 2014). De forma similar, esto parece ser particularmente cierto tanto para los pirómanos convictos como para los incendiarios. El hecho de que exista una mayor tasa de enfermedades mentales entre los incendiarios no significa que la relación no sea necesariamente causal. Más bien, varios autores han afirmado que, en la mayoría de los casos, la relación entre enfermedad mental e incendio provocado es indirecta, al moderar vulnerabilidades preexistentes (Gannon et al. 2012; McEwan & Ducat 2015; Nanayakkara, Ogloff & Thomas 2015). Además, la piromanía tiene, por supuesto, una relación directa con el encendido de fuego (Nanayakkara et al. 2015).

Los incendiarios patológicos, conocidos como pirómanos, forman un grupo distinto, aunque pequeño, de incendiarios malintencionados. Los elementos del diagnóstico incluyen: encender fuego de forma deliberada e intencionada en múltiples ocasiones; incapacidad para resistirse a prender fuego; interés extremo por la parafernalia relacionada con el fuego; aumento de la tensión o excitación antes del acto seguido de un intenso alivio una vez cometido; ausencia de otros motivos o ganancia (por ejemplo, ganancia monetaria, encubrimiento de delitos, expresión sociopolítica o ira o venganza); y no se caracteriza por otro trastorno (American Psychiatric Association 2013). Las tasas de piromanía han variado en la literatura del uno al 60% (Lewis & Yarnell 1951; Nanayakkara, Ogloff & Thomas 2015). Contrariamente a las concepciones populares de los pirómanos en serie, la mayoría no son pirómanos. Ha habido mucho desacuerdo en la literatura en cuanto a la definición, existencia y tasa de piromanía, con algunos autores sosteniendo que simplemente no existe (Willis 2004). La mayoría de los investigadores y clínicos reconocen que la piromanía existe, pero los piromaníacos constituyen una proporción muy pequeña de los incendiarios deliberados (Nanayakkara, Ogloff y Thomas 2015).

Para examinar la prevalencia de las enfermedades mentales entre los incendiarios, Ducat, Ogloff y McEwan (2013) realizaron un estudio epidemiológico a mayor escala, empleando métodos de vinculación de datos. Compararon los diagnósticos y el uso de servicios de salud mental de todos los 1.328 pirómanos condenados en Victoria, Australia, entre 2000 y 2009, con una muestra de control de la comunidad emparejada y 421 delincuentes no incendiarios. Los resultados revelaron que el 37% de los incendiarios habían tenido contacto formal con los servicios públicos de salud mental, en comparación con el 29,3% de los delincuentes de la muestra de control. En general, los incendiarios tenían más probabilidades de haber sido diagnosticados de alguna enfermedad mental que ambos grupos de control. En concreto, tenían más probabilidades de haber sido diagnosticados de trastornos depresivos, trastornos de ansiedad, trastornos del comportamiento infantil, trastornos por abuso de sustancias y trastornos de la personalidad. Lo mismo ocurrió cuando se compararon a los incendiarios y los controles de la comunidad, con el añadido de una mayor incidencia de trastornos psicóticos en la muestra de incendiarios. Un estudio epidemiológico similar realizado en Suecia, con 1.689 pirómanos convictos y 40.560 controles comunitarios, halló tasas significativamente más altas de esquizofrenia en los incendiarios (Anwar et al. 2011). Recientemente, Ellis-Smith y sus colegas (2019) examinaron 305 decisiones de sentencia por delitos de incendio provocado cometidos en Australia y encontraron que en casi la mitad (45,5%) de los incendiarios habían recibido un diagnóstico de salud mental en su vida, mientras que el 37,7% fue identificado con una condición de salud mental actual. Los diagnósticos más frecuentes fueron depresión, esquizofrenia y trastornos de la personalidad. Los autores señalan que estos diagnósticos se comunicaron en el momento de la sentencia, por lo que pueden no representar la verdadera incidencia de la enfermedad mental. Esto es especialmente cierto en el caso del trastorno de la personalidad, que es notoriamente infradiagnosticado en los informes de sentencia. Sin embargo, proporciona más apoyo a la prevalencia de enfermedades mentales entre los incendiarios. Estudios comunitarios en la población adulta de EE.UU. encontraron una incidencia proporcionalmente mayor de enfermedades mentales en los detenidos por cargos de incendio provocado (17%) que, en otros, incluidos trastornos del estado de ánimo, trastornos por abuso de sustancias y trastornos de la personalidad (Blanco et al. 2010).

Nanayakkara y sus colegas (en prensa) llevaron a cabo un estudio para explorar las diferencias entre los incendiarios con trastornos mentales que fueron remitidos a los servicios de salud mental forense de la comunidad en Nueva Gales del Sur y Victoria, Australia. También investigaron el nexo entre el trastorno mental y el fuego. La muestra incluyó a 103 personas, y los investigadores tuvieron en cuenta una serie de variables, entre ellas los motivos y variables clínicas (de diagnóstico) y de comportamiento. Comprobaron, utilizando un escalado multidimensional, que surgían cuatro grupos diferentes de personas con trastornos mentales que encendían fuego, y que cada tipo reflejaba diferencias en el motivo y el diagnóstico, y se distinguían en función de los comportamientos y/o estados psicológicos predominantes: 1) lucha psicótica; 2) desesperanzados; 3) estado de ánimo descontrolado, y 4) interés por el fuego. El tipo de lucha psicótica incluía variables de psicosis, encendido de fuego en lugares de residencia, víctimas conocidas y múltiples motivos, entre ellos venganza, autodefensa y motivos religiosos. Los motivos dentro de este tipo derivaban principalmente de delirios persecutorios y/o religiosos. También se consideró que los motivos concurrentes capturados en este tipo reflejaban los probables estados mentales desorganizados de los incendiarios.

El Tipo Desesperado incluía variables de estar sujeto a la legislación sobre salud mental en el momento de encender el fuego, estar hospitalizado, motivo del suicidio y autoinmolación. La inclusión de variables que denotaban hospitalización y tratamiento involuntario en este tipo reflejaba la morbilidad psiquiátrica y la desesperanza subjetiva de estos individuos, y es coherente con la legislación sobre salud mental vigente en el momento del incendio y que es coherente con los protocolos de tratamiento que avalan el ingreso involuntario de individuos que suponen un riesgo para sí mismos. Al igual que en el primer estudio, las variables recogidas en el tipo de desesperanza ponen de relieve el mayor riesgo de comportamiento suicida entre las personas con enfermedad mental grave y demuestra que el encendido de fuego es un medio peligroso para intentar suicidarse, especialmente durante los ingresos hospitalarios.

El tipo de estado de ánimo sin regulación incluía diversas variables de trastorno de la personalidad, historia de abusos, autolesiones, desregulación del estado de ánimo y motivo de frustración manifiesta. Estas variables se reconocieron como rasgos comunes al trastorno límite de la personalidad. En consecuencia, se dedujo que el encendido de fuego en este tipo tenía un propósito funcional, similar al de la autolesión en el trastorno límite de la personalidad.

Por último, el tipo de interés por el fuego incluía variables de piromanía: encender fuego en serie, prender fuego a la vegetación y el motivo de la excitación. Estas variables indicaban que los incendiarios de este tipo encendían fuego en serie, probablemente debido a un interés patológico por el fuego, que es patognomónico de la piromanía.

La relación entre el trastorno mental y la provocación de incendios observada en este estudio sugiere dos vías clínicas para la provocación de incendios. Por un lado, la provocación del fuego que se manifiesta en la psicosis parece indicar una relación más directa con personas que provocan incendios como resultado de sus creencias psicóticas. Por otro lado, cuando surge en el contexto de un trastorno de la personalidad y piromanía, parecía estar moderado por el respectivo trastorno mental.

Estos resultados demostraron que existían claras diferencias entre los incendios de fuego por trastornos mentales y que esas diferencias se observaban en todos los diagnósticos psiquiátricos, motivos y contextos de los incendios. Los resultados también sugieren que la relación entre el trastorno mental y la provocación del fuego puede variar, dependiendo de las condiciones de salud mental.

Encendido deliberado o accidental

Son escasas las publicaciones que exploran las diferencias caracterológicas entre los individuos que encienden fuego de forma malintencionada y los que lo hacen accidentalmente. Los datos disponibles proceden normalmente de muestras de jóvenes que han llamado la atención de las autoridades o de sus padres por tener un comportamiento inseguro con el fuego. Los juegos con fuego son habituales entre los niños (Putnam & Kirkpatrick 2005), pero la mayoría de los niños no llega a encender fuego de forma malintencionada a medida que envejecen. Algunos autores han señalado que suele ser la combinación de la curiosidad por el fuego y las experiencias simultáneas de dificultades familiares y circunstancias vitales estresantes, lo que hace que los niños adopten formas más graves de comportamiento de encender fuego (Lambie, Seymour y Popaduk 2012; Mackay et al. 2006). Las investigaciones que examinan los resultados de esos programas muestran que la mayoría de los niños que entran en ellos no vuelven a encender fuego (Faidley 2015; Lambie et al. 2009). Aunque hay pocas pruebas que apoyen cualquier teoría sobre por qué es así, es probable que el nivel antisocial sea un factor predictivo en estos casos. Mackay y sus colegas (2009) examinaron los factores de riesgo para la persistencia de los comportamientos de encender fuego entre los jóvenes. Descubrieron que la combinación de interés por el fuego y la antisocialidad eran los mejores predictores tanto de la gravedad del encendido de fuego como de la persistencia. Martin y sus colegas (2004) informaron de manera similar que la antisocialidad era un predictor significativo de la futura conducta de encender fuego.

Por lo tanto, se podría plantear la hipótesis de que los individuos que provocan incendios accidentalmente pueden ser menos antisociales y, por lo tanto, es más probable que las consecuencias del incendio y la atención que atrae sobre ellos les disuadan de volver a jugar con fuego en el futuro. En apoyo de esta hipótesis, en un estudio sobre individuos con tendencias pirómanas de la comunidad, que declararon haber provocado incendios por los que no fueron detenidos, se observó que, si hubieran tenido una mayor concienciación sobre los incendios y un mejor conocimiento de los daños potenciales causados por el fuego, no habrían provocado el incendio (Barrowcliffe y Gannon, 2015).

Delincuentes jóvenes frente a mayores

Los adolescentes que encienden fuego es una cuestión a la que merece la pena prestar atención, ya que los datos de tendencias de una serie de países industrializados, como Australia, Nueva Zelanda, EE.UU., el Reino Unido y Europa sugieren que aproximadamente la mitad de todos los incendios provocados intencionadamente son provocados por delincuentes juveniles de entre 12 y 17 años (Faidley 2015). Además, los estudios han demostrado que hasta el 60% de los delincuentes juveniles que provocan incendios de forma maliciosa son reincidentes (Kolko et al. 2001; Kolko & Kazdin 1992; Lambie et al. 2013; MacKay et al. 2006). Esto contrasta con las muestras comunitarias de adultos, en las que el 40-50% de los que prenden fuego declaran haber participado en múltiples episodios de este tipo. (Del Bove et al. 2008; Mackay et al. 2009). El punto de consenso parece ser que el hecho de que los adolescentes enciendan fuego, se produce en el contexto de una disfunción psicosocial grave y una serie de otros comportamientos antisociales (Lambie & Randell 2011; Stanley 2002). A pesar de ello, los adictos al fuego suelen mostrar mayores niveles de disfunción y psicopatología que incluso otros grupos antisociales. Esto es cierto en la población adulta como ya hemos visto. Sin embargo, sigue existiendo un cisma entre la documentación sobre el encendido del fuego adulta y juvenil. El examen de los factores vinculados al inicio de un incendio juvenil y a la reincidencia sigue de cerca las tendencias de las que se informa en los informes sobre adultos, lo que da peso a las teorías actuales sobre el inicio de un incendio en adultos y a las vías propuestas para el inicio de un incendio en adultos.

Lambie y sus colegas (2013) realizaron un seguimiento de 182 menores que encendían fuego y que habían sido remitidos al Programa de Concienciación e Intervención contra Incendios de Nueva Zelanda (FAIP) durante un período de diez años. Descubrieron que, si bien la tasa de reincidencia en provocar fuego era baja (2%), el índice general de reincidencia era alto (59%). Este hallazgo es notablemente consistente con la documentación sobre el inicio de incendios en adultos (véase, por ejemplo, Ducat, McEwan y Ogloff 2015, que informaron de una tasa de reincidencia de irradiación de incendios del 5% y una tasa de reincidencia general del 55,4%). La reincidencia se predijo por tener antecedentes de provocar fuegos antes de la intervención del FAIP y por haber sufrido abusos. Por el contrario, el hecho de vivir con ambos progenitores en el momento de la intervención disminuía la probabilidad de tener un comportamiento delictivo en el futuro. Otros factores significativos asociados con el encendido de fuegos en el pasado fueron el estrés familiar y el diagnóstico de Trastorno por Déficit de Atención e Hiperactividad (TDAH) y la gravedad de los delitos se asoció a la violencia familiar (como víctima, denunciante o agresor).

Estos hallazgos se han replicado en otros lugares en la bibliografía de adolescentes (ver para Lambie & Randell 2011 para una revisión; Roe-Sepowitz & Hickle, 2011; Stanley 2002; Watt et al. 2015), y la literatura de adultos que encienden fuego (Bell, Doley & Dawson 2018). Específicamente, los activadores de fuego juveniles tienden a ser hombres, tienen diagnósticos psiquiátricos (específicamente trastorno de conducta, trastorno por déficit de atención con hiperactividad y enfermedades depresivas) por consumo de drogas y conductas suicidas, tienen escasas habilidades sociales y, por tanto, malas relaciones con los demás, y manifiestan un mayor interés por el fuego que sus compañeros no aficionados al fuego (Watt et al. 2015). También tienden a haber experimentado entornos de cuidadores disfuncionales y abusivos, bajo nivel socioeconómico, y haber participado en una serie de otros comportamientos antisociales. Parece que el hecho de encender fuego en los jóvenes puede estar asociado a una mayor gravedad y persistencia de la delincuencia (Kennedy et al. 2006; Stickle & Bleckman 2002).

La combinación de antisocialidad y el interés por el fuego o curiosidad por el fuego parece ser importante. Martin y sus colegas (2004) descubrieron que el mejor predictor de la conducta autodeclarada de encender fuego, eran las conductas antisociales graves, mientras que otros han señalado la importancia del interés o la curiosidad por el fuego y la conducta previa de encender fuego (Kolko & Kazdin 1992; Mackay et al. 2006). Más recientemente, Watt et al. (2015) compararon las diferencias en los factores de riesgo y la prevalencia de conductas de encender fuego entre 138 adolescentes juzgados como infractores y 136 no infractores de dos escuelas de Queensland, Australia. Los delincuentes eran más propensos a tener antecedentes de encender fuego. Los antecedentes de conducta antisocial, el afecto positivo hacia el fuego, los intereses relacionados con el fuego y la preocupación por el fuego predijeron la reincidencia en encender fuego. Los jóvenes que encendían fuego eran más propensos a hacerlo por diversión/aburrimiento (67,4%), curiosidad (13,2%) y porque sus amigos encendían fuego (9,7%). Curiosamente, la contribución del comportamiento antisocial fue menos relevante en la predicción de los comportamientos de encender fuego una vez que se tuvieron en cuenta las variables específicas del fuego. Esto indica que es probable que el interés específico por el fuego y el afecto positivo asociado a encender fuego predigan el futuro encendido de fuego en los adolescentes, al igual que en los adultos, y puede ser el factor distintivo clave que prediga qué jóvenes podrían mantener el comportamiento de encender fuego en la edad adulta.

Estos resultados apoyan las teorías actuales sobre el encendido de fuegos, que indican que la adversidad en la infancia y las experiencias negativas en el desarrollo, así como la participación en conductas de encendido de fuegos en la niñez, constituyen un factor de riesgo significativo para que en el futuro creen fuegos maliciosos, y apuntan hacia intervenciones que pueden animar a estos jóvenes a desistir de hacerlo. El hecho de que los factores de riesgo de encender fuego entre adultos y jóvenes se asemejen notablemente, indica que la intervención precoz puede ser la clave para reducir la reincidencia.

Diferencias entre pirómanos y otros delincuentes

Aunque ha habido mucho debate en la literatura sobre si los incendiarios forman un grupo distinto de delincuentes, la investigación emergente sugiere dos temas generales. El primero es que los incendiarios tienden a compartir una serie de características generales con otros delincuentes, con algunas excepciones notables, y en segundo lugar, que pueden tener perfiles psicológicos distintos.

Ducat, McEwan y Ogloff (2013) compararon 207 pirómanos que fueron condenados en el Tribunal del Condado de Victoria entre 2004 y 2009 con 197 delincuentes de control en una serie de variables demográficas, de justicia penal y psiquiátricas. No hubo diferencias en el historial delictivo de los dos grupos (lo que quizá no sorprenda, dado que se trataba de una muestra de la justicia penal), pero los incendiarios tenían más probabilidades de estar desempleados y tener un nivel educativo más bajo, haber sido diagnosticados de una enfermedad mental, especialmente depresión y trastornos de la personalidad y tener antecedentes de comportamiento suicida, problemas de conducta en la infancia y haber recibido tratamiento psicológico. Los incendiarios de fuego tenían más antecedentes de encender fuego y eran más jóvenes cuando iniciaron esta conducta.

Tyler y sus colegas (2014) examinaron una serie de variables que incluían antecedentes delictivos, factores sociodemográficos, antecedentes psiquiátricos, familiares y personales en delincuentes con trastornos mentales reclutados en seis hospitales psiquiátricos de seguridad del Reino Unido. Todos los participantes tenían un trastorno mental diagnosticado y al menos una condena penal. En general, hubo muy pocas diferencias en las variables demográficas y de antecedentes penales, pero los piromanos tenían muchas más probabilidades de haber sido diagnosticados con una enfermedad esquizofrénica y de haber manifestado interés por el fuego.

Del mismo modo, un estudio realizado en el Reino Unido en el que se comparó a 243 personas con trastornos de salud mental forense de Oak Ridge descubrió que los que provocaban fuegos, tendían a ser menos agresivos físicamente, y tenían una mayor incidencia de encender fuego y de interés por el fuego. Además, sus familiares tenían más probabilidades de tener antecedentes de también prender fuegos y de que el paciente tuviera interés por el fuego en la infancia. También estaban más aislados socialmente y eran menos inteligentes.

En las últimas décadas se ha debatido si los incendiarios son más parecidos a los delincuentes violentos o a los delincuentes contra la propiedad. Wilpert, Van Horn y Eisenberg (2015) compararon a 55 incendiarios con 41 delincuentes violentos de un centro holandés de tratamiento forense ambulatorio en una serie de variables del carácter, de historia personal y de conducta delictiva. En consonancia con los hallazgos anteriores, descubrieron que los incendiarios tenían más probabilidades de haber sido diagnosticados con trastornos de la personalidad (los rasgos narcisistas aparecían con mayor frecuencia), mayores niveles de aislamiento social y habilidades de hacer frente a los problemas inadecuados. Sin embargo, los delincuentes violentos tendían a ser más jóvenes cuando delinquían por primera vez, y un mayor número de ellos tenían antecedentes delictivos y les habían diagnosticado drogodependencia. Curiosamente, y dando peso al argumento de que los infractores incendiarios tienden a ser delincuentes generales más que especialistas, los delincuentes violentos tenían más probabilidades de ser delincuentes especialistas. Se observaron pocas diferencias significativas.

Al igual que en la bibliografía sobre adolescentes resumida en la sección anterior, la antisocialidad es importante, pero la predicción específica de pertenencia a un grupo como pirómano parece estar mediada por la presencia de variables específicas del fuego. Gannon y sus colegas (2013) examinaron los perfiles psicológicos de 68 que encendieron fuego y una muestra de control emparejada de 68 presos que no. Encontraron que el interés por los incendios graves, una mayor identificación con el fuego y una menor concienciación sobre la seguridad contra incendios eran características distintivas importantes de los incendiarios (Gannon et al. 2013; Tyler et al. 2015). Estos estudios también encontraron que otras características psicológicas más generales eran más comunes en los incendiarios: mayor cognición relacionada con la ira (rumiación y hostilidad) e ira relacionada con la provocación, mayor excitación fisiológica ante la ira, locus de control externo y menor autoestima.

Utilizando un enfoque novedoso para la selección de muestras, Barrowcliffe y Gannon (2015) reclutaron a participantes de la comunidad a través de las redes sociales para comparar las características psicológicas de los incendiarios y no incendiarios de fuego no detenidos que viven en el Reino Unido. Definieron los grupos, preguntando a los participantes si alguna vez habían encendido un fuego deliberadamente. De los 232 participantes, 40 (17,78%) constituían el grupo de los ignífugos no detenidos. Las personas de este grupo tenían más probabilidades de haber provocado un incendio en la infancia o la adolescencia, de haber experimentado con el fuego antes de los 10 años y de haber padecido una enfermedad psiquiátrica, especialmente un diagnóstico de la conducta. También son más propensos a haber sido expulsados de la escuela, a tener antecedentes de intentos de suicidio y a tener un familiar con antecedentes de incendio intencionado. Utilizando una serie de herramientas relacionadas con el fuego, y escalas relacionadas con la personalidad que miden factores como la ira y la respuesta a la provocación, la soledad, la asertividad, el locus de control, la propensión al aburrimiento y las actitudes y asociaciones delictivas, señalaron una serie de diferencias psicológicas entre los grupos. Existe escasa literatura que explore las características diferenciales entre los individuos que se dedican a encender fuego de forma malintencionada y los que lo hacen accidentalmente.

En general, los incendiarios tienden a ser similares a otros delincuentes en términos de historial delictivo general y factores demográficos. Sin embargo, las diferencias apuntan a un mayor déficit psicosocial, trastornos psiquiátricos y diferencias psicológicas clave, que ofrecen oportunidades de intervención y desviación en la conducta.

Tipologías de incendiarios

A lo largo de los años se han intentado desarrollar tipologías para categorizar y dar sentido a la heterogeneidad entre los que provocan incendios deliberadamente. Las teorías basadas en un único factor han predominado en la reflexión sobre la provocación intencionada de incendios y, de hecho, siguen ocupando un lugar importante en las perspectivas de los legos sobre los incendiarios intencionados. Las primeras tipologías se centraban en características únicas, como la enfermedad mental, específicamente la piromanía (Lewis & Yarnell 1951), aprendizaje social (Kolko & Kazdin 1986; Vreeland & Levin 1980), diferencias biológicas (Virkkunen et al. 1987; Virkkunen et al. 1989) y placer sexual o catarsis (Macht & Mack 1968) para explicar el comportamiento. A menudo se derivaban de las diferencias observadas en las acciones en la escena del crimen para extrapolarlas a las posibles características del delincuente, o de las motivaciones propuestas para encender fuego, y no estaban explícitamente basadas en la teoría. Sin embargo, las teorías de un solo factor no podían explicar las enormes diferencias observadas entre los que encendían fuegos y no explicaban claramente la etiología del comportamiento (Gannon y Pina 2010).

Para paliar las deficiencias de las teorías monofactoriales y para explicar comportamientos humanos complejos como la provocación de fuegos, varios autores han propuesto teorías multifactoriales. Dos teorías anteriores, la Teoría Dinámica del Comportamiento de Fineman (1980, 1995) y la Teoría del Análisis Funcional de Jackson, Glass y Hope (1987), explican en cierta medida las complejas y variadas vías que siguen los individuos para encender fuego de forma deliberada. La Teoría del Análisis Funcional sugiere que el encender fuego se desarrolla y se mantiene gracias a una compleja interacción entre los antecedentes y las consecuencias del comportamiento. Éstos interactúan con factores subyacentes, como las desventajas psicosociales, la insatisfacción vital y el autodesprecio, la ineficacia social, las experiencias tempranas con el fuego y los desencadenantes internos y externos del encender fuego. La teoría también se centraba en el impacto de las consecuencias positivas y negativas de encender fuego como reforzadores. Aunque la teoría tiene verdaderos puntos fuertes en su desarrollo a partir tanto de la literatura de investigación como de la experiencia clínica, nunca fue probada empíricamente. Del mismo modo, la Teoría Dinámica del Comportamiento afirma que encender fuego es el resultado de una compleja interacción de factores evolutivos, biológicos, culturales, sociales, de aprendizaje y contextuales. Esta teoría fue la primera en hacer hincapié en el impacto de la cognición y el afecto antes y después de encender fuego. Sin embargo, esta teoría también carecía de validación empírica.

Más recientemente, Gannon y sus colegas (2012) desarrollaron la Teoría de Trayectorias Múltiples de Incendios de Adultos (Multi-Trajectory Theory of Adult Firesetting (M-TTAF). La teoría da cuenta de los déficits de las teorías anteriores mediante el uso de un enfoque que reunió factores empíricamente validados y clínicamente significativos de la base de la investigación y la experiencia clínica. Esta teoría pone de relieve las diversas vías etiológicas del encendido de fuego, y las expresiones de la conducta, así como las vías de refuerzo para los incendiarios persistentes, y el desistimiento. La teoría postula que el comportamiento de encender fuego se desarrolla como resultado de experiencias específicas en el contexto de desarrollo del incitador de fuego (es decir, la biología, las experiencias de desarrollo, los factores culturales y el aprendizaje social), y da lugar a cuatro procesos psicológicos claves que apuntalan el encender fuego: intereses/guiones inapropiados sobre el fuego; cognición de apoyo al delito; problemas de regulación de la auto/emoción, y problemas de comunicación.

Se cree que la agudeza y la interacción entre estos cuatro procesos clave explican la variabilidad en la conducta de encender fuego y la presentación clínica. Cuando están presentes factores próximos específicos, que producen una influencia interactiva dinámica continua de los acontecimientos vitales, los factores contextuales y el afecto/cognición, las vulnerabilidades preexistentes se activan y aumentan la probabilidad de que el individuo adopte conductas de encender fuego. Proponen dos factores moderadores: la autoestima y la enfermedad mental. Estos factores afectan a las relaciones entre las vulnerabilidades psicológicas y los factores desencadenantes.

La teoría describe en primer lugar los factores y mecanismos que interactúan para facilitar y reforzar el acto de encender el fuego y, a continuación, va más allá para reunirlos en trayectorias prototípicas (patrones de características que conducen al comportamiento del inicio del fuego), explicando presentaciones particulares del comportamiento de encender fuego. Estas trayectorias se proponen sobre la base de la combinación única del contexto de desarrollo, las vulnerabilidades psicológicas y los factores de riesgo próximos, incluida la motivación. Se cree que la presencia y la importancia relativa de los diversos factores de riesgo, así como las características clínicas que se presentan, determinan la forma en que se expresa el comportamiento y, a continuación, orientan a los facultativos en cuanto a las intervenciones que pueden ser más adecuadas para reducir el riesgo de reincidencia.

La primera trayectoria propuesta es la del grupo de "cognición antisocial". En este grupo, el encendido del fuego suele surgir de actitudes y guiones delictivos generales y es probable que tenga un carácter más instrumental. Los motivadores típicos pueden ser el vandalismo, la venganza y el aburrimiento. Se esperaría que el encender un fuego formara parte de una serie de comportamientos antisociales, que pueden tener un inicio temprano. Al igual que en el grupo de cognición antisocial, es probable que el incendiario por "agravio" utilice el fuego como instrumento, pero es probable que lo haga para expresar su ira contra un individuo o grupo específico en respuesta a una provocación. Se espera que los individuos en esta trayectoria muestren problemas en las áreas de agresión, rumiación de ira y hostilidad, y que tengan pobres habilidades de comunicación apuntaladas por una baja asertividad. Es probable que tengan guiones específicos que vinculen el fuego con la agresión indirecta; es decir, que el fuego sea una herramienta poderosa para enviar un mensaje. A diferencia de las dos trayectorias anteriores, los individuos que siguen la trayectoria del "interés por el fuego" tienen más probabilidades de tener un interés inapropiado por el fuego, guiones sobre el fuego como actividad placentera en sí misma, y de mantener actitudes de apoyo al fuego. Se propone que el encendido de fuego se produzca en ausencia de actitudes antisociales generales y, por lo tanto, es poco probable que forme parte de un historial delictivo más extenso. Típicamente, estos incendiarios pueden tener problemas de impulsividad y utilizar el fuego como estrategia de regulación de emociones, por ejemplo, como método de afrontar problemas, búsqueda de emociones o alivio del aburrimiento.

Aunque a primera vista la trayectoria "emocionalmente expresiva/necesidad de reconocimiento" puede parecer similar a la trayectoria de queja debido a que el problema principal son los déficits en las habilidades de comunicación, es probable que los guiones subyacentes sobre el uso del fuego sean diferentes. Es probable que las personas que siguen el subtipo emocionalmente expresivo tengan una serie de problemas con la regulación de las emociones, como un mal afrontamiento, una mala resolución de problemas e impulsividad. Los acontecimientos estresantes de la vida les imponen una carga excesiva, lo que hace que el individuo se sienta desatendido, incapaz de comunicar sus necesidades y desesperanzado. El fuego, por tanto, se considera una forma de satisfacer y comunicar las necesidades emocionales. Este grupo tiene más probabilidades de encender fuego junto con autolesiones y puede estar más asociado a la muestra femenina y a diagnósticos como la depresión y el trastorno límite de la personalidad. El grupo de "necesidad de reconocimiento" puede presentarse de forma diferente debido a su propuesta intacta de buena autorregulación y planificación y el uso del fuego de forma orientada a un objetivo, pero los problemas subyacentes con la comunicación serán la característica clínica clave. El encendido de fuego puede utilizarse para obtener atención social o el estatus de "héroe". Esta trayectoria se propone para dar cuenta de las personas que provocan incendios. El último grupo, denominado "polifacético", presenta una serie de problemas complejos y graves derivados de experiencias de desarrollo muy aversivas, así como intereses y guiones inadecuados sobre el uso del fuego. Se propone que estos guiones se han desarrollado a partir de una curiosidad natural hacia el fuego, y el juego temprano con fuego, que se refuerza como un mensajero importante, un mecanismo natural de afrontamiento y una herramienta que aumenta las sensaciones. Es probable que encender fuego forme parte de una historia delictiva generalizada, repetitiva y con poca consideración por la seguridad de los demás. Por lo tanto, es probable que estos individuos presenten actitudes antisociales tanto específicas como generales, problemas con la autorregulación y la regulación de las emociones, escasas habilidades de comunicación y un rasgo de ira.

La teoría se desarrolló para explicar la gama de comportamientos observados en el encendido de fuegos por parte de adultos; sin embargo, la mayoría de los datos en los que se basa la teoría se basan en muestras de encendido de fuegos estructurales (urbanos). Algunas partes de la teoría cuentan con apoyo empírico, pero la teoría en su conjunto aún no ha sido validada. Los estudios han examinado y prestado apoyo a partes de la teoría, especialmente las vulnerabilidades psicológicas (Barrowcliffe y Gannon 2015; Gannon et al. 2013; Tyler et al. 2015). Dalhuisen, Koenraadt y Liem (2017) intentaron validar los subtipos propuestos por el M-TTAF mediante la calificación de variables vinculadas al M-TTAF en los expedientes de todos los 389 pirómanos adultos remitidos para una evaluación forense de salud mental forense en una clínica de los Países Bajos entre 1950 y 2012. Los análisis de conglomerados encontraron apoyo parcial para algunos de los subtipos.

La aplicación de esta teoría a los incendios provocados es problemática, al igual que la extrapolación de todas las investigaciones sobre incendios provocados estructurales, ya que se dispone de muy pocos datos para determinar su validez. No obstante, la teoría proporciona un marco útil para comprender las posibles vías de acceso y expresión del incendio provocado, así como el modo en que los individuos pueden poner fin a este comportamiento, ya sea de forma espontánea o mediante intervención.

Observando la necesidad de un esquema conciso de clasificación de los incendios forestales provocados maliciosamente, Willis (2004) postuló una tipología para los que inician incendios forestales, estructurada en torno a cinco tipos principales de incendios forestales provocados maliciosamente.

- Incendios forestales encendidos para aliviar el aburrimiento o crear excitación: vandalismo, estimulación, actividad (algo que hacer). Esta última subcategoría se refiere a los incendiarios y otras personas que simplemente encienden fuegos por hacer algo.

- Reconocimiento y atención: heroísmo (para obtener un reconocimiento positivo); súplica (un "grito de ayuda").

- Propósito o beneficio específico: ira (a menudo contra el gobierno o los organismos de gestión de la tierra); pragmático (para un propósito como la limpieza de la tierra), o encubrimiento de delitos; material (como bomberos que quieren cobrar horas extras); altruista (el incendiario cree que el fuego beneficiará a otros).

- Sin motivo: psiquiátricos (sin otro motivo, sin control sobre las acciones y sin intención maliciosa); niños (juego o experimentación, pero sin intención maliciosa ni conciencia de las posibles consecuencias).

- Motivos mixtos: Múltiples (una mezcla de los anteriores); Incidentales (el resultado de una intención maliciosa, como la ocultación de un delito, pero sin tener en cuenta que el fuego puede propagarse y dar lugar a un incendio forestal).

Obsérvese que, aunque muchas de las categorías comparten algunas características con la investigación sobre el inicio de incendios estructurales, los aspectos específicos varían. Esto subraya la necesidad de considerar la ignición de incendios forestales como un delito distinto de la ignición de incendios estructurales y de orientar los programas de intervención en consecuencia. Aunque este modelo es un primer paso alentador en la clasificación de los inicios de incendios forestales, el autor admite que es un modelo preliminar y que aún debe ser evaluado (Willis 2004). Es necesario seguir investigando para probar la aplicación de un sistema de este tipo. Además, puede que no sea aplicable a todos los grupos de edad, ya que las motivaciones pueden ser específicas de cada edad.

¿Qué motiva a los individuos a provocar incendios?

Qué motiva al incendiario es una cuestión que ha sido objeto de numerosas investigaciones. La cuestión de la motivación del incendiario ha sido preeminente en las tradiciones de elaboración de perfiles de delincuentes del FBI, con tipologías específicas de incendios provocados desde la década de 1980 (Davis y Bennett, 2016). En tiempos más recientes, la tipificación motivacional ha llegado a considerarse un enfoque erróneo para comprender la activación de incendios, en parte debido a la naturaleza heterogénea del encendido de incendios y de los incendiarios, y en parte debido a los términos a menudo confusos utilizados en la literatura para atribuir el motivo (Dickens & Sugarman 2012; Ducat & Ogloff 2011; Gannon & Pina 2010). En el mejor de los casos, la motivación no es más que una faceta que merece ser explorada a la hora de comprender los incendios provocados, y se entiende mejor dentro de las circunstancias de desarrollo y desencadenantes del suceso del encendido del fuego.

Aunque las diferentes muestras (es decir, salud mental forense, justicia penal, comunidad) y diferentes definiciones de las motivaciones han dado lugar a cierta variabilidad en las muestras reportadas, hay consistencias. En resumen, las motivaciones pueden considerarse en dos dimensiones: instrumental y expresiva (Canter & Fritzon 1998; Ducat & Ogloff 2011). Gannon y Pina (2010) resumen la literatura en esta área, citando que las motivaciones más comúnmente reportadas a través de la literatura son la venganza (Inciardi 1970; Koson & Dvoskin 1982), el vandalismo (Icove y Estepp, 1987) y la excitación (Iciardi, 1970; Icove y Estepp, 1987), seguidas de otras motivaciones menos frecuentes: el lucro, la ocultación del delito, las enfermedades mentales, el extremismo, la petición de ayuda, la violencia, petición de ayuda, autolesión, heroísmo y suicidio. Es probable que la preponderancia de las motivaciones se deba a la naturaleza compleja y polifacética de encender fuego (Ducat y Ogloff 2011; Gannon y Pina 2010).

Como se ha señalado anteriormente, Nanayakkara y sus colegas (en prensa) examinaron datos del Coronial de Nueva Gales del Sur y muestras de Salud Mental Forense Comunitaria de Nueva Gales del Sur y Victoria para comprender mejor los subgrupos específicos de pirómanos. Sus estudios se centraron en los delitos más graves que causaban daños significativos o daños físicos, así como en los que padecían enfermedades mentales y las mujeres pirómanas. Al analizar una serie de variables individuales, situacionales y características del delito, así como la motivación, Nanayakkara y sus colegas descubrieron que los motivos más comunes eran la venganza, el lucro y la excitación. Gran parte de los que encendían fuego por venganza lo hacían contra su ex pareja o su pareja actual. Varios otros estudios también han señalado la venganza y la excitación como dos de las motivaciones más significativas para el encendido malicioso de fuego (Dalhuisen, Koenraadt & Liem 2017; Gannon et al. 2013; Rix 1994).

Barrowcliffe y Gannon (2015) encontraron que los incendiarios de la comunidad informaron que estaban motivados para encender fuego por curiosidad (65%) y para crear diversión o emoción (67,5%), mientras que la mayoría informó de múltiples motivaciones. Estas motivaciones pueden ser distintas de las de otros grupos de incendiarios, como los delincuentes con trastornos en los que la venganza y la expresión emocional son mucho más comunes. También es probable que estas motivaciones se vean afectadas por el hecho de que la mayoría de los incendiarios de la muestra declaran encender fuego con amigos (72,5%). Curiosamente, algo menos de un tercio de los participantes, que forman el grupo más numeroso, declararon que su objetivo era la hierba, los arbustos o las hojas secas. Aunque es difícil extrapolar estos resultados a los incendios forestales, donde el riesgo de causar importantes daños materiales puede estar presente incluso cuando se encienden fuegos aparentemente pequeños de hierba o arbustos, sí proporciona algunas pistas sobre el tipo de individuos que pueden provocar incendios en entornos naturales, y con qué propósito.

Al contrario que en el caso de los incendios estructurales, es menos probable que los incendiarios lo hagan por venganza o ánimo de lucro, y más probable que enciendan fuegos por interés en el fuego o en busca de emociones (Muller & Bryant 2009). Cuando la venganza es una motivación potencial para encender fuego, es más probable que se trate de un sentimiento de ira difuso y no dirigido contra un individuo concreto (Muller & Bryant 2009). Es más probable que lo hagan para satisfacer una necesidad psicológica. Las tendencias estacionales son evidentes en el encendido de incendios forestales, y los datos australianos sugieren que se provocan más incendios forestales en días declarados de prohibición total de incendios, lo que apoya la idea de que las personas pueden verse atraídas a encender incendios forestales deliberadamente por la emoción. El hecho de que los medios de comunicación se hagan eco de los días de alto riesgo de incendio y de las posibles consecuencias devastadoras y de largo alcance de provocar un incendio en esos días puede ser el desencadenante (Willis 2004). Las motivaciones más comunes para encender fuego intencionadamente tienden a centrarse más en lo emotivo, como la búsqueda de emociones, el alivio del aburrimiento y el interés por el fuego, que en las motivaciones instrumentales.

Estudio de caso

Tino era un joven que aspiraba a ingresar en el Cuerpo de Bomberos del País (CFA). Había tenido problemas sociales toda su vida, sufría acoso en la escuela y en su lugar de trabajo, y pensó que entrar en el Cuerpo de Bomberos le daría un sentido de pertenencia, un propósito y una comunidad. Cuando iba por la mitad de su formación, empezó a hacer bromas telefónicas para avisar de incendios y así poder ver pasar los camiones por delante de su casa. En más de una ocasión, los llamó mientras estaba de servicio en el CFA para poder observar la emoción de los camiones cuando se preparaban para el despliegue.

Tras varios de estos casos, el jefe de bomberos y un miembro de la policía acudieron a una reunión del CFA a la que asistía Tino. Lo sacaron del grupo y, ante la mirada de todos, lo detuvieron por dar falsas alarmas. Aunque Tino reconoció que su comportamiento era incorrecto, se indignó al ser señalado delante de sus amigos y colegas. Se enfadó profundamente con el CFA, que se había convertido en un pararrayos de toda su rabia y frustración, que sentía contra quienes le habían acosado y contra la comunidad en general por lo que percibía como rechazo hacia él. Aunque deseaba desesperadamente castigar al CFA por ello, se sentía incapaz de dirigirse específicamente a él. En lugar de ello, empezó a provocar incendios molestos en zonas naturales, lo que provocaba múltiples llamadas al día. En más de una ocasión, los fuegos que provocó se propagaron de forma descontrolada, destruyendo grandes extensiones de bosque y poniendo en peligro los bienes de la comunidad.

El personal de bomberos que encienden fuego deliberadamente

Aunque hay pocos estudios sobre el tema, la cuestión de la iluminación por parte del personal de bomberos se plantea cada temporada de incendios. Una de las razones por las que se presta tanta atención al tema es que la idea de que una persona, a la que se paga por apagar incendios y salvar vidas (o que se ofrece voluntaria para hacerlo), haga lo contrario es aborrecible y arroja sospechas sobre el grupo en su conjunto. En segundo lugar, se trata de un grupo muy visible y reconocible (es decir, no se trata de "simples delincuentes"). No obstante, apenas existen investigaciones que examinen los rasgos específicos de los bomberos que provocan incendios, lo que probablemente se deba al escaso número de delincuentes de este tipo que son detenidos. Lo más probable es que el personal de bomberos que prende fuegos tenga interés en los incendios y pueda demostrar una necesidad de reconocimiento.

Las investigaciones existentes sugieren que pueden ser más funcionales que otros incendiarios, mostrando mayor capacidad de empleo, planificación, autorregulación y resolución de problemas. Lo que les puede faltar, como propone el M-TTAF, es la capacidad de comunicar sus necesidades y guiones específicos sobre la utilidad del fuego para satisfacer una necesidad. Este grupo de incendiarios tiene el potencial de ser más peligroso que otros, debido a su profundo conocimiento del comportamiento del fuego, la geografía y las respuestas del personal de bomberos, y posiblemente también debido a una falsa creencia en su propia capacidad para contener un incendio o provocar un tipo específico de fuego. Muller y Bryant (2009) plantean la hipótesis de que los bomberos pueden estar motivados por la necesidad de reconocimiento y estatus social, emoción y, en algunos casos, para conseguir empleo o trabajo. Willis (2004) resume la bibliografía en este ámbito y sugiere que los bomberos que se involucran en encendidos malintencionados suelen ser relativamente nuevos en el trabajo y proceden de entornos más disfuncionales.

Predictores y factores de riesgo de incendio

Una vez examinadas las posibles razones psicológicas que subyacen a la decisión de encender fuegos malintencionados, pasamos a analizar los factores predictivos y de riesgo que pueden ayudar a diferenciar a los incendiarios que corren el riesgo de provocar nuevos incendios de los que no reincidirán. Es importante destacar que, como se ha revelado en la sección anterior, el hecho de encender fuego no debe considerarse como un constructo unitario, debido a la compleja y variada gama de comportamientos, motivaciones y antecedentes asociados al hecho de encender fuego (Palmer, Caulfield & Hollin 2005).

Una revisión de 24 estudios extraídos de la literatura internacional sobre la incidencia de la reincidencia en incendios provocados indica que la tasa varía entre el 4% y el 60% en función de los incendios provocados posteriores (Brett 2004). Aunque es difícil determinar una tasa media, en general se acepta que al menos el 30% de los pirómanos volverán a provocar incendios posteriormente. Al igual que en la investigación sobre los motivos, hay pocos predictores que puedan utilizarse para diferenciar a los incendiarios dolosos de otros delincuentes, por no hablar de los incendiarios ocasionales y los incendiarios en serie. Los predictores notificados para los autores de incendios dolosos tienden a ser similares a los de otros autores y, por lo tanto, tienen muy poca validez predictiva.

La mayoría de los estudios coinciden en que los incendiarios, en general, suelen ser varones jóvenes con dificultades interpersonales, alcohol o drogas; muestran indicios de una infancia inestable y algún tipo de enfermedad mental (Prins 1995). Basándose en un análisis de las características de la escena del crimen observadas por los investigadores, Canter y Fritzon (1998) observaron algunas características comunes de los delincuentes reincidentes en incendios, entre las que se incluyen la realización de varias llamadas de falsa alarma de incendio, trastorno de la personalidad, delitos previos de incendio y contacto con los servicios sociales.

Al analizar las características de los incendiarios reincidentes en el centro forense de salud mental Oak Ridge en Ontario, Quinsey y sus colegas (2006) hallaron una serie de factores que predecían la reincidencia en el encendido de fuego. Estos incluían una infancia traumática y una vida familiar inestable; mala adaptación escolar; baja inteligencia; un extenso historial de encender fuego, particularmente con un inicio temprano del comportamiento; y un historial de agresión.

Dickens y sus colegas (2009) examinaron los expedientes de 167 pirómanos adultos para identificar los factores que diferenciaban a los pirómanos de un solo episodio de los reincidentes. También consideraron si los factores podían diferenciar a los incendiarios que provocaron incendios que causaron lesiones más graves, la pérdida de vidas o grandes daños. Todos los incendiarios fueron remitidos a una evaluación forense de salud mental, que es la norma en el Reino Unido. Una de las limitaciones del estudio es que, en lugar de hacer un seguimiento de los incendiarios a lo largo del tiempo para ver si reincidían, los investigadores sólo pudieron determinar a partir del material de archivo si habían tenido uno o más incidentes de incendio doloso en el pasado.

Dickens y sus colegas (2009) descubrieron que casi la mitad (49%) de los incendiarios habían encendido fuegos maliciosos con anterioridad. Estas personas eran más jóvenes y tenían más probabilidades de ser solteras. Comenzaban a delinquir antes y tenían problemas de adaptación escolar. También era más probable que tuvieran problemas de aprendizaje y trastornos de la personalidad. Los reincidentes también tenían más probabilidades de haber cometido delitos contra la propiedad y de haber pasado más tiempo en prisión. Aunque poco frecuentes, los que experimentaban sentimientos de tensión y excitación al encender fuego tenían más probabilidades de ser reincidentes.

Es importante destacar, y quizás sorprendente, que Dickens y sus colegas (2009) no encontraron ninguna relación entre encender fuego repetidamente y encender fuegos que provocaron lesiones, grandes peligros o la pérdida de vidas. En este sentido, los autores concluyeron que "consideramos que puede ser un error confundir reincidencia y peligrosidad; nuestros datos sugieren que un incitador de fuego reincidente no es necesariamente el que causa más daño, y la suposición de que los conceptos de reincidencia y peligrosidad entre los incendiarios de fuego son intercambiables debe ser cuestionada" (p. 635).

Ducat, McEwan y Ogloff (2015) realizaron un estudio de más de 1.000 pirómanos condenados en Victoria (Australia) para: 1) determinar la tasa de reincidencia en incendio doloso en una muestra representativa de incendiarios ante los tribunales; 2) determinar los factores psiquiátricos y criminógenos que están relacionados con la reincidencia de los incendiarios, y 3) desarrollar una herramienta de triaje clínicamente significativa para identificar a los incendiarios con mayor riesgo de reincidencia. Utilizando una metodología de vinculación de datos, vincularon a los delincuentes condenados por incendio provocado entre 2000 y 2009 con la base de datos de delincuencia penal. A continuación, compararon las características de aquellos que reincidieron cometiendo incendios provocados y delitos relacionados con los incendios provocados con los que reincidieron de otras formas, pero no en incendios provocados, durante un periodo de seguimiento de 2,5 a 11 años. Los resultados revelaron que la tasa de reincidencia por incendio doloso era muy baja (5,33%) en comparación con la tasa de reincidencia general (55,4%); la gran mayoría de los reincidentes por incendio eran delincuentes mixtos (penalmente versátiles) (91%). El estudio reveló que la delincuencia general, los antecedentes de empezar un fuego y los trastornos psiquiátricos estaban asociados a la reincidencia. A la hora de evaluar el riesgo de reincidencia por incendio, los clínicos deben tener en cuenta la criminalidad general, además de los antecedentes específicos de incendio, y el impacto potencial de los trastornos mentales en la reincidencia (Nanayakkara et al. en prensa, b).

Dado el número de adolescentes que delinquen encendiendo fuego deliberadamente (algunas cifras sugieren que el 50% de los incendios dolosos son provocados por niños (Palmer, Caulfield & Hollins 2005), algunos debates sobre los factores de riesgo para los menores está justificados. Entre los adolescentes, encender fuego suele formar parte de una amplia gama de comportamientos antisociales. Parece haber un solapamiento entre los niños que sufren maltrato infantil grave, padecen una enfermedad mental y se involucran en actividades antisociales (encender fuego es una faceta de esto) (Stanley 2002). Muchos de los factores que se encuentran en los adultos que encienden fuego (problemas de externalización, agresividad exacerbada, consumo de drogas, escasas habilidades interpersonales, falta de confianza en sí mismos) son similares: drogas escasas habilidades interpersonales, trastorno de la conducta/trastorno antisocial de la personalidad, disfunción e inestabilidad familiar, bajo rendimiento académico, y algunos indicios de abusos físicos o sexuales) también pueden observarse en los jóvenes incendiarios. El solapamiento entre delincuentes adultos y juveniles puede explicarse simplemente por el hecho de que a menudo la obsesión con el fuego comienza en la infancia o la adolescencia y puede, por tanto, continuar en la edad adulta. No obstante, algunos de estos factores han encontrado cierta validez discriminante para distinguir entre los no delincuentes y algunos otros delincuentes juveniles que no encienden fuego.

Todos estos perfiles ofrecen algunos indicadores para los incendiarios en general, pero no para los que encienden incendios forestales, en particular. Por desgracia, la bibliografía en este ámbito es limitada. Un estudio sobre los índices de delincuencia y reincidencia en incendios provocados en Nueva Gales del Sur reveló que el delincuente "medio" era varón, con una media de edad de 26,6 años, aunque el 31% tenía menos de 18 años en el momento de cometer el delito, y en su inmensa mayoría no era indígena. Además, los antecedentes eran más propensos a incluir delitos personales, seguidos de delitos contra la propiedad y las drogas (Muller 2008, pp. 4-5). Sin embargo, no se encontraron muchos otros elementos que distinguieran a estos delincuentes, ni tampoco diferencias en estos factores entre los pirómanos estructurales condenados y los pirómanos de incendios forestales. Por este motivo, se ha sugerido que no se debería centrar la atención en desarrollar perfiles de los incendiarios "típicos", ya que al hacerlo se podría pasar por alto una importante gama de características, lo que limitaría la utilidad del perfil (Muller 2008; Shea 2002).

Conclusión

Aunque limitado debido a la baja tasa de aprehensión de los incendiarios malintencionados, se empieza a tener una idea de las características de los incendiarios y los tipos de personas que provocan incendios. Sabemos que la prevalencia del encendido de fuegos es alta, con pocas personas que sigan encendiendo fuegos y aún menos que lleguen a ser detenidas. Esto es especialmente cierto en el caso de quienes encienden incendios forestales, debido a las dificultades para identificar dichos incendios y, posteriormente, detener a los autores. Los estudios sobre los que han sido detenidos muestran que aproximadamente la mitad de los incendiarios son niños o adolescentes. Entre los adultos, la mayoría son varones jóvenes, solteros, caucásicos y con dificultades interpersonales. En Australia, un número desproporcionado de adolescentes y de incendiarios son aborígenes o isleños del Estrecho de Torres. Los indígenas tienen más probabilidades de haber estado bajo los efectos de sustancias en el momento de encender el fuego. También son más propensos que los demás a encender fuego impulsivamente por motivos expresivos. Aunque las enfermedades mentales están sobrerrepresentadas entre los incendiarios, se ha descubierto que menos incendiarios aborígenes padecen enfermedades mentales. En comparación con los hombres que prenden fuego, se ha descubierto que las mujeres que lo hacen reinciden en tasas similares y comparten características parecidas; sin embargo, se descubrió que eran menos versátiles penalmente que los hombres, con menos delitos anteriores, sobre todo delitos. Las mujeres también tenían más probabilidades de ser diagnosticadas de depresión, abuso de sustancias y trastornos de personalidad que los hombres.

Como ya se ha señalado, un alto porcentaje de los incendiarios detenidos padecen enfermedades mentales, aunque la relación entre éstas y encender fuego es menos clara. La relación entre enfermedad mental e incendio puede variar en función del estado de salud mental. Los investigadores han identificado dos posibles vías para encender fuego. En primer lugar, los trastornos psicóticos, incluida la esquizofrenia. En primer lugar, se ha descubierto que los trastornos psicóticos, incluida la esquizofrenia, suelen tener una relación más directa con los incendios provocados. En cambio, los incendios provocados en el contexto de trastornos de la personalidad y piromanía parecen estar moderados por las respectivas enfermedades mentales.

Aunque muchos incendiarios malintencionados son penalmente polivalentes (es decir, se dedican a una serie de delitos que van más allá de encender fuego), se han encontrado una serie de diferencias entre los incendiarios y otros delincuentes. Por ejemplo, es más probable que los incendiarios estén desempleados y tengan un nivel educativo inferior al de otros delincuentes. Además, es más probable que a los pirómanos se les haya diagnosticado una enfermedad mental, especialmente depresión y trastornos de la personalidad, tener antecedentes de comportamiento suicida, problemas de conducta en la infancia y haber seguido un tratamiento psicológico que otros delincuentes.

Se han identificado varias tipologías para los incendiarios; sin embargo, han surgido algunos tipos clave. La teoría multitrayectoria de los adultos que provocan incendios (M-TTAF) de Gannon y sus colegas (2012) (M-TTAF) reúne factores empíricamente validados y clínicamente significativos de la base de la investigación y la experiencia clínica. Esta teoría pone de relieve las diversas vías etiológicas hacia el encendido malicioso de fuego y las expresiones de la conducta, así como las vías de refuerzo para los incendiarios persistentes y el desistimiento. La teoría postula que el comportamiento de encender fuego se desarrolla como resultado de experiencias específicas en el contexto de desarrollo del incitador de fuego (es decir, biología, experiencias de desarrollo, factores culturales y aprendizaje social), y dan lugar a cuatro procesos psicológicos clave que apuntalan el encender fuego: intereses/guiones inapropiados sobre el fuego; cognición de apoyo a la ofensa; problemas de regulación de uno mismo/emoción, y problemas de comunicación. Estos factores contribuyen a cinco trayectorias propuestas para los incendiarios de fuego, incluyendo: (1) el grupo de cognición antisocial, (2) los incendiarios de fuego de agravio, (3) interés por el fuego (4) emocionalmente expresivo/necesidad de reconocimiento, y (5) polifacético. No está claro hasta qué punto esta teoría se aplica a los que encienden fuegos, por lo que es necesario seguir investigando esta cuestión.

Lamentablemente, algunas de las personas que encienden fuegos deliberadamente son también las encargadas de combatirlos. Aunque hay pocos estudios sobre el tema, la cuestión del encendido de fuegos por parte del personal de bomberos se plantea en cada temporada de incendios. Es probable que estas personas tengan interés en los incendios y que también demuestren una necesidad de reconocimiento. Podrían ser más peligrosos que otros incendiarios malintencionados, dada su pericia con los incendios y su capacidad para ocultar mejor la causa de los mismos.

Las investigaciones existentes muestran que relativamente pocas personas condenadas por incendio provocado son condenadas posteriormente por incendio provocado. Por ejemplo, en Victoria, sólo uno de cada veinte pirómanos ha sido condenado posteriormente por incendio provocado, aunque más de la mitad cometió otros delitos. Además, la probabilidad de provocar más incendios no debe confundirse con la probabilidad de provocar incendios más graves o de causar daños a las personas. Además, como ya se ha señalado, la mayoría de los incendiarios de fuegos eran penalmente polivalentes (es decir, cometían una serie de delitos). En términos generales, la delincuencia general previa, los antecedentes de encender fuego y padecer trastornos psiquiátricos aumentan el riesgo de reincidencia entre los incendiarios condenados.

Dado el alto porcentaje de incendios provocados de forma malintencionada, es necesario investigar más para comprender, explicar y, en última instancia, prevenir y tratar este problema. En la medida de lo posible, es importante aumentar la muestra de personas estudiadas. Por ejemplo, algunos investigadores han podido obtener muestras de personas que han admitido haber provocado incendios de forma malintencionada, pero que no han sido detenidas. Investigar con más detalle a estas personas puede ayudarnos, como mínimo, a determinar hasta qué punto los pirómanos "capturados" comparten características con los que no han sido detectados por el sistema de justicia penal.

Capítulo 4
Patrones de encendido

Introducción

Aunque se ha investigado bastante sobre los aspectos de los incendios forestales en la interfaz rural/urbana, es necesario trabajar mucho más sobre la interacción entre la ubicación y la causa de la ignición. Otros patrones espaciales como la interacción entre los factores socioeconómicos y la iluminación maliciosa de los incendios forestales. La asociación entre desventaja y delincuencia se debate en el campo de la criminología medioambiental. Aunque la asociación entre las desventajas y la iluminación de incendios fue reconocida hace una década (Muller 2009a), sigue siendo poco discutida. Este libro subraya la importancia de comprender plenamente los patrones de ignición de incendios forestales en asociación con la causa, si se quiere que la prevención de la ignición tenga éxito.

Este capítulo examina los conocimientos actuales sobre los patrones de ignición de los incendios forestales y lo que se sabe sobre por qué se producen estos patrones. Se dan los primeros pasos para vincular la investigación de otras disciplinas con el fin de ofrecer nuevas perspectivas sobre este conjunto de conocimientos y abrir así otras oportunidades para la prevención de incendios forestales. La bibliografía internacional recoge patrones de incendios bastante similares. En resumen, la mayoría de los incendios forestales se producen en zonas en las que el ser humano interactúa con el medio natural, debido al desarrollo urbano, las actividades agrícolas y el acceso a zonas forestales a través de carreteras y caminos. Las igniciones en la interfaz rural/urbana son en gran medida provocadas por el hombre, como resultado de actividades malintencionadas o imprudentes/accidentales. Los incendios en estas zonas de interfaz tienden a ser más pequeños, ya que se extinguen más rápidamente debido al peligro que suponen para las personas y las estructuras. La quema controlada tiende a utilizarse con menos frecuencia en los lugares habitados más densos, de nuevo debido a los riesgos que conlleva, y la siega y el desbroce de la vegetación se practican más a menudo como método de reducción del combustible. Aunque el número de incendios es menor en las zonas más aisladas y boscosas, estos fuegos suelen quemar una superficie mucho mayor y son más feroces, por lo que resultan más difíciles de sofocar. Los incendios forestales pueden ser provocados por rayos, así como por incendios malintencionados y accidentales, estos últimos sobre todo como resultado de actividades recreativas en zonas boscosas. La quema controlada es una herramienta frecuente en las zonas boscosas, y a veces los incendios pueden no extinguirse activamente debido al desbroce o la quema ecológica.

La bibliografía de investigación examina incendios a escalas considerablemente diferentes, desde patrones regionales hasta localizaciones a pequeña escala. Esto dificulta la comparación de los resultados de la investigación. El análisis de Genton y sus colegas (2006) reveló que la agrupación de incendios forestales es evidente en todas las escalas espaciales, excepto en zonas muy pequeñas. Sin embargo, una dificultad en la comprensión de los patrones espaciales de la delincuencia, en general, puede estar asociada de nuevo con los datos, donde la información de localización de grano fino no suele registrarse, por lo que se utilizan datos más gruesos, lo que puede afectar a la precisión. La falta de diferenciación en muchos conjuntos de datos sobre incendios entre incendios estructurales urbanos, incendios de vegetación e incendios de vehículos afecta negativamente a la comprensión de las pautas de los incendios, ya que la causa de las diferentes formas de ignición puede variar. Aunque se han realizado algunas cartografías espaciales y temporales de las diferentes formas de delincuencia, no se ha comprobado su precisión para predecir la delincuencia futura (Prestemon et al. 2013). Sin embargo, los datos temporales muestran una mayor precisión predictiva (Prestemon, Butry y Thomas 2013).

Este capítulo se basa en una revisión de la bibliografía. Por desgracia, no ofrece una visión general metódica y exhaustiva de las cuestiones a nivel estratégico, sino más bien instantáneas aleatorias. También es necesario basarse en investigaciones bastante anticuadas y en estudios relativamente pequeños a gran escala, todo ello problemático dada la rápida evolución de la preocupación por los incendios forestales.

Lugares del incendio

Como se ha explicado en el capítulo 2, la mayoría de los incendios forestales son provocados por la actividad humana. En Australia Una distribución espacial y temporal similar de los incendios forestales provocados por el hombre (malintencionados e imprudentes) puede encontrarse en Australia (Collins et al. 2015), el suroeste de Europa (Oliveira et al. 2014), la costa oeste de EE.UU. (Syphard et al. 2007) y Canadá (Gralewicz, Nelson y Wulder 2012). Balch y sus colegas (2017) señalan que los seres humanos han ampliado enormemente la distribución espacial y la incidencia estacional de los incendios forestales. Dado que los fundamentos de la dinámica socioeconómica y medioambiental cambian lentamente, los incendios malintencionados tienden a producirse en el mismo lugar y en la misma época cada año (Muller 2009).

El aumento de la migración es una característica internacional cada vez más frecuente, con personas que se desplazan entre países debido a conflictos, impactos del cambio climático o en busca de una vida mejor. Dentro de un mismo país, la gente se desplaza del campo a la ciudad, a menudo a los barrios más asequibles. Al mismo tiempo, en los países industrializados existe una tendencia a que las personas más ricas se desplacen hacia un estilo de vida más rural/medioambiental o costero, pero cerca de los servicios, con acceso a una ciudad principal o secundaria (Eriksen & Prior 2011; Gill 2005; Llausàs Buxton & Bellin 2016; Lucas et al. 2007). Así pues, las zonas de interfaz rural/urbana cuentan con una amplia mezcla de personas. Entre ellas se incluyen personas que se han trasladado a nuevas viviendas más asequibles en los límites de las zonas urbanas; granjas rurales; residentes a tiempo completo (cambiadores de árboles); residentes a tiempo parcial (fines de semana y vacaciones, agricultores aficionados) y establecimientos turísticos (Eriksen & Prior 2011). Estos movimientos están aumentando la interfaz persona/entorno y, por tanto, el riesgo de incendios forestales.

En Europa y EE.UU. existe una más amplia bibliografía sobre la interfaz rural/urbana que en Australia. Se sugiere que esto puede deberse a la diferente geografía entre Europa y Australia, quizás con Norteamérica situada en medio. Europa, con una población de 743 millones, tiene una media de 185 habitantes por kilómetro cuadrado. Norteamérica, con una población de 364 millones, tiene aproximadamente 15 personas por kilómetro cuadrado, mientras que Australia, con una población de 25 millones, tiene unas tres personas por kilómetro cuadrado. Esto, por supuesto, no tiene en cuenta la distribución de esta población, ni la inflamabilidad del entorno. Sin embargo, nos recuerda que Australia y, en menor medida, Norteamérica, tienen mayores zonas despobladas que Europa. Así pues, es probable que Australia y Norteamérica tengan proporcionalmente menos zonas que puedan calificarse de interfaz urbano/rural. De ahí que las zonas boscosas y de páramos/pastizales de Europa suelan estar más cerca de un asentamiento urbano, sobre todo en Europa Occidental y el Reino Unido.

Esto subraya la necesidad de comprender el contexto para comprender los patrones de los incendios forestales. Dado que Europa está más poblada, podría decirse que hay más oportunidades de que se produzcan causas humanas de incendios por unidad de espacio. Además, al haber más zonas despobladas, se podría suponer que los rayos son posiblemente una causa más frecuente de incendios en las zonas boscosas poco pobladas de Australia y Norteamérica. Sin embargo, es posible que esto no sea así en las zonas áridas, la presencia y el desarrollo de la agricultura y el uso del fuego por parte de los indígenas, así como el tamaño de los parques estatales y nacionales. Esto sugiere que los problemas espaciales y temporales de ignición podrían ser algo diferentes entre Europa, Norteamérica y Australia.

Aunque gran parte de la literatura sobre incendios forestales, en general, procede de Europa, América del Norte y Australia, muchos incendios se producen en otros países, como África, América del Sur, Asia y Rusia. Como demuestran los datos obtenidos por satélite y se señala en el primer capítulo, cada vez se producen más incendios forestales en países tradicionalmente no propensos a ellos. Las causas de la ignición deben entenderse en el contexto geográfico y cultural de la región, así como en el contexto del ritmo y el impacto del cambio climático.

Patrones espaciales de ignición de incendios en Europa

La interfaz rural/urbana

Europa, junto con otros países, se enfrenta a un riesgo cada vez mayor de incendios forestales en la interfaz rural/urbana (Biasia et al. 2015; Tedim, Xanthopoulos & Leone 2015). La región meridional de Europa es la más afectada por los incendios forestales, sobre todo debido al crecimiento de la población en las últimas tres décadas (Sapountzaki et al. 2011; Xanthopoulos et al. 2012). Aunque hay que tener en cuenta que la precisión de los datos sobre incendios forestales varía, se dice que los incendios provocados por el hombre en esta región mediterránea representan el 95% de los incendios, la mayor proporción de incendios provocados por el hombre en el mundo (Leone et al. 2009, recogido en Tedim, Xanthopoulos & Leone 2015). Ganteaume y sus colegas (2013) informan de que, en el norte de Europa, alrededor del 14% de los incendios forestales son provocados deliberadamente, mientras que el 79% son accidentales o debidos a negligencias, lo que supone un total del 93% de ignición humana directa. En el centro de Europa, el 56% de los incendios son intencionados, mientras que el 43% son accidentales o debidos a negligencias, lo que supone un 99% de ignición humana directa. En el sur de Europa, el 56% de los incendios son intencionados y el 40% accidentales o por negligencia, lo que supone un 96% de ignición humana directa.

Además del crecimiento poblacional, como ya se ha señalado, el deseo de un mejor entorno vital con menos contaminación atmosférica y acústica también ha provocado un desplazamiento hacia zonas más rurales/forestadas (el empuje del estilo de vida) (Tedim, Xanthopoulos & Leone 2015). Los autores creen que esto ha llevado a un aumento de las carreteras, que ofrecen un mayor acceso a las zonas más rurales. Esta expansión de la población ha aumentado el riesgo de incendios forestales imprudentes o accidentales, como los asociados a las obras de construcción, la quema de basura, el estacionamiento de coches en los pastos, las barbacoas al aire libre y los niños que juegan con cerillas.

Catry y sus colegas (2007) analizaron 127.492 incendios registrados en Portugal durante el periodo 2001-2005. Examinaron variables como la densidad de población, proximidad a zonas urbanas y carreteras, tipos de ocupación del suelo, altitud, causas del incendio y superficie quemada. Se descubrió que los incendios forestales se concentraban en los municipios más poblados y tendían a ser provocados de forma malintencionada. La mayoría de los incendios también se localizaron muy cerca de las carreteras principales (el 85% a menos de 500 metros y el 98% a menos de dos kilómetros). La mayoría de las igniciones se localizaron en zonas agrícolas (60%) o en zonas rurales/urbanas (25%). Cerca del 80% de las igniciones se produjeron a menos de 500 metros de altitud. La mayoría de los incendios (85%) fueron pequeños, de menos de una hectárea, y sólo el 0,3% fueron grandes incendios de 500 hectáreas o más. Ganteaume y sus colegas (2013) corroboraron muchos de estos resultados, ya que los incendios se encendieron entre 50 y 250 metros de las zonas urbanas y a menos de 50 metros de las carreteras.

Como ya se ha señalado, los resultados anteriores pueden haber cambiado con el tiempo, dadas las cambiantes condiciones climáticas y los cambios en las poblaciones. Este parece ser el caso de Europa en el pasado reciente. Tedim, Xanthopoulos & Leone (2015) documentan que los incendios forestales en la interfaz rural/urbana son relativamente recientes, comenzando el primero en 1981. La mala planificación urbana, que conduce a la expansión urbana, que también puede estar asociada con el desarrollo ilegal y las viviendas ad hoc, aumentó el riesgo de incendios forestales (Tedim, Xanthopoulos & Leone 2015). La situación en Grecia ilustra la evolución del problema de los incendios forestales rurales/urbanos. Desde 1981, cuando el primer incendio de interfaz rural/urbana en Grecia se propagó por los suburbios de clase alta del norte de Atenas, los incendios en el Ática se han vuelto gradualmente más habituales. El capítulo uno de este libro habla de los graves incendios ocurridos en el este del Ática en 2018. Sapountzaki y colaboradores plantearon el riesgo de incendios forestales en esta localidad en un artículo publicado en 2011. Los riesgos implicaban un rápido de la población en la región, los graves conflictos por el uso de la tierra en torno a los derechos de propiedad legales, ilegales y en disputa, y la expansión urbana alrededor de Atenas, especialmente a lo largo de la costa oriental con "un patrón espacial mixto de bosque y vivienda" (p. 1451). Los autores señalaron que los incendios se produjeron tanto por la iluminación intencionada como por el descuido de las infraestructuras, así como por actividades recreativas y un cableado eléctrico deficiente.

Investigación en España examinó la asociación entre los índices de calificación de peligro de incendio y las variables espaciales (Padilla y Vega-García, 2011). (Padilla & Vega-García 2011). Se desarrolló un modelo utilizando una cuadrícula de 10 kilómetros, que examinaba las condiciones meteorológicas diarias de los incendios (precipitaciones, temperatura mínima y máxima, y humedad), el tipo de vegetación, las características del paisaje (elevación y pendiente), los niveles de combustible, las medidas geográficas relacionadas con el hombre, 15 índices de calificación de peligro de incendio y los registros de incendios, para el periodo comprendido entre 2002 y 2005. La modelización demostró que cuanto mayor era la densidad de carreteras, mayor era la probabilidad de que se produjera un incendio. Del mismo modo, a mayor distancia de una ciudad, menor probabilidad de ignición. Los resultados también se interpretaron en función de 53 regiones. En cuatro de ellas, situadas en el noroeste de España, casi todos los incendios fueron provocados por el hombre (99% frente al 78% en el resto de España). Los incendios solían estar asociados a quemas agrícolas y a la mejora de los pastos. Es importante destacar que los autores concluyeron que las diferencias regionales en las actividades humanas podrían influir en los patrones de aparición de incendios, más que las características biofísicas del entorno del fuego.

Los incendios forestales lejos de la interfaz rural/urbana

Aunque los incendios forestales se producen en gran medida en la interfaz rural/urbana, los incendios forestales en Europa se producen en zonas de menor densidad de población. Según Tedim, Xanthopoulos y Leone (2015), las zonas boscosas cubren alrededor del 27% de Europa, pero solo el 8,5% de los incendios forestales se producen en estas zonas. Los autores creen que el reciente aumento de los problemas de incendios, sobre todo en Europa del Este, se debe al abandono generalizado de los pueblos tradicionales por parte de los jóvenes, junto con la agricultura en grandes extensiones de terreno. El abandono de las explotaciones agrícolas habría provocado un aumento de la carga de combustible. También se debe a que hay menos gente recogiendo leña del suelo del bosque, lo que aumenta el riesgo de que un incendio se propague. Sin embargo, en el artículo no se discuten las causas de la ignición, el tamaño de los incendios ni los problemas comparativos entre los incendios de tierras del pasado y los incendios forestales actuales. En otras partes de Europa, como el sur de Italia, el fuego se enciende en zonas agrícolas, principalmente en relación con la práctica tradicional de quemar las cosechas o asociado a la caza (Tedum, Xanthopoulos & Leone 2015). Ganteaume y sus colegas (2013) también mencionan la caza como causa de incendios e incluyen además otras actividades recreativas como barbacoas y hogueras relacionadas con el picnic y el senderismo en Finlandia, Suecia y Polonia. Las cuestiones recreativas se observaron en los recientes incendios suecos de 2018, a los que se hace referencia en el capítulo uno.

Conclusiones sobre el fuego en Europa

La bibliografía europea sugiere que los incendios forestales están estrechamente relacionados con la actividad humana que vive cerca de zonas propensas a los incendios y accede a ellas, donde mayor es la incidencia de incendios forestales. Sin embargo, las prácticas agrícolas (o un cambio en las mismas) también se consideran una causa de ignición de incendios forestales.

Patrones espaciales de ignición de incendios en Norteamérica

La creciente tendencia a trasladarse a zonas rurales o urbanas también se observa en EE.UU. y Canadá. Según las previsiones, las viviendas situadas a menos de 10 kilómetros de la interfaz urbano-rural aumentarán un 80 % de aquí a 2030 en California (Miller et al. 2011). La población también está aumentando en zonas más aisladas. Esto se debe a que la gente busca vivir en zonas con valores naturales, a la construcción de complejos turísticos en las montañas y a la presencia de comunidades dependientes de los recursos.

Faivre y sus colegas (2016) modelizaron la importancia relativa de las causas de los incendios forestales en el sur de California entre 1980 y 2009, utilizando datos de los Servicios Forestales de Estados Unidos. El modelo se basó en una cuadrícula de 3 x 3 kilómetros de tamaño del terreno y exploró 15 variables explicativas en relación con si se había producido un incendio en esta zona y, en caso afirmativo, con la frecuencia de ocurrencia. Las 15 variables, como en muchos otros estudios, examinaban tanto las condiciones de ignición como las ambientales que influirían en la propagación del incendio. la propagación del incendio. Los factores relacionados con la ignición eran la accesibilidad, la distancia a las carreteras principales y secundarias y a las viviendas, y el impacto de la densidad de población y de carreteras. La investigación descubrió que lo que más influía en la aparición de incendios era la presencia de zonas pobladas y de grandes infraestructuras y carreteras. Se produjo una alta densidad de incendios donde las viviendas se encuentran con terrenos no urbanizados. El 5% de la superficie terrestre produjo el 40% de las igniciones. Aproximadamente el 60% de las igniciones se produjeron a menos de un kilómetro de una carretera principal. El 75% de las igniciones se produjeron a menos de 5 kilómetros de zonas con una densidad de viviendas superior a 6,2 unidades de vivienda/km2. La frecuencia de los incendios disminuyó rápidamente en las zonas más alejadas de las viviendas.

La importancia de la población y la densidad de carreteras para la ignición humana está respaldada por investigaciones realizadas en otras zonas de EE.UU. (por ejemplo, Cardille, Ventura y Turner 2001). Esta asociación es de esperar, ya que cuanta más gente tenga acceso, más probabilidades habrá de que se produzcan incendios. También es más probable que los incendios se detecten y notifiquen si hay más personas presentes para alertar a las autoridades. También es más probable que haya servicios de bomberos cerca de donde se concentran las personas y las estructuras, debido al riesgo que suponen los incendios forestales. El análisis de Faivre y sus colegas (2016) (comentado anteriormente) excluyó los incendios pequeños, de menos de 0,1 acres; sin embargo, el tamaño no es realmente relevante si lo que se cuenta es el número de igniciones. Es probable que el tamaño del incendio refleje el tiempo de respuesta de los servicios de bomberos y las condiciones ambientales.

Los incendios forestales provocados por rayos, malintencionados, accidentales y ferroviarios mostraron patrones de agrupación específicos en 18 condados del noreste de Florida en datos examinados entre 1981 y 2001 (Genton et al. 2006). Como era de esperar, los incendios ferroviarios mostraron una fuerte agrupación a lo largo de las vías debido a las chispas de fricción. Los incendios malintencionados se agruparon en torno a las principales ciudades, sobre todo en dos de las cinco principales, San Agustín y Gainesville. Los rayos, y en particular los incendios forestales provocados accidentalmente, mostraron menos patrones de agrupación.

Wang y Anderson (2010) exploraron los patrones espaciales de incendios provocados por el hombre y por rayos en Alberta, Canadá. No se tuvieron en cuenta los incendios malintencionados. Examinaron los incendios accidentales/ siniestros, debidos en gran medida a actividades en zonas boscosas y más aisladas, provocados por actividades recreativas (acampada, senderismo y caza) y actividades industriales (producción maderera, transporte y prospección de petróleo y gas). Aunque aproximadamente dos tercios de los incendios fueron provocados por el hombre y el resto por rayos, hubo grandes variaciones entre regiones. En las zonas más meridionales, las rutas de transporte se asociaron a los incendios forestales, sobre todo allí donde las carreteras aumentaron la accesibilidad a los bosques, permitiendo cada vez más el uso recreativo. El aumento de las prospecciones de petróleo y gas también resultó ser un riesgo de incendio. Los incendios de origen humano se produjeron en zonas donde la agricultura y las industrias forestales coexisten. Descubrieron que, mientras que los incendios provocados por rayos se producían a menudo en grupos, los provocados por el hombre mostraban patrones de agrupación más fuertes para escalas de distancia inferiores a 50 kilómetros. Los patrones de los relámpagos se vieron influidos por las condiciones geográficas que crearon las tormentas eléctricas, comúnmente en zonas de mayor altitud y áreas donde dominan los bosques boreales[1]. El 10% de los incendios provocados por rayos se produjeron en lo que los autores denominan provincias marítimas.

McGee, McFarlane y Tymstra (2015) también señalan lo extensa que es la superficie forestal en Canadá. La mayoría de los incendios forestales se

---

[1] Los bosques boreales se extienden por toda Norteamérica y están formados por confieras, en su mayoría pinos, abetos y alerces, intercalados con vastos humedales y turberas.

producen en las grandes zonas de bosque boreal. También observan una tendencia al aumento de los incendios forestales más allá de las regiones boscosas de Canadá, en zonas de pastizales. McGee y sus colegas opinan que aproximadamente la mitad de los incendios de Canadá son provocados por el hombre y la otra mitad por rayos, pero también señalan la gran variación entre regiones. En cuanto a los incendios provocados por el hombre, se habla de incendios accidentales, cuyas causas se asocian a las industrias del petróleo y el gas (quema de gas de pozos, quema de maleza y uso de vehículos todo terreno), la industria forestal, el transporte y las líneas eléctricas. No se mencionan los incendios intencionados. Sin embargo, se señala que no ha muerto ninguna persona como consecuencia de un incendio forestal y que se han perdido pocas viviendas desde un grave incendio ocurrido en 1938. Sin embargo, desde 2015 se han producido en Canadá incendios forestales extensos y dañinos todos los años, en el de 2016 cubrió unos 1.500 millones de acres (600.000 hectáreas) y destruyó 3.244 edificios, pero afortunadamente sólo hubo dos muertos. Muchas comunidades aborígenes de Canadá viven en zonas boscosas y, con su población en rápido crecimiento, se enfrentan a un mayor riesgo de incendios forestales.

Conclusiones sobre el fuego en América del Norte

Parece que se han realizado menos estudios que examinen los patrones espaciales de los incendios forestales en Norteamérica. La interfaz rural/urbana se reconoce cada vez más en relación con la reciente oleada de incendios forestales, sobre todo en California. Se reconoce la causa humana de la ignición de los incendios, aunque se habla menos de los incendios malintencionados. Los rayos se consideran un problema mayor en Norteamérica, aunque la información sobre su incidencia varía enormemente.

Patrones espaciales de ignición de incendios en Australia

Al igual que en Europa y América del Norte, un hallazgo común en Australia es que la mayoría de las igniciones de incendios forestales se producen cerca de zonas urbanas y asentamientos, en particular en la franja rural/urbana (Bryant 2008a; Muller 2009b). Buxton y sus colegas (2011) creen que la franja rural/urbana de Melbourne es una de las más vulnerables del mundo al riesgo de incendios forestales. Como en otros países, esta interfaz rural/urbana comprende la expansión urbana y periurbana, así como un "estilo de vida", a menudo en zonas boscosas cercanas a asentamientos secundarios y más pequeños (Bryant 2008a; Price 2013). Collins y sus colegas (2015) examinaron los patrones espaciales de ignición en Nueva Gales del Sur de 2001/2 a 2008/9 y en Victoria de 1997/8 a 2008/9. Abarcaron un total de 113.023.000 personas en el año 2000. Cubrieron un total de 113.026 igniciones registradas. Como era de esperar, la incidencia de incendios provocados por el hombre aumentó con el número de personas en la interfaz rural/urbana. Los autores observaron que lo que denominaron incendios "indeterminados" coincidía más con el patrón de incendios malintencionados que con el de incendios accidentales, lo que sugiere que muchos de los incendios indeterminados se debieron a incendios malintencionados.

La literatura australiana examina en gran medida la dispersión que buscan un estilo de vida más rural, en lugar de examinar la expansión debido a la construcción en las afueras de las grandes ciudades y los pueblos rurales más grandes. Buxton y sus colegas (2011) consideran que la interfaz rural/urbana alrededor de Melbourne se extiende a lo largo de unos 160 kilómetros. Esta zona comprende un área de interfaz interior entre el límite de crecimiento urbano metropolitano definido y un área periurbana exterior hacia un límite rural. El estilo de vida de las viviendas tiende a extenderse espacialmente por estas zonas de interfaz, con carreteras que las acompañan y que aumentan el acceso a zonas antes más remotas, incluidas zonas boscosas. También conduce a la fragmentación del paisaje.

Figura 4.1: Localización de las licencias urbanísticas aprobadas en la zona de estudio entre julio de 2007 y julio de 2013 por tipo.

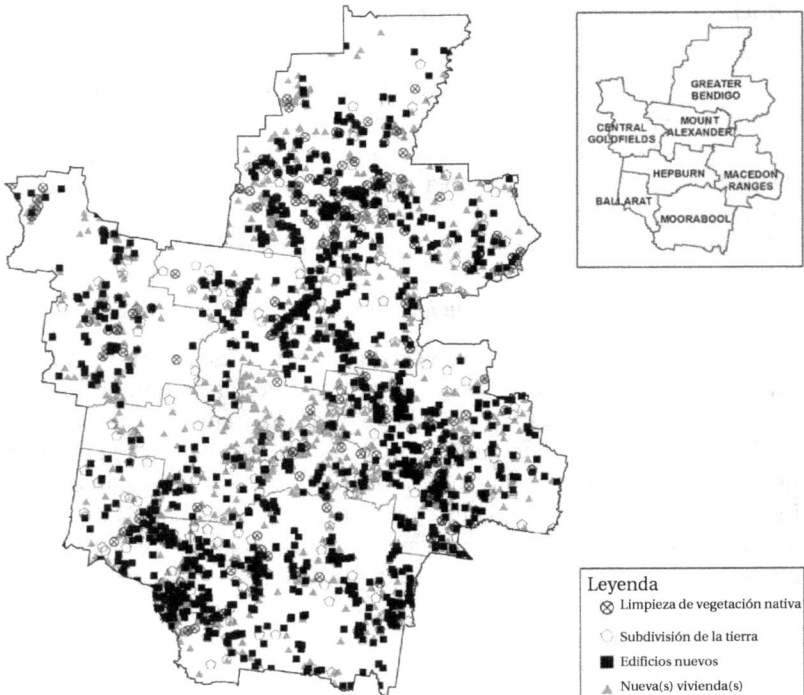

Fuente: Llausàs, Buxton y Bellin (2016, p. 1314).

Llausàs, Buxton y Bellin (2016) examinaron un área de estudio que comprendía siete municipios dentro de las zonas de interfaz situadas al noroeste de Melbourne: Ballarat, Central Goldfields, Greater Bendigo, Hepburn, Macedon Ranges, Moorabool y Mount Alexander (figura 4.1). La población total de más de 300.000 personas distribuidas de forma desigual por un área de aproximadamente 12.130 km^2. La figura 4.1 muestra los terrenos subdivididos entre julio de 2007 y julio de 2013. Revela la distribución espacial de más de 4.000 permisos de urbanismo concedidos fuera de los municipios establecidos para nuevas viviendas y edificios. La gran dispersión de viviendas que muestra la Figura 4.1 ilustra claramente el problema de la mezcla entre personas y vegetación, y por tanto el riesgo potencial de incendios forestales en esta zona. También revela fallos en la ordenación del territorio y la consiguiente falta de atención en la planificación a la prevención de incendios forestales.

Llausàs, Buxton y Bellin (2016) creen que, dada la proximidad de las viviendas y otras estructuras a la vegetación en la interfaz urbano-rural, los riesgos de incendio residen en la inexperiencia de los recién llegados y su preferencia por mantener el entorno, a diferencia de los residentes "más experimentados" (p.1308) que abogan por las quemas controladas. Sin embargo, esto simplifica mucho la situación. Es posible que algunos de los que eligen vivir en un entorno natural sean conscientes del riesgo de incendio forestal, pero prefieren correr ese riesgo antes que quemar el entorno (Reid y Bellin, 2015).

Otro problema identificado por los investigadores es la forma y la aplicación de la *Ley de Planificación y Medio Ambiente de 1987 del Estado de Victoria* (Llausàs, Buxton & Bellin 2016). Las zonas definen los usos previstos del suelo e imponen condiciones, umbrales y restricciones para diversas actividades, mientras que las superposiciones (como importancia medioambiental, protección de la vegetación, paisaje significativo, incendios, inundaciones, patrimonio, erosión y salinidad) comprenden requisitos sobre desarrollos específicos, pero no usos. En 2013, las zonas rurales de conservación permitieron parcelas de menor tamaño (de ocho a dos hectáreas) y se relajó la exigencia de licencias urbanísticas para las obras estructurales, y se flexibilizó la exigencia de licencias urbanísticas para las construcciones estructurales. Las administraciones locales aplican las superposiciones de forma diversa, ya que a menudo se solapan, lo que da lugar a incoherencias y a la construcción dispersa que se ve en la figura 4.1. Los autores del estudio creen que el uso de zonas y superposiciones en los siete planes de ordenación local del área de estudio fomenta el desarrollo en lugar de anticiparse a las consecuencias del cambio climático y socio ecológico (Llausàs, Buxton & Bellin 2016). También existe un problema con las aprobaciones para el desmonte de tierras, unas 252 autorizaciones en la zona de estudio en el periodo de seis años. La ordenación del territorio se analiza con más detalle en el capítulo 5.

Los autores concluyen que, como han señalado otros investigadores: "El actual marco de planificación", al estar anclado en un modelo de planificación centrado en las solicitudes de permisos individuales en lugar de en un marco de política de planificación que se adapte eficazmente a las características del suelo, el sistema de ordenación del territorio se ve afectado por la falta de una política de ordenación del territorio que se adapte a las características del territorio. El sistema de ordenación del territorio no puede ser incapaz de anticiparse a las necesidades a largo plazo, aumentar la resiliencia del paisaje y mejorar la capacidad de adaptación al cambio fundamental" (Llausàs, Buxton & Bellin 2016, p.1317).

Christensen (2008) examinó los datos que informaban del encendido de fuegos en plantaciones forestales de Queensland desde 1922, con la ventaja de que todos los incendios forestales de diez zonas forestales fueron investigados por trabajadores forestales formados en la recogida, análisis y registro de pruebas de incendios forestales. Descubrió que en una zona forestal se producían incendios intencionados con una frecuencia seis veces superior a la de la segunda zona más afectada (633 incendios frente a 135). Llegó a la conclusión de que la zona era especialmente vulnerable al inicio de incendios forestales debido a su ubicación cerca de una zona muy poblada. El bosque era muy accesible, con múltiples posibilidades de acceso y muy utilizado con fines recreativos. Así pues, la zona atraía la delincuencia, con muchas oportunidades para tirar, desvalijar e incendiar vehículos robados, con escasa vigilancia y malas prácticas de gestión del lugar.

Conclusiones sobre el fuego en Australia

Aunque la investigación es limitada, el patrón de la interfaz rural/urbana de alta tasa de incendios forestales se mantiene. Sin embargo, una vez más se habla poco de los incendios malintencionados. El aumento de la población en la interfaz rural/urbana y la necesidad asociada de acceso por carretera, además del fracaso a la hora de abordar el cambio climático, sugiere que en el futuro aumentarán los incendios forestales provocados por el hombre en Australia (por ejemplo, Bryant 2008a; Collins et al. 2015; Llausàs, Buxton & Bellin 2016). De nuevo, se trata de una cuestión similar a lo que parece ocurrir en partes de Europa y América del Norte.

Megaincendios o incendios catastróficos

Recientemente se ha despertado el interés por investigar las razones del aumento de los megaincendios, que son extremadamente grandes y difíciles de extinguir (Williams et al. 2019). No hay constancia de megaincendios en Estados Unidos antes de 1970, y se espera que su circunstancia aumente con el tiempo (Patel 2018). Se dice que los megaincendios representan entre el 1% y el 2% de los incendios forestales en los Estados Unidos. Sin embargo, absorben el 85% de los gastos totales relacionados con la supresión y representan el 95% del total de hectáreas quemadas (Williams & Hyde 2009). El examen de los megaincendios en el oeste de EE.UU. no encontró ningún patrón entre los incendios que se producen en terrenos privados o públicos (Patel 2018). De los ocho megaincendios estudiados que se produjeron en bosques entre 1997/8 y 2010, todos fueron provocados por el hombre: tres se encendieron de forma malintencionada, tres por negligencia, en dos se desconocía la causa humana y en uno hubo también un fallo eléctrico (William & Hyde 2009). Se dice que los megaincendios se ven exacerbados por la alteración de los bosques, como la tala de árboles, salvo los tropicales húmedos, que son menos propensos a arder si se dejan en su estado natural. William y Hyde defendieron las quemas controladas. Sin embargo, no aportaron ninguna prueba de cómo afectaría esto a un posible megaincendio eventual y, en una aparente contradicción, también señalaron que hay algunas pruebas de que la quema controlada es ineficaz contra un megaincendio. El Observatorio de la NASA informa de algunas pruebas de que muchos incendios se están produciendo en zonas que ya han sufrido incendios, lo que se conoce como efectos de quema sobre quema (Patel 2018).

Dado que los megaincendios examinados se produjeron en zonas boscosas, los problemas de la distancia y el retraso en la respuesta, así como las poblaciones más pequeñas y la limitada capacidad de respuesta ante emergencias, pueden repercutir en la capacidad de sofocar el incendio. William y Hyde señalaron que hasta que no se comprendan las causas y los factores que contribuyen a los megaincendios, y se actúe en consecuencia, el éxito de estos incendios será incierto. Uno de los autores de este libro, tras visitar los bosques de Kalimantan en Indonesia, observó una serie de factores que podían exacerbar el crecimiento de un incendio hasta convertirse en un megaincendio. La extinción del fuego era difícil debido a la construcción de canales de agua para drenar el terreno forestal, normalmente sobre turba, y faltaban suministros de agua y equipos, como bombas y vehículos con los que luchar contra el fuego.

Reunir la información espacial

Las pruebas del material anterior ponen de relieve que el interfaz urbano/rural es un lugar de considerable riesgo de incendio a nivel internacional. Un elemento crítico es la necesidad de mejorar la planificación del uso del suelo con el fin de reducir la interfaz humana con lo que podría ser a la vez una zona de alto riesgo de incendio y una zona de alto valor medioambiental. La ordenación del territorio puede integrar aspectos sociales, medioambientales y económicos para reducir el riesgo de ignición de incendios forestales. (Sapountzaki et al. 2011). Sapountzaki y sus colegas creen que la falta de planificación espacial explica la ineficacia de los enfoques de prevención de incendios forestales en Grecia e Italia. El riesgo de incendios forestales no puede abordarse únicamente con medidas de "preparación". Creen que es necesario mejorar el sistema de planificación estático convencional con herramientas más flexibles, capaces de satisfacer las necesidades del desarrollo rural/urbano, tanto en Australia como a escala internacional. Este planteamiento es compartido por otros, que creen que la planificación del uso del suelo debe desempeñar un papel central en la reducción del riesgo de incendios forestales para la población mediante decisiones acertadas sobre la ubicación de las viviendas y otros proyectos en zonas de riesgo medio y alto (Buxton et al. 2011).

Parece que se ha investigado aún menos sobre los incendios fuera de la interfaz rural/urbana donde se producen menos igniciones, pero que suelen dar lugar a incendios mayores y más graves. Sin embargo, las actividades humanas suelen estar relacionadas con estos incendios, una tendencia que vuelve a aumentar, a medida que la población penetra en las zonas más aisladas, debido a la industria y al desarrollo de recursos y fines recreativos, así como a los riesgos asociados a los métodos actuales del fuego como herramienta de reducción del combustible. El medio ambiente, los asentamientos indígenas y el turismo sufrirán las consecuencias más adversas de estos incendios en las zonas más remotas. El uso de la quema como práctica agrícola sugiere la necesidad de que las agencias agrícolas apoyen a los agricultores para que desarrollen otros enfoques de la agricultura.

Patrones temporales de los incendios forestales

La mayoría de los incendios de vegetación en Australia, independientemente de su causa, coinciden con la época de peligro de incendios forestales en ese lugar, es decir, los incendios forestales se ven afectados significativamente por las condiciones meteorológicas (Bryant 2008b). La época de peligro de incendios está aumentando en muchos países, extendiéndose a un periodo de ocho meses en algunos lugares. Una comprensión más matizada de la cronología de los incendios forestales variará en función de la causa de la ignición. Por ejemplo, los incendios forestales provocados por una quema controlada que se ha escapado alcanzan su punto álgido justo antes y justo después de la temporada de peligro de incendios forestales, cuando se llevan a cabo las quemas controladas (Bryant 2008b). Los incendios provocados por rayos tienden a producirse en una estación cálida y seca, potencialmente a cualquier hora del día, pero la mayoría coinciden con las condiciones más calurosas propicias para la actividad de las tormentas eléctricas, entre el mediodía y las 6 de la tarde. Algunas personas pueden sentirse más inclinadas (animadas) a encender un fuego malintencionado cuando las condiciones son más favorables para que la ignición se convierta en un incendio forestal.

Muchos delitos se producen tanto en el tiempo como en el espacio (Johnson 2014). Las razones sugeridas para ello varían ampliamente. Las investigaciones sobre robos muestran que los que ocurren cerca en el tiempo y el espacio tienen más probabilidades de ser obra de la misma persona (Goodwill & Alison 2006; Johnson, Summers & Pease 2009; Summers, Johnson & Rengert 2010). Hay sugerencias de que este también puede ser el caso con el encendido malicioso de incendios (Read & Stanley 2018). Algunos investigadores han investigado los patrones de incendios en relación con el día de la semana y la hora del día, aunque este trabajo se basa principalmente en las ciudades. Al igual que ocurre con las consideraciones, el momento en que se producen los incendios provocados por el hombre está relacionado con los horarios de las personas, sus actividades cotidianas y sus pautas culturales (Bryant 2008b; Cohen & Felson 1979; Muller 2009b). Según los datos de 24 agencias de bomberos de Nueva Gales del Sur, entre 1997-98 y 2001-02 (55.730 registros), tanto los incendios accidentales como los provocados deliberadamente suelen producirse en fin de semana, al igual que los incendios de causa desconocida (Bryant 2008b).

Los incendios urbanos intencionados se producen en gran medida entre las 13:00 y las 16:00 horas de los fines de semana (Prestemon, Butry y Thomas 2013). También es más probable que se produzcan incendios en vacaciones escolares, aunque el autor se refiere a incendios en un entorno urbano (Maciak et al. 1998). Otros investigadores han descubierto que una mayor proporción de incendios forestales malintencionados se producen entre las 6 de la tarde y las 6 de la mañana en comparación con los incendios no malintencionados. En muchas jurisdicciones, los incendios nocturnos se producen principalmente los viernes y sábados por la noche, pero el momento en que se producen depende en gran medida de la ubicación (Instituto Australiano de Criminología 2006). Los incendios intencionados que se producen en días laborables alcanzan su punto álgido entre las 15:00 y las 18:00 horas, mientras que los incendios accidentales alcanzan su punto álgido un poco antes, entre las 13:00 y las 16:00 horas (Bryant 2008b). La franja horaria comprendida entre las 15.00 y las 18.00 horas en días laborables refleja el momento en que los jóvenes suelen viajar sin la compañía de un adulto. De hecho, la falta de presencia de adultos parece reflejar muchos de estos momentos en los que se encienden los fuegos. Por el contrario, los incendios registrados como incendios "naturales" y clasificados como "otras causas", se presentan como constantes a lo largo de la semana.

Un estudio reciente descubrió que, en Florida, cuando se analizan los incendios urbanos reincidentes provocados de forma malintencionada durante un periodo de tiempo más largo, normalmente se agrupan en periodos de hasta 11 días. Aunque también investigaron los incendios malintencionados en un entorno urbano, Grubb y Nobles (2016) descubrieron que para una ignición que se producía durante el día o la noche, el riesgo de que se repitiera un incendio podía darse en una o dos manzanas de viviendas, y el riesgo podía durar hasta 28 días. Estos patrones pueden deberse a la comisión de delitos en serie o imitación de incendios.

Al igual que ocurre con la causa de la ignición, a menudo existe incertidumbre sobre el momento exacto en que se produjo la ignición, especialmente en el caso de los incendios forestales (Bryant 2008b). Los registros de la hora de ocurrencia de un incendio pueden variar entre organismos, cuerpos de bomberos y jurisdicciones. El registro puede depender de cómo y cuándo se registra la información, y también de las distintas formas en que se clasifican las causas específicas, como los incendios provocados por niños (Bryant 2008b). El momento en que se detecta el incendio o el momento en que suena una alarma puede registrarse como el momento en que se inició el fuego, aunque éste haya estado latente durante mucho tiempo, especialmente en una región remota.

Incendios provocados en serie y por imitación

Cabe mencionar aquí otras dos formas de agrupación en relación con los incendios forestales. Los incendios forestales malintencionados pueden producirse con múltiples delitos cometidos en un corto espacio de tiempo, o pueden encenderse múltiples fuegos en un mismo lugar, o el mismo tipo de ignición puede repetirse en diferentes momentos y lugares. Aunque se dice que hay algunas pruebas de encendidos malintencionados de incendios forestales en serie, la investigación realizada por el Instituto Australiano de Criminología utilizando datos de los tribunales de Nueva Gales del Sur (Muller 2008b) halló niveles muy bajos de reincidencia a lo largo del tiempo entre los autores de incendios urbanos y forestales. Esto puede estar relacionado con el problema de que, con un índice de aprehensión tan bajo, es posible que la persona no sea detenida por incendios anteriores. Existen pruebas de ello. Podría ser que el incendiario se volviera más descuidado, hablara de sus actividades o involucrara a compañeros en la actividad. Es probable que los incendiarios reincidentes sean jóvenes, tengan problemas de abuso de sustancias y antecedentes penales (Doley et al. 2011). Grubb y Nobles (2016) concluyen que es necesario prestar más atención a la investigación en este ámbito para mejorar las estrategias de prevención, con especial referencia a los factores de riesgo de victimización y de toma de decisiones del delincuente.

Los medios de comunicación prestan gran atención a los incendios forestales. Los incendios forestales pueden presentarse en los medios de comunicación de forma sensacionalista y con emociones exacerbadas. Es habitual encontrar mensajes en los medios de comunicación que transmiten un estatus de héroe o campeón asociado a los bomberos, que suelen ser hombres, al igual que la mayoría de los incendiarios malintencionados. De hecho, los incendiarios malintencionados pueden unirse al cuerpo de bomberos buscando esta atención. Este comportamiento se ha observado en otros delitos, en los que se ha descubierto que aproximadamente una cuarta parte de los delincuentes graves copian técnicas delictivas de los medios de comunicación (Heller & Polsky 1976; Surette 2002).

Conclusiones sobre los y temporales de incendios

En conclusión, podría decirse que parece haber algunas pruebas de la existencia de "puntos calientes" y la agrupación de incendios malintencionados, especialmente en un entorno urbano (Bryant 2008b). Las agrupaciones de incendios pueden producirse tanto temporal como localmente, y suelen ocurrir entre un día y una semana después del primer incendio; sin embargo, los autores vuelven a referirse a los incendios urbanos (Grubb & Nobles 2016). Una persona puede encender más de un fuego en un lugar similar al mismo tiempo, puede encender fuegos muy próximos a lo largo del tiempo o puede estar utilizando el mismo método para encender el fuego que el observado en otros lugares (Instituto Australiano de Criminología 2017). Es probable que los incendiarios en serie actúen relativamente cerca de su residencia (Curman 2004; Grubb & Nobles 2016; Kocsis & Irwin 1997).

¿Qué podemos aprender de los incendios de coches?

La quema de vehículos se ha investigado poco y, de nuevo, la escasez de datos dificulta su comprensión. Sin embargo, este comportamiento se produce con bastante frecuencia en muchas partes del mundo y puede provocar un incendio forestal. Se presta poca atención a la información sobre la ubicación exacta de la quema. Aunque puede ser de origen urbano o rural, parece que se produce principalmente en las zonas de interfaz rural/urbana, urbana, ya sea cerca de un parque urbano o en una zona más rural. Este comportamiento también puede explicar la aparición de puntos calientes en los que se producen varias quemas en un corto periodo de tiempo en lugares cercanos. La quema de vehículos robados suele producirse en las 24 horas siguientes al robo (Ransom 2007). La quema de vehículos robados se produce en zonas de bajo nivel socioeconómico con altos índices de delincuencia general. Aunque el fraude al seguro y la ocultación de pruebas forenses son motivos para quemar el coche, la búsqueda de la emoción de ver arder el vehículo también es una motivación. Incendiar vehículos (robados o no) suele realizarse de noche.

Los coches quemados son comúnmente robados o bien abandonados, pero los vehículos pueden ser incendiados donde están estacionados, lo que sugiere un delito más urbano. En Victoria, la policía registró 1.312 coches quemados en los 12 meses anteriores a septiembre de 2018. Se estima que en 2005/6, el 11% de los vehículos robados fueron quemados cuando se recuperaron en Nueva Gales del Sur, mientras que, en Australia Meridional, la cifra es del 8,6% (Ransom 2007). Esto representa 3.125 vehículos robados quemados en Nueva Gales del Sur y 659 en Australia Meridional, pero los autores informan de una tendencia creciente de robos e incendios de vehículos a lo largo del tiempo. El Cuerpo de Bomberos y de Rescate del Territorio de la Capital Australiana respondió a 291 incendios de coches (incluidos los incendios no sospechosos) en 2017-18, un aumento respecto a los dos años anteriores, con alrededor de una cuarta parte de los coches robados incendiados (Lindell 2019).

En los tres primeros meses de 2019, se quemaron ocho coches en un suburbio urbano de Ballarat, una ciudad secundaria de Victoria, seis de ellos en un periodo de tiempo de dos semanas (Kirkhim 2019). Más de 50 coches se incendiaron en zonas de interfaz rural/urbana del norte y el sur de Canberra, la mayoría en lugares con matorrales (Lindell 2019). Un coche que se había quemado en una zona boscosa cercana a los límites de Canberra, y cerca de la zona de la presa de la ciudad, provocó un gran incendio forestal y fuegos puntuales el mes anterior, que requirieron ocho aviones cisterna para extinguir el fuego (Sibthorge & Lowrey 2018). Se alertó a hasta 700 hogares para que permanecieran en "estado de alerta" en caso de que fuera necesaria la evacuación.

En Estados Unidos, de 2008 a 2010, el 14% de todos los incendios fueron a vehículos, la mitad de los cuales fueron deliberados (US Fire Administration 2014). De 2003 a 2012, se registró una media de 14 737 incendios de vehículos, lo que representa el 26,5 % de todos los incendios dolosos anuales, una cifra que muy probablemente contabilizaría tanto los incendios urbanos como los rurales. En Estados Unidos, dos tercios de los incendios malintencionados de vehículos se producen por la noche (US Fire Administration 2014). Se desconoce el lugar de ignición y los riesgos de incendio que conlleva.

Teorías sobre incendios espaciales y temporales

Como se ha señalado en el capítulo uno, a menudo los registros formales de datos sobre incendios recogen todos los sucesos de incendios (estructurales, de vehículos, paisajísticos y urbanos). Hay pocos intentos de desglosar esta información, aunque es posible que los distintos tipos de ignición estén asociados a diferentes características de comportamiento, especialmente en relación con los incendios dolosos. Aunque existen algunas características generales en la mayoría de las actividades delictivas y puede haber algunos puntos en común entre las formas de incendios dolosos, es importante comprender dónde residen los puntos en común y las diferencias específicas, especialmente si se quieren prevenir las igniciones. Como ya se ha señalado, apenas se ha investigado la combinación de las características espaciales y temporales de los incendios intencionados, y la investigación disponible se ha realizado en gran medida con incendios urbanos. Grubb y Nobles (2016) enumeran las teorías que se han utilizado para explicar los aspectos espaciales y temporales de la iluminación de incendios urbanos. A continuación, se exponen, junto con otras teorías a las que se hace referencia en la bibliografía:

- Teoría de la elección racional (Cornish & Clarke 1986; Prestemon, Butry & Thomas 2013). Esta teoría analiza las circunstancias que fomentan la delincuencia en un lugar concreto, como la facilidad de acceso y la capacidad de ser anónimo.

- Teoría de la actividad rutinaria (Cohen & Felson 1979; Stahura & Hollinger 1988). Esta teoría propone un triángulo delictivo: convergencia de tiempo y espacio de probables delincuentes, un objetivo adecuado y la ausencia de un guardián capaz de disuadir el delito. Es probable que una persona que realiza actividades rutinarias a lo largo del tiempo identifique un objetivo adecuado para encender fuego. Esto es similar a la Teoría del Patrón Delictivo de Brantingham y Brantingham (1981), mencionada en el contexto de los incendios forestales por Cozens y Christensen (2011), y analizada más adelante.

- Teoría de las ventanas rotas (Thomas, Butry y Prestemon 2012; Wilson y Kelling 1982). Esta teoría describe cómo el deterioro físico en un lugar puede fomentar la delincuencia, y la comunidad puede no autovigilar la zona, creando más vandalismo y un mayor retraimiento de la comunidad.

- La prevención del paradero del delito es otra importante teoría de la delincuencia, pertinente para las cuestiones espaciales (Christensen 2008; Clarke 1992; Cozens y Christensen 2011). Este enfoque examina las circunstancias del entorno para comprender por qué se ha producido un delito, incluido un incendio intencionado, en ese lugar y cómo podría modificarse el entorno para reducir la probabilidad de que se produzca un delito.

Grubb y Nobles señalan que hay poca integración y/o consenso entre las teorías y la mayoría de éstas se basan en la iluminación de incendios urbanos, donde puede haber patrones y causas diferentes a los incendios malintencionados relacionados con zonas rurales.

En la literatura de investigación hay pocos debates sobre la toma de decisiones espaciales por parte de diferentes tipos de delincuentes, ya que muchos delitos se cometen cerca del hogar (por ejemplo, Rossmo 2000; Townsley y Sudebottom 2010). Grubb y Nobles (2016) informan de los hallazgos de documentos que muestran que existe una diferencia entre los incendiarios instrumentales (aquellos que encienden un fuego con un propósito, como eliminar las pruebas de un robo) y los incendiarios expresivos (aquellos que encienden un fuego respondiendo a emociones personales, como la excitación por ver las llamas) (Canter & Fritzon 1998; Wachi et al. 2007). Los incendiarios instrumentales es probable que se desplacen más lejos de su domicilio para cometer sus delitos y también es probable que haya una mayor distancia entre sus propios delitos de encendido de fuego en comparación con los incendiarios expresivos. La provocación de incendios urbanos está más estrechamente relacionado con comportamientos instrumentales, como la venganza o la reclamación de un seguro, que con la provocación de incendios forestales.

Otras teorías de la delincuencia no se refieren específicamente al fuego, pero pueden ser relevantes para los incendios forestales:

- Geoespacial La toma de decisiones examina cuestiones como el trayecto hasta el delito, la naturaleza secuencial de las decisiones, la dirección del delito o delitos desde el domicilio y la dispersión de los delitos (Goodwill 2014).

- La Teoría del Patrón Delictivo (Brantingham & Brantingham 1993, 1995) describe cómo las actividades cotidianas influyen en la toma de decisiones espaciales de los delincuentes mediante el desarrollo de mapas mentales y guiones cognitivos. Éstos se basarán en actividades rutinarias y lugares familiares como el hogar, el trabajo y los lugares de ocio. Esta conciencia espacial se solapa con la oportunidad para delinquir, en la que el delincuente necesita disponer tanto de un objetivo adecuado como de la ausencia de un guardia de seguridad o presencia policial (Christensen 2008; Cohen & Felson 1979; Townsley & Sudebottom 2010).

En la medida de lo posible, la cartografía mental y la toma de decisiones en torno al delito aún no se han examinado en el caso de las personas que cometen incendios dolosos en general y, en concreto, incendios forestales. En este trabajo se parte del supuesto de que el delincuente toma decisiones sobre el delito de una forma racional que maximiza sus beneficios y reduce sus posibilidades de ser capturado (Goodwill, 2014). Esto puede ser así en algunos casos, pero no en otros, especialmente cuando el delito es un incendio forestal. Los jóvenes que provocan incendios forestales pueden estar lidiando con emociones fuertes, como la ira u otro componente de excitación emocional del incendio, o pueden tener una discapacidad intelectual.

Dado que es importante comprender mejor estas teorías en el contexto de los incendios forestales, poner a prueba estas teorías en relación con la delincuencia asociada a los incendios forestales es un paso fundamental para el desarrollo de programas de prevención. La siguiente sección ofrece algunas reflexiones sobre criminología medioambiental: teorías que vinculan la desventaja espacial, comúnmente encontrada en los bordes de las grandes ciudades y asentamientos, con la propensión a encender fuegos.

La creciente desigualdad como de incendios forestales

Esta sección se basa en una pequeña cantidad de investigaciones de diversas disciplinas, que pueden ofrecer algunas vías para futuras investigaciones con vistas a programas de prevención de incendios forestales. La investigación ha demostrado que algunas comunidades contribuyen de forma desproporcionada al número total de incendios forestales (Muller 2009a). Nicolopoulos (1997) descubrió que nueve códigos postales de Sídney son responsables de casi una cuarta parte de todos los incendios de la región.

La población australiana está creciendo actualmente a un ritmo más rápido que la mayoría de los países industrializados, y Melbourne y Sídney registran la mayor parte del crecimiento. La población total del Gran Melbourne aumentó una cuarta parte durante la década 2006-16, con una media anual del 2,3% entre 2011 y 2016. Las tasas de crecimiento de la población de algunas áreas de gobierno local (AGL) en Melbourne están muy por encima de estas tasas, en particular las de la periferia urbana exterior (Brain, Stanley & Stanley 2019). Este crecimiento en los suburbios de la periferia tiende a comprender principalmente familias jóvenes, atraídas por viviendas más asequibles. A pesar de que Melbourne tiene un "cinturón verde" y unos límites urbanos diseñados para restringir la expansión urbana, Melbourne sigue ampliando los límites hacia praderas, tierras de cultivo, matorrales y bosques, y hacia lo que antes eran pequeños asentamientos. Al mismo tiempo, el gasto en infraestructuras ha quedado muy rezagado en estos nuevos suburbios periféricos, sobre todo en relación con la oferta de transporte público. Si esta tendencia continúa, será necesario gastar aproximadamente 376.000 millones de dólares australianos para remediar este déficit en 2031; por tanto, el problema dista mucho de ser insignificante (Brain, Stanley & Stanley 2019).

El impacto de este déficit de infraestructuras puede verse en el retraso del Producto Regional Bruto per cápita de la población en edad de trabajar en las ZAL en las que la población tuvo un crecimiento medio anual superior al 2% durante el periodo 1992-2017. No sólo se redujo la capacidad de obtener ingresos en muchos suburbios periféricos, en comparación con el resto de Victoria, sino que los resultados sociales, como en las áreas de capital social, también disminuyeron en comparación con el resto de Melbourne. Estos malos resultados reflejan cómo los resultados sociales y económicos se alinean con las medidas que han demostrado ser importantes para la inclusión social y de bienestar. La modelización de los factores de exclusión social dio como resultado las siguientes características como altamente relacionadas estadísticamente con la inclusión: tener niveles adecuados de ingresos; transporte accesible; buen capital social; autoestima y confianza; y control sobre su entorno personal (como capacidades para tomar decisiones y resolver problemas) (Stanley et al. 2011; Stanley, Stanley & Hansen 2017).

Las zonas de mayor crecimiento de la periferia de Melbourne presentan niveles más elevados de desventaja educativa (peores resultados en lectura, escritura y aritmética), abandono escolar prematuro, retrasos en el desarrollo al entrar en la escuela y altos niveles de desempleo juvenil. Si se tienen en cuenta el desempleo, el subempleo y la desvinculación (ni estudian ni buscan trabajo), en algunas AGL más de uno de cada tres jóvenes tiene problemas de empleo. La oferta de empleo en las zonas periféricas es considerablemente menor que en otras partes de Melbourne. Esto se asocia a una peor accesibilidad en general, con escasas o nulas opciones de transporte público para acceder al trabajo, los servicios y el ocio.

En este sentido, cabe relacionar dos campos de investigación, detectados, pero poco investigados en Australia, EE.UU. y el Reino Unido. Se trata de las desventajas de las zonas periféricas de las ciudades y el impacto que ello tiene en los incendios provocados por los jóvenes. (Arson Control Forum 2004; Muller 2009a; Prestemon & Butry 2005). Como se ha expuesto en el capítulo 3, los incendios provocados son perpetrados principalmente por personas desfavorecidas, sobre todo hombres jóvenes. La desventaja adopta la forma de exclusión social, un entorno socioeconómico bajo, bajo rendimiento académico, a menudo un comportamiento antisocial y, para muchos, una infancia de abuso y abandono (Dolan & Stanley 2010; Stanley 2002). Los atributos psicológicos problemáticos pueden acompañar a esta difícil crianza, como baja autoestima, ira, frustración, corte de emociones, un fuerte interés por el fuego y locus de control externo (Doley Dickens & Gannon 2016; Stanley 2002; Stanley, Stanley & Hansen 2017; Twenge & Baumeister 2005). Medido con la Escala de Bienestar Psicológico (Ryan & Deci 2001), en una escala de 1 a 5, siendo 5 el nivel más alto de emociones negativas, la media de los que no tienen riesgos de exclusión social es de 1,7 en Victoria. Los que tienen un alto riesgo de exclusión social puntúan una media de 4,8 en afecto negativo. A todo esto no ayuda la forma en que se etiqueta y estigmatiza a los jóvenes desempleados (Whiteford 2019). Los planes que apenas ofrecen un salario digno a los jóvenes desempleados (Newstart), las pruebas de drogas, los planes de cumplimiento en línea y términos como "leaners, not lifters" dan la percepción de indignidad.

La desilusión, las desventajas y el aburrimiento crean un caldo de cultivo propicio para encender fuegos intencionados (Tomison 2010). Las comunidades más propensas a provocar incendios intencionados suelen tener una elevada proporción de niños menores de 15 años y niveles educativos, tasas de empleo e ingresos familiares inferiores a la media nacional (Muller 2009a). En Australia, las comunidades situadas en la periferia de las ciudades suelen caracterizarse por una media de edad relativamente baja y/o una elevada proporción de jóvenes desfavorecidos desde el punto de vista socioeconómico (Nicolopoulos 1997). (Nicolopoulos 1997). Como estas comunidades periféricas son nuevas, con personas que llegan de muchos otros lugares, existe el riesgo de que se produzca una alienación, asociada a una desconexión de la comunidad anterior y de los grupos de apoyo. Como se ha señalado anteriormente, la ausencia de transporte público que permita a los jóvenes emprender conexiones y actividades sociales aísla aún más a quienes se trasladan a los suburbios periféricos, especialmente a quienes abandonan la escuela prematuramente y no encuentran trabajo (Stanley, Stanley & Hansen 2017). Como resultado, puede producirse una mayor concentración de otros comportamientos problemáticos y antisociales (Pease 1998).

La investigación realizada por un autor de este libro descubrió que las desventajas también estaban presentes en algunas zonas rurales de Victoria y Australia Meridional, en particular para los niños y los jóvenes. Al igual que en la periferia de Melbourne, esto se reflejaba en la escasa asistencia a los centros preescolares, la falta de empleo para los jóvenes y los considerables problemas para acceder a los servicios y al empleo (Stanley & Stanley 2018). Un estudio sobre el transporte rural descubrió que los jóvenes del suroeste de Victoria experimentan los niveles más altos de desventaja en el transporte y el bienestar son más bajos que los encontrados en el conjunto urbano de Melbourne (Stanley & Banks 2012). Es muy preocupante la discrepancia encontrada entre la percepción autoevaluada por los jóvenes de su futuro, donde la puntuación media para el Melbourne urbano fue de 7,2 en una escala de 10 puntos y de 5,6 en el Victoria rural. Los jóvenes de las zonas rurales a menudo no podían aprovechar las iniciativas educativas diseñadas para mantener a los jóvenes en las escuelas, como los planes de Formación Profesional y de Certificado de Aprendizaje Aplicado, debido a la falta de transporte para acceder a estas oportunidades. Del mismo modo, la falta de transporte impedía aprovechar las oportunidades de trabajo en las granjas rurales. Los jóvenes que nunca han tenido la experiencia de trabajar a tiempo completo, y los que no consiguen trabajo, corren el riesgo de sufrir desventajas a largo plazo por la pérdida de motivación y la reducción de su "empleabilidad".

El examen de la bibliografía sobre los objetivos de ignición sugiere que los jóvenes encienden fuegos, sobre todo cuando las estructuras urbanas están muy cerca de un entorno natural, como detrás de los colegios, en carriles bici y de paseo de acceso público y en contenedores de basura (Christensen 2008). Como ya se ha señalado, los incendios en la interfaz rural/urbana La bibliografía recoge estudios en los que se ha comprobado que se encuentran a una distancia de entre medio kilómetro y diez kilómetros, un paseo a pie o en bicicleta (Catry et al. 2007; Davidson 2006; Price & Bradstock 2013).

Se pueden establecer vínculos entre estas cuestiones y las teorías criminológicas, en particular con la Teoría del Aprendizaje Social en el contexto de los incendios intencionados (Bandura 1976; Kolko & Kazdin 1986; Macht & Mack 1968; Singer & Hensley 2004; Vreeland & Levin 1980). Los teóricos del aprendizaje social consideran que encender fuego es el resultado del aprendizaje de diversas fuentes. Por ejemplo, el interés por el fuego puede deberse a una exposición temprana en la infancia, a que el fuego se utilizaba como forma de castigo o a que uno de los padres estaba interesado en encender fuego. Puede que sea la excitación que provoca la respuesta al fuego lo que refuerce el comportamiento. Una socialización deficiente en la infancia y los resultados de personalidad asociados, descritos de la siguiente manera: "El fracaso percibido, la agresión, la falta de capacidad de afrontamiento y la baja asertividad... pueden aumentar la propensión de un individuo a provocar incendios en un intento de obtener algún nivel de control ambiental" (Gannon et al. 2012, p. 110, drawing on Vreeland & Levin 1980). Un aprendizaje social deficiente es probable que esté asociado con un cierto nivel de espacio. Otros problemas, como el aislamiento rural y la exclusión social, pueden agravar la predisposición de la familia a una crianza de peor calidad y con ello a la exclusión.

Fuera de Australia, varios autores relacionan los bajos salarios y el desempleo con la perpetración de incendios forestales, denominado "desorden social", definido como la presencia de edificios abandonados y vacíos y una alta incidencia de delitos menores, como se ha mencionado anteriormente (por ejemplo, Thomas, Butry & Prestemon 2012). Se observó que la reducción de este "desorden" también reducía la incidencia de los incendios provocados. Ganteaume y sus colegas (2013), en una revisión de la información disponible, encontraron una referencia frecuente a la relación entre los indicadores socioeconómicos que reflejan desventajas, como la tasa de desempleo, que también han demostrado estar claramente vinculados a la ocurrencia de incendios en muchas zonas del sur de Europa.

Conclusiones

El análisis de este capítulo sugiere que la comprensión de las pautas temporales y de localización de los incendios forestales podría ser útil para el desarrollo de programas de prevención de incendios forestales. Este conocimiento ya se está utilizando como herramienta de prevención en algunos lugares, por ejemplo, la rápida retirada de coches tirados, reduciendo así la posibilidad de que sean incendiados. Es probable que existan muchas otras oportunidades de prevención a medida que aumenten nuestros conocimientos sobre los patrones de los incendios. Resulta especialmente importante comprender los patrones locales y aplicar acciones de prevención locales y específicas para focos de incendio concretos.

Potencialmente, se podría aprender mucho más de una mayor aplicación de las teorías de la delincuencia a la cuestión de la iluminación maliciosa de incendios. Queda mucho trabajo por hacer en el ámbito de la planificación para reducir la vulnerabilidad de la interfaz rural urbana, un tema que se trata con más detalle en el capítulo 6. Esto implicará algunos cambios importantes en los enfoques, incluida una fuerte implicación con la comunidad (capítulo 7). Por muchas razones, entre ellas la prevención de incendios, es necesario prestar mucha más atención a la reducción de las desventajas en la periferia urbana, un problema que parece tener vigencia internacional. El coste de esta negligencia es demasiado alto. Los trabajos de Wilkinson y Pickett (2009) han demostrado que cuanto mayor es el aumento de la desigualdad dentro de los países, mayores son los problemas sociales a los que se enfrenta ese país, abarcando cuestiones como la delincuencia, la monoparentalidad, la esperanza de vida, la seguridad, las enfermedades mentales, el encarcelamiento y la alfabetización.

Sección 2.
Enfoques de prevención
Enfoques preventivos

La promoción de la salud y el bienestar en todas las personas se basa en el bienestar de los individuos, las organizaciones y las comunidades, todos interconectados en "una tupida red de influencias recíprocas" (Prilleltensky & Prilleltensky 2006, p.1). Por desgracia, los autores dejaron de lado otro componente crítico, el bienestar del entorno. La sección 2 de este libro explora algunos de los componentes de cómo se gestionan, y podrían gestionarse, los problemas asociados a los incendios forestales para reducir el riesgo y mantener al mismo tiempo el bienestar de la sociedad. El capítulo 5 explora cómo se entiende actualmente la prevención de incendios forestales. El capítulo 6 ofrece un estudio de caso sobre el lugar y el papel del gobierno local en Australia. El capítulo 7 examina la participación de la comunidad en la prevención de incendios forestales. El capítulo 8 ofrece una perspectiva sobre el medio ambiente desatendido en la historia de los incendios forestales. Por último, el capítulo 9 vuelve a tratar el espinoso tema de la gestión de los datos sobre incendios forestales.

Capítulo 5
Enfoques preventivos actuales

Introducción

La prevención es uno de los cuatro componentes clave para lograr la salud y el bienestar, junto con los enfoques basados en los puntos fuertes, así como el cambio del contexto que no funciona (Prilleltensky & Prilleltensky 2006). La prevención ha demostrado ser un área difícil en muchos campos, ya que se prefiere una respuesta reactiva al problema después de que se haya producido. Por ejemplo, en Canadá y EE.UU. sólo se destina el 1% del presupuesto sanitario a la prevención de los problemas de salud mental. Sin embargo, se sabe mucho sobre cómo prevenir las enfermedades mentales. Se podrían hacer comentarios similares sobre el elevado coste del maltrato infantil y el coste de la delincuencia para la sociedad, y lo mismo puede decirse de la prevención de los incendios forestales, donde la respuesta es en gran medida reactiva y se piensa poco en la prevención del fuego. Sin embargo, la diferencia con los incendios forestales es que apenas se han investigado los modelos de prevención ni se ha evaluado la eficacia de los programas existentes. Es necesario un cambio de paradigma que pase de "solucionar" los incendios individuales a "solucionar" el contexto social más amplio que conduce a la ignición (Prilleltensky & Prilleltensky 2006, p.14).

En este capítulo se describen los enfoques actuales de la prevención de incendios forestales. En primer lugar, ofrece una breve visión del desarrollo del concepto organizativo de "riesgo", seguido de una visión general de una estructura teórica comúnmente utilizada para la gestión, la gobernanza y la toma de decisiones. Se presenta un modelo de prevención promulgado por las Naciones Unidas que se enmarca en un enfoque de gestión del riesgo, ampliamente adoptado a escala internacional. Se ofrece una visión general del enfoque de la prevención adoptado por algunos continentes. A continuación, el capítulo ofrece un estudio de algunos de los programas de prevención adoptados en Victoria, junto al análisis sobre lo que se sabe de su eficacia.

El desarrollo de un marco de riesgos

El incipiente reconocimiento de un nuevo orden en relación con la creciente incidencia de fenómenos extremos en todo el mundo ha dado lugar a la elaboración de orientaciones internacionales sobre estrategias para hacer frente a tales problemas. Un informe reciente de la Unión Europea (UE) señala que en Europa se han producido tres veces más incendios forestales en la década que comienza en 2010 en comparación con la década de 1980 (Tidey 2019). Este cambio también ha abarcado una tendencia de incendios forestales de menor tamaño al predominio de megaincendios que cubren áreas mucho mayores. Una media de aproximadamente 4500 km² se queman cada año en la Europa mediterránea, lo que hace que la eliminación sea una tarea mucho más difícil (Faivie 2018; Turco et al. 2018).

Buxton y sus colegas (2011) llaman la atención sobre dos acontecimientos importantes de la década de 1990 que contribuyeron a concienciar sobre las catástrofes naturales y el riesgo. La Asamblea General de las Naciones Unidas proclamó la década de 1990 "Decenio Internacional para la Reducción de los Desastres Naturales", y en 1992 se publicó en inglés el libro de Beck titulado *Risk Society*, que posteriormente se tradujo a otros 20 idiomas. Beck consideraba que una sociedad del riesgo aplicaba "una forma sistemática de hacer frente a los peligros e inseguridades inducidos e introducidos por la propia modernización" (Beck 1992, p.21). Una de las consecuencias de esta atención ha sido que el riesgo se ha convertido en un concepto organizativo central de los peligros "naturales" a escala internacional, sobre todo en torno a los incendios forestales. El interés se ha ampliado para incluir también ideas organizativas afines, como el concepto de resiliencia (Buxton et al. 2011). También ha dado lugar a un aumento de la investigación sobre los incendios forestales, en particular la literatura sobre mitigación y planificación, utilizando un marco de sistema socio ecológico. En este marco, algunas condiciones medioambientales, como la carga de combustible y algunas cuestiones sociales, como el lugar de residencia, se examinan para desarrollar un perfil de riesgo (véase, por ejemplo, Ager et al. 2016; Kolden & Henson 2019). Sin embargo, esta investigación, y la aplicación de las ideas, aún están muy poco desarrolladas, y los autores de este libro consideran que este trabajo es, en ocasiones, estrecho y falto de claridad, puntos que se retomarán en el capítulo 11.

Enfoque internacional de reducción de riesgos y catástrofes

El *Marco de Sendai para la Reducción del Riesgo de Desastres (2015-2030)*, auspiciado por la Oficina de las Naciones Unidas para la Reducción del Riesgo de Desastres, se elaboró mediante negociaciones intergubernamentales (UNISDR 2015). Proporciona un marco o guía para que los países planifiquen la reducción de riesgos en torno a los desastres "naturales" y los provocados por el hombre, haciendo hincapié en la gestión del "riesgo" de desastres en contraposición a la gestión de desastres. Se dice que orienta la prevención de nuevos riesgos, la reducción de los existentes y el fortalecimiento de la resiliencia. El documento establece un marco de objetivos, principios rectores, prioridades de actuación y funciones de las distintas partes interesadas. Enumera los factores de riesgo:

pobreza y desigualdad, el cambio climático, el rápido crecimiento urbanístico, la mala gestión del suelo, la debilidad de los mecanismos institucionales, las políticas que no tienen en cuenta los riesgos y la falta de incentivos a la inversión. El informe habla de la necesidad de mejorar la preparación, la respuesta, la rehabilitación y la reconstrucción, pero dice poco sobre la prevención en general, incluida la prevención de incendios forestales.

El documento insiste repetidamente en la necesidad de un compromiso muy amplio. Esto incluye asociaciones, coordinación, coherencia y responsabilidades compartidas, a nivel internacional, nacional, estatal, local, comunitario y empresarial, es decir, un enfoque que englobe a toda la sociedad. El documento subraya que la reducción de riesgos debe integrarse en todos los sectores. Esto requiere una serie de facilitadores, como el acceso a "recursos, incentivos y responsabilidades en la toma de decisiones" (UNISDR 2015, p. 13). Nombra algunas tareas específicas, como la articulación de responsabilidades, el establecimiento de mecanismos de cooperación, el desarrollo de políticas públicas, legislación y nuevos códigos y normas de construcción, y el fortalecimiento de los servicios de atención sanitaria y de salud. El enfoque es de responsabilidad compartida para reducir el riesgo de catástrofes, así como un enfoque integrador, considerado como: "el intercambio y la difusión abiertos de datos desglosados... así como de información sobre riesgos comprensible, actualizada y de fácil acceso, basada en datos científicos y no sensible, complementada con conocimientos tradicionales" (UNISDR 2015, p.13).

El informe sugiere que la información se base en la localización, proporcionando mapas de riesgo a los responsables de la toma de decisiones y acceso a información en tiempo real. Es necesario desarrollar modelos y difundirlos ampliamente para aumentar los conocimientos y mejorar el diálogo. Las prioridades de actuación son las siguientes:

Prioridad 1:   Comprender el riesgo de catástrofes

Prioridad 2:   Reforzar la gobernanza para gestionar el riesgo de catástrofes

Prioridad 3:   Invertir en la reducción de catástrofes para la resiliencia

Prioridad 4:   Mejorar la preparación ante las catástrofes para dar una respuesta eficaz y "reconstruir mejor" en la recuperación, rehabilitación y reconstrucción (p.14).

Estas prioridades deben basarse en la comprensión del riesgo de catástrofes en todas sus dimensiones de vulnerabilidad, capacidad, exposición de personas y bienes, características de las amenazas y medio ambiente. Y, lo que es más importante, tiene medidas de éxito basadas en una reducción sustancial del riesgo de catástrofes, incluida la pérdida de vidas, medios de subsistencia, en los bienes económicos, físicos, sociales, culturales y medioambientales. Para ello, se necesita el compromiso y la implicación de los líderes políticos. El documento esboza siete objetivos específicos y mensurables, como el número de personas afectadas por cada 100.000 habitantes, en un plazo determinado.

Este documento tiene muchos componentes valiosos, especialmente en torno a las responsabilidades compartidas, la coordinación y la inclusión. La empresa que recomienda es muy compleja y aboga por un cambio importante de enfoque en múltiples sectores y ámbitos. Sin embargo, se dan pocas orientaciones sobre cómo emprender ese cambio, sobre las estructuras necesarias para llevarlo a cabo y sobre cómo realizar la transición para lograrlo, dadas las múltiples dependencias y los objetivos contrapuestos de muchas políticas gubernamentales, en las empresas y en la comunidad. También dice poco sobre la responsabilidad de la toma de decisiones, y dónde y cómo se lleva a cabo. En la mayoría de los países, la toma de decisiones y la gestión no están bien integradas, sino sectorizadas, unidimensionales y descoordinadas. Como tal, no maneja bien los problemas complejos, como se informa en muchos estudios realizados de una serie de áreas temáticas (Howlett, Vince y del Río 2017). Howlett, Vince y del Río (2017) también señalan que se ha investigado poco sobre cómo hacerlo, y señalan que una integración tan compleja conlleva importantes riesgos de fracaso. Sin embargo, defienden la importancia de un enfoque integrador de este tipo para hacer frente en particular a los retos en torno a ámbitos amplios como la sostenibilidad, a fin de evitar duplicaciones, redundancias, enfoques contradictorios y lagunas en las combinaciones de políticas existentes, todas las cuales es probable que se hayan desarrollado durante un largo período de tiempo. A menudo, los enfoques monotemáticos no tienen en cuenta ni miden las externalidades, el impacto de sus planteamientos en otras personas y en el medio ambiente. Por lo tanto, los conflictos de objetivos son comunes cuando hay múltiples partes implicadas. El Marco de Sendai no parece considerar cómo superar estas complejidades de gestión.

Lamentablemente, en este informe el énfasis en el "riesgo" parece sustituir a la "prevención". Esto parece deberse a la idea de fenómenos extremos "naturales" (véase el capítulo 1), pero no reconoce la relación de estos fenómenos con el cambio climático antropogénico. Los incendios forestales son quizás una catástrofe algo diferente de otras catástrofes denominadas "naturales". Los problemas de los incendios forestales surgen de una combinación de emisiones de GEI, que crean cambios climáticos que exacerban los desastres "naturales", pero los incendios forestales también tienen una aportación humana directa que desencadena u origina muchos incendios forestales. Por lo tanto, las acciones para evitar esta peligrosa intervención humana, así como para abordar el cambio climático, deberían formar parte del enfoque de prevención, al igual que las acciones para mitigar la gravedad y la propagación de los incendios forestales y la exposición de las personas a dicho riesgo.

El enfoque adoptado por Europa

La Unión Europea tiene competencias tanto en materia de prevención como de extinción de incendios forestales a través de las autoridades medioambientales y de protección civil (Ponce et al. 2015). Estas competencias se han utilizado para cofinanciar la prevención de incendios forestales por parte de los Estados miembros. Como ya se ha señalado, un documento reciente de la UE sobre la política de incendios forestales reconoce que se necesitan cambios considerables en el enfoque para dar una respuesta adecuada a las circunstancias cambiantes de los incendios (Faivie 2018). Al igual que en el Marco de Sendai, hay un fuerte énfasis en un enfoque integrador y un enfoque de tipo de gestión de riesgos. Se hace un llamamiento a "...una gestión de los incendios forestales más eficaz basada en la ciencia y una toma de decisiones concienciada sobre los riesgos que tenga en cuenta las raíces socioeconómicas, climáticas y medioambientales de los incendios forestales" (p. 12).

El informe señala que se debería pasar de la supresión a la prevención, que debe integrarse con los aspectos de adaptación al clima, educación, preparación, supresión y restauración. Sin embargo, el aspecto de la prevención parece tener una visión estrecha, lo que este libro describiría como mitigación. Se insiste mucho en las políticas basadas en hallazgos científicos, en la consideración de cuestiones ecológicas y en la orientación hacia el futuro. No se menciona el hecho de que las distintas ramas de la ciencia puedan arrojar resultados contradictorios, ni el lugar que ocupan las preferencias locales y culturales, de ahí la importancia de tener en cuenta las posturas enfrentadas y los juicios de valor.

Ponce y sus colegas (2015) describen la necesidad de un nivel mucho más alto de obligación mutua entre los gobiernos europeos y los ciudadanos de lo que quizá sugiere el informe de la UE. En su opinión, existe la obligación de proteger, incluido el deber de prevenir y mitigar los riesgos de catástrofes, incluidos los incendios forestales. Sin embargo, podría debatirse si esto se aplica en la práctica, y cómo en España se han dado ya algunos pasos. España ha promulgado leyes sobre los riesgos de incendios forestales que pueden producir amenazas graves o catastróficas para el medio ambiente, así como para las personas, los bienes y el servicio público (Ponce et al. 2015). En España, esto implica la prevención de actividades peligrosas relacionadas con el fuego. Los permisos para algunas actividades no estarán disponibles en determinadas épocas del año. Entre estas actividades se incluyen los fuegos artificiales, encender fuego, talar árboles, acampar y el tránsito de peatones y vehículos en algunas zonas vulnerables (Ponce et al. 2015). Estas leyes también incluyen normas de construcción y mantenimiento relacionadas con los incendios. La falta de coordinación entre los propios organismos de lucha contra incendios y con las autoridades de planificación es un problema importante en Grecia e Italia. Se dice que estos descuidos están relacionados con la infravaloración del papel de las actividades humanas en los incendios y, por tanto, con la falta de atención a la prevención. La prevención se describe como "totalmente ineficaz" y "un objetivo invisible" (Sapountzaki et al. 2011, p.1471).

Reino Unido

Los autores encontraron poca información sobre enfoques integrados de la prevención, planificación, respuesta y recuperación de incendios forestales en la bibliografía procedente del Reino Unido, a pesar de que se lleva pidiendo desde hace al menos una década. El proyecto ANSFR (Accidental, Natural and Social Fire Risk Project), cofinanciado por la Unión Europea, se llevó a cabo durante dos años, 2009 y 2010, en colaboración con el Servicio de Incendios y Rescate de Northumberland (Reino Unido) y organizaciones similares de Dinamarca, Italia y Finlandia (Stacey, R., 2009). Una conclusión importante del informe del proyecto era que los servicios de bomberos necesitaban trabajar en estrecha colaboración con una serie de organizaciones, entre ellas la policía y las autoridades locales, para evaluar y gestionar de forma exhaustiva y satisfactoria el riesgo de incendio. El informe señala la importancia de un enfoque aún más amplio que abarque las asociaciones de colaboración internacionales. Recomienda la creación de un sistema nacional de predicción de riesgos que calcule y clasifique el riesgo de incendio forestal en un momento determinado.

Desde 2008, las autoridades de bomberos del Reino Unido están obligadas a elaborar un plan de gestión integrada de riesgos que tenga en cuenta la prevención, la protección y la respuesta a los incendios forestales, y que incluya a las comunidades y a un amplio abanico de participantes (Gazzard, McMorrow y Aylen, 2016). Sin embargo, algunos sectores y departamentos gubernamentales se mostraron poco comprometidos con la gestión del riesgo de incendios forestales. Entre ellos se mencionaron el Departamento de Energía y Cambio Climático, el sector de las aseguradoras y, especialmente, los de planificación urbanística para desarrollo residencial, que tenían poca conciencia del riesgo de incendios forestales en la interfaz rural/urbana del Reino Unido.

El Reino Unido no cuenta con una agencia o estrategia nacional específica contra los incendios forestales. La obligación legal de extinguir los incendios estructurales y forestales recae en 46 servicios regionales de bomberos y rescate. La gestión de los incendios forestales se divide entre los departamentos gubernamentales. La prevención de la ignición, en forma de gestión del acceso público a terrenos públicos, y la gestión de los combustibles, corresponde en gran medida al Departamento de Medio Ambiente, Alimentación y Asuntos Rurales (DEFRA). El Departamento de Comunidades y Gobierno Local, Resiliencia y Planificación de Emergencias gestiona las responsabilidades de preparación y respuesta ante emergencias.

En la década de 1990 surgieron redes comunitarias intersectoriales para corregir esta desconexión, así como grupos de trabajo interinstitucionales, con colaboraciones entre propietarios de terrenos locales, grupos ecologistas y autoridades responsables del agua. Se dice que los cambios en los planteamientos de la gestión de incendios en el Reino Unido fueron liderados por los servicios de bomberos locales, en particular el Northumberland Fire and Rescue Service. Esto ha dado lugar a modificaciones en la planificación de emergencias, así como el reconocimiento de la necesidad de responder al cambio climático (Gazzard, McMorrow & Aylen 2016). Sin embargo, la respuesta a los incendios forestales en el Reino Unido sigue siendo variada, fragmentada e incompleta a nivel local (Gazzard, McMorrow & Aylen 2016). Las respuestas de base a los problemas locales apenas tienen en cuenta la prevención de la ignición, y existen conflictos en relación con las quemas controladas.

Se dice que el paradigma actual de la política nacional actual sigue siendo el de la extinción de incendios (Gazzard, McMorrow y Aylen, 2016). Por lo tanto, los instrumentos políticos no identifican específicamente los incendios forestales (a diferencia de los incendios estructurales), y las herramientas adecuadas para cuantificar el riesgo de incendios forestales aún no están ampliamente disponibles. Esto es así a pesar del Marco Nacional de Políticas de Planificación de Inglaterra y Gales, que considera tanto el cambio climático y los riesgos naturales en las políticas y decisiones de planificación, sugiriendo que la planificación debería tener en cuenta la vulnerabilidad a los "riesgos naturales", aunque no se mencionan específicamente los incendios forestales. Gazzard, McMorrow y Aylen (2016) creen que el éxito de la gestión de los incendios forestales requiere la adopción de un enfoque intersectorial a escala nacional, no solo, como ahora, para la fase de respuesta de emergencia de grandes incidentes, sino también en la fase de prevención. Creen que se está avanzando entre la integración del fuego y la gestión del territorio, especialmente en la fase de prevención, aunque se necesita un enfoque coordinado y financiado para comprender los sistemas socio-ecológicos.

EE.UU.

En EE.UU., en 2001, Hann y Bunnell señalaron que la planificación de los recursos naturales y los incendios para la gestión de los terrenos públicos federales, y para los terrenos estatales y privados, se desarrollaban de forma diferente y tenían una planificación independiente. Consideraban que para lograr una planificación política, presupuestaria y de restauración en materia de incendios y gestión de tierras, se necesitan vínculos a escala nacional, regional, local y de proyecto. Sin embargo, Gazzard, McMorrow & Aylen 2016) señalan que recientemente han surgido respuestas locales para incorporar una gobernanza adaptativa dentro de los componentes sociales y ecológicos de un sistema. Sostienen que EE. UU. debe avanzar hacia la colaboración entre comunidades, planificadores, arquitectos y gestores del territorio. Este enfoque se está investigando actualmente en Australia, entre los servicios de bomberos y la planificación urbana (March et al. 2018a, b). Reflejando la noción de "responsabilidad compartida" utilizada en Australia, los EE. UU. tienen el concepto de "obligación recíproca", que abarca las responsabilidades del Estado de proteger el bienestar de los ciudadanos, y la responsabilidad de los ciudadanos para con el Estado y otros miembros de la comunidad (Ponce et al. 2015).

En 2013, Prestemon y sus colegas llevaron a cabo un amplio estudio sobre la prevención de incendios forestales. El informe situaba a los organismos de gestión del territorio como responsables de la prevención de incendios forestales. Sugiere que las posibles opciones para la prevención son la educación, la gestión de los combustibles y la aplicación de la ley. El informe señala que los factores sociales que impulsan los incendios, como los ingresos, el desarrollo, la demografía y la cultura, no están incluidos, ya que los procesos y patrones escapan en gran medida al control de los gestores del territorio. Los autores creen que la principal medida de gestión del territorio que afecta directamente a la aparición de incendios es el fuego prescrito, aunque más adelante señalan que aún no se dispone de pruebas que lo demuestren.

Australia

Australia tiene tres niveles de gobierno, todos ellos con alguna responsabilidad en torno a la gestión de los incendios forestales. El Gobierno (federal) australiano es el responsable de coordinar un enfoque nacional tanto de la política medioambiental como de la política internacional. Los Gobiernos de los Estados y Territorios (que son ocho) son los principales responsables de la gestión de la tierra y los incendios. La mayoría de los estados tienen hasta tres servicios de bomberos responsables de los incendios urbanos, los incendios rurales y la extinción de incendios en terrenos públicos como los parques estatales y nacionales. La mayoría de los bomberos rurales son voluntarios. Los gobiernos locales son responsables de la planificación del uso del suelo en virtud de la legislación estatal.

Enfoque nacional

Basándose en el Marco de Sendai para la Reducción del Riesgo de Desastres, el Consejo de Gobiernos Australianos (COAG) elaboró una serie de informes centrados en una Estrategia Nacional para la Resiliencia ante los Desastres. El documento de estrategia se publicó por primera vez en 2009 y se actualizó en 2011, con una revisión de la aplicación en 2015 (Comité Nacional de Gestión de Emergencias 2011). Los informes apelan a la necesidad de construir una respuesta a las catástrofes basada en las ideas de la responsabilidad compartida y el desarrollo de comunidades resilientes. La resiliencia ante las catástrofes de las personas y los hogares aumenta significativamente mediante la planificación activa y la preparación para proteger la vida y la propiedad. Se considera que una comunidad resiliente es aquella que comprende los riesgos, se prepara para una catástrofe, trabaja con los líderes locales y en colaboración con los servicios de emergencia para desarrollar la resiliencia a lo largo del tiempo, con el apoyo de la planificación del uso del suelo y el control de la construcción. También es aquella que se recupera rápidamente de una catástrofe.

McLennan, Reid y Beilin (2019) afirman que la estrategia impulsó a los organismos de gestión de incendios y de tierras de todos los estados y territorios a establecer programas para mejorar los niveles de mitigación de los peligros naturales en forma de actividades preparatorias relacionadas con la seguridad. Sin embargo, la estrategia sólo menciona la prevención en la lista de prevención, preparación, respuesta y recuperación. La resiliencia se define en gran medida por los resultados del proceso, no por lo que es la resiliencia ni los objetivos que se persiguen. Por lo tanto, es difícil comprender los éxitos o fracasos de los programas. La información se describe como una vía unidireccional, de arriba abajo. Traducir la visión expresada de resiliencia comunitaria y responsabilidad compartida en el contexto del cambio climático requiere muchos más detalles sobre cómo se promulgará y cómo se reconocerá cuando se logre, y si se logra (Eburn 2015; Stanley 2015a).

El Departamento de la Fiscalía General Federal celebró un foro en 2009 con el objetivo de responder mejor a los incendios provocados (Departamento del Fiscal General 2009). En el informe se señalaba la necesidad de un enfoque integrado: "abordar con éxito los incendios provocados va más allá de la capacidad de un solo organismo o área de especialización. Un mensaje fundamental es que se requiere una mayor colaboración nacional entre las carteras de todos los niveles de gobierno. Esto incluye garantizar una mejor coordinación entre la policía, los bomberos y los servicios de emergencia para participar en programas de prevención específicos y compartir información en la investigación de delitos" (McClelland 2010, p.3).

Y lo que es más importante, el foro acordó las medidas que debían adoptarse. Merece la pena enumerarlas, ya que representan un programa de prevención bastante completo:

- Utilizar programas de reducción del combustible y de educación de la comunidad en zonas de alto riesgo de incendio y de iluminación maliciosa en la interfaz urbana/rural., coherentes con los objetivos de gestión del territorio.

- Llevar a cabo programas de retirada de vehículos abandonados.

- Garantizar la coherencia nacional de los delitos de incendio forestal con una revisión de la legislación vigente, incluidos los modelos extranjeros, teniendo en cuenta que estas acciones reconocen que muchos incendios forestales provocados deliberadamente pueden prevenirse utilizando técnicas de prevención de delitos.

- Investigar las mejores prácticas de prevención de un fuego malicioso.

- Desarrollar programas dirigidos a incendiarios malintencionados conocidos y reincidentes.

- Investigar el desarrollo de una base de datos nacional de incendios forestales malintencionados.

- Desarrollar estrategias nacionales para concienciar a la comunidad sobre la iluminación de incendios malintencionados e incorporar mensajes de prevención a los programas de concienciación comunitaria existentes.

- Desarrollar programas específicos de concienciación y prevención para las comunidades propensas a sufrir incendios forestales, incluida una mayor colaboración con los organismos de educación y bienestar social.

- Investigar la viabilidad de un marco coherente a escala nacional para la recogida de datos sobre incendios forestales malintencionados.

- Desarrollar herramientas de análisis espacial para identificar focos maliciosos de incendios forestales.

- Investigación de factores socioeconómicos y demográficos que indican una propensión a la iluminación maliciosa de incendios forestales.

- Desarrollar herramientas de los efectos de los programas de prevención.

- Formación de investigadores de incendios.

Desgraciadamente, muchas de estas medidas no pasaron de ser una lista de deseos. De hecho, los incendios forestales malintencionados parecen haber quedado al margen de las principales reflexiones sobre incendios forestales.

El Grupo de Gestión de Incendios Forestales (2014) elaboró un documento de política sobre incendios forestales con la participación de todos los gobiernos estatales y territoriales australianos. Excepcionalmente, el documento proporciona una visión, objetivos estratégicos, metas nacionales y principios rectores. La visión es la siguiente: "Los reglamentos de incendios se gestionan eficazmente para mantener y mejorar la protección de la vida humana y los bienes, así como la salud, la biodiversidad, el turismo, las actividades recreativas y el medio ambiente, el ocio y los beneficios productivos derivados de los bosques y pastizales de Australia" (Grupo de Gestión de Incendios Forestales 2014, p. 9). Sin embargo, a pesar de la promesa, el documento sigue siendo bastante general con objetivos de alto nivel, dentro de un enfoque de gestión de riesgos. El documento señala que es esencial una mayor inversión en prevención y preparación. Sin embargo, esto parece entenderse de nuevo como un aumento de las quemas planificadas y "más inteligentes", vinculadas a la reducción del riesgo de incendios forestales y mejores resultados ecológicos, ya que "Los incendios planificados son fundamentales para esta estrategia" (Grupo de Gestión de Incendios Forestales 2014 p.8, 20).

En marzo de 2010 se celebró un simposio nacional, Advancing Bushfire Arson Prevention in Australia, al que asistió el Fiscal General Federal de Australia. El simposio formuló algunas recomendaciones clave, entre ellas la necesidad de una amplia gama de estrategias de prevención (Stanley & Kestin 2010). Se reconoció que es probable que la prevención cueste mucho menos que la extinción y la recuperación de los incendios forestales. Hubo una fuerte opinión sobre la necesidad de mejorar la calidad de los datos, y que debería haber un sistema nacional de datos y normas nacionales de interoperabilidad en el registro de incendios forestales malintencionados. El simposio abogó por un enfoque multiinstitucional y multidisciplinar que incluya a otros organismos y a la comunidad para abordar y prevenir los encendidos malintencionados. Sin embargo, el informe concluye que es necesario invertir más en la evaluación de impacto para conocer mejor la eficacia de los programas específicos. El simposio llegó a la conclusión de que, aunque todos los niveles de la administración australiana se interesan por los incendios forestales provocados de forma malintencionada, todavía no parece existir un planteamiento gubernamental cohesionado para su prevención. Desgraciadamente, esto sigue siendo así en gran medida, una década después.

Gobierno de Victoria

Dado que los estados australianos son los responsables de la política y su aplicación, los enfoques varían de un estado a otro, con un complejo sistema de diversos departamentos y organizaciones gubernamentales estatales (Buergelt & Smith 2015). En Victoria, el Departamento de Medio Ambiente,

Territorio, Agua y Planificación es el responsable general de la gestión de emergencias. Este departamento tiene las carteras de energía, medio ambiente, cambio climático, agua, planificación y administración local, y es responsable de la gestión de 8,05 millones de hectáreas de terrenos públicos. Emergency Management Victoria se encarga de implementar la agenda de gestión de emergencias, liderando y coordinando la preparación, respuesta y recuperación ante emergencias con el sector de gestión de emergencias y la comunidad (Parlamento de Victoria 2017). Sus funciones incluyen: el enlace con el Gobierno Federal; liderar y facilitar iniciativas clave centradas en la reforma de todo el sistema con una política, estrategia, planificación, inversión y adquisición integradas; y garantizar un mayor énfasis en la responsabilidad compartida, la resiliencia de la comunidad y se centra en la comunidad.

En la presentación del gobierno estatal a la Investigación Parlamentaria sobre la Preparación para la Temporada de Incendios, emprendida por el partido de la oposición del estado, se decía que "todos los organismos, departamentos, industria, empresas, todos los niveles de gobierno y la comunidad deben trabajar juntos para lograr un sistema de gestión de emergencias sostenible y eficiente que reduzca la probabilidad, el efecto y las consecuencias de las emergencias: 'trabajamos como uno solo'" (Parlamento de Victoria 2017, p.75). El enfoque actual de la gestión de emergencias en Victoria se basa en el concepto de responsabilidad compartida. El documento Safer Together: A new approach to reducing the risk of bushfire in Victoria, hace hincapié en la necesidad de que los gestores del territorio y de los incendios trabajen juntos en estrecha colaboración con las comunidades de Victoria y adopten un enfoque basado en pruebas sobre la reducción del combustible (DELWP 2015). El documento incluye un objetivo de reducción del combustible con la participación de las comunidades sobre dónde debe tener lugar la quema planificada. Una vez más, se reconoce la necesidad de un enfoque integrado de los incendios forestales, pero parece que es necesario seguir actuando en esta dirección.

Administración local

Los Comités de Planificación Estratégica de la Gestión de Incendios estatales, regionales y municipales (gobiernos locales) se crearon a raíz de las recomendaciones de las investigaciones de 2003 y 2009 sobre los incendios forestales en Victoria (CFA 2015). Los miembros son representantes de organizaciones responsables de la prevención, preparación, respuesta y recuperación en caso de incendio, así como de los usos medioambientales y culturales del fuego. Las tareas de estos grupos consisten en desarrollar planes estratégicos regionales de gestión de incendios y una planificación integrada de la gestión de incendios. El objetivo es "proporcionar un foro a nivel municipal para crear y mantener asociaciones organizativas, generar un entendimiento común y un propósito compartido con respecto a la gestión de incendios y garantizar que los planes de los distintos organismos estén vinculados y se complementen entre sí" (Emergency Management Victoria 2015, p. 2).

En concreto, los comités de planificación de la gestión de incendios pretenden trabajar en cooperación y colaboración en el desarrollo y la aplicación de planes a través de:

- Aplicación de la planificación común modelos y metodologías

- Asignación de recursos y responsabilidades

- Participar en la toma de decisiones común a través del proceso de comités

- Colaboración en las actividades de gestión de incendios

- Participar de forma cooperativa (Emergency Management Victoria 2015, p. 4)

En todos los municipios de Victoria se han creado comités de planificación de la gestión de emergencias más amplios, integrados por miembros de las administraciones locales y organismos de respuesta y recuperación.

Una iniciativa local

Una importante iniciativa de colaboración, el Programa de Prevención de Incendios Provocados de Gippsland (GAPP), es una iniciativa basada en el lugar, que ha estado funcionando durante varios años en la región de Gippsland, en el este de Victoria. Las partes interesadas locales, como la policía, los bomberos, el gobierno local, los departamentos regionales del Estado y las empresas, se reúnen periódicamente para compartir conocimientos y actividades locales en torno a la prevención de incendios provocados (Stanley, Read & Willis 2016). Las actividades incluyen: establecer áreas de preocupación de incendios forestales, educar al público sobre los peligros de incendios forestales maliciosamente encendidos y la necesidad de informar sobre comportamientos sospechosos relacionados con el fuego y, coordinar las respuestas de prevención, tales como patrullas. Esta iniciativa es exclusiva de Gippsland; sin embargo, el gobierno estatal tiene cierto interés en reproducir el modelo en otras regiones de Victoria. Esto también fue recomendado por la Investigación Parlamentaria sobre la Preparación para la Temporada de Incendios (Parlamento de Victoria 2017). Una evaluación del GAPP recomendó que el programa mejoraría si también se pudieran mejorar los datos sobre incendios forestales. Estos datos podrían incluir información sobre las "personas de interés" (personas investigadas por la policía), sus características, los lugares donde operan los sospechosos y el objetivo de la ignición, junto con las vulnerabilidades locales y el riesgo de incendio.

Así pues, parece que el modelo de gestión, esbozado anteriormente, es el que mejor funciona en Victoria a nivel de gobierno local. El modelo GAPP se presenta como el enfoque más completo a nivel operativo, aunque faltan muchas lagunas en la representación, como la comunidad, los planificadores urbanos, las escuelas y los representantes del bienestar. Aunque parece que se reconoce la necesidad de mejorar el enfoque de gestión, en general, en torno a la prevención, y a nivel nacional se intentó poner en marcha una serie de iniciativas de prevención, pero ha sido un fracaso.

Programas de prevención

Basándose en el campo de la salud pública, los programas de prevención se suelen clasificar en tres tipos (Goldston 1987):

- La prevención primaria promueve un enfoque basado en el bienestar, que transmite mensajes positivos sobre la salud y el bienestar o desaconseja determinados comportamientos, como fumar

- La prevención secundaria se dirige a grupos específicos con riesgo de contraer una enfermedad concreta.

- La prevención terciaria se dirige a reducir el daño de los síntomas.

Este marco se ha adaptado para su uso en el ámbito de la criminología y podría utilizarse para estructurar la prevención de los incendios forestales (Brantingham & Faust 1976; Stanley & Kestin 2010; Stanley & Read 2016). La prevención primaria se dirige a toda la población, como la publicidad en los medios de comunicación sobre cómo reducir el riesgo de incendio en el hogar o los mensajes educativos sobre los peligros de dejar las hogueras desatendidas. La prevención secundaria se dirige a subgrupos específicos de la población que pueden provocar un incendio forestal, como la vigilancia policial de los jóvenes sospechosos de encender fuego. La prevención terciaria se dirige a reducir las oportunidades y los deseos de quienes se sabe que encienden fuegos, por ejemplo, mediante el encarcelamiento, la intervención terapéutica o el alejamiento de un entorno de riesgo.

Sin embargo, sigue existiendo una confusión considerable sobre la prevención y los incendios forestales, una cuestión a la que se hace referencia a lo largo de este libro y que se reitera aquí. Como se ha señalado en la discusión anterior, el término "prevención" se utiliza en la gestión de incendios forestales en algunas situaciones, pero no en otras. Las siglas utilizadas por muchos en la gestión de riesgos son PPRR. Sin embargo, esto a menudo se refiere a "Plan",

Preparación, Respuesta y Recuperación, en lugar de "Prevención", Preparación, Respuesta y Recuperación (Alexander 2015). Un enfoque alternativo utilizado en un artículo que examina la gestión del riesgo de peligros en Europa es el RPPR, en el que la prevención se asocia a la planificación (Sapountzaki et al. 2011). Esto se entiende como:

- Recuperación y reconstrucción

- Planificación previa a la catástrofe o preventiva, considerada en sentido amplio, desde las obras de defensa hasta la ordenación del territorio, pasando por los planes de evacuación.

- Preparación: estado de alerta inmediatamente antes de la aparición del peligro.

- Respuesta se refiere a las actividades de reacción inmediatamente antes y después, como el socorro de emergencia

En algunos contextos en los que se menciona la prevención, el texto se refiere a adaptarse al problema, en lugar de detenerlo. Por ejemplo, un informe reciente, auspiciado por los Servicios de Incendios y Emergencias de Queensland, fue presentado por el Ministro y Comisionado para los Servicios de Incendios y Emergencias de Queensland. En él se afirmaba: "En la última década hemos sufrido catástrofes naturales de un tamaño y escala que casi no tienen precedentes en la historia moderna de nuestra nación. La ola de calor extremo y los incendios forestales asociados a finales de 2018 son una clara indicación de que nos enfrentamos a nuevos desafíos sin precedentes para comprender y responder a los impactos del cambio climático sobre los peligros naturales que incluso ahora suponen un riesgo significativo para Queensland" (Chesnais et al. 2019, p.4). Sin embargo, el informe no daba ninguna sugerencia sobre la prevención del cambio climático y las respuestas de "prevención" sugeridas se referían a cómo adaptarse a las condiciones cambiantes, haciendo hincapié en el diseño urbano y la planificación regional. De hecho, el gobierno de Queensland ha allanado el camino a la mina de carbón de Adani (con aprobación para extraer 60 millones de toneladas al año). En junio de 2019 aprobó el informe medioambiental sobre el impacto de la mina, considerando que la mina es importante porque crea puestos de trabajo locales. Del mismo modo, un informe del Gobierno de Victoria sobre la reducción del riesgo de incendios forestales, ofrece, lo que dice es un "nuevo enfoque", pero no menciona la prevención (Gobierno de Victoria 2015). Australia no tiene este problema por sí sola. Una búsqueda en Internet sobre la prevención de incendios forestales en muchos países revela pocos programas sobre la prevención de la ignición.

Se podría argumentar que marcos como los mencionados anteriormente aumentan la confusión sobre lo que implica exactamente la prevención. Por lo general, el debate se enmarca en la planificación, que también es una parte vital de las respuestas a los riesgos y los incendios forestales. La prevención conlleva la idea de evitar que algo ocurra o que alguien haga algo, pero también puede incluir la noción de reducir el daño. De hecho, la mitigación se utiliza a menudo en lugar de prevención cuando se habla de incendios forestales, y se refiere comúnmente a un comportamiento que busca minimizar el daño. La principal forma de mitigación/prevención de incendios forestales en Australia es la reducción del combustible en el medio ambiente. En Victoria, esto tiende a ser un enfoque de "talla única" casi exclusivamente en terrenos públicos. Se trata de un enfoque de prevención primaria. En la actualidad existe un interés creciente por la quema indígena, donde se controlan incendios más pequeños y menos intensos. Este enfoque se utiliza en pequeña medida en el Territorio de la Capital Australiana. En las secciones siguientes se examinan algunas instantáneas de los tipos de enfoques de prevención aplicados a escala internacional. El capítulo 11 ofrece una gama más completa de programas de prevención que podrían llevarse a cabo.

Prevención primaria

La forma más común de prevención primaria en relación con los incendios forestales es la difusión de mensajes y/o la educación para concienciar sobre los riesgos de incendio y la seguridad. Esto se suele hacer a través de los medios de comunicación, por ejemplo, alertando al público de condiciones peligrosas de incendio y utilizando las páginas web de los servicios de emergencia para orientar el comportamiento en relación con el fuego. En Australia, los programas educativos tienden a concentrarse en la seguridad una vez que se ha producido un incendio, como las alarmas de humo, así como en la forma de evitarlo. alarmas de humo, así como en la forma de preparar y defender las propiedades (Muller 2009a). La policía de Australia Occidental ha puesto en marcha una serie de programas de educación pública y concienciación sobre incendios dirigidos a toda la comunidad, con especial énfasis en los niños y los padres (Plucinski 2014). Inusualmente, el programa ha sido revisado y parece mostrar cierto éxito en los resultados en torno a la prevención de incendios dolosos. El examen de las tendencias de los incendios desde el 1 de julio de 2004 hasta el 30 de junio de 2012 mostró una disminución de los incendios malintencionados y sospechosos, que son independientes de las variaciones del peligro de incendios y la disponibilidad de combustible. Además, la publicidad sobre la prevención de incendios asociada a un gran incendio también mostró una reducción de los incendios forestales malintencionados posteriores y de los causados por equipos de corte y soldadura (medidos a lo largo de 1½ años).

Los programas educativos dirigidos a la prevención de incendios forestales tuvieron un comienzo muy temprano en EE UU. El programa titulado El Oso Smokey fue iniciado por el Servicio Forestal de EE.UU. en 1944, con el mensaje "Sólo tú puedes prevenir los incendios forestales", que más tarde se cambió por "Incendios forestales". La campaña se amplió, con juguetes del oso, un libro y canciones y la asociación con famosos. Todavía está disponible un sitio web con consejos sobre prevención de incendios y una sección para niños[1]. Los EE.UU. ofrecen una serie de enfoques educativos a través de sitios web, que dan consejos sobre el uso de equipos, la quema de escombros y la seguridad en las hogueras. Por ejemplo, la herramienta One Less Spark - One Less Wildfire (Una chispa menos, un incendio forestal menos) está producida por el California Wildland Fire Coordinating Group[2]. Este sitio web especializado ofrece una serie de enfoques de buena calidad sobre la prevención de incendios, dirigidos a diversos grupos de personas, como los niños que pueden tener tendencia a jugar con cerillas. También ofrece educación sobre seguridad contra incendios a través de programas escolares, exposiciones en ferias, carteles y folletos, difusión por radio y televisión, reuniones comunitarias e Internet.

Otro enfoque común es la restricción de las horas en las que la gente puede quemar escombros y encender fuegos al aire libre, como barbacoas y hogueras en muchos países. En Australia se decretan días de Prohibición Total de Incendios y también se utilizan en California cuando se dan condiciones de peligro de incendio. En otras ocasiones es necesario obtener permisos para fuegos en propiedades privadas y parques.

Prevención secundaria

Informes comunitarios

Crime Stoppers es un programa que opera en unos 20 países, entre ellos Australia. Crime Stoppers ofrece al público un medio para denunciar sospechas de delitos o la creencia de que puede producirse un delito, en contraste con la denuncia una vez que se ha producido un delito. Las denuncias pueden incluir incendios malintencionados. El anonimato para el denunciante y las ofertas de recompensa en caso de captura varían según la ubicación del programa. Las denuncias pueden referirse tanto al riesgo de incendios imprudentes como malintencionados, por lo que atienden tanto a causas cívicas como delictivas de los incendios forestales. Sin embargo, el uso de la información de Crime Stoppers en los distintos estados de Australia (y

---

[1] https://www.smokeybear.com/en
[2] www.preventwildfireca.org

probablemente también a escala internacional) parece ser bastante variable, ya que algunos estados tienden a no utilizar los datos y otros filtran la información según la percepción de utilidad por parte de la policía.

Prevención situacional de la delincuencia

La prevención situacional del delito se basa en la idea de que alterar el entorno lo hará menos atractivo para un incendiario malintencionado al reducir las oportunidades, las recompensas y la motivación, y aumentar el esfuerzo y los riesgos que conlleva cometer un delito. Dado que los incendios forestales tienden a seguir patrones de tiempo y lugar (véase el capítulo 4), es probable que esto facilite las formas de disuadir a la gente de encender fuego. Una excepción es la rápida retirada de basuras y coches abandonados, una práctica que se ha demostrado que reduce las igniciones (Cozens 2010). Este tipo de iniciativas podrían utilizarse mucho más.

Vigilancia

Los programas de vigilancia suelen correr a cargo de la policía y los bomberos, e incluyen actividades como patrullar las zonas de alto riesgo de incendio forestal en días de alto peligro de incendio y vigilar la localización de presuntos pirómanos. La Operación Nómada comenzó en Australia Meridional en 1992. En el marco de este programa, se visita a los pirómanos conocidos en los días de riesgo extremo de incendio forestal y se proporciona una presencia policial muy visible en las zonas de alto riesgo de incendio forestal. Otros estados han emulado versiones de este programa. La Operación Firesetter, en Victoria, se estableció en 2010, a raíz de una recomendación de la Comisión Real de Incendios Forestales de Victoria. Este programa proporciona recursos adicionales a las regiones con mayor riesgo de incendio en días de alto riesgo. Por lo general, se trata de dos o más efectivos adicionales que se coordinan con las patrullas locales y les prestan apoyo, y algunas regiones también utilizan el personal adicional para visitar a las "personas de interés" en relación con el riesgo de incendio identificado. Australia Occidental también ha complementado un programa similar con la creación de una base de datos de lugares con tendencia a encender fuego de forma malintencionada. No está clara la eficacia de estos programas en la prevención del encendido malintencionado de incendios forestales.

Mientras que en Australia existe una disposición nacional que establece una "bandera de advertencia" para los incendios provocados que se coloca en los registros de delincuentes condenados, el Gobierno de Ohio, en Estados Unidos, ha ido un paso más allá, introduciendo un registro y una base de datos de pirómanos condenados, a disposición de los funcionarios encargados de hacer cumplir la ley y de la investigación de incendios (deWine 2013). Este enfoque se ha recomendado en Australia (véase Stanley & Kestin 2010). En 2014, el Gobierno de Victoria introdujo un programa de vigilancia electrónica de 12 millones de dólares australianos para una serie de delincuentes graves, incluidos los pirómanos convictos. Sin embargo, este programa se ha utilizado en contadas ocasiones y no parece ser muy eficaz, dado el reducido número de pirómanos detenidos y la condición de menores de edad de los incendiarios.

Existe un uso limitado de las cámaras como método de prevención de incendios. En Australia se utilizan sobre todo en la industria, donde los incendios forestales tienen graves consecuencias para el negocio. Se instalan cámaras en lugares vulnerables a los focos de incendio y en vehículos de patrulla para grabar actividades ilegales.

Otros programas

En Australia se han emprendido campañas educativas sobre el desecho de cigarrillos, pero se desconoce su eficacia (Muller 2009a). Se han desarrollado cigarrillos "ignífugos", que se exigen legalmente en los 50 estados de EE.UU., Europa, el Reino Unido y otros países. Sin embargo, una vez más, su eficacia no está clara. En 2009, la Comisión Real de Incendios Forestales de Victoria recomendó una estrategia de retirada y reasentamiento en caso de riesgo inaceptablemente alto de incendio forestal, incluida la adquisición no obligatoria de las tierras por parte del Estado. Sin embargo, no se definió "riesgo inaceptablemente alto" ni se estableció quién debía definirlo. El (entonces) primer ministro de Victoria declaró que las personas tenían derecho a vivir donde quisieran, una perspectiva reflejada en el derecho consuetudinario australiano (Eburn 2015). En algunos lugares se lleva a cabo la limpieza de la vegetación alrededor de los cables eléctricos para evitar que las ramas y los árboles conecten con los cables, con el consiguiente riesgo de ignición. La eficacia no está clara.

Las herramientas de detección pueden utilizarse para minimizar el riesgo de incendios provocados. En Australia y Nueva Zelanda, varios servicios de bomberos han probado dos instrumentos de detección dirigidos a posibles incendiarios durante la contratación de bomberos voluntarios. Muchos servicios de bomberos australianos han introducido controles de antecedentes penales para los nuevos miembros. Sin embargo, dado que tan pocos bomberos malintencionados son condenados, no es probable que ésta sea una respuesta suficiente. Es preferible realizar un examen psicológico del personal de los servicios de bomberos, aunque es probable que sea un proceso costoso.

Prevención terciaria

Prevención terciaria Las medidas disuasorias contra el encendido malintencionado de fuegos adoptan la forma de castigo y tratamiento. Es habitual que los medios de comunicación publiquen llamamientos a endurecer las penas para los jóvenes que provocan incendios forestales (Findlay 2002). Se dice que el ex primer ministro de Nueva Gales del Sur, Bob Carr, afirmó que había que "escarmentar" a los jóvenes delincuentes y que el Gobierno de Nueva Gales del Sur "obligaría a los pirómanos juveniles a recorrer las zonas devastadas por el fuego y les obligaría a enfrentarse a las víctimas en las salas de quemados de los hospitales" (Ellicott & Stock 2002, p.2). Sin embargo, una respuesta culpabilizadora no conduce necesariamente a la prevención.

Enfoque correctivo

La Ley de Delitos de 1958 (Victoria) tipifica los delitos de incendio provocado y de incendio forestal. La condena por intención de destruir o dañar bienes, o cuando la persona sabe o cree que es más probable que su conducta provoque la destrucción o el daño de bienes por incendio, puede ser castigada con una pena de hasta 10 años de prisión. La pena podría ampliarse a 15 años si se determina que el acusado tenía la intención de poner en peligro la vida de otra persona. Esta legislación contempla los incendios provocados por imprudencia como satisfactorios para ser perseguidos como delito doloso. Sin embargo, no se considera que una persona tenga un comportamiento imprudente si estaba llevando a cabo actividades de prevención y extinción de incendios y otras actividades de gestión del territorio (Willis 2004). También se excluye a quienes son demasiado jóvenes para ser penalmente responsables y a quienes no comprenden plenamente el daño potencial que podrían causar, por lo que se les considera mentalmente incapaces para ser juzgados (Muller 2009a).

Los enfoques de la investigación y la detención de los incendiarios malintencionados varían entre los distintos estados de Australia. Por ejemplo, Nueva Gales del Sur y Australia Meridional investigan los incendios provocados a través de la brigada de delitos graves, en lugar de recurrir a investigadores especializados en incendios provocados. Victoria cuenta con un pequeño servicio especializado, pero en 2012-13, el Gobierno de Victoria introdujo un programa que utilizó 150 agentes de enlace para incendios forestales, incendios provocados y explosivos durante la temporada de incendios para ayudar a la policía local en la prevención, inteligencia y aplicación de la ley en relación con los incendios provocados (Partington 2012). Aunque se desconoce la eficacia de este programa en Victoria, el cuerpo de policía de Nueva Gales del Sur ha informado de que un programa similar en Nueva Gales del Sur ha contribuido a un descenso significativo de los incendios provocados (New South Wales Rural Fire Service 2013).

En Victoria, se registraron 2.818 incendios provocados durante el ejercicio 2013-14. 549 delitos en ese periodo y otros 179 delitos de años anteriores fueron "esclarecidos". Este término se define como referido a una persona procesada en relación con un delito, eliminada de la lista debido a que no se había producido ningún delito, o una persona que no podía ser acusada. Así pues, se alcanzó una tasa de esclarecimiento del 19,5% para el año, o del 25,8% si se incluye un remanente del año anterior. De este grupo, 22 personas fueron a juicio y condenadas por el delito principal de incendio provocado (de todo tipo, incluidos los incendios no relacionados con la vegetación). Esta tasa de condenas refleja una tendencia similar en el quinquenio anterior (Sentencing Advisory Council 2015). Así pues, los incendios provocados parecen ser un delito muy difícil de perseguir.

De estas condenas, a 13 personas se les impuso una pena privativa de libertad inmediata, como prisión, condena parcialmente suspendida, orden del centro de justicia juvenil, orden de hospitalización, o una combinación de prisión y orden correccional comunitaria. Una persona recibió una pena de prisión total por todos los delitos, no sólo por incendio provocado. La duración media de las penas de prisión impuestas entre 2009-10 y 2013-14 fue de algo menos de dos años y ocho meses (Sentencing Advisory Council 2015). Tomison (2010) sitúa la tasa de condenas por incendios provocados en torno a cuatro de cada 1000 incidentes (0,4%), aunque ha aumentado ligeramente en los últimos años. El Sentencing Advisory Council de Tasmania (2012) señala que el porcentaje de delincuentes condenados por ese delito en comparación con el número total de delitos denunciados es la tasa más baja de cualquier delito en Australia.

Conferencias de Justicia Juvenil

La Conferencia de Justicia Restaurativa se utiliza en Nueva Gales del Sur desde 1997. Consiste en reunir a un joven delincuente y a su familia cara a cara con la víctima y su grupo de apoyo (Pooley 2018). Este enfoque tiene como objetivo inculcar un sentido de responsabilidad y remordimiento en el joven infractor, producir una reparación por el daño causado, empoderar a las víctimas y a las familias de los jóvenes infractores y reintegrar al infractor en la comunidad (Pooley 2018). Desde 2006, los jóvenes que cometen delitos relacionados con incendios (de 10 a 18 años) han sido incluidos en el programa, con la inclusión añadida de bomberos utilizados para educar a los jóvenes sobre los peligros del fuego (véase la sección de educación más adelante).

Pooley (2018) llevó a cabo una evaluación de este programa. El análisis de la reincidencia reveló que el 67,4% de los jóvenes que participaron en conferencias entre el 1 de julio de 2006 y el 30 de junio de 2016 reincidieron posteriormente dentro del período de seguimiento. La mayoría (38,7%) de los jóvenes reincidió en los primeros 12 meses posteriores a la conferencia y otro 15,9% reincidió en el segundo año posterior a la conferencia, mientras que alrededor del 5% reincidió en el tercero y en los cuatro años posteriores a la conferencia. Estas tendencias son típicas de los delincuentes juveniles y de los que participan en las conferencias de justicia juvenil en general. Sin embargo, el análisis retrospectivo de los datos de reincidencia reveló que la mayoría de los jóvenes que reincidieron no cometieron ningún delito relacionado con incendios. Esto encaja con la literatura existente que sugiere que la reincidencia específica de incendios es baja en comparación con la reincidencia general (Ducat, McEwan & Ogloff 2015; Lambie et al. 2009). En el seguimiento de 10 años realizado por Lambie y sus colegas (2009) de 200 jóvenes remitidos al Programa de Concienciación e Intervención Contra Incendios de Nueva Zelanda, la reincidencia específica de incendios fue baja (2,0%). Del mismo modo, en el seguimiento de 2,5 a 11 años de 1.052 personas mayores de 18 años condenadas por incendio provocado en Victoria realizado por Ducat y colegas (2015), la reincidencia específica de incendios fue del 5,3%. Kolko y Kazdin (1990) han demostrado que los niños (con una muestra de niños de 6 a 13 años) que provocan incendios experimentan una supervisión limitada, patología parental y mayores alteraciones en la psicopatología individual, las relaciones padres-hijos y los acontecimientos vitales estresantes. Así pues, es posible que la "educación" no resuelva los problemas de desarrollo del delincuente.

Asesoramiento y tratamiento

Tratamiento de los incendiarios malintencionados

El tratamiento especializado para delincuentes incendiarios es poco frecuente, y el desarrollo de intervenciones especializadas basadas en pruebas es solo un campo emergente (Doley, Dickens y Gannon, 2016). Un pequeño número de programas de tratamiento conductual en Nueva Zelanda, Canadá, Estados Unidos y América del Sur, diseñados para delincuentes genéricos, no parecían reducir la reincidencia en encender fuego (Haines, Lambie y Seymour 2006, recogido en Doley, Dickens y Gannon 2016). Doley, Dickens y Gannon (2016) informan de otros dos programas de tratamiento pequeños y en gran medida no evaluados en el Reino Unido. Chaplin y Henry (2016) informan de que se ha demostrado cierto éxito en un programa de tratamiento desarrollado por Taylor (2013) para personas con discapacidad intelectual e interés en la irradiación con fuego, pero tampoco se ha evaluado completamente. En 2012, el Australian Centre for Arson Research and Treatment de la Universidad de

Bond desarrolló y puso en práctica un programa de tratamiento para adultos pirómanos en Australia, aunque no parece estar funcionando en la actualidad.

Gannon y sus colegas de la Universidad de Kent desarrollaron un programa de tratamiento integral para incendiarios malintencionados institucionalizados en prisión o en un centro de salud mental (Gannon et al. 2012). Este programa se basó en una amplia investigación, fue evaluado y respaldado por manuales de formación para profesionales. Los investigadores descubrieron que los incendiarios tienen características psicológicas únicas y, en particular, experimentan más pensamientos de ira que otros delincuentes. También tienen menor autoestima y sensación de control (Gannon et al. 2013). Este programa se analiza con más detalle en el capítulo 3.

Gannon ha impartido una formación exhaustiva en el Reino Unido. En los centros penitenciarios que utilizan este enfoque de evaluación y tratamiento, los profesionales formados desempeñan un papel clave en la planificación de las penas y en las audiencias de la junta de libertad condicional de los reclusos que provocan incendios. Esto está satisfaciendo actualmente una necesidad que no está siendo cubierta por los programas de tratamiento existentes dentro del Servicio Penitenciario Británico (The British Psychological Society 2016). El uso del programa en Australia no está claro. El Instituto Victoriano de Salud Mental Forense, Forensicare, ofrece una evaluación y un amplio programa de intervención, no dirigido específicamente a los incendiarios (Muller 2009a). Esta escasez de programas de tratamiento en Australia puede deberse al bajo número de delincuentes condenados que son exclusivamente incendiarios y a la preferencia general del sistema de justicia penal por programas generales para delincuentes, como el Programa de Conductas Problemáticas (Muller 2009a).

Programas educativos específicos

Desde 1989, la mayoría de los estados australianos han llevado a cabo programas de educación sobre incendios. Sin embargo, se trata predominantemente de intervenciones basadas en la educación con vínculos y sistemas de derivación a servicios de salud mental o de tratamiento conductual (Muller & Stebbins 2007). El Reino Unido, algunos países europeos (sobre todo Dinamarca y Finlandia) y, en mayor o menor medida, EE.UU., cuentan con servicios de educación contra incendios para niños (Kolko 2002; Stacey et al. 2010; Willis 2004). Los programas suelen dirigirse a niños y jóvenes que muestran interés por la lucha contra incendios (Muller & Stebbins 2007). Aunque existen pequeñas variaciones en los programas, suelen estar dirigidos por bomberos y ofrecen mensajes de seguridad contra incendios.

Los Servicios de Incendios y Emergencias de Queensland llevan a cabo el programa Fight Fire Fascination para niños de entre 3 y 17 años que hayan estado implicados en al menos un incidente de incendio inapropiado. El programa está diseñado para apoyar a los padres y tutores en sus esfuerzos por educar a sus hijos sobre el fuego. El programa se basa en la creencia de que los niños y jóvenes pueden aprender habilidades para mantenerse a salvo de los incendios. Ofrece tres visitas a domicilio, además de un acto para celebrar la finalización del curso. El programa trabaja en colaboración con escuelas, servicios de salud mental y otros organismos comunitarios.

Otro programa, el Juvenile Arson Offenders Program (JAOP), era un programa de grupo para pirómanos convictos, también auspiciado por los Servicios de Incendios y Emergencias de Queensland. El JAOP ofrece actividades de simulación de incendios y formación en habilidades personales durante un curso de tres días en un contexto no clínico para ayudar a reducir la reincidencia. Según una evaluación, el JAOP parece "...prometedor porque está organizado conjuntamente por los servicios de bomberos y los servicios sanitarios y parece eficaz para reducir la reincidencia y aumentar otras competencias" (McDonald et al. 2012, p. 319). Sin embargo, a este programa se le retiró la financiación a finales de 2012 y ya no existe (Taylor 2013).

Juvenile Justice NSW, en colaboración con Fire and Rescue NSW, proporciona concienciación y educación sobre la iluminación de incendios problemáticos a los jóvenes y sus padres que participan en las Conferencias de Justicia Juvenil (Pooley 2018) (véase más arriba). Un bombero asiste a la conferencia para proporcionar el aspecto educativo junto con sugerencias para el plan de resultados del joven. Esta educación, impartida dentro de la conferencia y/o como un componente del plan de resultados, tiene como objetivo avanzar en el conocimiento de incendios del joven y mejorar sus habilidades de seguridad contra incendios. Se parte de la base de que el joven no es consciente de las consecuencias de encender fuego. Una evaluación de este programa utilizando el análisis de contenido encontró que 16 de los 23 jóvenes que habían participado en una conferencia atribuyeron sus comportamientos problemáticos de encender fuego a una falta de comprensión con respecto a las consecuencias de los incendios (Pooley 2018). Pooley sugiere que la educación sobre incendios se combinaría mejor con otras intervenciones, dada la complejidad de las conductas de encender fuego.

El Programa de Concienciación e Intervención Juvenil contra Incendios (JFAIP) ha sido gestionado conjuntamente en Victoria por la Brigada de Bomberos Metropolitana y la Brigada de Bomberos del País durante 25 años (Brigada de

Bomberos Metropolitana 2019)[3] Un programa similar se lleva a cabo en Australia Occidental (Departamento de Servicios de Incendios y Emergencias[4] El programa de Victoria es voluntario y gratuito. Son elegibles los niños de entre 6 y 17 años que puedan tener los siguientes comportamientos:

- Fascinación o curiosidad por el fuego
- Comportamiento de encendido del fuego debido a:
  - o Su situación familiar o las presiones derivadas de dificultades sociales o de aprendizaje
  - o Presión de grupo generalmente asociada a una baja autoestima
  - o Ira y venganza asociadas a problemas familiares o de amistad
  - o Incendios provocados por comportamientos malintencionados o malintencionados

El programa se lleva a cabo durante las visitas a domicilio de dos bomberos formados que tratan de concienciar sobre los riesgos de incendio y establecer un comportamiento responsable de seguridad contra incendios en el hogar y en la comunidad. El contenido exacto del programa depende de cuestiones locales, como la geografía, la demografía, la estructura de los servicios de emergencia y los recursos. Una adición prevista al programa es un cuestionario de detección preliminar, la Herramienta de Riesgo de Conducta, administrada por el bombero invitado. Esta herramienta identifica a los jóvenes con trastornos psicosociales que predicen un comportamiento continuado de encender fuego, con el fin de recomendar una intervención complementaria de salud mental, ya que el programa JFAIP no está diseñado para niños con problemas de salud mental. Las pruebas del cuestionario revelaron que el 80% de los incendiarios reincidentes y el 70% de los no reincidentes fueron identificados correctamente.

Los gestores del programa afirman que un punto fuerte clave del programa JFAIP es que lo imparten bomberos operativos que pueden recurrir a sus conocimientos, experiencia y credibilidad, lo que ayuda a establecer una buena relación con el joven y su familia (Muller & Stebbins 2007). Si bien esta iniciativa ha sido tomada por los servicios de bomberos, debe haber algunas preocupaciones acerca de la capacidad y la idoneidad de algunos bomberos para actuar como consejeros de los niños y jóvenes, así como su capacidad para administrar el cuestionario. Algunos de los criterios de inclusión, mostrados anteriormente, sugieren que puede haber algunos trastornos en la familia. No

---

[3] http://www.mfb.vic.gov.au/Media/docs/JFAIP%20Brochure%202012-329b56ee-2308 -4b4a-87e2-ac02c9b8ee440.pdf).

[4] https://www.dfes.wa.gov.au/schooleducation/childrenandfamilies/Pages/jaffaprog ram.aspx

está claro qué ocurre con los jóvenes no aceptados en el programa JFAIP. Es probable que un preadolescente o adolescente que siga participando en actividades peligrosas relacionadas con el fuego tenga dificultades considerables y, por lo tanto, necesite asesoramiento experto. Sería de esperar que aquellos bomberos que ellos mismos se dedican a encender fuego (reconociendo que es probable que sea una proporción muy pequeña del total de bomberos, aunque se desconoce el número) quedaran excluidos del programa JFAIP.

Los programas de tipo educativo suelen ser de pequeña escala y vulnerables a los recortes de financiación. La evaluación de la eficacia de los programas australianos de prevención de la delincuencia juvenil, que abarcan la prevención del fuego, se limita a unos pocos proyectos pequeños y la eficacia de estos programas aún no se ha demostrado a mayor escala (Morgan y Homel, 2013). Una revisión independiente del JFAIP descubrió que nueve de una muestra de 29 chicos remitidos al programa por encender fuego reincidieron en un seguimiento de 12 meses (McDonald 2010). Se necesitarían datos adicionales de seguimiento y comparación para saber si esto es indicativo de la eficacia del programa o, como suele ser habitual, de que los niños dejan de encender fuego a medida que envejecen.

Los niños que suelen encender fuego tienen una serie de comportamientos problemáticos o antisociales, y es poco probable que la educación pueda abordar todas las motivaciones para encender fuego. El Servicio de Incendios y Rescate de Northumberland, auspiciado por el Consejo del Condado de Northumberland en el Reino Unido, lleva a cabo programas educativos individuales para niños y jóvenes que han demostrado un interés preocupante por jugar con fuego. Los programas ofrecen educación y asesoramiento en materia de seguridad contra incendios a niños y jóvenes, así como a sus padres. El proyecto Riesgo de incendio accidental, natural y social en Europa descubrió que sólo hay pruebas limitadas de que los programas educativos dirigidos a niños y jóvenes tengan éxito (Stacey et al. 2010). Esto es muy preocupante, ya que los recursos de tiempo de los bomberos son limitados y estos programas pueden ir en detrimento de la preparación general de los bomberos de las actividades principales de preparación para la lucha contra incendios. McDonald (2010) opina que las evaluaciones han revelado que los programas de intervención juvenil son fundamentales para cambiar los comportamientos específicos del fuego en los jóvenes y sus padres/tutores, pero sólo en el caso de los usuarios de bajo riesgo y no patológicos del fuego (McDonald 2010).

Panorama de la eficacia de los programas de prevención

La evaluación de la eficacia de los programas de prevención es vital, aunque rara vez se realiza. Una excepción importante es el trabajo de alta calidad que se está llevando a cabo en el Reino Unido para mejorar la comprensión y el tratamiento de los delincuentes de incendios (Gannon et al. 2012). Solo unos pocos programas de prevención de la delincuencia a nivel internacional han sido objeto de una evaluación sólida (Morgan & Homel 2013). La escasa investigación realizada hasta la fecha ofrece resultados dispares (Prestemon et al. 2013). La complejidad de medir la eficacia de la prevención de la ignición parece confundir las pocas evaluaciones que se han llevado a cabo. La evaluación de estos programas no es una tarea fácil, ya que lo que se suele medir es algo que no ocurrió.

Los problemas se ilustran con un ejemplo en tres continentes. Abt y sus colegas (2015) examinaron la eficacia de los proyectos de prevención de incendios en 17 unidades tribales de la Oficina de Asuntos Indígenas de Estados Unidos. Los proyectos, que se evaluaron como un conjunto, incluían proyectos relacionados con el cumplimiento de la ley, la lucha contra las hogueras, el trabajo con menores, las actividades relacionadas con el fuego, como la quema de escombros, y los incendios forestales provocados por equipos. Se incluyeron datos meteorológicos y sobre el combustible disponible. De este modo, el modelo medía la probabilidad de que la ignición se estableciera y fuera declarada, en lugar de la prevención de las igniciones como tal, como reconocen los autores. La duración del programa y el número de agentes encargados de hacer cumplir la ley redujeron los incendios forestales en un 32% en las áreas de incendios malintencionados e incendios forestales provocados por equipos. Los evaluadores llegaron a la conclusión provisional de que los beneficios de los programas de prevención activa pueden superar los costes de dichos programas. Sin embargo, los beneficios medidos sólo se referían a los costes de supresión.

El proyecto Riesgo de Incendios Accidentales, Naturales y Sociales en Europa sólo ha encontrado pruebas limitadas de que los programas educativos dirigidos a niños y jóvenes tengan éxito (Stacey et al. 2010), mientras que, por el contrario, algunos programas educativos en EE.UU. han demostrado tener un efecto disuasorio (Kolko 2002). En Australia Occidental, un enfoque de colaboración entre la Autoridad de Servicios de Emergencia e Incendios, la Policía de Australia Occidental, los propietarios de centros comerciales locales y el Departamento de Educación y Formación ha tenido éxito en la reducción de incendios (Smith 2004, citado en Beale & Jones 2011). El enfoque proporcionaba información sobre el peligro de incendios y animaba a informar a Crime Stoppers a través de charlas, llamando a las puertas y dejando folletos, imanes de nevera y bolsas de la compra con la marca. Este enfoque tiene similitudes con la concienciación y los aspectos promocionales del Programa de Prevención de Incendios Provocados de Gippsland que se ha analizado anteriormente en este capítulo.

Conclusiones

Este capítulo sólo ofrece una visión mínima de los programas de prevención emprendidos a escala internacional. En parte, esto se debe a que parece que hay pocos programas de este tipo escritos y revisados, lo que sugiere una escasez de los mismos. Se pueden encontrar unos pocos, en su mayoría, programas de tipo educativo para niños y jóvenes, en páginas web. Por lo tanto, la principal conclusión que se puede extraer de este capítulo es que no se hace mucho para prevenir la ignición de incendios forestales. De hecho, la prevención de la ignición se pasa por alto en gran medida a nivel estratégico, en el marco de la respuesta al riesgo de catástrofes, auspiciado por las Naciones Unidas, a los enfoques nacionales de muchos países. Como se ha señalado anteriormente, este descuido puede deberse en parte a la vinculación de los incendios forestales con los desastres "naturales", que se supone que no se pueden prevenir. También es probable que se deba a la atención que históricamente se ha prestado a la respuesta y la recuperación, por lo general una tarea mucho menor sin la influencia del cambio climático. De hecho, el Marco de Sendai para la Reducción del Riesgo de Desastres no presta atención a la necesidad de reducir los GEI como herramienta principal para prevenir incendios catastróficos. Se trata más bien de un documento de adaptación que ofrece las mejores prácticas de ajuste a lo que se da a entender que es una situación que no se puede prevenir. La prevención debería ser una parte importante del enfoque de gestión de incendios forestales, con una mejor integración en el marco del proceso de prevención, preparación, respuesta y recuperación. La prevención o bien no se incluye en este marco o bien se incluye y se suele considerar de forma muy limitada o se confunde con la planificación o la preparación.

A pesar de este descuido, a nivel de programas y operativo, hay algunos buenos programas que se centran en el enfoque de la prevención. Estos son los programas educativos más comunes, aunque ahora se ofrecen algunos programas de tratamiento. Por desgracia, la evaluación de la eficacia de algunos programas de prevención que se ofrecen es escasa. La evidencia de la eficacia, asociada a la evaluación de costes/eficacia, puede hacer que se destinen más recursos a los programas de prevención.

Sin embargo, el documento del Marco de Sendai y la mayoría de los informes estratégicos nacionales sobre la gestión de incendios, sí reconocen la importancia de un amplio compromiso y coordinación con todos los niveles de gobierno, las empresas y la comunidad. El informe señala que: "La reducción del riesgo de desastres exige que las responsabilidades sean compartidas por los gobiernos centrales y las autoridades nacionales, los sectores y las partes interesadas pertinentes" (UNISDR 2015, p.13). Reconoce la necesidad de incluir a las comunidades locales y los conocimientos culturales o tradicionales. Lo que vuelve a faltar es un modelo de cómo podría lograrse. Algunos niveles de gobierno están mejor situados para tomar la iniciativa en ámbitos concretos. Por ejemplo, el Gobierno Federal tiene la responsabilidad de liderar la respuesta al cambio climático y la reducción de los GEI, así como la provisión de recursos para facilitar el mejor enfoque de otros aspectos de la respuesta. En particular, en relación con la financiación adecuada de la extinción de incendios forestales. La Administración local es la más indicada para comprender las respuestas locales en relación con la planificación y participación en la toma de decisiones locales con los residentes locales. Este enfoque integrador de toda la sociedad en la gestión de los incendios forestales se trata con más detalle en el capítulo 10 de este libro.

Capítulo 6
Gobierno local y la prevención de incendios forestales: El caso de Victoria, Australia

Introducción

La administración local es el principal modo de prestación de muchos de los servicios, normativas y acuerdos de gobernanza que afectan a la calidad de vida de los habitantes de Victoria, incluidos muchos relacionados con la gestión de los incendios forestales. El estado de Victoria, en Australia, está reconocido como una región de riesgo extremo de incendios forestales debido a las características de su topografía, los altos niveles de vegetación inflamable y a las altas temperaturas con vientos secos y cálidos, que a veces coinciden con sequías prolongadas. Los incendios forestales en sí son "incendios de vegetación no planificados..., [es] un término genérico que incluye incendios de pastos, incendios forestales e incendios de matorrales tanto con un objetivo de supresión como sin él" (Australian Institute for Disaster Resilience 2019).

En este capítulo se exponen los principales factores relacionados con los riesgos de incendios forestales que tienen que ver con el papel y las capacidades de la administración local en Victoria. Esto sirve para ilustrar el papel que la legislación otorga al gobierno local en relación con la prevención de incendios forestales y cómo podría ampliarse e integrarse mejor con otros organismos responsables de la gestión de riesgos, especialmente los servicios de bomberos. A pesar de que Victoria cuenta con uno de los métodos para combatir los incendios forestales más avanzados a nivel internacional desde el punto de vista físico, existen muchas áreas en las que se podrían introducir mejoras. El capítulo también ilustra cómo la planificación urbana en Victoria tiene autoridad para actuar en un área importante de la prevención de la ignición, cuando existe un riesgo en relación con una cadena de igniciones dentro de un incendio forestal existente.

La mayoría de las 79 áreas de gobierno local de Victoria incluyen terrenos propensos a los incendios forestales, lo que significa que esta responsabilidad es permanente y significativa. El capítulo argumenta que el gobierno local está obligado por múltiples requisitos establecidos a nivel estatal, con tres aspectos de particular importancia, a pesar de cualquier deficiencia: planificación urbana, las competencias en materia de protección contra incendios y la elaboración de Planes Municipales de Gestión de Emergencias (PEME). Sugerimos que el papel de la protección contra incendios y los MEMPS son importantes pero limitados en su facilitación de la reducción proactiva del riesgo. Además, aunque la planificación urbana desempeña un papel importante, se sugiere que deja sin tratar muchas áreas potenciales en las que la gestión del riesgo podría ser más eficaz, especialmente en términos de planificación estratégica prospectiva y reducción de los factores sociales que conducen al riesgo de incendio. En las siguientes secciones se describen brevemente los incendios forestales y algunos de los elementos contextuales relevantes para la acción de los gobiernos locales, antes de pasar a describir la base legislativa de la acción de planificación local para reducir el riesgo de incendios forestales. El capítulo concluye que, si bien la administración local de Victoria está muy avanzada en su capacidad para actuar sobre ciertos aspectos físicos del riesgo de incendios forestales, hay muchas áreas de preocupación socioeconómica y medioambiental que siguen sin estar suficientemente tratadas.

Riesgos de incendios forestales

El papel de los gobiernos locales está directamente relacionado con la gestión y la respuesta a muchos de los procesos fundamentales de los incendios forestales en sí. Aunque la propensión de un incendio a arder depende fundamentalmente de su suministro de oxígeno, combustibles y calor (Mell et al. 2010), entre los factores clave de probabilidad y comportamiento de los incendios forestales se incluyen las condiciones meteorológicas, las fuentes de ignición, el terreno, las condiciones específicas del viento, la cantidad, disposición y tamaño del combustible, los niveles de humedad y el contenido energético de los combustibles (Cheney 1981). El ángulo de la pendiente influye en la progresión del fuego (velocidad), el patrón de propagación y la longitud (y a veces el ángulo) de las llamas (Linn et al. 2010). A medida que los incendios se desplazan ladera arriba, tienden a calentar y secar los combustibles hacia los que avanzan, provocando que se enciendan más fácilmente y con mayor intensidad (Linn et al. 2010). Las condiciones ventosas tienen una serie de efectos sobre el comportamiento de un incendio en cuanto a los niveles de calor, la velocidad y la propagación general de los incendios, incluido el ataque de brasas, dependiendo de la naturaleza de los combustibles de origen de las brasas (Sharples et al. 2016). Los cambios en la dirección en la que se desplazan los incendios suelen estar provocados por los cambios de viento y las interacciones con las características topográficas, lo que a veces crea frentes de fuego aún más peligrosos, impredecibles y de mayor tamaño (Sharples et al. 2016).

Como término general, el "riesgo" puede entenderse como la probabilidad de que se produzca un resultado no deseado, en función de la probabilidad por la consecuencia. Una descripción común del riesgo es el resultado de las interacciones entre el peligro en sí (incendio forestal), la exposición (proximidad) y la vulnerabilidad (seres humanos y estructuras que pueden sufrir el impacto) (Crichton 1999). En este sentido, los principales riesgos definidos como asociados a los incendios forestales se basan principalmente en su potencial para interactuar con los asentamientos humanos, donde el potencial de consecuencias desastrosas es significativo (Blanchi, Leonard & Leicester 2014). En Victoria, existen extensas zonas propensas a los incendios debido a su vegetación, y muchos de los ecosistemas de estas zonas dependen del fuego. En este contexto, las catástrofes provocadas por incendios forestales se producen cuando las zonas residenciales u otras formas de desarrollo, incluidas las infraestructuras clave, quedan expuestas a condiciones de fuego extremas. El resultado es la ignición de múltiples viviendas, propiedades u otras estructuras en las que el fuego no puede ser contenido por los sistemas de respuesta a emergencias (Cohen 2000). Aunque el impacto de los incendios forestales es más probable en zonas rurales y periurbanas, también es significativo que los patrones de asentamiento de baja densidad en las interfaces urbanas/rurales puedan afectar a la frecuencia e intensidad de los incendios forestales catastróficos, aumentando los riesgos (Butt et al. 2009) debido a la proximidad de la vegetación a un gran número de estructuras en zonas de desarrollo de baja densidad.

Desde la colonización europea, en Australia se han producido incendios forestales destructivos de graves consecuencias (Williams 2011). Por orden decreciente de víctimas mortales, son los siguientes:

1. Sábado negro (VIC), 7-8 de febrero de 2009 - 173 víctimas mortales y destrucción de más de 2.000 viviendas.

2. Miércoles de Ceniza (VIC, SA), 16-18 Feb 1983 - 75 personas y la destrucción de 1900 hogares.

3. Viernes Negro (VIC), del 13 al 20 de enero de 1939 - 71 personas murieron y 650 casas quedaron destruidas.

4. Martes negro (TAS), 7 de febrero de 1967 - mató a 62 personas y arrasó casi 1.300 viviendas.

5. Incendios de Gippsland y Domingo Negro (VIC), 1 Feb-10 Mar 1926 - un total de 60 personas murieron.

Los incendios forestales del Sábado Negro de 2019 marcan un momento clave en el que se reconoce de forma generalizada que es necesaria una acción intencionada, integrada e interdisciplinar para abordar los riesgos de incendios forestales (Teague, McLeod & Pascoe 2010). En particular, los incendios de Victoria de 2009 dejaron doblemente claro que los seres humanos suponen un riesgo clave de incendio forestal al estar sus estructuras próximas a la vegetación, lo que llevó a la elaboración de extensos mapas de zonas de riesgo de incendio. El número de incendios atendidos por los servicios de respuesta a incendios durante esta temporada de incendios de 2009 fue de 16.103, de los cuales los más devastadores se produjeron el 7th de febrero de 2009 - "Sábado Negro" (Victorian Bushfires Royal Commission Interim Report 2009). La Real Comisión de Incendios Forestales de Victoria (VBRC) se creó para determinar las causas, el impacto y la respuesta a los incendios, así como las vías para reducir el riesgo de incendios forestales para que no se repitiera un suceso como este. Al término de sus trabajos, la VBRC formuló 67 recomendaciones. De ellas, nueve hacían mención directa a los ayuntamientos y municipios, y muchas más tenían también implicaciones directas o implícitas para el gobierno local (Teague, McLeod & Pascoe 2010). Además, otras 11 recomendaciones se referían de algún modo a la planificación urbana y las normas de construcción, la mayoría de las cuales tenían implicaciones directas para la administración local.

Los factores de riesgo clave para el entorno construido y los asentamientos humanos son múltiples y sinérgicos; se derivan de la interacción entre los propios incendios forestales, las características de las estructuras humanas, los jardines o los paisajes gestionados en los que se ubican las estructuras y cuestiones relacionadas como la respuesta y la gestión humanas, el mantenimiento y una serie de factores específicos del lugar (Blanchi et al. 2014). En términos generales, las estructuras arden cuando se dispone de suficiente combustible, calor y oxígeno para iniciar y mantener un incendio si una estructura es receptiva a la ignición de algún modo (Cohen 2008). Si es así, la radiación del fuego y el calentamiento por convección precalientan la casa para la ignición, creando las condiciones para el calor radiante, las brasas o, a veces, el contacto directo de las llamas, lo que lleva a la ignición de la estructura (Mikkola 2008). Tras una cuidadosa investigación en los últimos años, se ha hecho evidente que el ataque de brasas es una causa frecuente de pérdidas materiales en incendios forestales (Blanchi, Leonard & Leicester 2006; Cohen 2008). Las brasas transportadas por el viento pueden recorrer distancias cortas o varios kilómetros, y el ataque de brasas también aumenta el riesgo de preignición antes de la llegada del frente de fuego principal (Mikkola 2008). En consecuencia, los materiales de construcción, el diseño estructural, la ubicación del emplazamiento y la gestión de la vegetación pueden hacer que un edificio sea más resistente o vulnerable a la ignición durante un incendio forestal (Blanchi, Leonard & Leicester 2006; Price & Bradstock 2013). Los edificios deben ser capaces de resistir una serie de mecanismos de ataque de incendios forestales.

Aunque es difícil establecer una causalidad directa en este complejo ámbito, los principales factores interrelacionados que, según las investigaciones, más influyen en la destrucción de estructuras y en las lesiones y muertes de seres humanos relacionadas con ella son los siguientes (aunque existen muchas excepciones):

- Una topografía desafiante y ondulada, condiciones meteorológicas extremas, grandes cargas de combustible y largos recorridos.

- La proximidad de las personas y las estructuras a los bosques y la vegetación, combinada con la intensidad y el mecanismo de transmisión directa de los impactos del fuego (calor, brasas, contacto con las llamas, efectos del viento, impacto contra árboles o escombros, explosiones de materiales inflamables) a las estructuras. Esto también puede estar relacionado con la lejanía y la dificultad de acceso para la respuesta activa y la huida (Blanchi et al. 2014).

- Diseño detallado de las estructuras -especialmente defectos o puntos débiles- que permiten que los impactos descritos anteriormente penetren en las estructuras incendiarias. Algunos ejemplos son ventanas de baja calidad a nivel del suelo adyacentes a combustibles, aberturas que permiten el ataque de brasas en paredes y tejados, zonas bajo el suelo que permiten el paso de llamas y brasas bajo las estructuras, inflamables próximos a estructuras que fallan en contextos de calor, por ejemplo, con accesorios de PVC.

- Edad y mantenimiento deficiente de las estructuras que contribuyen a los factores de riesgo mencionados.

- Diseño de jardines y paisajes que contribuyen a que los factores de riesgo mencionados se transfieran a las personas y a las estructuras.

- La proximidad de estructuras adyacentes que puedan proporcionar calor, fuerza explosiva y factores de riesgo de llamas.

- La hora del día, el género y los roles (resultantes de los roles tradicionales en el cuidado de los niños, los servicios de bomberos ciudadanos), y los efectos del cambio diurno del viento típicamente al final de la tarde (Blanchi et al. 2014).

- Decisiones humanas antes y durante los sucesos, incluida la huida tardía, los movimientos de vehículos y la defensa activa (Emergency Management Victoria 2018a).

Capacidades y límites de la resistencia local mediante la regulación estatal

Teniendo en cuenta los factores mencionados anteriormente, para comprender el papel que desempeñan los gobiernos locales en la gestión del riesgo de incendios forestales, primero hay que entender que los municipios locales australianos son una creación de los gobiernos estatales. Australia se estableció en 1901 como una mancomunidad federada de 6 estados y 2 territorios autónomos. Existen parlamentos bicamerales a nivel nacional y estatal. Se establecieron limitaciones a los poderes nacionales, que siguen vigentes según los artículos 106 y 107 de la Constitución. La Constitución facilita un sistema de estados federados que favorece que las competencias de los Estados se ejerzan en función de sus propios intereses y asuntos de interés, ya que "en virtud de las constituciones de cada uno de los Estados, el Parlamento de un Estado puede legislar sobre cualquier tema de relevancia para ese Estado en particular. Salvo algunas excepciones, la Constitución australiana no limita las materias sobre las que los Estados pueden legislar" (Parliamentary Education Office and Australian Government Solicitor 2010).

Cabe destacar, como punto diferencial respecto a muchas otras naciones, que el gobierno local en Australia no tiene sus propias competencias y responsabilidades constitucionalmente establecidas y reconocidas a nivel nacional. En consecuencia, las competencias y responsabilidades relacionadas con la planificación urbana, la gestión de los recursos naturales, la reglamentación de la construcción y la gestión de emergencias proceden de los estados. En consecuencia, las competencias y responsabilidades relacionadas con la planificación urbana, la gestión de los recursos naturales, la regulación de la construcción y la gestión de emergencias se derivan de la legislación estatal. A nivel estatal, el gobierno local sí está reconocido en la Ley Constitucional de Victoria de 1975. La Constitución de Victoria reconoce a los consejos locales como "un nivel de gobierno distinto y esencial" (art. 74). Los consejos elegidos democráticamente deben garantizar "la paz, el orden y el buen gobierno de cada distrito municipal" (art. 74). Los gobiernos locales se constituyen y funcionan bajo los auspicios de la Ley de Gobierno Local (1989) modificada (2019). La Ley es compleja y extensa, con 514 páginas en el momento de redactar este documento. En general, el gobierno local tiene una amplia gama de funciones y responsabilidades orientadas a las siguientes áreas principales:

- Derechos de voto de los residentes y contribuyentes en las elecciones municipales

- Revisiones de la representación electoral independiente de la Comisión Electoral

- Requisitos para la gobernanza del Consejo

- Toma de decisiones y actas de reuniones, confidencialidad y límites de las decisiones durante las elecciones

- Recaudación y pago de tasas y cánones municipales

- Preparación de planes, presupuestos e informes anuales del Consejo

- Competencias de los ayuntamientos para elaborar y aplicar leyes locales

En Australia, la gestión de emergencias y las funciones más amplias de la reducción del riesgo de catástrofes son principalmente competencia de los gobiernos locales y estatales. El Gobierno Nacional Australiano proporciona apoyo financiero para fines específicos de gestión de emergencias, pero la prestación de servicios es responsabilidad de los estados y los consejos. "El gobierno local desempeña un papel importante en la gestión de emergencias, tanto en colaboración con otros organismos como a través de sus propias obligaciones legislativas en materia de gestión de emergencias. Los ayuntamientos no son organismos de respuesta a emergencias, pero desempeñan un importante papel en la prestación de apoyo a los organismos de respuesta, así como en la coordinación del socorro y el apoyo a la recuperación de la comunidad" (Asociación Municipal de Victoria 2015).

A nivel estatal, las dos principales leyes de Victoria que se ocupan de la gestión de emergencias son la *Ley de Gestión de Emergencias de 1986* y la *Ley de Gestión de Emergencias de 2013*. La *Ley de Gestión de Emergencias de 2013* se ocupa esencialmente de las emergencias de clase 1. Entre ellas se incluyen los grandes incendios, cualquier otra emergencia importante para la que la Brigada Metropolitana de Bomberos, la Autoridad de Incendios del País o el Servicio de Emergencias del Estado de Victoria sea el organismo de control según el plan estatal de respuesta a emergencias; y, las Emergencias de Clase 2 que son "otras emergencias que no entran en la Categoría 1". Es importante destacar que la *Ley de Gestión de Emergencias* de 1986, está orientada a "la organización y gestión que se ocupa de la totalidad de las emergencias" (Sección 3 de la Ley), y orientada a tres "fases" de emergencia:

1. Prevención: eliminación o reducción de la incidencia o gravedad de las emergencias y mitigación de sus efectos.

2. Respuesta: lucha contra las emergencias y prestación de servicios de rescate.

3. Recuperación: ayuda a las personas y comunidades afectadas por emergencias para que alcancen un nivel de funcionamiento adecuado y eficaz (Asociación Municipal de Victoria 2015, p. 9).

La Ley de Administración Local interactúa con otras leyes relacionadas con la gestión de riesgos. De especial relevancia para este capítulo son la Ley de Planificación y Medio Ambiente (1989) y la Ley de Construcción (1989), como mecanismos rectores de la actividad constructora en Victoria. Esta última se basa en la regulación de la construcción, las normas y el mantenimiento de características específicas de seguridad de los edificios. Está orientada a la protección de la seguridad y la salud de los usuarios de los edificios, mejorando al mismo tiempo su atractivo.

Hacer hincapié en la respuesta y la recuperación: gestión de riesgos de los gobiernos locales

Uno de los principales mecanismos de gestión de riesgos a nivel local es la obligación de los Ayuntamientos de elaborar y mantener un Plan Municipal de Gestión de Emergencias (PMGE) de acuerdo con los requisitos establecidos en el artículo 21 de la Ley de Gestión de Emergencias de 1986 (Ley de Gestión de Emergencias de 1986). Paralelamente al MEMP, existe el requisito de:

- Crear un comité municipal de planificación de la gestión de emergencias comité de planificación de la gestión de emergencias municipales (MEMPC) (EM Act 1986 s21(3)) responsable del desarrollo y mantenimiento del MEMP, y de su examen periódico y aprobación por el consejo (EM Act 1986 s21(4))

- Auditorías de la MEMP (EM Act 1986 s21A)

- Nombramiento de un funcionario municipal de recursos de emergencia (MERO) con la tarea de coordinar el uso de los recursos del gobierno local para la respuesta de emergencia y la recuperación (EM Act 1986 s21 (1)).

Un MEMP contiene los siguientes elementos clave basados en un modelo de proceso de gestión de riesgos (EMMV: Parte 6.5):

1. Establecimiento de criterios de contexto y riesgo

2. Identificación de riesgos

3. Análisis de riesgos

4. Evaluación y priorización de riesgos y posibles tratamientos o respuestas

5. Actuar por cuenta propia y formular recomendaciones a los organismos responsables en materia de tratamiento de riesgos.

6. Seguimiento y revisión

Este enfoque confirma los "procesos" de evaluación y tratamiento de riesgos establecidos desde hace tiempo y considerados como las mejores prácticas en Australia, basados en publicaciones clave como el Nacional Emergency Risk Assessment Guidelines (NERAG) Handbook (Australian Institute for Disaster Resilience 2015). Sin embargo, el análisis real del "contenido" de los MEMPS de los gobiernos locales revela rápidamente grandes diferencias en el énfasis, el enfoque y el acceso a los recursos disponibles tanto en la producción del propio documento como en la capacidad para tratar los riesgos de forma integral. Si bien los MEMPS son una herramienta importante y poderosa, en comparación con una visión más amplia, global e integrada de la reducción de riesgos (March et al. 2018a), incluyen las siguientes características que limitan su eficacia:

1. Un fuerte énfasis en la respuesta, combinado con poca o ninguna atención a la prevención

2. La evaluación de riesgos se realiza como si los asentamientos fueran estáticos

3. Limitada o nula acción futura de reducción de riesgos en relación con el uso del suelo y el desarrollo, incluido el crecimiento y el cambio

4. Integración limitada de la planificación urbana: procesos y personal de urbanismo y construcción

5. Poca o ninguna inclusión de programas integrales para mejorar la resiliencia de los miembros de la comunidad, a pesar de que la identificación de los grupos de riesgo es una característica común de los MEMPS

6. Apreciación limitada de la recuperación como mecanismo de reducción de riesgos

Por supuesto, las críticas formuladas anteriormente deben considerarse en el contexto de la comprensión de que las emergencias en Victoria se abordan a través de un marco de respuesta integrado, al que se ha hecho referencia anteriormente, establecido en virtud de la Ley de Gestión de Emergencias (2013). En consecuencia, la administración local se considera generalmente como un complemento de conocimiento local a los recursos y actividades de los servicios de bomberos a nivel estatal, los Servicios de Emergencia del Estado o la Policía de Victoria.

Administración local: Gestión del riesgo de incendios forestales mediante la planificación urbana y la aplicación de la ley

Sostenemos que existe una desconexión clave entre las actividades de planificación urbana, sobre todo a nivel local, y los procesos más amplios de gestión de riesgos. La planificación urbana se entiende cada vez más como un mecanismo clave para la prevención y el tratamiento de los riesgos de incendios forestales. La planificación urbana es potencialmente capaz de gestionar (aunque dentro de unos límites normativos y sociopolíticos) la ubicación y disposición del uso del suelo, el desbroce y el desarrollo y la protección de los valores medioambientales. En consecuencia, la siguiente sección examina críticamente los principales aspectos del riesgo de incendios forestales que se abordan a través de la planificación urbana a nivel de gobierno local.

El urbanismo en Victoria se rige por las competencias y responsabilidades que le atribuye la Ley de Planificación y Medio Ambiente de 1987 (Ley P&E). En efecto, la Ley de Administración Local y la Ley de Planificación y Medio Ambiente se interrelacionan de múltiples maneras, por lo que las responsabilidades cotidianas de la planificación urbana se asignan a la administración local a través de artículos clave de la Ley de Planificación y Medio Ambiente, sobre todo en los procesos de elaboración de planes (artículo 12) y la administración de planes orientada principalmente a los procesos de concesión de permisos (artículo 13). Sin embargo, el plan de urbanismo de las administraciones locales se compone principalmente de elementos elaborados por el Estado y adaptados a partir de un conjunto de disposiciones urbanísticas estandarizadas de ámbito estatal denominadas Disposiciones Urbanísticas de Victoria (VPP). Al elaborar sus planes de planificación, cada municipio debe incluir determinadas VPP: el Marco de Políticas de Planificación (MPP), las disposiciones generales y particulares y las definiciones. En un plan de ordenación local sólo se utilizan las zonas y superposiciones de ámbito estatal pertinentes para un municipio.

Esto significa que, en todo el Estado, la planificación local gestiona el riesgo de incendios forestales utilizando la política estatal en el Marco de Políticas de Planificación, la aplicación de una superposición cartográfica estándar estatal conocida como Superposición de Gestión de Incendios Forestales (BMO) y el uso de criterios de decisión para las solicitudes de permisos previstos en los VPP. El BMO es una superposición estándar estatal que se aplica a los terrenos que se consideran en riesgo de incendio forestal, basándose en un mapa estatal de zonas de riesgo de incendio forestal. Para la mayoría de los proyectos de urbanización en estas zonas es necesario un permiso de planificación que evalúe el riesgo de incendio forestal. Cualquier propuesta de urbanización en la BMO debe cumplir los controles de planificación y construcción pertinentes. La *norma australiana AS3959-2009 - Construction of Buildings in Bushfire-Prone Areas* (Standards Australia 2009) establece las normas de construcción en zonas propensas a incendios forestales.

En general, las disposiciones mencionadas son eficaces como enfoques de gestión de riesgos dentro de las limitaciones de su aplicación, y funcionan como una combinación de construcción y planificación según sea necesario:

1. Las nuevas construcciones se diseñan y ubican de forma que respondan a la intensidad de incendio probable en cada lugar, utilizando una metodología estándar. Esto se consigue mediante

una combinación de normas de construcción que se ajustan a los Niveles de Ataque de Incendios Forestales (BAL) estimados, que representan la carga de flujo térmico en kw/h en estructuras de 12kw/h a 40kw/h y la Zona de Llama.

2. Las clasificaciones BAL se aplican de forma interactiva con distancias de alejamiento de la vegetación de mayor riesgo evaluada.

3. La vegetación de mayor riesgo se evalúa según las categorías de cargas de combustible y la pendiente del terreno para proporcionar una estimación de las potencias caloríficas probables y las longitudes de llama que informan del BAL necesario para una estructura.

4. El código de construcción AS3959 incluye normas para la construcción (es decir, sistemas de paredes, tejados y ventanas, etc.) que prescriben las propiedades térmicas y de ignición de los materiales en función del BAL probable.

5. Se incluyen normas para evitar la entrada de brasas en los muros y tejados de las estructuras.

6. Se requiere acceso para vehículos de respuesta contra incendios, suministro de agua y señalización.

7. Los controles sobre la vegetación se establecen como "espacio defendible" para garantizar que se mantengan los retranqueos respecto a la vegetación de acuerdo con las BAL pertinentes.

8. Se han impuesto excepciones a los controles normales de retención de la vegetación autóctona para no obstaculizar la aplicación de las disposiciones relativas a los incendios forestales.

Con algunas variaciones, la aplicación de estos controles se produce en los procesos de solicitud de permisos individuales y de subdivisión de parcelas múltiples, administrados por los planificadores de las administraciones locales. La aplicación e interpretación de estos controles se rigen por las cláusulas del plan de ordenación del PPV, que es notable en la medida en que prevalece sobre otras de una manera que a veces puede resultar contraintuitiva si se reflexiona en profundidad, teniendo en cuenta los muchos otros objetivos que persigue la planificación urbana.

Política de aplicación y planificación para la prevención de incendios forestales

Las políticas y normativas enumeradas anteriormente deben aplicarse a toda la planificación y la toma de decisiones en virtud de la Ley de

Planificación y Medio Ambiente de 1987 en relación con la tierra, que es:

- En una zona designada como propensa a los incendios forestales
- Sujeto a una superposición de gestión de incendios forestales
- Propuestas de uso o desarrollo que puedan crear un riesgo de incendio forestal.

Estrategias

- Dar prioridad a la protección de la vida humana: dar prioridad a la protección de la vida humana sobre cualquier otra consideración política.

(Cláusula 13.02-1S de las Disposiciones de Planificación de Victoria, énfasis de los autores)

Voluntariado local y gestión de incendios forestales

La lucha voluntaria contra los incendios tiene una larga tradición en la historia de Australia desde el asentamiento colonial, y desde 1890 existe en Victoria una Junta de Brigadas de Incendios del País en virtud de la Ley de Brigadas de Incendios (1890). A raíz de los devastadores incendios de enero de 1939 en Victoria, se tomaron medidas para establecer más formalmente cuerpos de bomberos voluntarios en todo el país. La Comisión Real que investigó los incendios del Viernes Negro de 1939 recomendó la creación de una autoridad única para la extinción de incendios en el Estado de Victoria. En ella se integraron los distintos cuerpos de bomberos, las brigadas de bomberos rurales y la Comisión Forestal. El 2 de abril de 1945 se creó oficialmente la Autoridad de Bomberos de Victoria (CFA). Con el tiempo se dotó a las brigadas de equipamiento básico, instalaciones y formación, además de una financiación limitada.

En la actualidad, la CFA es una de las mayores organizaciones de voluntarios del mundo. organizaciones de voluntarios del mundo, con aproximadamente 60.000 voluntarios, 1.800 bomberos de carrera, educadores comunitarios y personal de apoyo. Incluye 1.220 brigadas separadas en todo el estado divididas en 20 distritos y ocho regiones (Country Fire Authority 2019). Además, Parks Victoria y Forest Fire Management Victoria emplean a bomberos profesionales a tiempo completo, además de formar y facilitar un número significativo de bomberos voluntarios y trabajadores estacionales.

El valor a largo plazo de la lucha y la profesionalidad en Victoria es considerable. La revisión de los servicios de extinción de incendios de 2015, realizada como una investigación parlamentaria, estimó que el valor anual de los voluntarios es del orden de 1.000 millones de dólares al año (Country Fire Authority 2015). El valor añadido clave de la CFA y sus voluntarios incluye la difusión de conocimientos y capacidades sobre incendios forestales entre la comunidad, el aprovechamiento y la multiplicación de la inversión del gobierno y del personal remunerado, y una mayor resiliencia de la comunidad, la cohesión y los beneficios asociados al voluntariado.

Agentes locales de prevención de incendios

Los gobiernos locales de las zonas propensas a los incendios están obligados a nombrar oficiales de prevención de incendios como requisito legal para llevar a cabo la prevención municipal de incendios. En virtud del artículo 43, "deberes y competencias de los ayuntamientos y las autoridades públicas en materia de incendios", la Ley de autoridades de incendios rurales (1958) impone a los ayuntamientos de las zonas rurales de Victoria la responsabilidad de gestionar el riesgo de incendios forestales. "Todos los ayuntamientos y autoridades públicas tienen la obligación de adoptar todas las medidas prácticas (incluida la quema) para evitar que se produzcan incendios y reducir al mínimo el peligro de propagación de incendios en y desde cualquier terreno de su propiedad o bajo su control o gestión, y cualquier carretera bajo su cuidado y gestión...".

El principal mecanismo utilizado para ello es el nombramiento de un Oficial Municipal de Prevención de Incendios (MFPO). Se trata de una función ejecutiva del Comité Municipal de Prevención de Incendios (MFPC), que debe perseguir los objetivos establecidos en el artículo 43 anterior. Por lo general, esto se extiende a la emisión de avisos de prevención de incendios para la eliminación de peligros a los propietarios privados en su municipio si se considera necesario. El MFPO también es responsable de la expedición (en su caso) de permisos de quema durante las épocas de peligro de incendio.

La administración local En virtud de la Ley CFA, los ayuntamientos disponen de poderes de persecución en caso de incumplimiento de los avisos de prevención de incendios y de las condiciones de los permisos de quema. En virtud de esta y otras competencias previstas en la Ley de Administración Local, los funcionarios del Ayuntamiento pueden entrar en terrenos y propiedades privadas para tratar los riesgos de incendio si no se cumplen los avisos de prevención de incendios. En caso necesario, pueden utilizarse paralelamente los poderes policiales.

Gestión de la vegetación

En la práctica, el ejercicio de estas competencias y los recursos proporcionados a las OPFH varían considerablemente de un Estado a otro. Por ejemplo, si una cantidad significativa de terreno bajo control municipal en una administración local grande y remota representa un riesgo de incendio, suele ser poco práctico intentar prevenir o incluso reducir de forma significativa los riesgos de incendio en este terreno. Por otro lado, cuando las ciudades y los asentamientos se encuentran cerca de vegetación peligrosa, se hace más evidente la importancia de tomar medidas prácticas para minimizar el peligro, como la eliminación o modificación de la vegetación. Los gobiernos locales proactivos emplean a varios agentes para llevar a cabo actividades de reducción del combustible a lo largo de las carreteras, en las reservas y, en algunos casos, en terrenos privados cuando los propietarios no cumplen los avisos de prevención de incendios. La reducción del combustible puede llevarse a cabo en forma de quemas controladas o como tala de pastos, recorte o tala de árboles y arbustos, etcétera. Las autoridades públicas disponen de una serie de excepciones a los controles que impiden o regulan la eliminación de la vegetación si pretenden reducir el riesgo de incendios forestales. Por ejemplo, en virtud de la Cláusula 42.01-3 de las Disposiciones de Planificación de Victoria, se pueden hacer cortafuegos y desbrozar terrenos a lo largo de las carreteras según se considere oportuno, y se pueden desbrozar terrenos alrededor de edificios existentes y nuevos para facilitar las distancias de separación necesarias (Cláusula 52.12). En el siguiente apartado se examinan los planteamientos generales de las administraciones locales en relación con los incendios forestales, incluidas las relaciones con otros organismos y partes interesadas.

Capacidades y retos clave para la gestión local del riesgo de incendios forestales

Los enfoques utilizados para hacer frente al riesgo de incendios forestales a nivel de gobierno local en Victoria están estrechamente interrelacionados con una serie de procesos más amplios y grupos de partes interesadas. Utilizando seis cuestiones como principios organizativos, a continuación, se analizan las lecciones y cuestiones asociadas a las acciones de los gobiernos locales.

Entre la responsabilidad compartida y la prioridad de la vida humana

La responsabilidad compartida (también tratada en el capítulo 7) es un principio clave establecido en una serie de documentos y publicaciones a nivel estatal como principio clave que sustenta la gestión de emergencias en Victoria. Se describe del siguiente modo, reconociendo que la resiliencia global debe recurrir a todas las capacidades de toda la comunidad. "La seguridad en caso de incendio forestal es una responsabilidad compartida entre el gobierno y una serie de partes interesadas. Los individuos son en última instancia responsables de tomar sus propias decisiones sobre cómo responder al riesgo de incendios forestales" (Emergency Management Victoria 2018b, p.5). Cuando se combina con la priorización de la vida humana, también como principio clave, fomenta firmemente un alto nivel de gestión de riesgos, basado en la maximización generalizada de las capacidades de todas las partes "la protección de la vida humana es primordial" (Emergency Management Victoria, 2018b, p.5).

Estas políticas también pueden interpretarse con cierto cinismo en el sentido de que, aunque se hará todo lo posible por dar prioridad a la vida, hay un límite a los recursos y al impacto en otros objetivos, como el crecimiento económico y el gasto, que el gobierno está dispuesto a realizar. Cuando se contrasta este marco político estatal con las competencias y responsabilidades de los gobiernos locales, la capacidad de los municipios para gestionar activamente el riesgo de incendios forestales a este nivel resulta menos clara. Sin embargo, una serie de cambios políticos recientes sugieren que se están produciendo mejoras. Como se ha indicado anteriormente, la política impuesta por el Estado en los planes de planificación de los gobiernos locales reitera la prioridad de la vida humana (Cláusula 13.02-1S de las Disposiciones de Planificación de Victoria), lo que sugiere que la toma de decisiones debe pecar de cautelosa. Sin embargo, el principio de responsabilidad compartida no se traslada de forma similar a los planes de planificación en lo que respecta al desarrollo activo de la resiliencia. Esto refuerza la posición de que el plan de ordenación en su forma actual es una representación de la política prevista en cuanto a funciones y responsabilidades, y que el cumplimiento de la normativa pertinente en materia de incendios forestales es suficiente. Hay silencio con respecto a una serie de cuestiones pertinentes (mencionadas a continuación) relacionadas con los mecanismos reguladores reales, a pesar de que la política de orden superior establece que la estrategia debe: "Garantizar que los controles de planificación permitan la mitigación del riesgo o que se apliquen estrategias de adaptación al riesgo" (VPP 2019: 13.01-1S).

No obstante, cabe señalar que, a nivel de planificación estratégica política, establece que la vida humana debe ser prioritaria "dirigiendo el crecimiento y el desarrollo de la población hacia lugares de bajo riesgo y garantizando la disponibilidad y el acceso seguro a zonas donde la vida humana pueda protegerse mejor de los efectos de los incendios forestales". Reducir la vulnerabilidad de las comunidades a los incendios forestales mediante la consideración del riesgo de incendio forestal en la toma de decisiones en todas las fases del proceso de planificación" (VPP: 13.02-1S). Estas consideraciones de alto nivel pueden discernirse en los procesos de planificación estratégica, tal y como se expone en la siguiente sección.

Planificación estratégica, intereses locales y acción real

La estrategia puede entenderse como "un conjunto de decisiones que forman un camino contingente a través de un árbol de decisiones" (Hopkins 2001, p.41). En términos más sencillos, es la aplicación continua de una dirección de orden superior a acciones de orden inferior más detalladas para alcanzar objetivos globales que dependen de la coordinación, la consideración de un cambio de circunstancias, la oportunidad, la evitación de nuevas amenazas o el reconocimiento de nuevas expectativas. En consecuencia, la planificación estratégica y la acción estratégicas suelen tener lugar en los niveles superiores del gobierno o las empresas.

La inclusión de nuevas cláusulas en los planes de planificación de la VPP que fomentan que el nuevo desarrollo se aleje de las zonas de alto riesgo de incendio (como en las secciones anteriores) está ciertamente en consonancia con las buenas prácticas estratégicas. Sin embargo, se observa que, a nivel de gobierno local, no se incluye formalmente a los planificadores urbanos ni, de hecho, a la planificación prospectiva en la elaboración de los MEMPS, lo que indica una considerable desconexión en la coordinación estratégica. Aunque la práctica real incluye excepciones, es significativo que no exista una coordinación formalizada del proceso de coordinación entre los servicios de emergencia, los planificadores locales y estatales y otras partes relevantes en la liberación, el diseño y el desarrollo de la tierra, entre la gama de partes involucradas, incluyendo la Autoridad de Planificación de Victoria, el Departamento de Medio Ambiente, Tierra, Agua y Planificación (DELWP), la Autoridad de Bomberos del País, los gobiernos locales pertinentes y otras partes relevantes.

Además, la planificación estratégica relativa a la gestión del riesgo de incendios forestales, tal y como se considera en la planificación VPP, está orientada únicamente a los nuevos desarrollos, en lugar de a los extensos asentamientos de baja densidad que caracterizan las regiones periurbanas de Victoria y que se extienden a distancias considerables más allá de los límites de los principales asentamientos (Buxton et al. regiones periurbanas de Victoria que se extienden a distancias considerables más allá de los límites de los principales asentamientos (Buxton et al. 2011). No obstante, cabe señalar que la reciente inclusión de las políticas del PPV mencionadas anteriormente, que pretenden alejar el desarrollo de las zonas de alto riesgo, dará lugar a la necesidad de evaluar las propuestas de desarrollo en función de estos criterios, lo que incluye la posibilidad de que los distintos organismos interesados presenten sus observaciones durante los procesos de modificación de los planes (Ley de Protección y Evaluación: artículos 17 y 21).

Los procesos de remisión establecidos en la Ley P&E (1987) logran, en cierta medida, los fines de coordinación necesarios para la planificación estratégica. Éstos se establecen en el artículo 55 de la Ley de P&E (1987), así como en la cláusula 66 de los planes de planificación de VPP. En consecuencia, el Cuerpo de Bomberos Metropolitano y la Autoridad de Incendios del País pueden comentar e imponer condiciones obligatorias a las solicitudes de subdivisión y desarrollo para garantizar que los intereses de la gestión del riesgo de incendios forestales se incluyan en las decisiones sobre permisos en curso.

La ubicación de refugios contra incendios (también conocidos como lugares de último recurso) en las comunidades vulnerables existentes se considera una función importante que requiere una acción integrada entre el gobierno local, los organismos de respuesta a incendios y Emergency Management Victoria (Emergency Management Victoria, 2018b). Sin embargo, este nivel de atención no suele extenderse a la evaluación y el tratamiento de la gama de otros factores que impulsan los riesgos locales, como los sistemas de carreteras, la disposición de los lotes, los programas de reducción de combustible, el mantenimiento de la vegetación en terrenos abandonados o mal mantenidos u otros impulsores del riesgo.

La reducción del combustible pretende disminuir el número de combustibles disponibles que favorecen los incendios en lugares estratégicamente importantes, como las proximidades de bienes o viviendas clave. La Real Comisión de Incendios Forestales de Victoria llegó a la conclusión de que la quema para la reducción del combustible podría ofrecer beneficios en términos de modificación de la intensidad y el progreso de los incendios, la producción de brasas y la capacidad general de gestión de los impactos (Teague, McLeod & Pascoe 2010). Sin embargo, también se observó que era necesario quemar grandes zonas de forma sistemática (hasta alcanzar el asombroso objetivo del 5% del estado al año, aunque algunas investigaciones sugieren que se quemaría bastante más que esto, véase el capítulo 8) y que también era necesario quemar lugares estratégicos específicos cerca de los asentamientos para tener efectos beneficiosos significativos. Unos diez años después del Sábado Negro, está claro que este objetivo era insostenible, que ha tenido impactos significativos en la flora y la fauna autóctonas y que hay muchos problemas con la reducción del combustible, incluidos los impactos en el turismo, la agricultura, la viticultura, el consumo de recursos públicos y los riesgos de pérdida de control de los incendios (Duff, Cawson & Penman 2019).

La administración local, al tratar de gestionar la tierra y la vegetación en los asentamientos y sus alrededores, se encuentra con un difícil abanico de propiedad y responsabilidad entre terrenos de propiedad pública y privada y responsabilidades que se extienden a través del Departamento de Medio Ambiente, Tierra, Agua y Planificación; la Autoridad de Incendios del País; Parques de Victoria; Bosques de Vic; Melbourne Water (y otros servicios públicos privados); y, Gestión de Incendios Forestales de Victoria.

Entre competencias técnicas, conocimientos y funciones

A nivel de la administración local, son pocos los miembros del personal que tienen experiencia específica en la reducción del riesgo de incendios forestales o en la prevención de la ignición. La Autoridad de Incendios del País y el personal de Parks Victoria y DELWP desempeñan funciones de asesoramiento y remisión reglamentaria, como se ha descrito anteriormente. Sin embargo, a pesar del requisito del MEMPS de asignar una serie de funciones como parte del Plan de Emergencia requerido, pocos funcionarios del gobierno local tienen cualificaciones y experiencia en la gestión del riesgo de incendios forestales. Además, son necesarios conocimientos específicos en el uso de los enfoques del "Método 2" para el uso del AS3959 Building in Bushfire Prone Areas. Un número limitado de profesionales se han graduado en las cualificaciones de planificación y diseño de incendios forestales establecidas tras los incendios de 2009, pero muchos más tendrán que completar la cualificación para tener un impacto significativo (marzo de 2017).

La política reciente y los cambios en el VPP (2018) incluyen el requisito de que el crecimiento se evalúe en función de:

- Evaluar y abordar el peligro de incendio forestal que supone para el asentamiento y el probable comportamiento de incendio forestal que producirá a escala de paisaje, asentamiento, local, de barrio y de emplazamiento, incluido el potencial de destrucción a escala de barrio.

- Evaluar ubicaciones alternativas de bajo riesgo para el crecimiento de los asentamientos a escala regional, municipal, de asentamiento, local y de barrio.

- No aprobar ningún documento de planificación estratégica, política de planificación local o modificación del plan de planificación que dé lugar a la introducción o intensificación del desarrollo en una zona que tenga, o vaya a tener a su finalización, una calificación superior a BAL-12,5 según la norma AS 3959-2009 Construction of Buildings in Bushfire-prone Areas (Standards Australia 2009) (VPP Cláusula 13.02-1S).

En consecuencia, la toma de decisiones real por parte de los gobiernos locales seguirá viéndose dificultada por la continua necesidad de conocimientos especializados.

Factores humanos: espacialización de la vulnerabilidad, la resiliencia y riesgos heredados

Políticas como la publicada por Emergency Management Victoria afirman que la resistencia a los incendios forestales requiere: "Un enfoque de creación de capacidad comunitaria para la seguridad contra incendios forestales se centra en enfoques dirigidos a la creación de habilidades y redes para mejorar las capacidades de las comunidades para desarrollar, planificar y ejecutar sus propias opciones de seguridad contra incendios forestales" (Emergency Management Victoria 2018b, p. 15).

Sin embargo, las administraciones locales se enfrentan a considerables riesgos heredados que escapan a su capacidad de modificación. Esto se debe tanto a la gran cantidad de estructuras y a la de asentamientos que no se diseñaron ni aprobaron con arreglo a la normativa sobre incendios forestales, y las capacidades y vulnerabilidades muy diferentes de la población en los asentamientos propensos a los incendios forestales. Existen pocos mecanismos para actuar sobre estas vulnerabilidades de manera proactiva para mejorar la resiliencia de la comunidad. El MEMPS fomenta la elaboración de mapas y la recopilación de datos para contribuir a las actividades de preparación y respuesta antes de que se produzcan los incendios, pero no existen competencias para mejorar las viviendas existentes, y muchas autoridades locales tienen dificultades para controlar y actuar contra las estructuras ilegales que se construyen por debajo de las normas. Es bien sabido que las zonas más desfavorecidas desde el punto de vista socioeconómico tienen niveles más bajos de resistencia a riesgos como los incendios forestales, pero los gobiernos locales tienen una capacidad limitada para abordar estas áreas de vulnerabilidad.

El reciente desarrollo de la política en la *Política Comunitaria de Refugios contra Incendios* (2015) ofrece algunas opciones proactivas para que los gobiernos locales, en colaboración con los organismos estatales de emergencia, establezcan y gestionen refugios en zonas muy propensas a los incendios (Emergency Management Victoria, 2015). Aunque actualmente su aplicación es limitada, la política permite la identificación de ubicaciones para, y la construcción de, Lugares de Último Recurso en zonas de alto riesgo. Estos refugios comunitarios contra incendios y lugares seguros en los barrios se conciben como opciones de emergencia que ayudan a las comunidades en caso de que fallen otras opciones de gestión de riesgos y requieren una formación continua considerable sobre su uso.

Limitaciones del código de planificación y construcción

Aunque sostenemos que el uso de la planificación urbana y los códigos de construcción aportan muchos beneficios, es importante comprender sus limitaciones e impactos en objetivos más amplios. La administración local es la encargada de aplicar estas normativas y, por lo general, no puede imponer enfoques más onerosos o alternativos debido a la aplicación generalizada de principios jurídicos "ultra vires" que limitan el alcance de la regulación a lo expresado en la normativa gestionada por el Estado. En consecuencia, aunque la política estatal más amplia estatal fomenta un cuidadoso equilibrio entre la pérdida de biodiversidad y la gestión de los riesgos de incendios forestales (VPP: 13.02-1S), en la práctica, las cláusulas de exención, en particular las recogidas en 52.12-1, prevén considerables exenciones sin permisos para crear espacios defendibles alrededor de los edificios destinados a alojamiento. Esto significa que es probable que continúe la pérdida considerable de vegetación.

La norma AS3959 Building in Bushfire Prone presenta una serie de limitaciones y omisiones significativas. La primera es que no hace referencia a la prevención de la entrada de fuego y brasas en las zonas bajo el suelo, a pesar de que se trata de un factor de riesgo bien conocido entre los profesionales. Además, la norma no está pensada para su aplicación en pendientes superiores a 20 grados, a pesar de que muchas comunidades propensas a los incendios forestales tienen pendientes superiores. En cuanto a la identificación y el tratamiento de los asentamientos de alto riesgo, la Comisión Real de Incendios Forestales de Victoria señaló que es necesario prestar especial atención a estas comunidades.

Recomendación 46

El Estado desarrolle y aplique una estrategia de retirada y reasentamiento para las urbanizaciones existentes en zonas de riesgo inaceptablemente alto de incendios forestales, que incluya un plan para la adquisición no obligatoria por parte del Estado de terrenos en estas zonas (Teague, McLeod & Pascoe 2010, p. 33).

En el momento de redactar este informe no se han elaborado normas ni enfoques específicos, aunque se ha observado que se han utilizado de forma limitada programas esporádicos de "recompra".

Conclusiones

En este capítulo se exponen los principales factores de riesgo relacionados con los incendios forestales, entre los que se incluyen la proximidad de las personas y las estructuras a la vegetación, el terreno accidentado, las características de las estructuras y la vulnerabilidad de las personas, en relación con sus vulnerabilidades y decisiones particulares antes y durante los incendios forestales. La mayoría de los gobiernos locales de Victoria incluyen zonas propensas a los incendios forestales, mientras que la cartografía y el establecimiento de regímenes normativos se llevan a cabo en gran medida a nivel del gobierno estatal. Se examinaron las funciones y responsabilidades de los gobiernos locales en relación con la gestión del riesgo de incendios forestales en el Estado de Victoria, Australia. Se demostró que, debido al sistema legislativo federal y orientado a los estados utilizado en Australia, la mayoría de los poderes y marcos se establecen a nivel del gobierno estatal, aunque el gobierno local, a través de la Ley de Gobierno Local (1989), tiene una serie de responsabilidades orientadas al bienestar de los residentes locales.

Entre las funciones exigidas a las administraciones locales, se destacó la preparación y el mantenimiento de los MEMPS locales. Estos planes son importantes y desempeñan un papel importante en la gestión de los riesgos de incendios forestales. Son importantes como enlace entre un sistema altamente integrado de actores establecidos por el Estado, en particular las agencias de respuesta a incendios y los controladores de emergencias, además de prever la colaboración entre municipios y otras partes relevantes. Sin embargo, también se demostró que los MEMPS están claramente orientados a las actividades de respuesta, más que a la mejora de la resiliencia de la comunidad y el desarrollo proactivo de capacidades.

El carácter global de la planificación urbana y de los controles de la construcción, una tarea que incumbe principalmente al gobierno local en virtud de sus responsabilidades como Autoridad de Planificación y Autoridad Responsable, tal y como se establece en la Ley de Planificación y Medio Ambiente (1987). Estos controles de planificación y construcción son eficaces a la hora de reducir significativamente los riesgos de incendios forestales asociados a los nuevos desarrollos, lo que se consigue mediante una combinación de separación, limpieza de la vegetación, resistencia de las estructuras a los modos de ataque de los incendios forestales y facilitación de la lucha contra los incendios. Sin embargo, aunque los cambios políticos recientes sugieren una mejora, el enfoque de los controles actuales en el control del desarrollo local no se corresponde con la capacidad de tomar medidas estratégicas más amplias en los patrones generales de asentamiento y la mejora de la resiliencia de la comunidad en general, en particular para mejorar la resiliencia de las personas vulnerables identificadas en la comunidad.

Capítulo 7
Capacitar a las personas y las comunidades para abordar la prevención de incendios forestales

Introducción

Este capítulo explora el lugar que ocupan las personas y la comunidad en relación con la prevención de incendios forestales. En él se argumenta que, aunque existe un deseo por parte de las autoridades de incluir a los ciudadanos en las responsabilidades asociadas a los incendios forestales, la realización de esta práctica parece ser escasa. En Australia, el compromiso con la prevención de incendios forestales se centra en gran medida en los requisitos para que los propietarios que viven en una zona propensa al fuego eliminen los riesgos de incendio y limpien la vegetación cercana a su casa. En este capítulo se argumenta que, debido al impacto potencialmente grave de los incendios forestales, y la complejidad, las opciones y los juicios de valor asociados a la toma de decisiones, es muy importante que la población participe en los debates sobre prevención y en la toma de decisiones como parte de su comunidad local. Para lograr una participación activa, el proceso de participación debe establecer mecanismos de gobernanza, transparencia y facilitar el intercambio de información. Las opiniones y decisiones de la comunidad deben integrarse en un marco de prevención más amplio.

El concepto de "responsabilidad compartida" entre el gobierno y la comunidad, un tema que se expresa en una serie de ámbitos políticos. El concepto de "responsabilidad compartida" entre el gobierno y la comunidad, un tema que se expresa en una serie de ámbitos políticos, incluido el de los incendios forestales, es en parte un reconocimiento de la complejidad y el tamaño de muchos de los problemas a los que se enfrenta la sociedad actual y que ahora se espera que gestionen los gobiernos. Este reconocimiento incluye la escala de recursos necesarios para responder adecuadamente a los incendios forestales si se deja enteramente en manos del gobierno. Así pues, la exigencia de una mayor implicación de la comunidad puede apoyarse en muchos motivos. Entre estos motivos, se encuentran: el reparto de costes; la idea de inclusión y participación democrática; la idea de que las comunidades son las más indicadas para ayudar a sus miembros más vulnerables; el reconocimiento de que la población local es la que mejor conoce las condiciones locales; y la idea de que no hay una única solución para todos, ya que la diversidad de opiniones es positiva. Este último punto reconoce que, en relación con la prevención de incendios forestales, puede que no exista necesariamente "la respuesta correcta". En realidad, muchas decisiones se basarán en juicios de valor sobre el riesgo, lo que la gente valora y las prioridades que tiene.

Este capítulo ofrece un debate sobre la comunidad como base importante para construir acuerdos de gobernanza y gestión en torno a la prevención. Aunque a menudo se afirma la necesidad de implicar a la comunidad en la toma de decisiones, rara vez se lleva a cabo una verdadera consulta. La mayoría de las decisiones se toman de arriba abajo o las opciones de decisión que se ofrecen son muy limitadas. Esto se refleja en las actuales consultas comunitarias en torno a la mitigación de incendios en Victoria. La opción sobre la gestión de incendios que se ofrece a las comunidades en un programa piloto es del tipo "¿en qué zonas del terreno quiere que se realicen quemas controladas?". Parece que no se ofrecen otras opciones.

El impacto de los incendios forestales en las personas y las comunidades

Mientras que el capítulo uno ofrece una visión general del impacto y el coste de los incendios forestales, este capítulo profundiza un poco más en esta cuestión. En Estados Unidos, la prevención y extinción de incendios forestales da prioridad a la protección de los recursos (definidos como viviendas y estructuras) y de los bosques cultivados para obtener madera (Scott et al. 2014). En muchos documentos australianos se hace hincapié en la protección de la vida humana y, por tanto, de las propiedades. El medio ambiente se menciona ocasionalmente. Por ejemplo, el (antiguo) Departamento de Sostenibilidad y Medio Ambiente (2012) de Victoria se refirió al mantenimiento de la resiliencia de los ecosistemas naturales para prestar servicios como la biodiversidad, el agua, el almacenamiento de carbono y los productos forestales.

Hay dos aspectos relacionados con las cuestiones sociales y la prevención de incendios forestales que no suelen formar parte de las conversaciones. El primero es cómo los incendios forestales pueden afectar, tanto directa como indirectamente, en los más desfavorecidos o vulnerables y que pueden ser menos capaces de hacer frente a las repercusiones reverberantes y a menudo a largo plazo de un incendio forestal. Prestar atención a cómo los incendios forestales pueden afectar negativamente a este grupo de personas, y cómo el impacto sobre ellos puede extenderse a otros miembros de la comunidad, es tanto una cuestión de equidad como una cuestión de la necesidad de tener en cuenta estos costes para la sociedad en general. El segundo aspecto que a menudo se pasa por alto se refiere al impacto psicológico y al trauma potencial de los incendios. Esto incluye la forma en que las personas se relacionan con los daños medioambientales asociados al fuego, así como el trauma duradero que puede afectar a las víctimas de los incendios forestales. Es probable que este trauma se extienda también a los bomberos y otros grupos de respuesta a emergencias que se enfrentan a un incendio forestal. Como se verá más adelante en el capítulo 8, el medio ambiente suele minimizarse o excluirse de muchas decisiones políticas en muchos países.

El impacto de los incendios forestales en las personas vulnerables

Aunque la persona "media" de los países industrializados suele tener unos niveles de bienestar bastante buenos, también hay un número significativo de personas que lo están "pasando mal" y un subgrupo más pequeño que lo está "pasando muy mal". Es habitual que la gente valore su bienestar cerca del 7,5 en una escala de 0 a 10 (International Wellbeing Group 2013). Aunque Australia tiene un sistema de bienestar mejor que el de muchos otros países, 3 millones de personas (el 13% de la población) viven por debajo del umbral de la pobreza (Davidson et al. 2018). Se considera que la tasa oficial de pobreza en Estados Unidos es del 12,3% (Semega, Fontenot y Kollar 2018). Sin embargo, esto depende de dónde se sitúe el umbral de pobreza o exclusión social. Tanto en Australia como en EE.UU., las investigaciones sitúan los niveles de pobreza mucho más altos, en algo más de un tercio de la población, alrededor del 36% en Victoria y del 37% en EE.UU. (Stanley, Stanley & Hansen 2017; Stiglitz 2012).

La pobreza aumenta la vulnerabilidad ante circunstancias adversas, incluidos los fenómenos extremos, como los incendios forestales. Las personas pobres o desfavorecidas no suelen disponer de los recursos que les permitan prepararse y gestionar mejor un momento estresante, o ayudar en la recuperación tras el suceso. De hecho, es probable que la percepción de unos ingresos bajos haya aumentado la vulnerabilidad al dictar su lugar de residencia. Los precios reducidos de la vivienda se asocian a menudo con una mala ubicación, como en las afueras de una ciudad o asentamiento, que ofrece menores niveles de infraestructura y accesibilidad, pero en una zona de mayor riesgo de incendio. Es probable que la vulnerabilidad aumente cuando se han experimentado condiciones difíciles o traumáticas durante un periodo de tiempo prolongado. Este problema está bien documentado en relación con los desempleados de larga duración y en los hogares con un miembro de la familia que padece una discapacidad grave, así como con quienes pueden sufrir enfermedades mentales. Los costes asociados a los incendios forestales (prevención y preparación, y/o reparación y recuperación) pueden hacer que las personas que en la actualidad apenas se las arreglan, lleguen a un punto en el que empiecen a pasar apuros. Pueden correr el riesgo de caer aún más en la pobreza, donde la capacidad de mantener una vivienda adecuada, alimentos de calidad y satisfacer otras necesidades fisiológicas y psicológicas se hace más difícil para algunas personas que antes se las arreglaban.

Se sabe poco sobre la resiliencia de determinados grupos de personas en términos de si tienen capacidad para resistir diversos tipos de contratiempos, como acontecimientos adversos breves y agudos y/o condiciones adversas más prolongadas, pero menos graves. Una excepción es el trabajo realizado sobre la pobreza arraigada y transitoria en los niños (Ridge 2002). Se descubrió que, mientras que la pobreza transitoria puede tener un impacto grave en un niño, la pobreza arraigada o crónica conduce a períodos prolongados de desventaja y, por lo tanto, requiere la mayor atención. Si este hallazgo puede generalizarse a otras circunstancias, entonces los que ya experimentan dificultades a largo plazo tienen más probabilidades de sufrir mayores impactos adversos cuando se ven sometidos a un incendio forestal.

El tipo de dificultades que pueden experimentar quienes disponen de pocos recursos puede abarcar la imposibilidad de mejorar la capacidad de una casa para resistir un incendio forestal, o de contratar un seguro suficiente. Los incendios forestales de 2009 en Victoria dieron lugar a 8.150 reclamaciones de seguros, con un coste de 1.200 millones de dólares. Sin embargo, hasta el 30% de las viviendas dañadas carecían de seguro. Además, los asegurados recibieron 160 millones de dólares en pagos de emergencia. El transporte para evacuar antes de un incendio forestal puede resultar difícil para las personas mayores o con una discapacidad grave. Como se vio en la catástrofe del huracán de Nueva Orleans en 2005, los más pobres no disponían de transporte para evacuar la ciudad y muchos se quedaron tirados en un estadio. En los incendios forestales de 1983 en Victoria, de las siete personas que murieron en el incendio del monte Macedon, la mayoría falleció esperando el transporte de evacuación.

Se pueden extraer lecciones de otros fenómenos extremos, comúnmente asociados al cambio climático. Tras las inundaciones de Queensland en 2010-11, el Consejo de Servicios Sociales de Queensland (2011) constató que las personas desfavorecidas se vieron afectadas de forma desproporcionada. Entre las zonas más afectadas están:

- La falta de seguro, o un seguro insuficiente, y el rechazo de las reclamaciones de seguros contra inundaciones, que dejaron a la mayoría de los propietarios sin poder vivir en sus casas o repararlas.

- Pérdida de empleo por interrupción y cierre de empresas locales

- Pérdida de contratos de alquiler e incapacidad para hacer frente a pagos de fianzas y alquileres más elevados.

- Aumento de la presión sobre las listas de espera de vivienda pública

- Aumento del coste de la vida (recogido en ACOSS 2013)

La mayoría de las personas y organizaciones no están preparadas para que se produzcan con frecuencia sucesos extremos, como ponen de manifiesto las conclusiones sobre las personas sin hogar (Pendrey, Carey y Stanley 2012). En un pequeño estudio exploratorio, se observó que los fenómenos extremos tienden a magnificar las desventajas y los problemas de salud preexistentes de las personas sin hogar. Se agravan los problemas de acceso a un alojamiento seguro, alimentos y agua, así como las enfermedades mentales, las enfermedades crónicas, el abuso de sustancias y el estrés postraumático. La falta de alojamiento estable vuelve a plantear el problema del transporte. Los que no tienen coche o no están bien integrados en la comunidad local pueden tener dificultades para recibir ayuda para salir de una situación de emergencia.

Un acontecimiento extremo también repercute negativamente en la capacidad de un organismo para prestar servicios, debido al aumento de la demanda y al desvío de recursos de los clientes habituales para ayudar a personas que no serían clientes de no ser por la emergencia (ACOSS 2013; Pendrey, Carey y Stanley 2012). El estudio de Pendrey Carey y Stanley también descubrió que las agencias de asistencia social estaban infraaseguradas, por lo que se enfrentaban a una catástrofe y carecían de recursos para crear respuestas comunitarias de emergencia. Y ello a pesar de que el gobierno a menudo recurría a estos organismos tanto para aumentar la resiliencia como para ayudar en la recuperación tras una catástrofe extrema.

Los incendios forestales afectarán a cada persona de forma diferente. La naturaleza del impacto dependerá de factores personales, así como de los externos a la persona. Los factores externos incluyen: la previsibilidad, la naturaleza y la gravedad del incendio; el lugar donde vive la persona y la ubicación del incendio; la política de los gobiernos federal, estatal y local; la planificación y el control de los recursos disponibles para responder a las emergencias y hacer frente a los impactos a largo plazo. Los factores personales incluyen los conocimientos y la información disponible, así como los recursos y la capacidad de adaptación. El impacto puede atenuarse mediante el apoyo familiar y comunitario, el capital social y las conexiones comunitarias disponibles. Los recursos no están repartidos uniformemente en las comunidades, por lo que la tarea de adaptarse al impacto será mucho más fácil para unas personas que para otras.

Los impactos de los incendios forestales están relacionados entre sí e interactúan de forma compleja. La figura 7.1 ofrece algunos ejemplos de la gama de impactos del sistema sobre las personas y cómo esto, a su vez, conduce progresivamente a impactos de segundo y tercer orden. Por ejemplo, los incendios forestales pueden afectar negativamente a la agricultura, destruyendo cultivos y animales de granja, afectando negativamente a la estructura del suelo y destruyendo la infraestructura agrícola. Esto puede provocar un aumento del coste de los grupos de alimentos afectados, lo que a su vez puede afectar a los grupos más vulnerables de la sociedad, que ahora no pueden permitirse comprar esos alimentos. La figura 7.1 es estilizada e ilustrativa y no muestra las numerosas y complejas interconexiones; más bien da una impresión de las reverberaciones y reacciones en cadena que pueden surgir de un incendio forestal. Habrá una red de impactos no lineales que variarán en función de muchos factores específicos enumerados anteriormente. Independientemente de ello, los costes para la sociedad aumentarán a medida que se incrementen y profundicen los impactos y aumente la frecuencia de los incendios forestales.

Figura 7.1: Impactos de segundo y tercer orden de los incendios forestales.

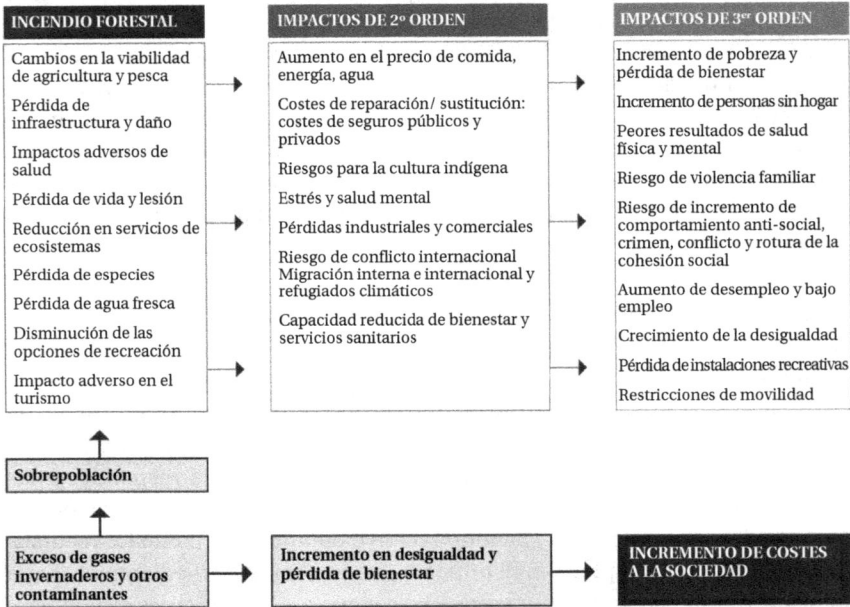

INCENDIO FORESTAL	IMPACTOS DE 2º ORDEN	IMPACTOS DE 3er ORDEN
Cambios en la viabilidad de agricultura y pesca	Aumento en el precio de comida, energía, agua	Incremento de pobreza y pérdida de bienestar
Pérdida de infraestructura y daño	Costes de reparación/ sustitución: costes de seguros públicos y privados	Incremento de personas sin hogar
Impactos adversos de salud		Peores resultados de salud física y mental
Pérdida de vida y lesión	Riesgos para la cultura indígena	Riesgo de violencia familiar
Reducción en servicios de ecosistemas	Estrés y salud mental	Riesgo de incremento de comportamiento anti-social, crimen, conflicto y rotura de la cohesión social
Pérdida de especies	Pérdidas industriales y comerciales	
Pérdida de agua fresca	Riesgo de conflicto internacional Migración interna e internacional y refugiados climáticos	Aumento de desempleo y bajo empleo
Disminución de las opciones de recreación	Capacidad reducida de bienestar y servicios sanitarios	Crecimiento de la desigualdad
Impacto adverso en el turismo		Pérdida de instalaciones recreativas
		Restricciones de movilidad

Sobrepoblación		
Exceso de gases invernaderos y otros contaminantes	Incremento en desigualdad y pérdida de bienestar	INCREMENTO DE COSTES A LA SOCIEDAD

Esto ofrece un argumento de peso para explicar por qué la comunidad debe implicarse a fondo en todas las fases de un incendio forestal: la prevención del incendio, la protección de las personas durante el mismo y la fase de recuperación. En particular, revela la importancia de la prevención de los incendios forestales. Aunque es probable que todas las personas sufran muchos efectos adversos, habrá un impacto más grave y probablemente más duradero en determinados grupos de la sociedad, algunos de los cuales puede que nunca se recuperen del todo.

Una comunidad local que funciona bien sabe quién es vulnerable al impacto del fuego, tiene fuertes apoyos sociales establecidos y buenas conexiones comunitarias. También es probable que la comunidad conozca bien las zonas locales más vulnerables a los incendios forestales y, por tanto, los lugares en los que es más prioritario adoptar medidas de protección y prevención (Alcock 2004). Esto también puede incluir el conocimiento de los lugares en los que es más común que se enciendan fuegos, las horas en las que pueden encenderse y quiénes son los que los han provocado. La comunidad local puede recomendar medidas como el bloqueo de carreteras y la vigilancia, así como el apoyo y la intervención para aquellos miembros de la comunidad que probablemente se dediquen a encender fuego. Desgraciadamente, como se expone en los capítulos 3 y 4, existe un fuerte vínculo entre la exclusión social y el aislamiento de la comunidad y la conducta de prender fuegos.

El medio ambiente como sentido del lugar

Los autores de este libro llegan a la conclusión de que, aunque el tamaño y la duración de un incendio forestal tienen una influencia importante en la forma en que la gente experimenta el fuego, no deben considerarse como un indicador directo para medir el impacto sobre las personas. Más bien se necesita una comprensión más amplia y compleja. La investigación de Paveglio y sus colegas (2016) sugiere que es importante determinar mejor cómo los residentes llegan a entender e interactuar con los paisajes en los que viven, y cómo entienden el riesgo de incendio forestal en el lugar donde viven (Paveglio et al. 2016).

Paveglio y sus colegas (2016) exploraron cómo los incendios forestales afectaban al bienestar personal. La investigación examinó el impacto de 25 grandes incendios forestales en Washington, Oregón, Idaho y Montana (Estados Unidos). Incluyeron a personas que se encontraban a una distancia de hasta 15 kilómetros del incendio, con el fin de captar la situación de los residentes que podrían haber sufrido el impacto del humo o haber sufrido el impacto económico del cierre de empresas. Se utilizó un cuestionario de bienestar especialmente diseñado para examinar las condiciones psicológicas autodeclaradas. El cuestionario incluía preguntas sobre salud, trastornos del sueño, ansiedad y sentimientos de impotencia. Otras preguntas se referían a: la percepción de las características inusuales de los incendios forestales; los efectos personales, como la pérdida de ingresos, las lesiones y la necesidad de evacuar; los efectos percibidos por otras personas; la pérdida de apego al paisaje; las actitudes sobre la gestión de los incendios; y las hectáreas quemadas, así como la duración y la distancia de su propiedad al incendio. De esta amplia selección de posibles impactos, las asociaciones estadísticamente más significativas con la reducción del bienestar fueron la pérdida de conexión con el paisaje tras el incendio, los impactos personales como los daños a la propiedad, las expectativas de los residentes sobre el impacto de los incendios forestales en su localidad y la interrupción de las rutinas de los residentes.

Reid y Beilin (2015) llevaron a cabo una investigación relacionada en Australia para comprender mejor por qué algunas personas mostraban reticencia a evacuar cuando se acercaba un incendio, a pesar de que la política de comunicación en Victoria, desde 2009, era evacuar cuanto antes. También querían explorar qué motiva a las personas a emprender actividades en relación con el riesgo de incendios forestales. Investigaron el significado del hogar, la identidad del lugar y el apego en lugares donde vivir con el riesgo de incendios forestales forma parte de su realidad. El estudio se llevó a cabo en Adelaide Hills, un paisaje periurbano situado en la periferia de la ciudad de Adelaida (Australia Meridional). También se llevó a cabo en pequeños asentamientos cercanos a una cadena montañosa llamada The Grampians, situada al oeste de Victoria, a unos 290 km de la ciudad de Melbourne. Ambas zonas tienen un largo historial de graves incendios forestales. Los resultados sugirieron que el "hogar" se consideraba algo que iba más allá de los límites físicos de la casa. El "hogar" encarnaba la totalidad del paisaje, donde las fronteras se difuminaban entre los espacios domésticos y el mundo no humano. Esto se reflejaba en las actividades que realizaban los residentes, como la jardinería, la revegetación, los paseos por el paisaje, el aprendizaje de los nombres de la flora y la fauna, y la contemplación de las montañas y las especies de árboles significativas a nivel local. Estas actividades definieron el lugar que llaman "hogar", así como, en ocasiones, un apego a largo plazo con el lugar. Es probable que esto describa al grupo de "estilo de vida" de las personas que se han trasladado a la interfaz rural/urbana, un grupo del que se habla en el capítulo 4. También es probable que represente a algunas de las familias de agricultores más tradicionales de Australia, que viven en zonas más aisladas y desarrollan un fuerte apego y una perspectiva de conservación hacia su propiedad.

Paton y sus colegas (2015) nos recuerdan que esta perspectiva medioambiental no es nueva. La gente ha utilizado los bosques para la agricultura, medios de subsistencia y la caza a lo largo de la historia, y todavía lo hacen en algunos lugares y partes de Sudamérica. De hecho, el fuego se utilizaba habitualmente como herramienta para aprovechar el bosque como medio de vida, por ejemplo, sacando animales para alimentarse. Así pues, vivir en un bosque o cerca de él ha sido, sobre todo en el pasado, un equilibrio entre riesgo y peligro, una elección que quizá la gente sigue haciendo en asociación con el amor a la naturaleza que sienten muchas personas.

Reid y Beilin (2015) afirman que estos hallazgos tienen implicaciones significativas para la comprensión de las respuestas de la comunidad a los incendios forestales, y para la comunicación entre las agencias de gestión de incendios y los residentes que viven en lugares propensos a los incendios. El enfoque dominante en la casa, por parte de la mayoría de las agencias de gestión de incendios, puede no conectar con el sentido más amplio de hogar de la gente dentro del paisaje. Burton (2016) habla de la oposición a la tala de árboles de muchos "habitantes de las colinas" de Estados Unidos que preferirían asumir el riesgo de incendio, señalando que "... en el centro del debate sobre las precauciones adecuadas ante un desastre previsible, se encuentran cuestiones sobre valores y sobre cómo los diferentes individuos, comunidades, naciones y gobiernos priorizan y armonizan estos valores y compromisos morales posiblemente contradictorios" (Burton & Sun 2015, p.8).

Sin embargo, existe el riesgo de que el apego emocional a una propiedad lleve a la persona a asumir riesgos elevados con los incendios forestales (Pidot 2015). El apego emocional también puede ayudar a explicar las tensiones entre la educación de la comunidad en materia de incendios centrada en la responsabilidad individual para el control de la mitigación de los incendios forestales antes de un incendio, a la vez que instiga la retirada del control personal animando encarecidamente a la gente (o en algunos lugares obligando a la gente) a evacuar durante un incendio forestal. Reid y Beilin argumentan que, cuando la gente se queda en casa o vuelve a ella durante un incendio forestal, puede ser para proteger valores que van más allá de la casa. Estas perspectivas también pueden estar detrás de cierto descontento público con la quema controlada como herramienta para la mitigación de incendios forestales. Así, "acciones de gestión como las quemas controladas en terrenos públicos son, en efecto, análogas a la quema de las casas de la gente" (Reid & Beilin 2015, p. 102).

El impacto descrito anteriormente podría considerarse una forma de traumatización vicaria. El efecto de los incendios forestales no empieza y acaba con las personas directamente victimizadas o angustiadas por el resultado del fuego para otros y para el medio ambiente. Es probable que existan otras formas de trauma vicario que pueden afectar a los que luchan contra los incendios y a otros miembros del personal de los servicios de emergencia, así como a otras personas de apoyo, voluntarios y testigos (Stanley 2002).

Como ya se ha comentado en el primer capítulo, los incendios forestales pueden causar daños físicos indirectos. Por ejemplo, el humo puede incluir miles de compuestos individuales en las categorías de partículas, hidrocarburos, otros productos químicos orgánicos y otros componentes como el monóxido de carbono. Se ha investigado poco sobre los efectos adversos para la salud de los incendios forestales, las quemas controladas y las quemas agrícolas. Sólo hace relativamente poco tiempo que se está conociendo el alcance de los efectos adversos en las personas, especialmente en los grupos vulnerables (Weinhold 2011). Entre ellos se encuentran los niños, las personas mayores, las mujeres embarazadas, los fumadores y las personas con problemas respiratorios crónicos, pero también pueden incluirse las personas con afecciones como el asma y las enfermedades pulmonares crónicas y el estrés. Indígenas australianos son más vulnerables y tuvieron más ingresos hospitalarios por cardiopatía isquémica que otros australianos, tres días después de la exposición al humo (Weinhold 2011).

Responsabilidad compartida

El término "responsabilidad compartida" se utiliza a menudo en el contexto de la gestión de emergencias en Australia. Esta idea tiene su origen en la Comisión Real sobre los Incendios Forestales de Victoria de 2009. Se vio reforzada por la Estrategia Nacional para la Resiliencia ante Desastres del Consejo de Gobierno Australiano, en la que la responsabilidad compartida se definió como un "enfoque de todo el país basado en la resiliencia para la gestión de desastres" (COAG 2011, p. ii, recogido en McLennan & Handmer 2014). La Comisión Real de Incendios Forestales de Victoria señaló que el término se interpreta de diversas maneras. Sin embargo, el informe resultante de esta investigación afirma que "el Estado, los ayuntamientos, los particulares, los miembros de las familias y la comunidad en general" deben aceptar una mayor responsabilidad en la seguridad de la comunidad frente a los incendios forestales. Como señalaron McLennan y Handmer en 2014, nunca se ha definido claramente lo que implica realmente la responsabilidad compartida, situación que se mantiene en la actualidad. Eburn (2015) cree que la ambigüedad sobre quién tiene la responsabilidad de qué en relación con la gestión de los incendios forestales se ve exacerbada por la falta de consenso político sobre la gestión del paisaje australiano en general. Eburn señala que, al igual que ocurre en EE.UU., la mayoría de las políticas y decisiones sobre el uso del suelo se toman en los niveles más bajos de gobierno. Falta una planificación del uso del suelo y planificación estratégica que establezca el marco para una planificación de mucho menor nivel (Stanley, Stanley & Hansen 2017). Sin embargo, Eburn señala que existe un movimiento más reciente hacia un modelo que cree que los individuos y la comunidad deberían ser más "resilientes" como parte de la responsabilidad compartida de la comunidad, definida de nuevo de forma diversa y bastante tortuosa y, por tanto, un concepto con poco significado.

En la práctica, el término "responsabilidad compartida" en Victoria se interpreta en gran medida como que cada organismo o departamento específico tiene una tarea asignada, en lugar de un enfoque integrado o compartido con la comunidad que ofrezca una comunicación bidireccional. Por ejemplo, se dice que los individuos tienen la responsabilidad de asistir a las reuniones educativas de la comunidad. Los organismos estatales y los consejos municipales tienen la responsabilidad de aplicar programas de gestión de la vegetación y de los márgenes de las carreteras y de garantizar el cumplimiento de las disposiciones en materia de construcción y ordenación del territorio. McLennan y Handmer (2014) señalan que el concepto implica un contrato social, es decir, un equilibrio de derechos y responsabilidades entre el gobierno y las comunidades. Sin embargo, falta la mitad del contrato, la parte relativa a los derechos y beneficios que recibirían los ciudadanos. Afirman que es necesario desarrollar un marco de gobernanza más integrador que incluya una participación social más amplia desde la elaboración del programa hasta su aplicación y evaluación. En relación con el tema de este libro, esto tendría que perseguirse, entre otras cosas, a través de la agenda de la prevención de incendios forestales.

Aunque no se utilicen necesariamente las mismas palabras, la idea de compartir la responsabilidad está presente en una amplia gama de contextos políticos, así como en la gestión de catástrofes, en una serie de países, como Europa, el Reino Unido y Estados Unidos. Esta idea ha surgido debido a la complejidad de los problemas que se encuentran hoy en día en muchos países, como la inseguridad social, el cambio climático y una creciente desconfianza en las instituciones democráticas (McLennan & Handmer 2014). La idea incluye compartir los riesgos, la toma de decisiones y las responsabilidades. McLennan & Handmer (2014, p.22) creen que: "Queremos cuestionar la fácil suposición de que los gobiernos pueden y deben gestionar todos los riesgos. Queremos ver un nuevo entendimiento entre el gobierno, los reguladores, los medios de comunicación y el público de que todos compartimos la responsabilidad de gestionar el riesgo y que, en las circunstancias adecuadas, el riesgo puede ser beneficioso y debe fomentarse" (Better Regulation Commission 2006, p.5).

Bajo el Gobierno de Cameron, en el Reino Unido, se inició un intento, en gran medida infructuoso, de establecer un acuerdo de este tipo, bajo la etiqueta de la "Gran Sociedad". El propósito declarado de este movimiento era dar más poder a las comunidades transfiriendo poder del gobierno central. Se animaba a los ciudadanos a desempeñar un papel activo en sus comunidades y a facilitar el desarrollo de las organizaciones locales, mientras que la información gubernamental debía ser más abierta y transparente. Sin embargo, al mismo tiempo, el Gobierno británico llevó a cabo grandes recortes en los programas de gasto público, lo que dio lugar a críticas de que el propósito del plan era más bien un ejercicio de transferencia de costes (Sullivan 2012). La retórica sobre la responsabilidad compartida no se vio en la práctica, y se mantuvieron la regulación y la intervención gubernamentales, con el impacto de limitar el papel de la toma de decisiones local.

Participación comunitaria en la prevención de incendios forestales

La participación y la implicación en torno a la prevención de incendios forestales puede orientar la política y programas que puedan ofrecer preferencias a los ciudadanos locales y sus comunidades y dar mayor contenido a la idea de responsabilidad compartida (Alcock 2004). Aunque, refiriéndose a la prestación de servicios sociales, Alcock afirma que "…los responsables políticos (y los profesionales de la política) no saben mejor que nadie cuáles deben ser las prioridades... Es la población local la que sabe lo que necesita y, por tanto, debe participar en el proceso de determinación de prioridades y desarrollo y prestación de servicios" (Alcock 2004, p.91). Estos puntos se ilustran con los dos grupos de personas mencionados anteriormente, cuya perspectiva no suele incluirse en la política y la gestión de los incendios forestales. Se trata de aquellos que experimentarán las mayores vulnerabilidades a los incendios forestales y de aquellos que expresan valores importantes para ellos en relación con el medio ambiente. Ambos puntos de vista son legítimos; ambos necesitan tener voz en las decisiones relativas a la prevención de incendios forestales.

Podría afirmarse que la sociedad civil ya funciona bien en Australia. Aunque anticuadas, las últimas cifras de la Comisión de Productividad (2010) afirman que el número de organizaciones australianas del sector comunitario se estimaba en unas 600.000, con 4,6 millones de voluntarios y un valor equivalente en salarios de 15.000 millones de dólares australianos. Estas cifras representan la parte estructurada de la sociedad civil. Aunque el sector comunitario y los grupos de interés pueden ayudar a la gente a tener voz, es la comunidad de personas a la que se refiere la idea de responsabilidad compartida. En este libro se argumenta que es una comunidad a la que hay que dotar de recursos y vincular más formalmente a la toma de decisiones en torno a los incendios forestales y, en particular, a su prevención.

Como sugieren numerosos estudios, para que la adaptación a cualquier forma de cambio tenga éxito, los individuos y las comunidades deben participar activamente en los procesos de toma de decisiones (King, Feltey y Susel 1998; Nelson y Wright 1995; Putnam 1995). Las estructuras de gobernanza que surgen de la toma de decisiones comunitaria dan lugar a una respuesta más democrática y, por tanto, más eficaz, ya que los individuos y las comunidades asumen la responsabilidad de la resolución de los problemas. Esto es especialmente importante en el caso de los incendios forestales, ya que la prevención de incendios forestales no es un acontecimiento "puntual", sino un proceso continuo de desarrollo y cambio.

A partir de una cuestión similar en el gobierno local, Leitch e Inman (2012) informan de las barreras que también pueden obstaculizar la participación de la comunidad, concretamente:

- Falta de información local suficiente para la toma de decisiones: ausencia de información local pertinente, accesible y útil para orientar la acción.

- Falta de recursos financieros y humanos.

- Cuestiones complejas que compiten entre sí y responsabilidades en torno a cuestiones complejas.

- Falta de progreso o de apoyo por parte de los niveles de gobierno. Se necesita liderazgo, colaboración y coherencia en todos los niveles de gobierno.

- Falta de interés de la comunidad o reacción de la comunidad.

Estas cuestiones pueden constituir barreras a la responsabilidad compartida por la comunidad en relación con la prevención de incendios forestales. Estas cuestiones, con algunos añadidos, se tratan más adelante. El debate también se basa en las consultas a la comunidad y a los gobiernos locales realizadas en tres estados australianos por uno de los autores de este libro y sus colegas, sobre la participación en las decisiones locales relativas a la adaptación al cambio climático, resultados que probablemente se relacionen bien con cuestiones relativas a la prevención de incendios forestales (Stanley et al. 2013). En las siguientes secciones se hace referencia a los resultados de estas consultas comunitarias.

Falta de información local

La comunidad necesita estar bien informada sobre todos los aspectos de los incendios forestales y sobre toda la gama de opciones de prevención. Una información útil y de calidad depende de la precisión en la recopilación de datos y la elaboración de informes sobre las causas de los incendios forestales, un tema que se repite en este libro.

Falta de recursos financieros y humanos

La falta de recursos para la comunidad, en particular de un presupuesto específico, se consideró un obstáculo para la participación (Stanley et al. 2013). Esto incluía el tiempo, ya que la acción comunitaria era en gran medida voluntaria. La comunidad dedicó mucho tiempo a solicitar pequeñas subvenciones. Esta cuestión se mencionó repetidamente en todas las consultas y talleres, y también se mencionó en otros informes (Gurran, Norman y Haminc, 2012). La incertidumbre en torno a las implicaciones legales y de seguros también resultó ser un obstáculo para la participación.

En relación con los incendios forestales, resulta especialmente preocupante el hecho de que las personas que los provocan (accidental o intencionadamente) suelen pertenecer a la comunidad local (véanse los capítulos 3, 4 y 11). Por lo tanto, existe un elemento de riesgo en relación con el debate con la comunidad sobre la vulnerabilidad a los incendios forestales. En este libro se argumenta que la transparencia puede ofrecer una solución a este grave problema. Las conversaciones con las comunidades sugieren que la población local suele tener una buena idea de quién corre el riesgo de provocar un incendio. Así pues, los enfoques de identificación, intervención y prevención, como la vigilancia, deberían ayudar a proteger a la comunidad de los incendios forestales. Mantener el tema "bajo tierra" no es útil para la prevención, y pone barreras a los enfoques positivos para proteger a la comunidad y ayudar a la persona infractora a disuadir de encender más fuegos. Por supuesto, se necesitan recursos para un enfoque de este tipo, pero probablemente muchos menos que los costes asociados a los incendios forestales, si no se adoptan estos enfoques de protección.

Cuestiones y responsabilidades complejas

La escala de participación de Arnstein esboza ocho tipos de participación, que van desde la no participación, pasando por diversas formas de participación simbólica, hasta gradaciones de poder ciudadano (Arnstein 1969). Ison y Schlindwein (2006) señalan que las variaciones en estos ocho escalones están relacionadas esencialmente con el grado de poder otorgado a un ciudadano, una cuestión que también han señalado otros investigadores (Reddel 2004). Ison y Schlindwein afirman que, de hecho, la participación es más compleja de lo que sugiere la escalera de participación de Arnstein, ya que la mayoría de los problemas no están claramente definidos ni tienen soluciones directas. Los límites de los problemas no siempre están claros, sobre todo cuando hay muchas interdependencias. Las situaciones suelen ser complejas y, por tanto, difíciles de describir y explicar de forma exhaustiva y precisa. Suele haber incertidumbre sobre los valores y deseos sociales, así como sobre la evaluación de futuros desarrollos e impactos. Puede haber controversia sobre la naturaleza de los problemas y qué hacer al respecto.

Sin embargo, en el lado positivo, el aprendizaje social o el proceso colectivo de personas a las que se proporcionan recursos, apoyo y un entorno puede conducir a una convergencia de objetivos y expectativas (Collins & Ison 2006). A través de la creación conjunta de conocimientos, se puede llegar a un acuerdo sobre el cambio de comportamiento y la acción concertada. Así, se proporciona un medio para abordar problemas complejos a través del aprendizaje social activo y la participación. Los autores probablemente reconocen que este proceso presupone buena voluntad y la ausencia de una agenda oculta, así como la voluntad (y capacidad) de algunos individuos de renunciar a su poder en la toma de decisiones. También se presupone que la gente participará en este proceso, una opción que algunos miembros de la comunidad no siempre tomarán. Además, algunas personas necesitarán ayuda o apoyo para participar.

Problemas de gobernanza: vincular decisiones descendentes y ascendentes

La relación entre el gobierno, la comunidad y la responsabilidad individual en la prevención de desastres está "plagada de escollos" (Burton & Sun 2015, p.7). Las consultas locales en Victoria, a las que se ha hecho referencia anteriormente, informaron de que la falta de claridad sobre quién tomaba las decisiones, y cómo se tomaban, era un obstáculo para la participación de la comunidad. Faltaba una estructura en la que la comunidad pudiera expresar sus opiniones. Además, muchos consideran que sus opiniones no se tienen necesariamente en cuenta.

En una investigación realizada en el Reino Unido, Jordon (2010) habla de la falta de integración entre las políticas descendentes y las opciones y decisiones ascendentes, con una ausencia de estructuras de gobernanza para vincular estos dos procesos y lograr un marco integrado que funcione sin fisuras. Esta falta de integración puede acarrear graves inconvenientes en el contexto de la participación pública y la idea de responsabilidad compartida. Sin integración, las ideas que surgen de la participación comunitaria no tienen adónde ir. Esto deja un espacio para que los miembros de la comunidad con poder y con intereses creados para presionar e imponer sus intereses personales. La comunidad puede verse obligada a luchar contra decisiones que no son de su agrado, y la situación puede volverse conflictiva, con escasas oportunidades de resolver problemas (Berke 2002). Un resultado así dejará a los ciudadanos desencantados y sin poder, como se ha descubierto en un trabajo reciente en una zona regional de Victoria (Stanley et al. 2013). Los miembros de la comunidad serán más reacios a participar en la toma de decisiones en la próxima ocasión. Peor aún, existe el riesgo de que esta experiencia de falta de control pueda conducir a una falta de compromiso en la prevención, planificación y preparación de incendios forestales.

Por otro lado, el Gobierno considera en gran medida que su papel consiste en supervisar los contratos y los programas sociales, estableciendo y controlando las normas, informando de los requisitos, los resultados frente a los objetivos, publicando tablas de clasificación y elaborando estadísticas descriptivas (Jordon 2010). En el contexto de los incendios forestales, los servicios de emergencia tienden a ofrecer asesoramiento de arriba abajo, algo de educación y órdenes/requisitos, con escasas oportunidades para la retroalimentación ascendente o la aportación de conocimientos y valores locales. Esta conversación unidireccional tiende a dejar de lado aspectos como la calidad, la flexibilidad, las relaciones, la confianza, la inclusión y el empoderamiento. Jordon (2010) cree que el énfasis en el marco político más amplio en los acuerdos contractuales, la autosuficiencia y el consumo, ha llevado a un empobrecimiento del apoyo, el respeto, la pertenencia, la comunidad y la solidaridad entre las poblaciones. Esto deja a las personas con menos capacidad para hacer frente a circunstancias adversas, así como a un gobierno con menos procesos sobre los que construir la política social.

¿Dónde empieza y dónde acaba la responsabilidad local?

Los límites de una relación compartida parecen ser una cuestión importante que no ha recibido demasiada consideración. En las consultas mencionadas, la gente buscaba liderazgo y orientación útil en la toma de decisiones. Al mismo tiempo, los representantes del gobierno deseaban que la comunidad expresara sus opiniones con mayor claridad. Las opiniones de las comunidades sobre la impotencia y el hecho de no ser escuchadas por las autoridades también se expresan en la bibliografía. Por ejemplo, Paschen e Ison (2011), basándose en una investigación australiana, constataron un creciente sentimiento de frustración en la comunidad. Consideran que: "...los lugareños no se sienten escuchados por los diferentes niveles de gobierno ni sienten que su propia agencia para actuar se vea facilitada por las prácticas y disposiciones actuales" (Paschen & Ison 2011, p. 4).

Leitch e Inman (2012) señalan que los gobiernos suelen asumir que los residentes tendrán en cuenta y se informarán sobre el riesgo que corren sus propias propiedades, pero la responsabilidad personal no suele ampliarse a una responsabilidad hacia la comunidad en general, una cuestión que se analiza con más detalle en el capítulo 7. Muchas zonas propensas a los incendios son también lugares de atracción turística; el entorno natural es un componente importante de la base económica (turismo) y como atractivo de estilo de vida para los jubilados. Por lo tanto, las responsabilidades éticas también pueden extenderse a la responsabilidad de los lugareños permanentes por los intereses de los residentes a corto plazo y los turistas de un día (March, Nogueira de Moraes & Stanley 2020).

Falta de interés de la comunidad o reacción de la comunidad

Las consultas australianas señalaron que algunos sectores de la comunidad establecían barreras por falta de urgencia, interés o prioridad, y en otros casos por miedo (Stanley et al. 2013). De hecho, la preocupación por si la gente sería capaz de hacer frente a la gravedad de la "verdad" (especialmente en torno al cambio climático) llevó a algunas personas a creer que a veces no se daba información clara a la comunidad. La cuestión del impacto negativo en los precios de la propiedad se expresó en las consultas, así como se debatió en la bibliografía (Macintosh 2012). Del mismo modo, se percibió que podría existir el riesgo de exponer a los gobiernos a una reacción política de los propietarios de tierras y a ramificaciones legales. Las comunidades consideraron que debían establecer prioridades para su atención. Por ejemplo, algunos miembros de la comunidad consideraban que la falta de transporte local era un asunto de mayor preocupación, especialmente en el contexto de los incendios forestales. Como nota positiva, muchos de los consultados consideraban que la mayoría de las comunidades eran fuertes y tenían recursos.

Las ideas en torno a la responsabilidad compartida a veces conllevan una carga en torno a las nociones de pereza y blandenguería. Esto se observa especialmente en relación con las prestaciones por desempleo en Australia. Hay quien opina que, dado que las prestaciones y los servicios públicos fomentan la dependencia, las personas tienen la "responsabilidad" de aceptar trabajos poco remunerados cuando estén disponibles, como condición para recibir las prestaciones por desempleo. Esta ideología ha coincidido con una reducción de las asociaciones autoorganizadas, como los sindicatos, las iglesias y las organizaciones activistas (Blond 2010). También han disminuido los comportamientos de tipo "vecinal" y los voluntarios, que tradicionalmente proporcionaban estructuras de apoyo a las personas. Las mujeres asumían en gran medida estas funciones, pero a estas actividades se les atribuyó poco valor en la prisa por devolver a las mujeres a la fuerza laboral, irónicamente, para que fueran "productivas". Además, las personas desfavorecidas pueden permanecer invisibles, y su invisibilidad puede verse reforzada por su falta de participación en las consultas (Cuthill 2004). Así pues, aunque es deseable contar con una amplia representación de la comunidad, esto puede resultar difícil en la práctica, ya que la participación activa a menudo solo implica a una minoría de personas (Connors & McDonald 2010; Cuthill 2004). Proporcionar recursos a un grupo informal ayudaría a la participación.

Una visión estrecha

Existe el riesgo de que las consideraciones en torno a la participación de la comunidad se traten a corto plazo y de forma incremental, abordando los problemas a medida que se presentan en lugar de avanzar hacia una visión a más largo plazo, una perspectiva que también se encuentra en la literatura (Trutnevyte, Stauffacher & Scholz 2012). De este modo, las acciones se vuelven en gran medida receptivas en lugar de proactivas. También es necesario pensar más allá de las estructuras físicas y considerar cómo las personas desfavorecidas y cómo se enfrentan al impacto psicológico. Las consultas (mencionadas anteriormente) también llamaron la atención sobre la falta de consideración del panorama medioambiental general. Esto incluye cuestiones como el capital natural, los servicios ecosistémicos, la pérdida de hábitat y biodiversidad y los derechos intrínsecos de otras especies (véase el capítulo 8) (Stanley et al. 2013). Esto sugiere que es necesario informar a las comunidades sobre los vínculos entre los servicios ecosistémicos y el bienestar y otras cuestiones relacionadas, así como la creación de capacidad comunitaria en este ámbito. Así pues, el proceso de prevención de incendios forestales no debe considerarse como un acontecimiento aislado, sino como parte de un proceso de aprendizaje social y de toma de decisiones escalonada para una comunidad en proceso de adaptación (Macintosh 2012; Yuen, Jovicich & Preston 2013).

Construir una comunidad

El proceso de toma de decisiones local, basado en la comunidad, supone un enfoque basado en el lugar. Sin embargo, los límites de lo que se define como lugar local suelen ser variables. En Victoria, los límites regionales de la policía y los servicios de emergencia no se solapan. Sin embargo, es probable que una fuerte identificación del lugar ayude a la toma de decisiones. Los participantes en las consultas australianas se sentían muy identificados con las cuestiones locales. Aunque no siempre hubo cohesión, el establecimiento de acuerdos de buena gobernanza ayudaría a expresar los resultados deseados. Un fuerte sentido ser lugareño o del lugar, debería facilitar el compromiso de la gente para aprovechar sus conocimientos locales, estructuras de apoyo y capital social, para ayudar en la gestión de la incertidumbre y el riesgo.

Aparte de los muchos otros argumentos de por qué las comunidades deben participar en la tarea de prevención de incendios forestales, como en otros aspectos del fuego, la lucha contra los incendios forestales es demasiado grande para que la asuma el gobierno en solitario, sin una gran contribución de otros sectores y de la comunidad. Algunas comunidades podrán asumir este papel participativo. Otras necesitarán apoyo para poder realizar consultas integradoras, sobre todo en aquellas comunidades que ya luchan contra las desventajas, como se ha mencionado anteriormente. Así pues, la primera tarea (y continua) puede ser desarrollar y apoyar las capacidades de las comunidades para que puedan participar y ser, en la medida de lo posible, responsables de su propio bienestar. Este enfoque participativo también aporta beneficios prácticos que se han constatado en otros ámbitos. Por ejemplo, un metaanálisis sobre el seguimiento medioambiental descubrió que las decisiones derivadas de este seguimiento solían tardar entre tres y nueve años en aplicarse (Danielsen et al. 2010). Sin embargo, el plazo se acortaba considerablemente, hasta 12 meses solamente, cuando la población local participaba en el proceso de seguimiento. Así pues, la participación de la comunidad puede ayudar a ahorrar tiempo.

La necesidad de reconstruir la comunidad también procede de diversas voces eminentes. Eckersley señala que, como sociedad, hemos perdido de vista cualquier creencia colectiva de que la sociedad podría ser diferente; en lugar de una sociedad mejor, buscamos mejorar nuestra propia posición en la sociedad (Eckersley 2004). Se ha producido una pérdida de comunidad, tradición y significado compartido, creando un yo vacío, que necesita ser "llenado" (Cushman 1990, citado en Eckersley 2004). Hamilton y Denniss expresan opiniones similares sobre una sociedad de consumo vacía (Denniss 2017; Hamilton & Denniss 2005). Rifkin (2011, p. 541) cree que es necesario pasar de las "pertenencias a la pertenencia", todos cambios que probablemente construyan bienestar personal y la fortaleza de la comunidad. Se percibe la necesidad de reconstruir las estructuras sociales y el apoyo comunitario como medio para promover las relaciones, la confianza y la reciprocidad, todos ellos componentes del capital social. Estas interacciones pueden desarrollarse mediante el establecimiento de redes de seguridad social horizontales para los miembros vulnerables de la comunidad que permitan a ésta responder a los desafíos, como los incendios forestales, en lugar de depender de las disposiciones verticales y jerárquicas del gobierno, como es la situación actual. Como dice Blond: "...quizá el mayor reto al que se enfrenta el Estado moderno es cómo garantizar un apoyo adecuado a sus ciudadanos... cultivando y aprovechando los vínculos sociales horizontales y las comunidades autorreguladas" (2010, p.77). Una década antes, Giddens (1998) exponía argumentos similares sobre la necesidad de crear redes de apoyo, autoayuda y cultivo del capital social. La reconstrucción de las estructuras sociales puede llevar tiempo en lugares desfavorecidos con escasas infraestructuras. Sin embargo, muchas comunidades rurales ya tienen fuertes conexiones comunitarias y redes de capital social.

Adger (2003) descubrió que el capital humano y el capital social son determinantes clave de la capacidad de adaptación. Hallazgos similares se revelaron en trabajos empíricos que medían los impulsores de la inclusión social y el bienestar (Stanley et al. 2011). La modelización reveló la importancia de:

- tener ingresos suficientes (lo que implica educación y trabajo)

- tener accesibilidad (transporte)

- tener relaciones y conexiones personales (capital social - redes, confianza)

- sentirse bien con uno mismo (autoestima, confianza)

- tener control sobre su entorno personal (como capacidades para tomar decisiones, resolver problemas) (Brain, Stanley, Stanley 2019, p.11)

También resultaron importantes las creencias sobre si una persona podía o no controlar los resultados de su vida (Stanley et al. 2011). Aquellos con una alta creencia en el control externo (ser controlados) tenían más probabilidades de estar en riesgo de exclusión social (1% de significación). También hubo una fuerte asociación (significación del 1%) entre las creencias firmes de control interno (capaces de controlar su propia vida) y la satisfacción con la vida. Estos resultados sugieren que las personas con un alto nivel de bienestar tendrán una capacidad mucho mayor para responder eficazmente a los problemas relacionados con los incendios forestales. Las personas que creen que no son capaces de controlar lo que ocurre en su vida tienen más probabilidades de sufrir afectos negativos, menos probabilidades de tener buenas redes de contacto y menos probabilidades de tener un fuerte sentido de comunidad.

También es probable que una comunidad fuerte mejore la inclusión y las oportunidades de los miembros vulnerables propensos a encender fuego, ya que puede ser la exclusión social y la falta de arraigo en la comunidad lo que promueva este comportamiento. La comunidad local suele ser capaz de identificar dónde se necesita este tipo de ayuda y, si dispone de recursos, una comunidad fuerte y cohesionada puede proporcionar la información, el apoyo y las conexiones que tanto necesitan los incendiarios. En tales condiciones, se desarrolla la eficacia colectiva, un vínculo de confianza mutua y voluntad de intervenir por el bien común.

Un ejemplo del valor de la participación comunitaria

Esta sección ilustra una forma de responsabilidad compartida que existe en 26 países, con diversos grados de actividad. Crime Stoppers (véase también el capítulo 5), es una organización sin ánimo de lucro que permite a la comunidad denunciar una sospecha de que se ha producido o puede producirse un delito. La denuncia se transmite a la policía, que examina su veracidad e investiga cuando está justificado. En un estudio longitudinal (2010 a 2017) se examinaron los factores que influyeron en que la comunidad comunicara a Crime Stoppers Victoria sus sospechas en relación con el encendido malicioso de fuego. La oleada final de 630 encuestados se completó en seis zonas rurales de gobierno local consideradas de alto riesgo de incendios forestales, además de un suburbio de control mayoritariamente urbano (Read & Stanley 2018). La encuesta buscaba información sobre las razones por las que las personas denunciaban o no sus sospechas a la autoridad: la policía, la línea de emergencia (000) o Crime Stoppers.

Se preguntó a los encuestados qué harían ante 19 situaciones hipotéticas relacionadas con un incendio. Las opciones de acción eran "no hacer nada", "manejar la situación ellos mismos", "llamar al número de los servicios de emergencia" o "llamar a Crime Stoppers". de emergencia" o "llamar a Crime Stoppers Victoria". Los escenarios se presentaban en tres categorías de gravedad. Los resultados sugieren que las posibles acciones emprendidas por los encuestados varían enormemente en función de las circunstancias asociadas al incendio. Es menos probable que la gente denuncie cuando la persona sospechosa es un niño, y cuando la persona es cercana o conocida del testigo, el anonimato en la denuncia es importante. Ciertas creencias sobre el autor del fuego pueden aumentar la probabilidad de que se denuncie: cuando existe la creencia de que el fuego se encendió deliberadamente; cuando se considera al autor como un "joven difícil"; y cuando existe la creencia de que el fuego podría convertirse en un incendio forestal mortal.

Ante la posibilidad de elegir entre varias respuestas ante una sospecha de incendio, las opiniones sobre lo que era apropiado eran diversas, y un número sorprendente de personas "no harían nada" o "se encargarían ellos mismos de la situación". Por ejemplo, en un Día de Prohibición Total de Incendios, si fueran los únicos testigos de personas que dejan encendida una hoguera desatendida, el 66% de los encuestados "se ocuparían ellos mismos de la situación", presumiblemente apagando el fuego. Si fueran testigos de un cigarrillo encendido arrojado desde un coche en un Día de Prohibición Total de Incendios, el 26% de las personas afirmaron que "se encargarían ellos mismos", y el 29% de las personas "no harían nada". De nuevo, en un Día de Prohibición Total de Incendios, en respuesta a los escenarios: si algún conocido provocara un pequeño incendio", el 24% respondió que "se encargaría él mismo". Cuando se produce un incendio forestal con víctimas mortales y el encuestado ve el mismo coche en zonas donde se han producido otros incendios, sorprendentemente, el 7% "no haría nada". De nuevo, si se produce un incendio mortal y el encuestado descubre que fue su propio hijo quien lo provocó, el 2% de la gente "no haría nada" y el 24% "se encargaría él mismo".

El grupo que no presentó una denuncia oficial tendía a haber sido más víctima de la delincuencia y a creer que la policía no les ayudaba. De forma sistemática, no denunciaban en ninguna de las situaciones, temían la venganza, solían tener una relación personal con el sospechoso y declaraban tener menos apego a la comunidad. El patrón de denuncia de los incendios malintencionados se reflejó en la denuncia de otros delitos. De los que habían sido objeto de un delito (contra la propiedad o contra las personas), sólo el 44% declaró haberlo denunciado. Los delitos contra la propiedad tenían 1,6 veces más probabilidades de ser denunciados (61%) en comparación con los delitos personales (39%). Los residentes con mayores niveles de bienestar eran más propensos a denunciar las hogueras ilegales. Los resultados de esta encuesta reflejan los pocos estudios que se han publicado sobre la denuncia de delitos (Goudriaan, Wittebrood y Nieuwbeerta 2006; MacDonald et al. 2012).

Este estudio ilustra un ejemplo de cómo la comunidad puede colaborar en la prevención del encendido de fuegos peligrosos. El programa podría mejorarse de varias maneras. Por ejemplo, fomentando aún más la denuncia; mejorando los conocimientos sobre lo que se debe denunciar y lo que constituye un comportamiento sospechoso en relación con el encendido de fuegos; informando al denunciante sobre la utilidad de la denuncia; mejorando las relaciones entre la comunidad y la policía; y ofreciendo servicios de asesoramiento y apoyo a la persona denunciada y a su familia, ya que la falta de tales servicios constituye un factor disuasorio de la denuncia.

Conclusiones

Este capítulo hace hincapié en la importancia de un verdadero sistema de responsabilidad compartida en relación con los incendios forestales y, especialmente, con su prevención. Es probable que un modelo bien desarrollado de gobernanza compartida conduzca a mejores resultados en términos de reducción del encendido de fuegos y, por tanto, de reducción del número de incendios que es necesario sofocar. Aunque la retórica se encuentra en muchos documentos oficiales, la aplicación de este enfoque es muy deficiente, al menos en Victoria y probablemente a escala internacional. No existe una estructura de gobierno capaz de integrar los deseos de la comunidad en el diseño de políticas y programas de prevención de incendios forestales. Se tiende a restar importancia a la perspectiva comunitaria. Si bien es poco probable que se disponga de conocimientos técnicos sobre los servicios contra incendios en un contexto comunitario, es importante utilizar otras formas de conocimiento. Esto incluye el conocimiento de las áreas en las que la comunidad está preocupada por la vulnerabilidad a los incendios, las áreas en las que la conservación del medio ambiente se considera importante, así como la información sobre los miembros de la comunidad que pueden correr el riesgo de provocar incendios. También puede incluir el aprovechamiento de las capacidades de liderazgo de los miembros de la comunidad para reforzar la cohesión, enseñar a los niños sobre el riesgo de incendios y ofrecer actividades de apoyo a los jóvenes con dificultades. Estas responsabilidades compartidas y compartir ideas y valores entre los servicios de emergencia y la comunidad, mejorando así el enfoque de la prevención de incendios forestales. El enfoque de la responsabilidad compartida tendrá que incluir recursos para apoyar a algunos miembros de la comunidad para que puedan participar. La responsabilidad compartida también implica responsabilidades por parte de los servicios de emergencia, como la voluntad de compartir el poder y la toma de decisiones, incluso cuando los valores entre los servicios de emergencia y la comunidad no siempre coincidan. También incluye recursos financieros y la voluntad de compartir conocimientos y datos con los miembros de la comunidad.

Capítulo 8
Prevención de incendios forestales
a costa del medio ambiente

Introducción

En este capítulo se argumenta en contra del enfoque estrecho y unilateral de la "prevención" de incendios forestales que predomina en Australia y muchos otros países. A pesar de que casi todos los incendios son provocados, directa o indirectamente, por alguna forma de actividad humana, el enfoque predominante para abordar la "prevención" de los incendios forestales consiste en modificar, cambiar o destruir el entorno natural tal y como es en la actualidad. Como se explica en los capítulos 1 y 5, aunque algunos programas abordan directamente la prevención de la ignición, la mayoría se centran en la reducción del tamaño y la intensidad de un incendio forestal una vez que se ha declarado. Los autores sostienen que este enfoque dominante se lleva a cabo excluyendo muchas otras posibles actividades de prevención. Se argumenta que el modo en que se realizan actualmente las quemas controladas tiene un alto coste para el entorno natural, otras especies, las personas y la economía. Ofrece un enfoque limitado y a corto plazo que, en algunas situaciones, está generando costes a largo plazo, cuando hay otras opciones disponibles que pueden ofrecer un resultado más eficaz y sostenible en muchas situaciones, aunque no en todas.

Esto no quiere decir que no haya lugar para la modificación del medio ambiente, como las quemas controladas. Todas las medidas eficaces son necesarias para prevenir y reducir el impacto de los graves incendios forestales que están sufriendo muchos países. Sin embargo, se argumenta que debería adoptarse un enfoque muy diferente al de gran parte de las quemas controladas actuales. Esto implica una gestión cuidadosa del fuego, incluyendo la claridad sobre por qué se está llevando a cabo la quema controlada, con fines ecológicos o de mitigación de incendios forestales. Es necesario comprender la eficacia de la quema controlada en futuros incendios forestales en diferentes sistemas ecológicos y especies individuales, así como la introducción de especies no autóctonas, al igual que el impacto en la ecología. La extensión y el calor de la quema controlada, así como el nivel ecológico de la quema (cobertura del suelo, piso intermedio, copas de los árboles), la frecuencia de la quema y la necesidad de huecos en la zona quemada para proporcionar retiros ecológicos, requieren amplios conocimientos interdisciinarios y una gestión cuidadosa.

Este enfoque sigue el modelo de las prácticas adoptadas por los indígenas australianos y por algunas tribus indias americanas antes de la colonización europea. Había normas para el uso del fuego, que dependían de un conocimiento detallado y de una conexión espiritual. "Un hombre de Arnhem[1] explicaba: 'cantas el país antes de quemarlo. En tu mente ves el fuego, sabes dónde está, hacia dónde va y dónde se detendrá. Solo entonces enciendes el fuego'" (Gammage 2011, p.161). Sin embargo, factores como el cambio climático, el crecimiento demográfico, el hacinamiento de los suelos debido a la introducción de animales de granja europeos que provocan una reducción de la humedad del suelo, y la extinción de especies, han creado una tarea más compleja en torno a las quemas controladas. Es importante señalar que un enfoque mejorado de la prevención de los incendios forestales debería reducir la necesidad de las quemas controladas.

El estado del medio ambiente

Límites planetarios

Los límites planetarios, como se muestra en la Figura 8.1, definen los límites medioambientales en los que los seres humanos pueden operar con seguridad (Steffen et al. 2015). La perturbación más allá de estos límites crea incertidumbres de riesgo que pueden alterar sustancialmente los sistemas terrestres, creando un mundo mucho menos habitable. De los nueve campos mostrados en la Figura 8.1, dos, la integridad de la biosfera y los flujos biogeoquímicos, ya han alcanzado el borde superior de la zona del círculo exterior de alto riesgo. La integridad de la biosfera, que tiene una fuerte asociación con los incendios forestales, se mide con dos componentes: la tasa global de extinción de organismos bien estudiados, y el Índice de Integridad de la Biodiversidad. Este último mide los cambios en la demasía de la población como resultado del impacto humano a nivel de bioma o ecosistema, utilizando la era preindustrial como punto de referencia. Se dice que estas medidas son incompletas e imperfectas, pero son las mejores disponibles, dado que muchas especies aún no están suficientemente documentadas científicamente.

El sistema terrestre y el cambio climático también son de especial relevancia para los incendios forestales, ya que ambos se producen fuera del espacio operativo seguro. El cambio del sistema terrestre se ha redefinido desde la primera iteración del modelo Planetary Boundaries en 2009, midiendo ahora el tamaño de los tres principales biomas forestales restantes: tropical, templado y boreal. Estos bosques están más relacionados con el cambio climático que otros biomas. Steffen y sus colegas (2015) sugieren que el cambio climático y la integridad de la biosfera son los límites planetarios centrales, a través de los

---

[1] La Tierra de Arnhem es una gran extensión de terreno en el norte de Australia, en lo que hoy es el Territorio del Norte. Los indígenas han ocupado estas tierras durante decenas de miles de años.

cuales operan otros límites, ya que funcionan a nivel de todo el sistema terrestre y han co-evolucionado durante casi cuatro mil millones de años. Cruzar uno o más de los límites puede tener un impacto adverso en los límites centrales y afectar gravemente al bienestar humano.

Figura 8.1: Límites planetarios.

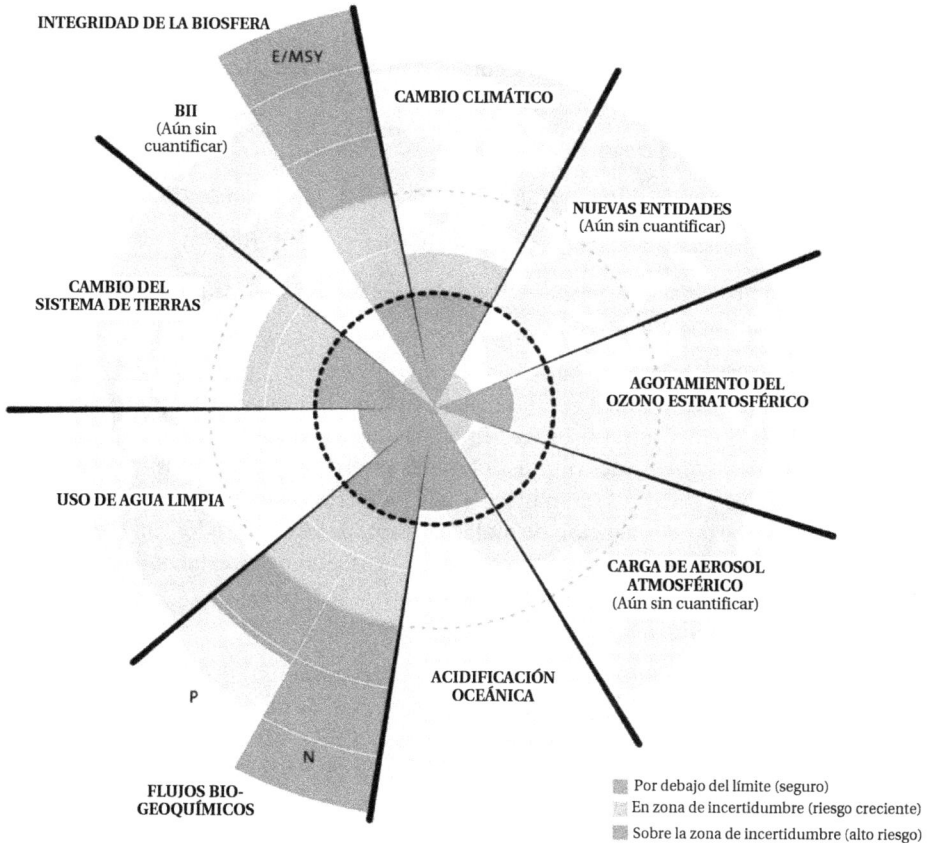

INTEGRIDAD DE LA BIOSFERA

E/MSY

BII
(Aún sin cuantificar)

CAMBIO CLIMÁTICO

NUEVAS ENTIDADES
(Aún sin cuantificar)

CAMBIO DEL
SISTEMA DE TIERRAS

AGOTAMIENTO DEL
OZONO ESTRATOSFÉRICO

USO DE AGUA LIMPIA

CARGA DE AEROSOL
ATMOSFÉRICO
(Aún sin cuantificar)

P

ACIDIFICACIÓN
OCEÁNICA

N

FLUJOS BIO-
GEOQUÍMICOS

▨ Por debajo del límite (seguro)
▨ En zona de incertidumbre (riesgo creciente)
▨ Sobre la zona de incertidumbre (alto riesgo)

Fuente: J. Lokrantz/Azote basado en Steffen et al. 2015.

Por ello, la pérdida de bosques por incendios forestales y talas indiscriminadas es muy preocupante. En septiembre de 2019 ardían tres grandes incendios forestales: la selva amazónica que se dice que proporciona el 20% del oxígeno de la tierra, el bosque de la cuenca del Congo en África, la segunda selva tropical más grande después del Amazonas, y extensos incendios en los bosques de Indonesia (Pérez-Peña & Stevis-Gridneff 2019; Rayda 2019; Turkewitz 2019). Es poco probable que la modificación ambiental, como el aclareo de bosques y las quemas controladas, sea la respuesta a la prevención de incendios en estos lugares.

Los científicos esbozan muchas razones por las que los nueve límites planetarios se han desequilibrado, entre ellas:

- La quema de combustibles fósiles

- Desbroce de tierras y pérdida de la cubierta arbórea (lo que provoca problemas como la erosión, el polvo o el crecimiento de desiertos).

- Degradación de la tierra (como la acumulación de sal en el suelo debido al riego)

- Contaminación química del agua dulce, la tierra y los océanos

- Contaminación por residuos (basura y alcantarillado)

- Propagación de maleza y animales asilvestrados (autóctonos y no autóctonos)

Como ya se ha señalado anteriormente en este libro, tanto los incendios forestales como muchas medidas destinadas a mitigarlos se podría decir que están asociados a tres de estas seis actividades que ponen en riesgo la seguridad humana: la quema de combustibles fósiles, el desbroce de tierras, los incendios forestales y el cambio climático, la tala indiscriminada y la pérdida de cubierta arbórea, y la propagación de maleza y animales asilvestrados, un riesgo que se produce tras las quemas controladas y los incendios forestales.

Pérdida de biodiversidad

La pérdida de biodiversidad presenta un panorama desolador. Se sabe muy poco de unos 8,7 millones de especies, el 86% de las terrestres y el 91% de las marinas están por descubrir (Sweetlove 2011). El riesgo es que se pierdan especies antes incluso de que se conozcan realmente. Las pérdidas actuales se están produciendo casi tan rápido como cuando la Tierra sufrió una catástrofe hace 65 millones de años y se extinguió la mitad de todas las especies del planeta, incluidos los dinosaurios (Bernstein 2010). La extinción actual es hasta 1.000 veces más rápida que la tasa de pérdida natural o de fondo, y va en aumento, sin que se conozcan bien los umbrales de supervivencia (Berger 2004). Además de la pérdida de especies, su abundancia se ha reducido en un 60% desde 1970 (Foro Económico Mundial 2019). Debido al cambio climático por sí solo, se perderá alrededor de un tercio de las especies a mediados de siglo, si las extinciones continúan al mismo ritmo (IPCC 2007).

La biodiversidad de Australia está en declive, con una de las tasas de extinción de plantas y animales más altas del mundo. Se sabe que más de 1700 especies y comunidades ecológicas están amenazadas y en peligro de extinción (Van Dijk 2019). Muchos de los animales emblemáticos de Australia están gravemente amenazados. El territorio natal del koala coincide con el desarrollo urbano en Australia, lo que le ha llevado a una calificación de extinción "amenazada" en Queensland y "vulnerable" en toda Australia. La población se estima en menos del 1% de la que había en la época de la colonización europea en 1770 (Jones 2012).

Se dice que las principales amenazas para la biodiversidad son la pérdida, degradación y fragmentación del hábitat, las especies invasoras y la alteración de los regímenes de incendios (Steffen et al. 2015). Como ya se ha señalado, gran parte de ello se debe al cambio en el uso de la tierra y la degradación del suelo, por ejemplo, a causa del crecimiento demográfico, el desbroce de tierras para la agricultura y la silvicultura, y a los cambios en los ecosistemas derivados de los incendios forestales y su gestión. El este de Australia se encuentra entre los 10 principales frentes de deforestación del mundo, y es la única nación industrializada en este grupo (Preece & Oosterzee 2017). En 2015-16 se talaron 395.000 hectáreas de tierra en Australia, y este ritmo aumenta cada año. La mayor parte del desbroce se está produciendo en Queensland, donde el 80% de las especies amenazadas de Queensland viven en bosques y zonas boscosas. El desbroce y los incendios amenazan a las especies al eliminar su hábitat; restringen el movimiento de aves, animales e insectos para que puedan adaptarse al cambio climático; modifica los ecosistemas, cambiando así el suministro de alimentos y el refugio; y facilita la introducción de plagas, incluidos depredadores, y malas hierbas (Morton, Sheppard y Lonsdale 2012; Zukerman 2011).

Esta pérdida de biodiversidad rara vez llama la atención de la gente. Sin embargo, cuando se les pregunta, las personas se oponen a la extinción (Garnett 2012). En una encuesta, el 75% de las personas afirmaron que se disgustarían si un ave se extinguiera (solo el 7% se mostró en desacuerdo) y el 74% dijo que había una obligación moral de proteger a las aves amenazadas (el 5% se mostró en desacuerdo). En Australia, la gente puede sentirse segura creyendo que los parques nacionales, que cubren el 13% del país, se encargan de la protección. Sin embargo, Flannery informa de que el ritmo de pérdida de vida salvaje en estos parques también se está produciendo a un ritmo muy similar al que se produce fuera de ellos (Flannery 2012). Lo que Flannery describe como "la primera ola de extinción de Australia" comenzó cuando la Primera Flota desembarcó en Australia y, en la década de 1940, el 10% de las especies de mamíferos se habían extinguido (2012, p.7). La segunda oleada de extinción está en marcha en Australia y está llegando a zonas del norte del país que se perdieron la primera oleada.

El medio ambiente como objetivo estratégico de la sociedad

El medio ambiente se pasa por alto

Llegados a este punto, se pide al lector que tolere una aparente desviación, un debate sobre el valor del medio ambiente. Esta discusión se ofrece como telón de fondo de las políticas de mitigación de incendios forestales adoptadas actualmente en muchos países. El Programa de las Naciones Unidas para el Medio Ambiente declaró que la visión creada en la Conferencia de las Partes de Río de Janeiro, sobre el cambio climático en junio de 2012, sólo será posible "si los pilares ambientales y sociales del desarrollo sostenible, desde los bosques hasta las aguas dulces, también reciben la misma importancia, si no mayor, en la planificación económica y del desarrollo" (PNUMA 2011 Prólogo de Steiner).

Pearce y Turner (1990) describen un sistema circular cerrado en el que los recursos naturales se introducen en el sistema económico y los residuos de la producción se devuelven al medio ambiente, a la tierra, al aire y al agua. Sin embargo, este sistema circular tiene dos defectos que están creando insostenibilidad en el medio ambiente. El primer problema es que los recursos naturales se utilizan a un ritmo cada vez mayor. Algunos recursos se están erradicando rápidamente, como los bosques, muchas especies animales y el agua limpia. La naturaleza de los recursos no renovables es que, una vez utilizados, son insustituibles. Estos recursos no estarán disponibles para las generaciones futuras. El segundo problema es que los residuos se generan a un ritmo que supera la capacidad del medio ambiente para desintoxicarlo y absorberlo en los sistemas naturales. De ahí que haya una acumulación de GEI y otros contaminantes superiores a la tasa de absorción del medio ambiente. Los sumideros naturales terrestres y oceánicos eliminaron el 56% de todas las emisiones de carbono emitidas por las actividades humanas durante 1958-2010, cada sumidero en una proporción aproximadamente igual, las emisiones superan ahora las capacidades naturales.

Los autores sostienen que el reconocimiento de las funciones de soporte vital de los sistemas naturales, y por tanto el valor del medio ambiente, tiende a ser poco comprendido. En la cadena alimentaria humana, se dice que la pérdida de biodiversidad afecta a la salud y el desarrollo socioeconómico, con implicaciones para el bienestar, la productividad e incluso la seguridad regional (Foro Económico Mundial 2019). La economía a menudo coloca los equilibrios como un concepto central, pero que rara vez incluye la consideración del medio ambiente. Sin embargo, Pearce y Turner creen que "si estamos interesados en sostener una economía, se vuelve importante establecer algunas condiciones para la compatibilidad de las economías y sus entornos" (1990, p.42).

La economía no ha desarrollado un teorema de existencia que contemple la sostenibilidad medioambiental, sean cuales sean los sistemas o políticas económicas que se apliquen (Pearce & Turner 1990). Salvo algunas excepciones, sobre todo en torno a la regulación medioambiental y otras legislaciones medioambientales, los individuos suelen actuar según sus propias necesidades o preferencias dentro de las limitaciones físicas y las normas sociales. Así, el bien común, en términos de justicia social, sostenibilidad medioambiental y derechos, no tiene una voz fuerte. A menudo se deja en manos de una campaña de defensa el plantear las preocupaciones y representar tales intereses.

Se parte de la base de que las personas tienen pleno conocimiento de las posibles opciones y de sus repercusiones, así como del valor que debe concedérseles. Sin embargo, no es posible conocer a fondo el papel del entorno natural porque aún no sabemos mucho de esos sistemas naturales ni de su interacción con el ser humano.

Si los sistemas mundiales de mantenimiento de la vida se deterioran aún más, las generaciones futuras tendrán pocas posibilidades de paliar los daños o adaptarse. Es necesario un planteamiento de obligaciones generalizadas. Las obligaciones de la generación actual son necesarias para mantener un flujo estable de recursos en el futuro con el fin de garantizar la continuidad de la vida humana, en lugar de limitarse a satisfacer las necesidades individuales. La equidad intergeneracional puede describirse como el hecho de que cada generación deje "lo suficiente" y "tan bueno" para las generaciones futuras. Esto se consigue proporcionando un capital natural constante, respaldado por políticas orientadas a lo renovable, la mejora de la tecnología y el reciclaje. Las generaciones futuras deben recibir una compensación por la pérdida de potencial productivo.

La economía neoliberal pasa por alto la interdependencia crítica entre los factores económicos, sociales y medioambientales. La economía se ha basado en la idea de que los recursos naturales son gratuitos y los beneficios en el presente valen más que los beneficios en el futuro. Keynes, escribiendo en los años 30, pensaba que la economía resolvería el problema de la escasez mediante el crecimiento económico, una predicción que no ha resultado ser correcta dada la disminución del entorno natural (Common 1995). En la década de 1930 argumentó que un día, no muy lejano, todos seremos ricos, y para lograr este resultado necesitamos no restringir los medios para conseguirlo (Schumacher 1973). Schumacher (1973, p.20) señala las palabras de Keynes, que "la avaricia y la usura" serán necesarias para alcanzar este resultado deseado.

La práctica y la políticas económicas no han tratado el medio ambiente como un recurso de capital, sino como un activo gratuito e indefinidamente renovable

(Pearce et al. 1991; Sukhdev 2012). Los beneficios de muchas grandes empresas no existirían si el verdadero coste de los recursos medioambientales utilizados en la producción se incluyera en las cuentas. Por ejemplo, las externalidades derivadas de la extracción y producción en las actividades mineras, son suscritas por el público (Sukhdev 2012). Rifkin (2011) describe cómo la actividad económica genera un valor temporal a costa del uso de recursos, la pérdida medioambiental y la acumulación de residuos.

En 1990, Pearce y Turner realizaron un extenso análisis sobre la conexión fundamental entre el medio ambiente y la economía. Pearce y Turner señalan que "los sistemas económicos dependen de fundamentos ecológicos y, en última instancia, del mantenimiento del sistema global de soporte vital" (1990, p. 226). Casi una década después de este trabajo, Giddens también se refiere al impacto del medio ambiente en los resultados sociales, afirmando que "las cuestiones ecológicas... deben introducirse en este momento en el núcleo de la teoría y la práctica del bienestar social. Los derechos y obligaciones de la ciudadanía ya no pueden adscribirse únicamente al marco clásico del Estado del bienestar, en el que el medio ambiente es una externalidad" (Giddens 1997, p.195).

Pearce fue uno de los primeros autores en cuestionar el Producto Nacional Bruto (PNB) como medida del progreso económico. Creía que el PNB no medía el "verdadero nivel de vida", ya que ignoraba en gran medida los bienes medioambientales y los trataba como si tuvieran un precio cero o casi cero. Por tanto, las medidas convencionales de la riqueza son incorrectas y conducen a medidas políticas incorrectas (Ash et al. 2010). El resultado de esta fijación de precios es que, si algo tiene un precio bajo, se consumirá demasiado (Pearce 1991). El grado y la forma de integración entre las cuestiones económicas, sociales y medioambientales varía enormemente entre teóricos y responsables políticos, dependiendo normalmente de la ideología y la persuasión política.

Valorar el medio ambiente

Common (1995) ofrece una perspectiva holística de un sistema de soporte vital para los humanos. Esto parece estar relacionado con la idea de Gaia popularizada por Lovelock (2006), según la cual existe la creencia de que la Tierra funciona como un ser vivo autorregulado. Common señala que la extinción de cualquier especie alterará el funcionamiento de la biosfera, aunque señala que se sabe muy poco al respecto. La extinción de especies reduce las especies que pueden ser útiles para el ser humano en el futuro. La pérdida de diversidad genética en la evolución. La pérdida de estos servicios de apoyo a la vida es lo que muchos consideran más preocupante (Common

1995). El informe Evaluación de los Ecosistemas del Milenio (2005) popularizó el concepto de servicios ecosistémicos, aunque la idea se venía utilizando desde hacía tiempo.

Al igual que ocurre con el público en general, el alcance y el valor del medio ambiente siguen siendo poco conocidos por la comunidad científica y de investigación, y se dispone de aún menos información sobre el valor económico de los servicios no comercializados (Evaluación de los Ecosistemas del Milenio 2019). Los costes del agotamiento de estos servicios rara vez se registran en las cuentas económicas nacionales. A esto se suma la pérdida de conocimientos locales sobre el funcionamiento y el uso de los servicios ecosistémicos, ya que el crecimiento económico en los países en desarrollo conduce a la urbanización, la pérdida de bosques y la pérdida de pequeñas propiedades. Se ha trabajado poco en la comprensión del nivel óptimo de activos medioambientales. Aunque criticado por algunas deficiencias metodológicas, un artículo publicado en *Nature* informaba del valor del capital natural y los servicios ecosistémicos (hace más de 10 años) era de 33 billones de dólares, siendo el PIB mundial de 30 billones (Constanza et al. 1997).

Pearce[2] , Markandya y Barbier (1989) sostienen que el valor económico total del medio ambiente es:

Valor de uso real + Valor de opción + Valor de existencia

Pearce y Turner (1990) identifican los valores de "uso" del medio ambiente:

- Como reserva de recursos para la producción: madera, agua, alimentos, medicamentos, materias primas...

- Como sistema que proporciona servicios de regulación para los seres humanos, como el clima y la calidad del aire, el secuestro y almacenamiento de carbono y receptor de otros residuos de la producción y el tratamiento de aguas residuales, la polinización, el mantenimiento de los ciclos biogeoquímicos en el medio ambiente, la formación del suelo, el control de la erosión y el ciclo de los nutrientes y moderador de los fenómenos extremos.

- Como lugar de recreo, servicios culturales, servicios educativos, turismo, sentido del lugar y aportación de valor a los seres humanos (disfrute estético y confort espiritual).

---

[2] Gran parte de las opiniones expresadas en este capítulo proceden de la obra de David Pearce, uno de los primeros defensores de la lucha contra el cambio climático y el medio ambiente.

Valor de uso

Con un creciente interés en la investigación sobre el bienestar y los espacios verdes, se ha demostrado que estos últimos pueden mejorar la salud y contribuir significativamente a la calidad de vida (Ward Thompson et al. 2011). Rook (2013) señala que se ha comprobado que los espacios verdes reducen la mortalidad general y las enfermedades cardiovasculares. Las personas que viven en un entorno urbano presentan niveles más altos de enfermedades inflamatorias, como alergias, enfermedad inflamatoria intestinal y otras enfermedades autoinmunes, como la esclerosis múltiple, que las que viven en un entorno rural. Se dice que esto se debe a una menor exposición a organismos como la microbiota que se encuentra en los entornos naturales, que desempeñan un papel en la inmunorregulación en los seres humanos. Las zonas naturales también mejoran el bienestar, al facilitar el disfrute del aire fresco, la tranquilidad y los lugares para reunirse con amigos. Las personas que viven en una zona urbana con más zonas verdes y de mejor calidad presentan niveles más bajos de estrés y mejor salud mental que las que viven en zonas con menos zonas verdes o de peor calidad (Ward Thompson et al. 2011).

Se ha comprobado que el entorno natural es especialmente importante para el desarrollo infantil en los ámbitos de la salud física y mental (Gill 2011). Estar en la naturaleza permitía "el juego no estructurado, generando una sensación de libertad, independencia y fuerza interior" (Watson & Albon 2011, p. 82). Se descubrió que la interacción con la naturaleza repercutía positivamente en el estado de ánimo de los niños con problemas de conducta. El juego al aire libre, especialmente en entornos más naturales, proporciona a los niños una sensación de libertad, un desarrollo personal más saludable, un mayor funcionamiento cognitivo y resiliencia emocional, así como oportunidades para el auto-descubrimiento (Pretty et al. 2009).

La pérdida y alteración de los ecosistemas repercute en la salud humana de otras maneras. Más de la mitad de los 100 medicamentos más recetados en EE.UU. han sido diseñados de algún modo por la naturaleza (Bernstein 2011). La pérdida de hábitat ha acercado las especies a los humanos, con el consiguiente riesgo de transmisión de enfermedades. En algunos países en vías de industrialización hay un mayor uso de alimentos de origen silvestre, con los riesgos inherentes de enfermedades. El virus del SARS tiene al zorro volador como especie reservorio. La deforestación les está obligando a salir de los bosques para alimentarse, concentrándose en torno a las fuentes de alimento restantes, con el riesgo de concentración de la infección en la población.

Los servicios ambientales que se utilizan directamente en la producción son los más fáciles de valorar y pueden evaluarse con métodos de valoración económica. Entre ellos se incluye la "disposición a pagar", o la disposición a aceptar compensaciones por cambios en los niveles de los bienes, o el precio comercial cuando se puede elegir entre varios bienes (Ash et al. 2010). Los usos indirectos del medio ambiente, como los servicios culturales, el disfrute y el ocio, pueden valorarse económicamente. Sin embargo, esto se adentra cada vez más en el ámbito de los intangibles, donde los servicios adquieren importancia para cuestiones como el bienestar social y la identidad personal. Los servicios de regulación medioambiental pueden valorarse a través de un cambio en el flujo de estos servicios mediante un cambio de gestión (Ash et al. 2010). Si se produce una pérdida completa de un servicio ecosistémico, también hay que añadir la pérdida de valores opcionales. Los servicios ecosistémicos de regulación aún no son fáciles de medir debido tanto a nuestro escaso conocimiento de los mismos como a la complejidad de los servicios.

Valor de las opciones

El valor "opcional" puede describirse como aquel en el que, aunque el servicio no se utilice actualmente, sigue teniendo valor porque puede ser utilizado en el futuro por las generaciones actuales o siguientes. Hay tres características importantes que deben tenerse en cuenta al valorar el medio ambiente: la irreversibilidad, la incertidumbre y la singularidad. La pérdida de especies y ecosistemas tiene el elemento de la irreversibilidad. Si se comete un error, muy a menudo no se puede corregir después. Si a la irreversibilidad se añade la incertidumbre, el tratamiento del medio ambiente debería ser aún más prudente. Una persona debería estar dispuesta a pagar más si el riesgo es incierto. Del mismo modo, dada la falta de conocimiento de muchos aspectos del medio ambiente, se reconoce que el conocimiento aumentará con el tiempo y, por tanto, el medio ambiente debe preservarse a la espera de que aumente el conocimiento. Todo ello lleva a la necesidad de pecar por exceso de precaución. El economista racional tiene problemas para tener en cuenta el valor de la existencia, ya que las acciones pueden estar motivadas por factores distintos a la maximización de la utilidad. Si eso es lo que quiere la gente, la política debe tener en cuenta el valor de la existencia. Existe un argumento a favor de mantener los recursos naturales óptimos en lugar del capital natural existente. Los recursos óptimos pueden estar por encima de los existentes y, sin duda, lo estarán en el futuro a medida que se destruya el entorno natural.

Common (1995) ofrece otra visión que sugiere que la economía aborda la sostenibilidad desde el punto de vista de los seres humanos. La sostenibilidad es la capacidad de consumo constante por parte de los seres humanos y de los intereses humanos. Normalmente se considera que los seres humanos se alimentan del medio ambiente, no que forman parte de él. Los valores Los valores se reparten según las preferencias humanas individuales. Muchas de las definiciones utilizadas para la sostenibilidad omiten determinados componentes. La definición de Brundtland se centra en la persona. "El desarrollo sostenible es el desarrollo que satisface las necesidades del presente sin comprometer la capacidad de las generaciones futuras para satisfacer sus propias necesidades" (Comisión Mundial sobre Medio Ambiente y Desarrollo, 1987, p. 8). No tiene en cuenta si la vida de otras especies es importante para los humanos y si otras especies tienen derechos intrínsecos propios a la existencia (Common 1995).

Este punto de vista es llevado al extremo por muchos empresarios de hoy en día, que racionalizan que tienen una ocupación "legítima" que maximiza la producción y el crecimiento y, por tanto, el bienestar de todas las personas. Su recompensa es un alto nivel de retribución, ya que están realizando un bien público. Así, la necesidad de mantener el crecimiento se utiliza como retórica para mantener su posición privilegiada de acceso a, por ejemplo, minerales y otros productos mineros. El valor de la mina de carbón propuesta por Adani en Queensland, Australia, es que proporciona (un número incierto) de puestos de trabajo, aunque el coste es probable que sea la contaminación de un enorme depósito subterráneo de agua utilizado por ciudades y agricultores, la inevitable extinción de una especie de ave, daños inevitables a la Gran Barrera de Coral y una gran contaminación por gases de efecto invernadero durante mucho tiempo.

A diferencia de muchos economistas que parten de los intereses humanos, los ecologistas parten de los humanos como parte de un sistema más amplio, no sólo relacionado con el consumo (Commons 1995). La resiliencia se considera la capacidad del sistema de volver a su funcionamiento normal tras una perturbación. "Los ecosistemas tropicales experimentan una baja variabilidad de temperaturas y precipitaciones y se caracterizan por poblaciones estables pero con poca resiliencia. Son vulnerables frente a grandes perturbaciones (como la tala de bosques), mientras que... los ecosistemas templados han evolucionado frente a una mayor variabilidad climática y muestran menos estabilidad en el tamaño de las poblaciones, pero mayor resiliencia y son más robustos frente a las perturbaciones humanas a gran escala" (Common 1995, p.51). Aunque la resiliencia se utiliza cada vez más en cuestiones medioambientales y sociales, en la mayoría de los casos el ecosistema, o incluso las personas, no podrán volver a su funcionamiento anterior o "normal", como ocurre con el cambio climático y la nueva experiencia del riesgo de incendios forestales, las condiciones anteriores ya no existen, o no existirán en el futuro.

Valor intrínseco

Los derechos intrínsecos son los derechos de todos los seres vivos a existir; esto no depende de cómo los vean o valoren los humanos desde su perspectiva. Al igual que los seres humanos que aún no han nacido, otras especies dependen de los seres humanos vivos para crear las condiciones en las que puedan florecer (Jordon 2010). Los límites de estos derechos varían entre religiones y filosofías. Aunque los derechos intrínsecos no son una visión común de las culturas occidentales, es una perspectiva que se encuentra a menudo en otras culturas y religiones, como la hindú, la de los indios americanos, la de los indígenas australianos y el taoísmo (Ashley 2010). Ash pone el ejemplo de los indígenas australianos, para quienes las características del paisaje tienen un valor intrínseco, mientras que las plantas y los animales individuales no suelen tenerlo, excepto cuando son un tótem personal.

Aunque algunas empresas reconocen cada vez más (aunque lentamente) la necesidad de asignar un valor al uso del medio ambiente, sigue siendo casi inexistente el reconocimiento de los valores relativos a la opción o valores intrínsecos del medio ambiente. En parte, esto se debe a que el valor intrínseco no puede traducirse en ingresos. Existe un debate actual, sobre todo en círculos académicos, en relación con la opción y el valor. El coste de salvar una sola especie es elevado, por lo que algunos creen que hay que sacrificar determinadas especies para poder dar recursos a sistemas ecológicos importantes. La opinión alternativa es que todas las especies son importantes y no debe perderse ninguna. Como ya se ha señalado, ambas medidas se utilizan en relación con la categoría de integridad de la biosfera en la obra Límites Planetarios un campo que, como se ha señalado, guarda relación directa con las cuestiones de los incendios.

Incumplimiento y valoración incorrecta del medio ambiente

La Estrategia Nacional para el Desarrollo Ecológicamente Sostenible de Australia (Departamento de Medio Ambiente y Energía, 1992) define el desarrollo ecológicamente sostenible como "la utilización, conservación y mejora de los recursos de la comunidad de forma que se mantengan los procesos ecológicos, de los que depende la vida, y se pueda aumentar la calidad de vida total, ahora y en el futuro". La equidad intergeneracional, el enfoque de precaución y la conservación de la biodiversidad son tres componentes esenciales relevantes para el desarrollo sostenible. La estrategia afirma que los conocimientos sobre los incendios forestales y sus efectos en los procesos ecológicos "distan mucho de ser completos", por lo que el principio rector debe ser el de precaución.

Las decisiones sobre el uso de muchos recursos las toma un grupo bastante reducido de personas de la sociedad, por lo general personas adineradas que forman parte de grandes empresas. El ciudadano de a pie no participa en estas decisiones, a pesar de que estos recursos se encuentren en terrenos públicos y puedan tener un impacto adverso sobre el patrimonio común y el bienestar humano, ecológico o medioambiental. Incluso si la tierra es de propiedad privada, el valor de custodia, o la necesidad de cuidar la tierra, no suele formar parte de la consideración que hace la empresa. El gobierno representa una interpretación del bien público, por lo que puede influir en la decisión en función de juicios políticos. Con el enfoque monotemático basado en departamentos gubernamentales funcionales y el predominio de la ideología del crecimiento económico, muchos gobiernos nacionales tienden a pasar por alto los posibles juicios de valor distintos del crecimiento económico.

Aunque normalmente no se vea de esta manera, podría decirse que la inequidad se produce cuando quienes no valoran el medio ambiente imponen sus valores (que suelen ser el beneficio personal) a otras personas y otras especies. Por ejemplo, una empresa maderera que tala un bosque en beneficio propio está imponiendo un coste a la persona que otorga un alto valor intrínseco al bosque. El problema es que puede que no se trate sólo de una compensación económica cuando el bosque no puede ser sustituido en su forma original.

Las decisiones sobre inversiones las toma la empresa en función del valor monetario presente y futuro del producto y de las oportunidades de beneficio de la empresa. El presente se valora más debido a las preferencias temporales en economía: la creencia tradicional es que una persona prefiere tener algo ahora que más tarde. Se parte de la base de que las personas serán más ricas en el futuro, por lo que es probable que el proyecto tenga más valor ahora que en el futuro. Cuanto mayor sea la tasa de descuento, mayor será el valor del capital actual. En realidad, cuanto mayor sea la tasa de descuento, mayor será la discriminación contra las generaciones futuras.

Las decisiones sobre el uso de los recursos no son necesariamente coherentes con la optimización de la maximización del bienestar vitalicio del recurso, lo que favorece el agotamiento del capital actual y la insostenibilidad (Pearce y Turner, 1990). Podría cuestionarse si existe una forma racional de medir la utilidad marginal del consumo, es decir, el valor del consumo para una misma persona a lo largo del tiempo y entre distintas personas. En segundo lugar, se supone que el consumo real aumentará con el tiempo. Lo irónico es que, como señalan Pearce y Turner, unas tasas de descuento elevadas pueden provocar la degradación del medio ambiente, lo que a su vez disminuirá el consumo real en el futuro. Este problema es mucho más evidente que cuando Pearce escribió este comentario hace más de 20 años. Está claro que, a menos que cese la degradación medioambiental, el bienestar futuro de muchas personas se verá muy mermado. Esto es especialmente cierto en el caso de las personas con menos recursos económicos, que no están en condiciones de adquirir recursos escasos. La actual oleada de refugiados se debe en gran parte a los impactos del cambio climático y a la competencia por los recursos, así como al conflicto generado por esta competencia (Klein 2019).

Conectar los hilos

En este capítulo se ha analizado la importancia crítica del medio ambiente. En resumen, los principales científicos han identificado importantes tendencias interactivas de degradación del medio ambiente que probablemente amenazarán y reducirán la vida humana de las generaciones actuales y pueden poner en peligro la continuidad de la existencia humana, a menos que se detengan estas tendencias. El daño al medio ambiente está presente en las actividades humanas asociadas a los incendios forestales y a la mitigación de los mismos, incluidos los GEI y la pérdida de cubierta arbórea, la degradación del suelo, la pérdida de especies, y la propagación de maleza y animales asilvestrados. En Nueva Gales del Sur, un tercio de las especies silvestres amenazadas y la mitad de las plantas amenazadas están en peligro debido a los incendios frecuentes (Oficina de Medio Ambiente y Patrimonio de Nueva Gales del Sur 2017, recogido en Zylstra 2017). La actual oleada de extinción de especies y la consiguiente pérdida de servicios ecosistémicos, también pasa por alto tanto la opción como los derechos de existencia de otras especies, una situación que muchas personas no apoyarían.

Una de las principales causas de esta destrucción es la falta de valor de mercado del medio ambiente, que permite que se pase por alto o se excluya, así como el tratamiento del medio ambiente como un recurso renovable en las decisiones económicas de las empresas. Parece haber pocas pruebas de que las políticas internacionales en torno a la modificación del medio ambiente como medio para prevenir o controlar los incendios forestales incluyan una revisión de las compensaciones. Tampoco existen pruebas sobre los costes y beneficios respectivos de estas medidas, ni sobre dónde y cómo son eficaces en relación con la prevención de incendios forestales. Aunque se habla de los beneficios ecológicos de los incendios forestales, este debate parece fusionar cuestiones y resultados y, en ocasiones, se utiliza para justificar las actividades de mitigación de los incendios forestales. Por supuesto, el problema es que los incendios forestales en sí mismos provocan muchos problemas medioambientales graves, lo que aumenta la importancia de evaluar los resultados probables, así como la gama de opciones disponibles en torno a la prevención de incendios.

En la siguiente sección se examina con más detalle el uso del fuego y otras alteraciones medioambientales para prevenir incendios.

Una nueva ola de destrucción medioambiental

Uso de la modificación medioambiental

En capítulos anteriores de este libro, se ha tratado brevemente la reducción del combustible o la modificación del entorno en nombre de la prevención de incendios forestales. Sin embargo, se dice que muchas de estas medidas también se utilizan para el control de especies invasoras, la mejora del hábitat de la fauna silvestre y la restauración de ecosistemas (Hahn et al. 2019). Esta actividad está dominada por la quema controlada en muchos países (Kelly, Giljohann & McCarthy 2015). También se apoya en el desbroce del sotobosque en zonas más pequeñas y cercanas a un entorno urbano mediante la roza o la siega, mediante enfoques de aclareo forestal en algunos países, a través de medios manuales o mecánicos, el pastoreo de ganado y el uso de herbicidas. La quema controlada se define como "la aplicación controlada de fuego en condiciones ambientales específicas a un área predeterminada y en el momento, intensidad y velocidad de propagación requeridos para alcanzar los objetivos de gestión de recursos planificados" (AFAC 2017).

Controversia sobre la reducción del combustible

Las estrategias de reducción del combustible son un método controvertido de prevención de incendios forestales (Altangerel & Kull 2013; Bond & Mercer 2014; Buxton et al. 2011; Holland et al. 2013). Una investigación parlamentaria victoriana (llevada a cabo por la oposición) sobre la preparación para la temporada de incendios (2017) arrojó 22 conclusiones y 12 recomendaciones. La recomendación 5 establecía que, junto con un enfoque basado en el riesgo, se restableciera un objetivo de quema anual mínimo del 5%. No tener una cifra designada puede dar lugar a niveles más bajos de quemas controladas, lo que resulta en una acumulación de combustible, con el riesgo de megaincendios y más quemas controladas en el futuro (Parlamento de Victoria 2017). Esta cuestión dividió la investigación parlamentaria, ya que un informe minoritario no apoyó esta recomendación. El gobierno estatal no adoptó esta recomendación.

Esta cuestión rara vez se debate en público en Australia, ya que las decisiones dependen en gran medida de las autoridades locales responsables de los incendios. En Victoria, un poderoso y emotivo grupo de presión aboga por la quema controlada extensiva, con algunos defensores contundentes que abogan por niveles más altos de quema controlada, hasta el 20% del estado anualmente (Parlamento de Victoria 2017). Por el contrario, 300 científicos australianos han firmado una petición solicitando un endurecimiento de la normativa que permite el desmonte de tierras, señalando que "las altas tasas de pérdida de bosques de Australia y el debilitamiento de las leyes de desmonte están aumentando el riesgo de incendios forestales, y socavando nuestra capacidad para cumplir los objetivos nacionales destinados a frenar el cambio climático" (Maron et al. 2019). Señalan que la tala de árboles afecta al clima regional, aumentando las temperaturas locales en verano y agotando la humedad del suelo, elimina el valor cortavientos de los árboles que pueden frenar la propagación del fuego y contribuye al cambio climático.

En Estados Unidos parece haber perspectivas similares sobre la reducción del combustible (McCaffey et al. 2014). Una revisión de la literatura encontró que había una aceptación (cualificada y no cualificada) de la quema controlada, aunque el nivel de apoyo variaba entre los estudios, con opiniones variadas sobre el valor ecológico. Algunos estudios encontraron apoyo para el aclareo de bosques. El pastoreo como medio para reducir el combustible recibió menos apoyo y pocos apoyaron el uso de herbicidas. La salud de los bosques se consideró una consideración paralela, y a veces más dominante, que la reducción del riesgo de incendio.

Sin embargo, Dupéy y Smith (2018) señalan que la mayoría de los estudios (86%) que examinaron cómo la respuesta efectiva, la exposición, el conocimiento individual y el riesgo percibido, influyeron en el apoyo público a la quema controlada y el raleo mecánico, no proporcionaron a los participantes información relacionada con el ecosistema forestal en cuestión. Sólo encontraron dos estudios que abordaban específicamente las percepciones de los propietarios de viviendas sobre la influencia del cambio climático y la variabilidad climática sobre el riesgo de incendios forestales y la necesidad de quemas controladas (Ojerio et al. 2011; Schulte & Miller 2010). Argumentan que esta información es necesaria para proporcionar un marco de referencia preciso desde el que responder a la percepción del riesgo, la toma de decisiones y otras cuestiones relacionadas.

Victoria

El uso de actividades de modificación ambiental, en particular las quemas controladas, se han utilizado ampliamente en Australia desde la década de 1970, con un mayor uso en los últimos años, al igual que la prevalencia de los incendios forestales. Zylstra (2017) informó sobre un estudio limitado de 1966 sobre quemas, en el que se utilizaron fuegos de intensidad baja a moderada encendidos durante un máximo de una hora en el follaje y los arbustos bajos de un bosque de Jarrah de Australia Occidental (McCaw 2013). El investigador, McArthur, advirtió que sus observaciones eran provisionales y que posteriormente podría demostrarse que eran erróneas. En experimentos posteriores en un bosque de Jarrah, se comprobó que la carga de combustible no tenía ningún efecto sobre la velocidad de propagación del fuego y solo un efecto muy menor sobre la altura de las llamas. A pesar de este hallazgo poco concluyente, la quema para reducir el combustible ha sustentado la gestión de los incendios en Australia durante más de 50 años, siendo la técnica de mitigación más utilizada (McCaw 2013; Parlamento de Victoria 2017; Zylstra 2017). Resulta revelador que, como señala Zylstra (2017), se hable de los bosques como una fuente de combustible, en lugar de como un activo natural.

En Victoria, las quemas controladas por las autoridades tienen lugar principalmente en terrenos públicos o comunes, incluidos parques nacionales, bosques estatales y reservas, con un total aproximado de 7,7 millones de hectáreas en Victoria. Antes de los incendios forestales de 2009 en Victoria, la Comisión Real de Incendios Forestales de Victoria (2009) declaró que alrededor del 1,7% de las tierras públicas estaban sujetas a quemas controladas (unas 130.000 hectáreas). Tras los graves incendios forestales de Victoria, en febrero de 2009, la posterior Comisión Real recomendó que el 5% de las tierras públicas se sometieran anualmente a una quema controlada. Esta recomendación se revocó en 2015. Se dijo que el objetivo de una hectárea no era la forma más rentable de reducir el riesgo para las personas y las propiedades y que este enfoque puede tener efectos negativos en la biodiversidad (Penman 2015). La política se cambió por una en la que se pueden realizar quemas controladas en terrenos públicos y privados en los que se considere que existe un alto riesgo de incendio y en zonas cercanas a viviendas (Comisario de Sostenibilidad Medioambiental 2018). El objetivo es reducir el riesgo a un 70 % de probabilidades de que un incendio forestal afecte a personas y propiedades.

Aunque es difícil saber cómo se puede medir este objetivo, se dice que equivale a quemar entre 225.000 y 275.000 hectáreas (Parlamento de Victoria 2017). Esta superficie equivale aproximadamente al objetivo del 5%, con 275.000 hectáreas previstas para 2015-16. Se trata de un objetivo de proceso, más que de un objetivo de impacto que tiene en cuenta la eficacia del enfoque. Una actualización del informe sobre quemas controladas (AFAC & FFMG 2017) ofrece un enfoque mucho más amplio de las quemas controladas, en el que el mantenimiento o la mejora de la biodiversidad y la resiliencia de los ecosistemas naturales se considera un objetivo importante de las quemas controladas. Sin embargo, esta perspectiva aún no se ha trasladado a la práctica sobre el terreno. Ward estima que cerca del 100 % de las actividades para reducir el riesgo de combustible en Victoria son quemas controladas, realizadas a escala del paisaje, incluida la quema de bosques húmedos y de los márgenes de los arroyos, convirtiéndolos en zonas secas (informado en el Parlamento de Victoria 2017).

Esta controversia se debe en parte a que no se han tenido en cuenta los valores ecológicos de algunos miembros de la comunidad a la hora de tomar decisiones sobre la gestión de incendios, tal y como se expone en el capítulo 7. También se debe a la falta de investigación sobre el tamaño y la distribución de muchas especies y sobre los sistemas ecológicos. También se debe a la falta de transparencia y debate público, obstaculizados por enfoques históricos que mantienen una perspectiva estrecha. La Ley de Garantía de la Flora y Fauna de Victoria de 1988 enumera 517 vertebrados terrestres en peligro y unas 1800 plantas. También existe una Lista Consultiva de 284 vertebrados y 177 invertebrados que se consideran en peligro, pero se sabe poco sobre ellos, ya que no han sido investigados científicamente (DELWP 2019; Departamento de Sostenibilidad y Medio Ambiente de Victoria 2009).

La falta de pruebas en torno a las quemas controladas ha sido reconocida repetidamente en la literatura. En 2003, se dijo que "a principios de los años ochenta, y a pesar de casi dos décadas de investigación ecológica que abarcaron los años sesenta y setenta, no se había logrado ningún avance significativo en la comprensión de los efectos de las quemas repetidas para reducir el combustible en los bosques y brezales de Victoria. La razón principal era la falta de experimentos estadísticamente sólidos sobre incendios" (Departamento de Sostenibilidad y Medio Ambiente 2003, p.vi). Más recientemente, se señala que "en muchas jurisdicciones, las quemas controladas nunca se han revisado de forma sistemática" (AFAC & FFMG 2016, p. 8).

Un informe reciente sobre el estado del medio ambiente en Victoria (Comisionado para la Sostenibilidad Medioambiental 2018) reveló que no se disponía de datos específicos para el informe sobre los efectos medioambientales de los incendios forestales; la única información disponible en poder de los organismos de gestión de emergencias era la pérdida de propiedades por incendios forestales en los últimos tres años. El informe señalaba que existe un registro incompleto de una evaluación de los Intervalos Tolerables de Incendios para la flora y la fauna, aunque parece que se necesita un mayor número de quemas ecológicas para permitir el establecimiento de semillas.

EE.UU.

En EE.UU., la quema controlada se ha utilizado como herramienta de gestión de la tierra en la industria maderera, para la limpieza de terrenos, agricultura, con fines ecológicos y para la prevención de incendios forestales, desde la década de 1930 (Leopold 1987, recogido en Huang et al. 2018). Sin embargo, Martin (2016) señala que una política de supresión total de incendios continuó en las décadas de 1950 y 1960. El autor argumenta que esto condujo a un mayor riesgo de incendios al suprimir todos los incendios, dejando así altos niveles de combustibles en los bosques. Biswell, de la Escuela de Silvicultura de Berkeley, Universidad de California cree que la quema controlada es necesaria para controlar los grandes incendios. Biswell influyó mucho en la política de apoyo

a las quemas controladas e incluso al pastoreo en los bosques, entre los años
50 y 80, argumentando que suprimir todos los incendios era más perjudicial
que beneficioso y que el fuego era esencial para los ecosistemas dependientes
del fuego. Se cuestionó la política dominante de gestionar los bosques
únicamente como fábricas de madera sin fuego. En 1964, el Congreso aprobó
la Ley de Áreas Silvestres (The Wilderness Act) para definir las zonas en las que
no se podía seguir extrayendo recursos, aunque Martin (2016) señala que faltan
enfoques "reflexivos, deliberativos y basados en la ciencia" para estas cuestiones.

En 2017, 4,6 millones de hectáreas fueron objeto de una quema controlada,
el 80% para cumplir objetivos forestales y el 20% asociada a la agricultura
(Melvin 2018). Como no se da una definición de objetivos forestales, no está
claro qué abarca esto. Los estados de EE. UU. trabajan de forma independiente
en relación con los permisos para realizar quemas controladas; por lo tanto,
existen diferencias de enfoque a nivel nacional, regional y estatal. El mayor
número de quemas controladas se produce en el suroeste de EE.UU., sobre
todo en Florida y Kansas. Por ello, se dice que es difícil obtener una perspectiva
definitiva del alcance de esta práctica.

Aunque el tamaño de las zonas de quema controlada parece estar aumentando
también para el conjunto de Estados Unidos, el aumento de estas quemas se
está produciendo en gran medida en el oeste del país. Melvin (2018) señala que
las quemas controladas no se realizan tanto como sería deseable. Entre los tres
principales impedimentos, el clima inadecuado, la capacidad para llevar a
cabo la quema, y la calidad del aire/humo representan el 74% de las
preocupaciones. La responsabilidad civil y los seguros representan el 18%. Y la
calidad del aire y la gestión del humo, el 4%, mientras que las preocupaciones
medioambientales no se ofrecieron como opción en la encuesta. Según el
Inventario Nacional de Emisiones de 2014, casi el 50% de todas las emisiones
de PM2,5 relacionadas con incendios en los EE. UU. proceden de incendios
prescritos, y más del 75% de estas emisiones proceden de incendios prescritos
en los estados del sudeste. Esto incluye todos los fines, como la quema de caña
de azúcar en Florida, no solo las quemas controladas para reducir la carga de
combustible.

La práctica actual está cada vez más enfocada, en parte, en la supresión, y en
parte la quema controlada. La supresión se lleva a cabo en los sitios de los
principales activos y comunidades en riesgo, y el "quemar" es visto como "un
fuego prescrito llevado a cabo en condiciones de urgencia, pero no de emergencia"
(Melvin 2018, p. iv). Una práctica ocasional observada en los Estados Unidos,
y reportada anecdóticamente en Victoria, es dejar que grandes incendios
forestales se quemen sin supresión activa si se considera que la propiedad y las
personas están a salvo (Hann & Bunnell 2001; Yocom et al. 2019). Tal respuesta
actúa como una quema controlada. Yocum y sus colegas (2019) informan de

que incluso se puede permitir que los incendios forestales aumenten de tamaño.

Reducción del combustible mediante la tala de la vegetación

En Victoria, la reducción del combustible en las zonas de interfaz rural/urbana se suele llevar a cabo talando los márgenes de las carreteras y, en ocasiones, las zonas boscosas. Este método requiere talas repetidas, ya que la cubierta vegetal autóctona suele ser sustituida por hierbas y malezas alóctonas que pueden crecer rápidamente. La maquinaria pesada utilizada para la tala, que altera el suelo y desarraiga las nuevas plantas autóctonas, aumenta esta transición a malas hierbas, así como la propagación de las malas hierbas al utilizar la maquinaria en todo el entorno (McLaren et al. 2016). Del mismo modo, se eliminan las plantas más grandes que componen el piso intermedio para permitir el acceso a la maquinaria. Las malas hierbas introducidas suelen ser menos resistentes al fuego que la cubierta vegetal autóctona, ya que tienden a secarse en verano, y determinadas malas hierbas, como el tojo dentado y la aliaga, presentan un riesgo de incendio significativo (McLaren et al. 2016). La competencia de las malas hierbas puede tener consecuencias negativas para las plantas autóctonas y alterar los regímenes de incendios de los ecosistemas naturales y otros aspectos de la hidrología (McLaren et al. 2016).

La eficacia de la modificación del entorno

La eficacia de la modificación ambiental para reducir el combustible no está clara (Ellis, Kanowski y Whelan 2004). El beneficio sobre el coste aún no se ha demostrado (Parlamento de Victoria 2017). Sin embargo, los pocos estudios que se han realizado sugieren que la quema controlada es un instrumento muy contundente, con resultados variables en relación con el fuego. Zylstra (2017) ha emprendido el único modelo para los bosques del sureste de Australia que examina los mecanismos por los que las plantas a nivel de especie influyen en el comportamiento del fuego, analizando la inflamabilidad de las plantas, el espacio entre plantas y el efecto de refugio de las plantas frente al viento que inflama las llamas. Las quemas controladas también pueden tener consecuencias adversas no deseadas: la preocupación de que una quema controlada se convierta en un incendio forestal incontrolado, que la quema controlada no sea eficaz para reducir el riesgo de incendio forestal y el daño que pueda causar a los seres humanos, las empresas y los sistemas ecológicos. Además, cada vez hay más pruebas de la escasa viabilidad y el elevado coste de las quemas controladas (Furlaud & Bowman 2017; Parlamento de Victoria 2017). Especialmente preocupantes son algunas pruebas de que la quema puede estar aumentando el riesgo de incendio (Penman, Bradstock & Price 2013, comunicación personal 1998; Zylstra 2017, 2018). Así se informa en algunos otros países, por ejemplo, en Indonesia, donde los incendios repetidos han dado lugar a la formación de pastizales con clímax de fuego, de baja productividad y sujetos a incendios frecuentes (Ekayani 2011).

Kirkpatrick (2013) escribe sobre la diferencia de resultados entre los incendios forestales del 7 de febrero de 1967 y del 4 de enero de 2013 en Tasmania, donde los índices de riesgo de incendio eran comparables, aunque el resultado fue mucho más trágico en 1967, ya que 100 personas perdieron la vida, y ninguna en 2013. En 1967, la práctica habitual era que los granjeros encendieran hogueras en los matorrales cercanos a sus propiedades, con la creencia de que así protegerían su lugar del fuego. Según Kirkpatrick, la principal razón de los diferentes resultados fue el cambio de enfoque de los organismos de respuesta a emergencias. En 2013, los organismos habían desarrollado planes integrados de respuesta a emergencias e informado a la población local sobre cómo prepararse para los incendios y qué hacer cuando se produce un incendio. Kirkpatrick señala que "los niveles de combustible en el monte son en gran medida una cuestión menor a la hora de mitigar los daños materiales y la mortalidad humana provocados por los incendios de vegetación" (Kirkpatrick 2013).

Este resultado se observó tras los graves incendios forestales de 2009 en Victoria, donde no se encontraron diferencias en cuanto a la pérdida de propiedades en función de estar junto a un bosque estatal (terreno sujeto a mayores niveles de control de combustible) que, de estar junto a un parque nacional, con menor reducción de los niveles de combustible antes del incendio (Kirkpatrick 2013). Se observó que la quema controlada en zonas remotas tenía escaso impacto sobre el riesgo para los seres humanos, mientras que las quemas controladas próximas a propiedades resultaron ser cinco veces más eficaces en términos de reducción del riesgo (Kelly, Giljohann y McCarthy 2015), una opinión respaldada por otros investigadores (por ejemplo, Ingamells 2016b). La mayor reducción en la pérdida de edificios se produjo cuando se redujo el combustible del suelo cerca del edificio. Se dijo que las quemas controladas eran útiles para controlar los incendios moderados, pero menos eficaces para contener los incendios durante condiciones meteorológicas severas (Ingabmells 2016b). Kirkpatrick (2013) señala que la quema para reducir el combustible no reducirá un incendio forestal en días de incendios extremos y catastróficos en los bosques de eucaliptos húmedos del sureste de Tasmania. Aquí, el fuego puede saltar los prados desnudos, el agua y los cortafuegos, y puede crear incendios puntuales hasta 20 kilómetros por delante del incendio principal (Kirkpatrick 2013).

Furlaud, Williamson y Bowman (2017) modelizaron la eficacia de las quemas controladas en Tasmania, simulando más de 11.000 incendios en un día típicamente peligroso por las condiciones meteorológicas. Los investigadores descubrieron que las quemas controladas tenían escaso impacto en la reducción de la extensión y la intensidad de los incendios forestales y que sería necesario quemar anualmente alrededor de un tercio del estado (no el 5%) para lograr un impacto en la reducción de los incendios forestales. Ellis, Kanowski y Whelan (2004) afirman que en Nueva Gales del Sur habría que quemar anualmente entre el 25% y el 50% del paisaje propenso a los incendios para conseguir una carga de combustible inferior a 8 toneladas por hectárea. Esto representa 15 millones de hectáreas de bosques, arboledas, matorrales y brezales al año en Nueva Gales del Sur. La magnitud de esta tarea la hace inalcanzable, aunque no tuviera consecuencias perjudiciales para el medio ambiente. Sin embargo, las quemas a menor escala, más realistas, no tuvieron prácticamente ningún efecto sobre la extensión e intensidad de un incendio forestal. En una revisión de la literatura científica, Ingamells (2016b) informa de que la reducción del combustible en el sotobosque tendría que quemarse cada tres años para ser eficaz, una tarea inviable con las condiciones climáticas actuales y que tendría importantes repercusiones negativas en las plantas y animales de Victoria. Ingamells (2016b) también informa de que no existe una correlación evidente entre la extensión de las quemas de reducción de combustible y la extensión de los incendios forestales en ningún año en Victoria, desde 1933/34 hasta 2012/13.

Zylstra (2017) probó un modelo de inflamabilidad y descubrió que el modelo que solo utilizaba combustibles superficiales solo era capaz de explicar el 11 % de la variabilidad de la combustión. Cuando incluyó las plantas y sus rasgos específicos, explicó el 80%, una mejora siete veces mayor. Llegó a la conclusión de que la inflamabilidad no depende de la carga de combustible sino por las especies vegetales presentes. Por tanto, los incendios más frecuentes crean bosques más inflamables y aumentan la propagación del fuego en el paisaje, al tiempo que provocan extinciones localizadas (Gill, Stephens & Cary 2013). Los bosques de fresnos que vuelven a crecer son temporalmente más inflamables, pero aún tienen la capacidad de convertirse en bosques maduros y resistentes al fuego. Sin embargo, si se vuelven a quemar demasiado pronto, la pérdida del árbol dominante de la copa puede convertir los rodales casi puros en formaciones de brezales mucho más inflamables. La pérdida de bosques húmedos altos hace que el ecosistema pierda su capacidad de formar un bosque maduro resistente al fuego, arriesgándose al resultado perverso de una mayor inflamabilidad. Hay una necesidad urgente de investigar los tipos de bosque y el impacto de los incendios para comprender la complejidad, en lugar de adoptar un enfoque único.

Problemas asociados a la lucha contra el fuego con fuego

En el primer capítulo de este libro se hace un repaso de los efectos adversos de los incendios forestales, aunque se necesita mucha más investigación sobre estos temas para comprender mejor la necesidad de mejorar la prevención de los incendios forestales y poder destinar recursos a los efectos más graves. Se sabe aún menos sobre el impacto de la modificación medioambiental como herramienta para reducir el impacto de los incendios forestales. El gobierno de Victoria "no dispone de procedimientos en su proceso de gestión de quemas planificadas que garanticen que se tienen en cuenta los requisitos de las especies amenazadas" (Parlamento de Victoria 2017, p.62). La falta de comprensión y seguimiento de las quemas controladas sobre la flora y la fauna fue un problema señalado por la Comisión Real de Incendios Forestales de Victoria (2010). Parece que esta situación no ha cambiado mucho. Es necesario responder a preguntas sobre la eficacia de las quemas controladas, la frecuencia con la que deben realizarse y en qué tipo de entornos naturales, las opciones de valor que deben tomarse, el impacto de las quemas controladas en la flora y la fauna, el impacto relativo de los incendios forestales frente a las quemas controladas en los ecosistemas, etc.

Cada vez hay más pruebas de los problemas asociados a los incendios forestales, pero no se han evaluado adecuadamente el de las quemas controladas (Parlamento de Victoria 2017). Liu y sus colegas (2017) cuantificaron las emisiones de una serie de contaminantes gaseosos y de partículas procedentes de incendios en Estados Unidos, utilizando mediciones obtenidas desde aviones de investigación. Descubrieron que los incendios forestales son una gran fuente de contaminación por partículas en los estados occidentales de EE.UU., actualmente subestimada en más de un factor de tres en los inventarios de emisiones. La comparación de estos resultados con los obtenidos en las quemas controladas indica que los incendios forestales son una mayor fuente de contaminación; sin embargo, los incendios forestales consumen más combustible que las quemas controladas. Los autores señalan que se necesita una evaluación definitiva de las compensaciones entre los incendios forestales y las quemas controladas para confirmar que los incendios forestales pueden reducirse significativamente mediante las quemas controladas. Otras investigaciones han descubierto que la quema controlada es una de las fuentes más destacadas de PM2,5 (partículas muy pequeñas que pueden perjudicar la salud) en el sureste de EE. UU. (Huang et al. 2018). La cuestión del tipo y el momento de las quemas controladas es un problema para los viticultores y bodegueros de Australia, ya que incluso media hora de exposición al humo puede dañar el sabor de la uva (Parlamento de Victoria 2017).

Sin embargo, es el impacto sobre el medio ambiente es lo que interesa en este capítulo. El impacto de las quemas controladas sobre la biodiversidad, en particular sobre las especies de fauna, no se controla en la actualidad. Sin embargo, existen datos aislados procedentes de estudios a pequeña escala de especies individuales y de inferencias extraídas de las características del ciclo vital (en el caso de las plantas) y de las asociaciones de hábitats (en el caso de los animales), más que de estudios empíricos de la biodiversidad a escala de paisaje (Comisario de Sostenibilidad Medioambiental 2018).

El Comisario de Sostenibilidad Medioambiental (2018) señala que la biodiversidad del Mallee, en el noroeste de Victoria, está especialmente amenazada. Una cuarta parte de los árboles con huecos se destruyen durante las quemas para reducir el combustible (Bluff 2016). El Grupo de Medio Ambiente de Gippsland informó de que había investigado el resultado de las quemas controladas en la biodiversidad dentro del Parque Costero de los Lagos de Gippsland en Victoria, una zona con 59 especies amenazadas. Se señaló que una de las razones identificadas por las que 18 pequeños mamíferos se han perdido, son raros o están en grave declive, ha sido lo que describen como quemas controladas inadecuadas y la intensidad de las quemas (Parlamento de Victoria 2017). El grupo también informó de que las quemas controladas están destruyendo un gran número de árboles con huecos que proporcionan lugares de anidación y refugio para el 13% de todas las especies terrestres.

Los fresnos de montaña y alpinos son especies de árboles que pueden vivir 200 años, pero que solo pueden reproducirse a los 20 años; por lo tanto, son especialmente vulnerables a la frecuencia de los incendios (Bowman & Murphy 2015). Esta vulnerabilidad puede observarse en los grandes incendios que se produjeron en las zonas alpinas. Los árboles jóvenes se regeneraron tras el primer incendio; sin embargo, el 97% de estos árboles jóvenes (que cubrían 5.537 hectáreas) se perdieron tras un segundo gran incendio en 2013. Algunas zonas fueron objeto de 3 quemas en 10 años (Ellis, Kanowski & Whelan 2004). Actualmente, las quemas para reducir el combustible se producen cada 4 a 10 años, y con más frecuencia en algunos lugares. Estos periodos de tiempo son más cortos que los regímenes naturales de incendios de muchos ecosistemas y se dice que son una gran amenaza para la biodiversidad, con riesgo de extinción de una serie de especies autóctonas (Giljohann et al. 2015; Lindenmayer 2007). La viabilidad de este ecosistema alpino de fresnos se ve aún más amenazada por la frecuencia de los incendios, ya que cuando los árboles viejos mueren, el sotobosque alterado de los árboles en regeneración es más inflamable que el de los árboles maduros y el fresno de montaña es sustituido por otras especies (Zylstra 2017). Especies como el planeador mayor (un animal emblemático de Australia) se ven afectadas por las quemas planificadas debido a la pérdida de huecos de árboles en los bosques de fresnos (Ellis, Kanowski y Whelan 2004). Por lo tanto, para proteger los ecosistemas de fresnos de montaña y alpinos, se deben utilizar medidas de prevención distintas a las quemas controladas, como una vigilancia más estrecha e instalaciones para respuestas inmediatas de supresión.

Investigación sobre el impacto de los incendios prescritos y los incendios forestales en el medio ambiente parece ser más común en Estados Unidos. Por ejemplo, Masters y Waymire (2012) examinaron el impacto de la frecuencia de los incendios y las prácticas de aclareo forestal en la Pushmataha Wildlife Management Area, en el sureste de Oklahoma, durante un periodo de 28 años. Informan de que las aves de pastizales arbolados y arbustos forestales han disminuido drásticamente en el sureste de EE.UU. debido a la exclusión de incendios y a la densificación de los bosques. Descubrieron que los pájaros cantores que viven en praderas boscosas y matorrales forestales, los ciervos de cola blanca y los alces de las Montañas Rocosas han respondido favorablemente al clareo de restauración y a un régimen de quemas más centrado en ciclos de uno y tres años. Sin embargo, el objetivo de este experimento era cambiar el tipo de bosque de selva a bosque. De hecho, restaurar, mejorar o mantener la salud del ecosistema parece haber sido de importancia primordial en gran parte de la investigación de la última década (Fryar 2012). Muchos artículos de investigación expresan su preocupación por el desconocimiento de los impactos de las quemas controladas en plantas y animales. Rebbeck (2012) descubrió que, aunque las quemas controladas pueden favorecer la regeneración del roble, se sabe poco sobre los efectos del fuego en las plantas invasoras de los bosques de roble orientales. Del mismo modo, Perry (2012) señala que aún no se conocen del todo las interacciones entre el fuego, los murciélagos y el hábitat de los murciélagos.

Quemas controladas y riesgos de incendios forestales

Las quemas controladas también tienen el efecto de reducir la eficacia de las protecciones naturales contra incendios de la biodiversidad. Por ejemplo, los pájaros lira[3] rastrillan el suelo del bosque, una práctica que reduce tanto el riesgo como la intensidad de los incendios (Nugent et al. 2014). Por término medio, se observó que el forrajeo de las aves lira reducía la carga de combustible de hojarasca en un 25%, ligeramente inferior al nivel de riesgo aceptable del 30% designado como aceptable en Victoria, pero muy superior a los niveles de riesgo realmente alcanzados en Victoria en 2018. Esto, por supuesto, solo es relevante donde existen las aves lira, siendo probable que las prácticas actuales de incendios reduzcan la abundancia e influyan en la distribución de dichas aves.

---

[3] El lira es un ave australiana que habita en el suelo de los bosques y construye grandes montículos de hojarasca.

En algunos tipos de ecosistemas, la quema controlada del sotobosque provoca un rápido crecimiento y cargas de combustible en el suelo y en el nivel de árboles pequeños que pueden volver a crecer más que antes de la quema (McMurray, reportado en el Parlamento de Victoria 2017). Este rebrote también puede adoptar la forma de una planta autóctona de crecimiento secundario, como el helecho, que es muy inflamable (Wannon Conservation Society, reportado en el Parlamento de Victoria 2017). También puede fomentar el crecimiento de otras plantas autóctonas más inflamables debido a la desecación del bosque y a los cambios en la estructura del suelo provocados por el fuego (Wombat Forestcare informó en el Parlamento de Victoria 2017). La quema controlada también fomenta el crecimiento de hierbas no autóctonas que se secan en verano, sustituyendo a las hierbas autóctonas verdes en verano (Parlamento de Victoria 2017). Aunque algunas quemas medioambientales en Australia son importantes por razones ecológicas, como la liberación de semillas, algunos bosques, como los templados, no están diseñados para ser quemados, y la quema puede secar el bosque, aumentando el riesgo de incendios forestales. En respuesta a una controversia considerable, una investigación sobre el pastoreo de ganado en las zonas altas descubrió que no tenía ningún impacto en la reducción de incendios forestales y un impacto adverso en la propagación de arbustos, que resultaron ser más inflamables (Ingamells 2007). La quema controlada puede matar a muchos animales e insectos, tanto directamente como eliminando su suministro de alimentos, especialmente cuando la quema controlada aumenta en intensidad. Ward cree que el programa de reducción del combustible representa una amenaza mayor para la fauna autóctona que los incendios forestales (recogido en Parliament of Victoria 2017).

Quemado a contracorriente

También suscita preocupación la práctica de la quema a contracorriente. La quema a contracorriente consiste en encender un fuego para reducir la propagación y la intensidad de un incendio forestal ya existente. Sin embargo, también bloquea las vías de escape de animales, reptiles y pequeños mamíferos que se desplazan desde el incendio principal. Moverse de fuera hacia dentro también es una práctica utilizada en las quemas controladas como medio de controlar la propagación del fuego. Barraclough, en su testimonio ante la investigación parlamentaria, afirmó que la práctica de iluminar todo el perímetro de una zona de quema controlada y, a continuación, lanzar incendiarios aéreos, crea un fuego muy caliente debido a las corrientes ascendentes de calor (recogido en Parliament of Victoria 2017). Así, mientras que algunos animales pueden conseguir escapar de un incendio forestal, una quema controlada puede destruir más.

Rescate de animales

La RSPCA señala que, si bien existe un plan general de emergencia para el bienestar animal en Victoria en situaciones de emergencia por incendios forestales, no existe uno para las quemas controladas (Roberts informó en el Parlamento de Victoria 2017). La investigación parlamentaria recomendó (Recomendación 9) que el bienestar de los animales reciba una mayor prioridad práctica en el proceso de quema planificada, incluida la consulta con veterinarios y voluntarios de vida silvestre y que se les dé acceso a la zona tan pronto como sea seguro para ayudar a los animales heridos (Gobierno de Victoria 2017). Sin embargo, también señalan que el bienestar de los animales no debe ser una razón para no llevar a cabo las "quemas planificadas necesarias" (Parlamento de Victoria 2017, p.62). Hylands (2019) ha investigado la gestión de los animales heridos tras el incendio y ha descubierto que la gran mayoría de estos animales son sacrificados, en lugar de ser rescatados.

Los servicios de bomberos y su papel en la prevención: la presión... ¡para hacer algo!

Existen pruebas anecdóticas de que se realizaron grandes quemas controladas para cumplir el objetivo del 5% en Victoria, independientemente de la eficacia de las quemas. Cumplir el objetivo también dio lugar a la quema repetida de algunas tierras en la región de Mallee, ya que esto resultó ser una tarea más fácil que la quema de otras áreas (Parlamento de Victoria 2017; comunicación personal). Aunque la zona de Mallee, en el noroeste de Victoria, representa entre el 2 % y el 3 % del riesgo para la vida y la propiedad del estado, entre el 17 % y el 20 % se produjeron en esta región en los años 2012-2014.

Aunque el mayor riesgo para la vida y la propiedad en Victoria se encuentra en un arco que rodea la región de Greater Melbourne y Geelong, en la interfaz rural/urbana la mayoría de las quemas controladas entre 2012 y 2014 se produjeron fuera de esta zona. Esto se debe a los riesgos que corren las personas si una quema controlada se convierte en un incendio incontrolado (Penman 2015). Un desastre de este tipo ocurrió en Lancefield, una zona periurbana a las afueras de Melbourne, en 2015, cuando una quema controlada destruyó cinco casas y otros edificios y quemó 2.700 hectáreas (Milman 2015). Más recientemente, las quemas controladas en WA provocaron 50 incendios forestales en curso (Office of Bushfire Risk Management 2018). En 1995, los costes relacionados con los incendios suponían el 16% del presupuesto del Servicio Forestal de Estados Unidos, pero en 2015, la mitad del presupuesto se dedicaba a los incendios (Atleework 2018).

A falta de otros programas, Kirkpatrick registra un deseo de que se queme más para reducir el combustible (2013). Cree que se trata, en parte, de un deseo de las personas de hacer frente emocionalmente a su impotencia en caso de fenómenos naturales extremos (Parlamento de Victoria 2017). Esta perspectiva también puede aplicarse a los bomberos en el nuevo mundo de los incendios forestales extremos. McMurray (recogido en Parliament of Victoria 2017) sostiene que existe un interés cultural por el fuego y la quema. También puede deberse en parte a una cultura dominada por los hombres que hace hincapié en la actividad física.

En términos generales, la legislación que establece el mandato o la habilitación pertinente para la quema controlada establece un requisito para la quema controlada. Al mismo tiempo, la legislación que prevé la protección de la flora y la fauna autóctonas y/o de las especies amenazadas suele estar dirigida a conservar la flora y la fauna y a gestionar los procesos amenazantes. Algunas legislaciones tipifican como delito el daño o la muerte de determinadas especies de flora y fauna (en muchos casos, un resultado inevitable en las quemas controladas) y pueden aplicarse a poblaciones de especies amenazadas o a comunidades ecológicas. También pueden obligar a preparar planes de recuperación de especies amenazadas que pueden especificar limitaciones o requisitos de cumplimiento para las quemas controladas. Así pues, existe un conflicto evidente y no reconocido, que en gran medida no se ha debatido ni resuelto.

Reducción de combustible en parcelas seleccionadas

El uso de una forma de mosaico de quema controlada se recomendó hace más de 15 años en un informe para la Bushfire Research Unit, en el NSW National Parks and Wildlife Service del Servicio de Parques Nacionales y Vida Silvestre de Nueva Gales del Sur (Kenny et al. 2003). Este método de quema controlada tiene en cuenta las respuestas ecológicas a pequeña escala de plantas y animales a los regímenes de incendios (Gill & Bradstock 2003: Gill, Allan & Yates 2003). Por lo general, se trata de un fuego de baja intensidad que arde en manchas, lo que permite que los animales tengan vías de escape. Esta respuesta requiere una cartografía detallada de las respuestas ecológicas de plantas y animales a escala del paisaje. Gammage (2012) informa de que alrededor del 70% de las plantas de Australia necesitan o toleran el fuego, pero es fundamental diferenciar entre estas plantas, saber cuándo deben quemarse y en qué cantidad. Aunque en la actualidad existe un creciente interés por este método, una vez más no está muy extendido en las operaciones. El método requiere también un buen conocimiento de la ecología del paisaje, conocimiento del que actualmente se carece en gran medida.

Existe una larga tradición de quemas en mosaico practicadas por las poblaciones indígenas de EE.UU., Canadá y otros países, y sus conocimientos y técnicas se han ido acumulando a lo largo de miles de años (Paton, Buergelt y Flannigan,

2015). Los pueblos indígenas a menudo empleaban la gestión del fuego para lograr una serie de fines, entre ellos la salud y el bienestar del país. Por ejemplo, las Primeras Naciones, los Métis y los Inuit utilizaban el fuego para simular determinadas especies vegetales, reducir plagas y enfermedades y ayudar a cazar (Paton et al. 2015). La quema indígena no era un mosaico fortuito. Era un "cuidado local planificado, preciso y de grano fino... una quema eficaz (que) debe ser predecible" (Gammage 2012, p.2). Se llevaba a cabo en áreas pequeñas con una red ordenada de regímenes de incendios (Flannery 2012). "El conocimiento detallado era crucial y cada familia cuidaba de su propio terreno, y sabía no sólo a qué especies podía afectar el fuego o no, sino a qué plantas y animales..... Primero gestionaban el campo para las plantas... y luego para los animales" (Gammage 2012, p.3).

Los fuegos encendidos por los indígenas Los incendios encendidos por los indígenas australianos rara vez se extendían por grandes áreas, la mayoría de las manchas eran de menos de 5 hectáreas, pero podían llegar a ser de hasta 30 hectáreas. El intervalo entre incendios variaba según la especie dominante: los pastizales septentrionales se encendían anualmente hacia las 10 de la mañana y se extinguían a media tarde; la hierba canguro, cada 2 o 3 años; la mulga, una vez cada diez años; las crestas secas, cada 15 o 25 años; el fresno de montaña, cada 400 años. Del mismo modo, la fauna necesita un régimen variado de quemas para mantener su alimento y refugio. Los planeadores y las zarigüeyas necesitan fuegos frecuentes; los canguros rata necesitan casuarinas quemadas cada 7 años aproximadamente; un ratón autóctono necesita brezales quemados con un intervalo de 8 a 10 años; los Walabíes tammar necesitan melaleuca quemada con un intervalo de 25 a 30 años. Los indígenas australianos tenían en cuenta el viento, la humedad, el aspecto, las plantas y animales objetivo, la carga de combustible y las previsiones de lluvia a la hora de decidir qué día y a qué hora quemar (Gammage 2012). Gammage continúa diciendo que se aplicaban tres reglas: garantizar que toda la vida florezca, hacer que las plantas y los animales sean abundantes, convenientes y predecibles, pensar universalmente, actuar localmente.

Los nuevos colonos y colonizadores de Australia, Norteamérica y la India intentaron suprimir los incendios a medida que se establecían asentamientos permanentes, rompiendo así el patrón que configuraba la ecología y el paisaje. Como consecuencia, los incendios forestales eran más graves cuando se producían. Steffenson (según se informa en el Parlamento de Victoria 2017) argumentó que el paisaje australiano simplemente no podía soportar las quemas controladas extensas. Las complejidades en relación con los incendios forestales son mucho mayores que cuando los indígenas gestionaban el fuego. La población se ha extendido por el paisaje. Los suelos blandos que había en gran parte de Australia permitían que el agua se absorbiera en lugar de escurrirse; sin embargo, han desaparecido en gran medida con la expansión de la ganadería. Esto ha dado lugar a tierras más secas y a la pérdida de manantiales y fuentes, lo que ha provocado la pérdida de praderas, como la hierba canguro y otras hierbas, orquídeas, lirios y plantas anuales de invierno que se han perdido debido tanto a la quema inepta como a los suelos compactados y sobrepastoreados (Gammage 2012). El entorno más seco, debido a la alteración del paisaje y al cambio climático, está aumentando la vulnerabilidad a los incendios forestales.

Parece que existen argumentos ecológicos de peso a favor de las quemas discontinuas a baja temperatura con un ciclo que mantenga la vegetación de sotobosque. Aunque las quemas controladas pueden funcionar en lugares clave para reducir la velocidad y la intensidad de propagación del fuego, en la actualidad deben utilizarse de forma más eficaz y donde más se necesiten, para proteger a las personas y la fauna (Kelly, Giljohann y McCarthy, 2015). Al mismo tiempo, es necesario controlar a los depredadores asilvestrados, como zorros y gatos (Rijksen & Dickman 2014). Los pequeños mamíferos son vulnerables a la pérdida de cobertura vegetal y de complejidad estructural de la vegetación tras un incendio forestal grave. El resultado es tanto la pérdida de fuentes de alimento como la exposición a los depredadores, que también pueden desplazarse a una zona de forma oportunista para obtener fuentes de alimento más fáciles (Gill, Stephens y Cary, 2013).

¿A qué conclusiones se puede llegar?

De lo expuesto en este capítulo se pueden extraer algunas conclusiones generales. El proceso de modificación ambiental como la principal forma de prevención de incendios forestales necesita una investigación y reflexión considerables. Sobre todo, cuando se están pasando por alto muchas otras oportunidades para reducir el riesgo de incendios forestales. La cuestión se ha convertido en urgente, ya que el entorno natural se encuentra ahora en una situación de gran riesgo a escala internacional, de tal manera que el futuro a largo plazo de la humanidad está en peligro (Flannery 2019; Steffen et al. 2015).

Por lo tanto, es necesario tomar medidas urgentes para que las quemas controladas pasen a ser un modelo de mosaico, para acumular pruebas sobre el valor (o no) de las quemas controladas y para acumular conocimientos sobre los diversos efectos del fuego en la ecología y los paisajes a pequeña escala. Estos conocimientos deben difundirse ampliamente. Está claro que habrá que matizar más las opciones sobre los resultados más amplios y las opciones de valor. A los autores de este libro les pareció interesante que en los informes se revelaran muchos conocimientos locales sobre la ecología; y el impacto de las quemas controladas se puso de manifiesto en las presentaciones a la Investigación Parlamentaria sobre la Preparación para la Temporada de Incendios (Parlamento de Victoria 2017). Sin embargo, parece que estos conocimientos no están cotejados ni documentados. En particular, la adopción de un enfoque más amplio para la prevención de la ignición es fundamental - es raro que una carrera de un solo caballo satisfaga todas las necesidades.

Capítulo 9
Incendios en medio de una avalancha de datos

Introducción

La investigación científica contemporánea está siendo remodelada por tendencias que también están redefiniendo el desarrollo de nuestra vida cotidiana. La disponibilidad de una mayor potencia de cálculo, datos y almacenamiento está cambiando la capacidad de gobiernos, empresas y particulares para filtrar, procesar y obtener información de las enormes cantidades de datos que generamos en nuestras vidas. En particular, el uso de "macrodatos" enlazados para predecir los intereses o comportamientos individuales de las personas (como compras o movimientos).

El nuevo mundo de los "grandes datos, plantea retos a los científicos sociales y del comportamiento, que han sido formados para abordar el mundo desde una perspectiva epistemológica determinada. Si antes se utilizaban para determinar el tamaño de las muestras de los participantes; hoy en día, toda la población es la muestra. Mientras que la teoría impulsaba la cuidadosa elaboración de preguntas y la recopilación de datos, en la nueva era lo recopilamos todo, sobre todo porque ya no estamos limitados por las restricciones de almacenamiento. En el mundo antiguo, nuestros métodos estadísticos proporcionaban intervalos de confianza y una visión de "por qué" los resultados eran como parecían; en el nuevo, simplemente sabemos que algo funciona y nos importa menos el porqué. Si podemos predecir que "alguien hará algo" y acertamos el 99,9% de las veces, ¿nos importa realmente si el algoritmo es una "caja negra" o que los resultados se ajusten a la teoría? Probablemente no. Lo único que importa es que nuestra predicción sea correcta.

La aplicación de estos principios a la comprensión de los delitos graves resulta seductora para las autoridades policiales. En lugar de depender de teorías, ingenio, expertos y experiencia, si se puede identificar a los probables autores de un delito con data y métodos de aprendizaje automático, se podría ahorrar un tiempo y unos recursos policiales valiosos, al tiempo que se mejoraría la eficacia de la actividad policial. Este escenario no sólo es atractivo, sino que, dada la combinación adecuada de conjuntos de datos, también es totalmente posible. Pero, ¿tenemos los datos adecuados o, al menos, sabemos qué datos recopilar?

Aunque la duración de la temporada de incendios va en aumento, la delincuencia relacionada con los incendios provocados[1] es especialmente preocupante en los meses más cálidos y secos del verano y el otoño australianos. Como se describe ampliamente en otras partes de este libro, la frecuencia e intensidad de los incendios forestales en Australia están aumentando debido a una combinación de cambio climático, la invasión urbana y el crecimiento de la población. En un solo acto, una persona, cuyas actividades suelen pasar desapercibidas o no se controlan, puede provocar un incendio forestal que cause una devastación generalizada y duradera de vidas, comunidades, fauna y flora silvestres y el medio ambiente en general. (policía y bomberos) en las fases agudas del incendio, y la rehabilitación económica, sanitaria y medioambiental a largo plazo. Predecir y prevenir estos actos de desastre intencionado es, por tanto, una prioridad.

En consecuencia, en Victoria tenemos un conjunto de tres elementos que deberían combinarse para permitir la predicción y prevención de los incendios provocados. En primer lugar, tenemos un conjunto de deseos sociales y comunitarios de que se prevengan los incendios provocados. En segundo lugar, tenemos una fuerza policial motivada, autoridades de bomberos, autoridades de protección de la gestión medioambiental y servicios sanitarios, que desean prevenir los incendios. Por último, cada una de estas autoridades dispone de conjuntos de datos relativos a personas de riesgo o de riesgo conocido, antecedentes penales, localización de incendios, historial de incendios y características de los incendios. ¿Podemos reunir todas estas cosas? En teoría, sí. ¿Pero en la práctica?

El siguiente análisis describe los retos a los que se enfrenta actualmente Victoria a la hora de construir un conjunto de datos exhaustivo y, por tanto, de comprender el quién, el dónde y el cuándo de la predicción de incendios provocados. Identificamos los puntos fuertes de los conjuntos de datos, los puntos débiles, las lagunas, presentamos análisis preliminares basados en las fuentes de datos disponibles (y excluyendo las desconcertantemente no disponibles) y sugerimos un camino a seguir para una mejor coordinación de los datos y, por tanto, de la predicción entre organismos para el futuro. Dividimos el debate sobre los datos en 1) asociados a las personas y 2) asociados a los lugares. Aunque nos basamos en ejemplos de un único estado, Victoria, hemos enmarcado este debate de forma que también sea relevante para otras jurisdicciones, ya que se pueden encontrar problemas similares en muchos sistemas de gestión de incendios y países.

---

[1] El término "incendio provocado" se utiliza en este capítulo para referirse a un incendio intencionado.

Este capítulo también visita cuestiones planteadas en otras partes del libro. Ofrece conclusiones empíricas que complementan el capítulo 3, ilustra algunas de las dificultades a las que habrá que hacer frente para seguir la coordinación de los enfoques de prevención de incendios forestales, tal y como se expone en el capítulo 10. En particular, en relación con la integración de datos sobre incendios forestales, tratada en el capítulo 2, y posiblemente un componente crítico de la tarea de mejorar la respuesta de prevención de la ignición de incendios forestales.

Datos relativos a las personas

El principal conjunto de datos oficiales disponible en relación con las personas consideradas "de riesgo" de provocar incendios intencionados (tanto en zonas urbanas como rurales) en Victoria procede de la base de datos LEAP (Law Enforcement Assistance Program). La base de datos LEAP está diseñada principalmente para fines policiales operativos y proporciona un historial cronológico de todos los contactos registrados entre la policía de Victoria y las personas a un nivel de registro individual identificable.

Uno de los puntos fuertes de LEAP es su amplitud. Contiene millones de entradas de cientos de miles de personas, que abarcan muchos delitos y se remontan a décadas atrás. Sin embargo, aunque se presta a la investigación y el interrogatorio mediante técnicas de "big data", no se diseñó expresamente para este fin y, por tanto, (como la mayoría de los conjuntos de datos administrativos) contiene puntos débiles. La mayoría de ellas se derivan del hecho de que los seres humanos siguen siendo el intermediario entre los incidentes y el registro de los mismos, lo que da lugar a variaciones individuales y sistémicas en las normas y prácticas de notificación a lo largo del tiempo.

Del mismo modo, existe un desfase reconocido y necesario en la notificación de delitos y contactos en el conjunto de datos LEAP debido al propio proceso ordinario de actuación policial. Por ejemplo, los delitos no resueltos con anterioridad pueden retrotraerse en el tiempo y actualizarse posteriormente en el registro. En la práctica, esto significa que una condena por incendio provocado (o de otro tipo) puede no estar incluida en las estadísticas LEAP elaboradas a finales de (por ejemplo) el mes de marzo porque todavía no se ha procesado a ningún sospechoso. Sin embargo, si un delincuente fuera finalmente procesado en octubre por este delito, las estadísticas reproducidas en octubre para el mes de marzo diferirían de las elaboradas a principios de año. Aunque los investigadores no se basan en LEAP para las investigaciones, el problema práctico que plantea para la identificación de personas en situación de riesgo en tiempo real o en momentos críticos para los incendios provocados (por ejemplo, al inicio de la temporada de incendios) es que el conjunto de datos no es preciso en tiempo real debido a estos desfases temporales.

Por último, el conjunto de datos sólo contiene información conocida por la policía. Es bien sabido que la gran mayoría de los incidentes y delitos cometidos no se denuncian o no quedan registrados. Esto significa que, independientemente de su tamaño, el conjunto de datos de LEAP probablemente sólo considere la "punta del iceberg" en relación con la actividad delictiva total relacionada con los incendios.

¿Cómo de grande es demasiado grande?

A pesar de las deficiencias descritas, LEAP es actualmente el principal conjunto de datos utilizado para identificar a determinadas Personas de Interés (PDI) que se consideran en riesgo de reincidencia en incendios forestales. Esto significa que el tamaño del conjunto de datos LEAP ha seguido creciendo hasta el punto de que ahora hay demasiadas PDI de las que pueden ser razonablemente controladas o gestionadas por las fuerzas operativas. Para los agentes es sencillamente imposible seguir la pista de todas las personas que figuran en la lista de PDI de LEAP.

En 2017/18, los autores de este libro intentaron ayudar a la Policía de Victoria con esta cuestión mediante la identificación de patrones en los datos de PDI en el conjunto de datos LEAP e identificar si esta lista podría reducirse a efectos de una gestión de listas más eficiente y específica. Se realizaron dos esfuerzos distintos para comprender el conjunto de datos. En primer lugar, se realizaron análisis descriptivos para comprobar la existencia de irregularidades y valores atípicos, pero también para describir los aspectos básicos de los casos incluidos en el conjunto de datos LEAP. En segundo lugar, se llevó a cabo una serie de análisis predictivos para determinar si las características del conjunto de datos y los antecedentes penales podían utilizarse para predecir si era probable que el siguiente incidente registrado en el expediente de una persona estuviera relacionado con un incendio provocado. El objetivo de este enfoque era centrar mejor los recursos de vigilancia policial en los PDI de "alto riesgo". A continuación, describiremos el éxito obtenido.

Características del conjunto de datos

El conjunto de datos examinado contenía una muestra con un total de 258.707 filas individuales, que representaban los historiales de casos penales ordenados cronológicamente de los antecedentes penales de 3.692 personas. 2.692 registros eran casos (relacionados con incendios provocados) y 1.000 eran controles sin registros relacionados con incendios provocados. El siguiente análisis descriptivo se refiere únicamente a los casos.

Cada caso individual tenía múltiples filas, que representaban incidentes individuales registrados cronológicamente, entrevistas o condenas asociadas a la persona en el momento de la extracción de datos. Esto significaba que, en el momento de la extracción de datos, muchas personas podían estar todavía "activas" penalmente y en distintas fases de su historial de antecedentes penales. Por lo tanto, las estadísticas descriptivas deben leerse teniendo esto en cuenta y no como un historial completo de las personas. Las fechas de los incidentes registrados abarcan desde 1951 hasta mediados de 2017.

Además, algunas variables se facilitaron al equipo de investigación de forma abreviada para proteger la confidencialidad individual. Por ejemplo, para cada persona se registró el año de nacimiento en lugar de la fecha de nacimiento. Por lo tanto, la edad estimada en años para cada caso se calculó como la fecha del incidente o delito registrado, menos el 1st de enero de su año de nacimiento registrado. Por término medio, esto produjo un error de 6 meses en la edad estimada para cualquier persona en la fecha registrada de cualquier incidente.

Varias variables utilizadas en el análisis se calcularon o derivaron a partir del conjunto de datos suministrado originalmente. La finalidad de estas nuevas variables era preparar el conjunto de datos para su análisis de forma que facilitara la predicción de futuros sucesos relacionados con incendios provocados. Además del cálculo de la variable "edad en la fecha del incidente" descrita anteriormente, esto implicó la preparación de las siguientes:

1. Cálculo de un número único de incidente para cada persona, lo que permite estimar el orden de clasificación de cualquier incidente en el historial registrado de la persona.

2. Cálculo del intervalo de tiempo entre incidentes registrados en días.

3. Una serie de variables ficticias que registran (1 = Sí, 0 = No) la captura de texto de los detalles de notificación de incidentes si el incidente implicó:

    a. Armas de fuego

    b. Incendio provocado (codificado como "daño criminal por incendio")

    c. Un "incidente" en lugar de una detención, una orden de detención, un interrogatorio, o fue una grabación de una "alerta" contra la persona por un posible hecho anterior relacionado con un incendio provocado

4. Cálculo de los recuentos acumulados de incidentes según lo anterior

5. Estimación de si había futuros incidentes relacionados con incendios provocados en los antecedentes penales de la persona que aún no se habían producido

6. Derivación de si los incidentes potenciales relacionados con incendios provocados registrados implicaron la quema de hierba, árboles, vehículos, edificios ocupados o desocupados, y si se utilizó un acelerante en la ignición.

7. Los antecedentes penales del individuo como víctima o autor de una serie de incidentes no relacionados con el incendio provocado, incluidos incidentes individuales y recuentos acumulativos de:

    a. Violencia familiar

    b. Asalto

    c. Órdenes de intervención (OIV) como denunciante o denunciado

    d. Violencia de cualquier tipo

8. El código postal de la residencia del autor en el momento del incidente y el código postal (si está disponible) del incidente

Estadísticas descriptivas

Género

El conjunto de datos contenía 322 mujeres (12%) y 2.369 hombres (88%). En un caso no se registró el sexo.

Edad en el momento del incidente

La figura 9.1 muestra la media de edad masculina, femenina y general de todos los incendios provocados relacionados con las categorías de materiales y bienes quemados registrados en el conjunto de datos LEAP. Tanto los incendios de vehículos como los de pastos y árboles tendieron a ser provocados por sospechosos de menor edad que los incendios de edificios y, en general, por hombres más jóvenes que las mujeres. Los incendios de edificios ocupados fueron provocados por personas de mayor edad, lo que podría representar un motivo más utilitario (por ejemplo, para el seguro u otros fines) que expresivo.

La distribución de los rangos de edad para los incendios de pastos/árboles (Figura 9.2a-d), vehículos, edificios ocupados y desocupados muestra estas tendencias con mayor detalle. Cabe destacar el "pico" de incidentes de incendios entre personas de 40 años o alrededor de esa edad, para todos los tipos de incendios con la excepción de los vehículos.

Figura 9.1: Edad media de los posibles registros relacionados con incendios provocados para hombres, mujeres y, en general, grupos combinados.

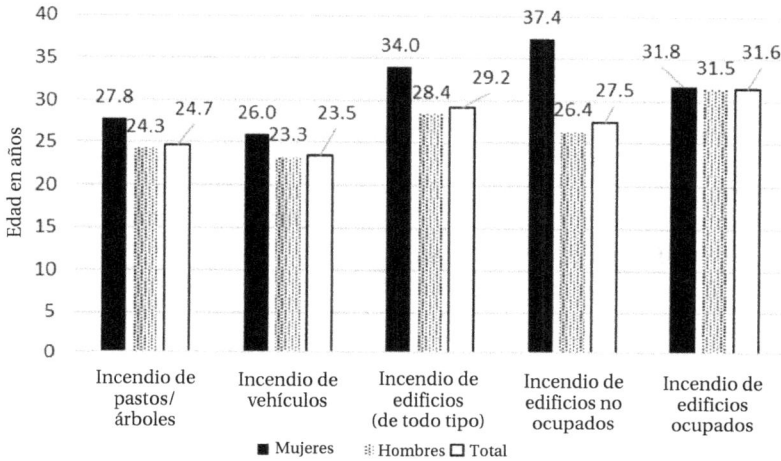

Figuras 9.2a-d: Distribución de la antigüedad de los delitos relacionados con incendios provocados entre los distintos tipos de incendios para todos los registros relacionados con incendios provocados.

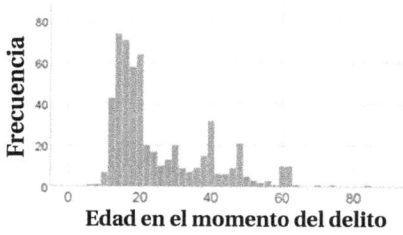

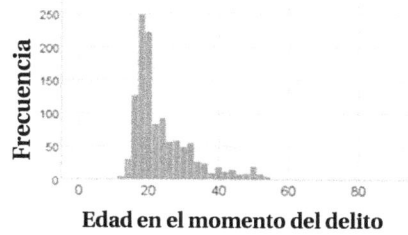

9.2a. Pastos/árboles

9.2b. Vehículos

9.2c. Edificios desocupados

9.2d. Edificios ocupados

Cronología de los incidentes

En comparación con otros incidentes registrados en el historial de cada persona, los incidentes relacionados con incendios provocados se produjeron mucho antes, tanto en edad como en cronología (por ejemplo, incidentes ordenados por rango) del historial de contactos policiales registrados de las personas. La figura 9.3 muestra el número medio de incidentes asociados con cada categoría de incidentes relacionados con incendios provocados para hombres y mujeres en comparación con los no relacionados con incendios provocados (otros). Para mayor claridad, el incidente número 1 representaría el primer acto delictivo o contacto con la policía registrado en el conjunto de datos LEAP, mientras que el incidente número 100 representaría el número 100.

Figura 9.3: Números medios de incidentes para hombres y mujeres en relación con los tipos de incendio, con números de incidentes más bajos que indican incidentes más tempranos en un historial delictivo total.

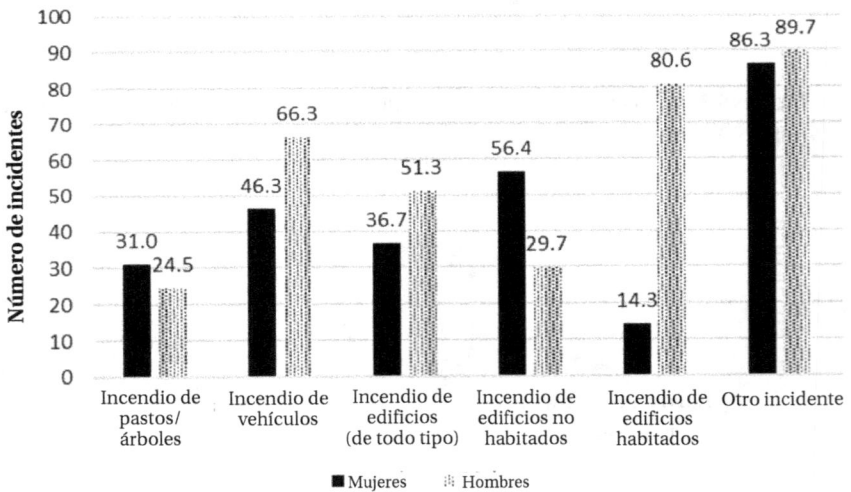

Los datos muestran que, en el caso de los varones, los incendios de pastos/árboles aparecieron antes en los registros de antecedentes penales, junto con los incendios de edificios desocupados y otros incendios de edificios. Aunque ejecutados a edades tempranas, los incendios de vehículos tendían a aparecer más tarde en la carrera delictiva, junto con los incendios de edificios ocupados. En el caso de las mujeres, los patrones eran ligeramente diferentes, siendo los incendios de edificios ocupados los primeros en aparecer, seguidos de los incendios de árboles/césped y vehículos. Los incendios de edificios en estos gráficos representan incidentes combinados de incendios ocupados y desocupados. Cuando se compara con el número cronológico medio de incidentes de todos los demás registros no relacionados con incendios provocados dentro del historial de cada persona, es evidente que los incidentes relacionados con incendios provocados tienden a aparecer relativamente pronto dentro de las carreras delictivas.

Número de incendios provocados

El número medio de incidentes relacionados con incendios provocados registrados para cada persona en la fecha disponible más reciente de sus antecedentes penales fue de 2,84 (*sd* = 3,98). De nuevo, se trataba de una distribución muy sesgada. La mediana de delitos relacionados con incendios tanto para hombres como para mujeres fue de 2.

Análisis predictivo

Aunque la descripción de las pautas de actividad sospechosa en incendios y de comportamiento delictivo permite conocer las características y pautas de comportamiento de quienes provocan incendios, más útil sería la capacidad de predecir si es probable que los individuos provoquen incendios en el futuro. De este modo, los organismos encargados de la aplicación de la ley podrían orientar mejor sus actividades de vigilancia hacia las personas de alto riesgo, en lugar de repartirlas entre una población más amplia. De este modo, se daría prioridad a los infractores más decididos y, al mismo tiempo, se contribuiría a la prevención de incendios.

Por lo tanto, se llevaron a cabo una serie de experimentos de clasificación de sucesos utilizando el conjunto de datos LEAP modificado para predecir si era probable que se produjera un incidente relacionado con un incendio provocado en el futuro de la persona después de su suceso potencial inicial relacionado con un incendio provocado, que la situó en el conjunto de datos LEAP, para empezar. Es decir, formulamos la pregunta: "¿Es probable que esta persona provoque un incendio en el futuro?". Se adoptaron dos enfoques. El primero fue una regresión logística; el segundo, una red neuronal perceptrón multicapa. A continuación, se describen los resultados de ambos enfoques.

Regresión logística

Para estimar la probabilidad de que un individuo del conjunto de datos LEAP cometa otro incendio provocado tras el suceso inicial (futuro cargo por incendio provocado frente a ningún cargo futuro por incendio provocado), se realizó una regresión logística directa que incluía factores predictivos de:

- Sexo (masculino, femenino)

- Intervalo de tiempo (intervalo de tiempo en días entre los hechos registrados en los antecedentes penales de la persona)

- Incendios provocados múltiples (si la persona tenía registrados múltiples incidentes previos relacionados con incendios provocados)

- Recuento de incendios provocados (número acumulado de actos relacionados con incendios provocados cometidos contra la persona)

- Edad del delito (edad en el momento del incidente registrado)

- Víctima (número acumulado de incidentes en el historial de la persona relacionados con haber sido víctima de un delito)

- Delincuente (número acumulado de incidentes en el historial de la persona relacionados con ser un posible autor de un delito)

- Agresión (número acumulado de incidentes en el historial de la persona relacionados con una posible agresión, ya sea como víctima o como autor)

- IVO (número acumulado de incidentes en el expediente de la persona relacionados con órdenes de intervención dictadas a su favor o en su contra)

- Familia (número acumulado de incidentes en el historial de la persona relacionados con la violencia familiar)

- Número de incidentes (número acumulado de incidentes, entrevistas y todos los demás acontecimientos registrados en el expediente de la persona)

Los resultados del modelo global mostraron que el conjunto de variables incluidas contribuía significativamente a la predicción de futuros incidentes relacionados con incendios provocados tras el incidente inicial (X^2 (10, $N=169454$)= 43088,36, $p < .001$). Además, la Tabla 9.1 muestra que, con la excepción del género, todas las variables incluidas contribuyeron significativamente a la predicción de futuros incidentes relacionados con incendios provocados. Sin embargo, debe tenerse en cuenta que, debido al gran tamaño del conjunto de datos LEAP, la prueba está sobredimensionada y, por tanto, exagera la contribución de muchas variables al resultado.

Tabla 9.1: Resultados de las variables predictoras individuales incluidas en la ecuación de regresión logística.

Variables	B^*	Prueba de Wald	Odds ratio*	Intervalo de confianza del 95% para la odds ratio*.	
				Baja	Variables
Género	-.002	.01	1.002	.962	Género
Brecha temporal	-.001	778.04	.999	.999	Brecha temporal
Incendio múltiple	-2.208	25594.04	.110	.107	Incendio múltiple
Edad del delito	-.019	687.33	.981	.980	Edad del delito
Víctima	.030	219.12	1.031	1.027	Víctima
Asalto	-.001	7.71	1.004	1.001	Asalto
Delincuente	-.004	405.20	1.007	1.006	Delincuente
IVO	-.003	4.01	1.003	1.000	IVO
Familia	-.037	421.34	.964	.960	Familia
Recuento de incendios provocados	.052	404.94	1.053	1.048	Recuento de incendios provocados
Número de incidente	-.007	932.78	.993	.992	Número de incidente

*Los decimales se indican con 3 decimales para mayor precisión.

La observación de las variables individuales en el análisis indica que el indicador "incendio provocado múltiple" fue la variable más influyente entre el conjunto observado. Esta variable indicaba si una persona había registrado al menos 2 incidentes previos relacionados con incendios provocados. Es importante señalar que esta variable no estaba disponible para el modelo en el momento del suceso número 2 de la persona, sino sólo el número de incidente *después de* que se registrara. La dirección del coeficiente beta indica que el riesgo de incendios futuros disminuye después del incidente provocado registrado en 2.

Otros patrones observables en los coeficientes beta son que, en general, el recuento acumulado de delitos tiende a reducir el riesgo de futuros incendios, con la excepción de ser víctima de un delito, y los propios recuentos de incendios provocados. Este resultado, potencialmente contraintuitivo, puede interpretarse en consonancia con las tendencias generales observadas en los análisis descriptivos, según las cuales los incendios provocados tienden a ser un delito que se comete al principio de la carrera profesional, a edades más tempranas y cronológicamente antes en el historial de incidentes y contactos policiales de una persona. A la inversa, la probabilidad de que una persona se vea implicada en un incendio en el futuro disminuye drásticamente tras los 2 o 3 incidentes iniciales, pero vuelve a aumentar gradualmente con nuevos delitos relacionados con incendios provocados.

Tabla 9.2: Incendios provocados futuros observados frente a los predichos tras una acusación inicial basada en cada fila de incidentes para cada persona del conjunto de datos LEAP utilizando el análisis de regresión logística.

		Predicción de futuros incendios provocados		Porcentaje correcto
		No	Sí	
Observado futuro incendio provocado	No	97154	14625	86.9%
	Sí	24783	32892	57.0%
				76.7%

La tabla 9.2 muestra los resultados de clasificación observados y previstos del modelo. La clasificación global correcta fue del 76,7%. El 86,9% de las filas se clasificaron correctamente como no autores de un futuro delito de incendio provocado, y el 57% de las filas se clasificaron correctamente como autores de un futuro delito o incidente de incendio provocado. A efectos de la gestión eficaz y eficiente de una base de datos de personas consideradas "en riesgo" de cometer un incendio provocado en el futuro, estos resultados prometen que algunas de las personas incluidas en la lista pueden ser eliminadas de forma fiable sin preocuparse excesivamente de que sean "pasadas por alto". Esto permitiría centrar mejor los esfuerzos de la Policía en las personas que siguen corriendo el riesgo de cometer otro incendio provocado.

Red perceptrón multicapa

El segundo análisis realizado tenía los mismos fines predictivos que la regresión logística; sin embargo, se aplicó un algoritmo de aprendizaje automático conocido como red perceptrón multicapa (MLPN). Esta red también utilizó variables de entrada idénticas del conjunto de datos LEAP manipulado descrito anteriormente para diferenciar entre los registros de las personas que indicaban su probable implicación futura en un incendio o no. Sin embargo, a diferencia de la regresión logística, la MLPN permite un enfoque más flexible en el que no es necesario que las variables de entrada consistan en combinaciones lineales entre sí. Aunque esto puede conducir a mejores resultados predictivos, la interpretación de los resultados puede ser más difícil porque el modelo contiene capas "ocultas" formadas por múltiples combinaciones de propiedades variables. Por ello, el modelo crea un conjunto de datos de entrenamiento (75%) con los datos disponibles, que luego prueba en un conjunto de datos de validación (25%) para determinar si el modelo se ha entrenado correctamente y puede utilizarse de forma fiable con datos nuevos y desconocidos.

Tabla 9.3a-b: Incendios provocados futuros observados frente a los predichos tras una acusación inicial basada en cada fila de incidentes para cada persona en el conjunto de datos LEAP utilizando el análisis de red MLP tanto para el conjunto de datos de entrenamiento (a) como de validación (b).

Tabla 9.3a		Predicción de futuros incendios provocados		Porcentaje correcto
		No	Sí	
Observado futuro incendio provocado	No	69445	9030	88.5%
(conjunto de datos de entrenamiento)	Sí	17695	22686	56.2%
		73.3%	26.7%	77.5%

Tabla 9.3b		Predicción de futuros incendios provocados		Porcentaje correcto
		No	Sí	
Observado futuro incendio provocado	No	29334	3970	88.1%
(conjunto de datos de validación)	Sí	7486	9808	56.7%
		72.8%	27.2%	77.4%

La Tabla 9.3 muestra los resultados de clasificación producidos por la MLPN, que son comparables a los producidos por la regresión logística. Es importante señalar que, dado que la red MLP asigna aleatoriamente casos individuales al conjunto de datos de entrenamiento o validación antes del análisis, los resultados pueden variar marginalmente entre ejecuciones.

Los cálculos en los que se basa la red MLP no producen un conjunto sucinto de ponderaciones beta que puedan utilizarse para estimar el riesgo de nuevos casos. Sin embargo, el resultado produce una tabla estandarizada de influencia para cada variable que puede utilizarse para comprender qué variables de entrada son/eran las más importantes en el análisis.

Por orden de importancia, esto indica que las variables "número de incidente", "intervalo de tiempo", "delincuente", "incendio provocado múltiple", "víctima" y "número de incendios provocados eran las más importantes. Sin embargo, a diferencia de la regresión logística, la dirección del efecto de estas variables no se puede interpretar a partir de los resultados y puede que no sea lineal. No obstante, indica que mantener una colección de estas variables es importante para futuros trabajos analíticos o predictivos.

Conclusiones

El análisis de los datos a nivel de persona dentro del conjunto de datos LEAP demuestra que, incluso con conjuntos de datos administrativos imperfectos como LEAP, es posible mejorar significativamente la eficacia de las listas de PDI mediante el análisis de los datos a nivel de persona. Recortar el conjunto de datos para incluir únicamente a las personas que, según las predicciones, en un momento dado podrían participar en un futuro en un delito relacionado con un incendio provocado, podría reducir significativamente el volumen de PDI en observación sin comprometer la probabilidad de identificar correctamente a las personas en situación de riesgo.

Datos relativos a los lugares

A pesar de la exhaustiva lista de factores incluidos en el conjunto de datos LEAP, una variable no incluida se refería al lugar de residencia del PDI y/o a la localización del incendio asociado al PDI. Lamentablemente, estos datos no están disponibles a través de LEAP o sólo están disponibles con un bajo nivel de precisión (por ejemplo, a nivel de código postal). Esto supone una laguna evidente en los datos disponibles para predecir la delincuencia relacionada con los incendios provocados y la localización probable de los incendios.

Aunque los datos policiales son razonablemente completos a nivel de persona, la localización registrada de los incendios no estaba vinculada a la base de datos LEAP. Sin embargo, se encuentra en otra parte de los servicios de emergencia y el sistema de gestión de bienes públicos. Por ejemplo, en Victoria, el Departamento de Medio Ambiente, Agua y Ordenación del Territorio (DELWP) ha registrado la ubicación de casi 29.000 incendios en Victoria durante los últimos 50 años, junto con la causa de cada incendio, incluidas las categorías de incendios "malintencionados" (es decir, provocados). Las figuras 9.4a-c siguientes muestran a) la localización de todos los incendios registrados por el DELWP, b) la localización de todos los incendios declarados como provocados por rayos y c) y d) la localización de los "incendios malintencionados" registrados en todo el estado y en los alrededores del área metropolitana de

Melbourne. Gran parte de esta información está a disposición del público a través del portal de datos abiertos del Gobierno de Victoria[2].

Figura 9.4a: Mapa térmico de la localización de todos los incendios registrados en el conjunto de datos DELWP en todas las categorías.

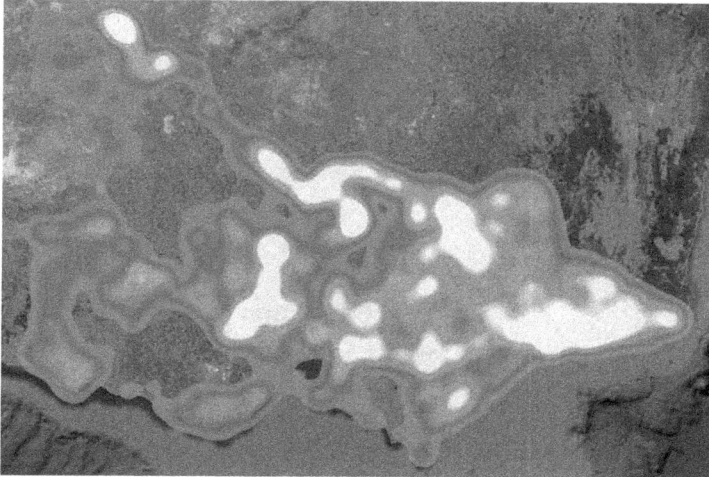

Figura 9.4b: Localización estimada de todos los incendios registrados como provocados por rayos en el conjunto de datos DELWP.

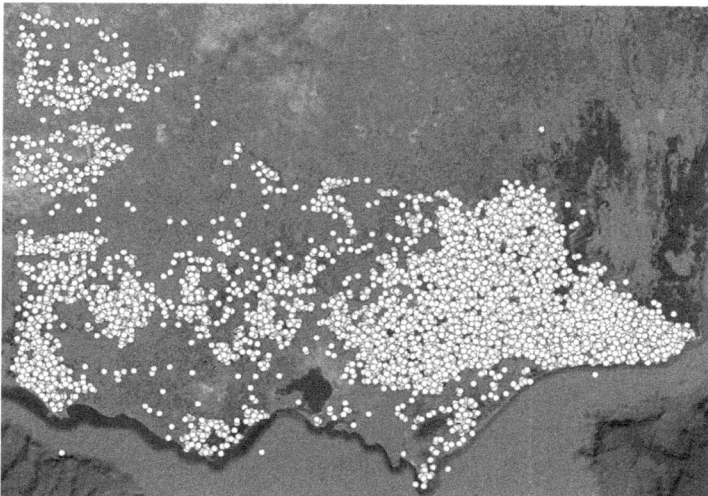

---

[2] (www.data.vic.gov.au).

Figura 9.4c-d: Localización estimada de todos los fuegos intencionados encendidos en Victoria según los datos del DELWP, con un primer plano (recuadro, arriba a la derecha) de la zona que rodea Melbourne.

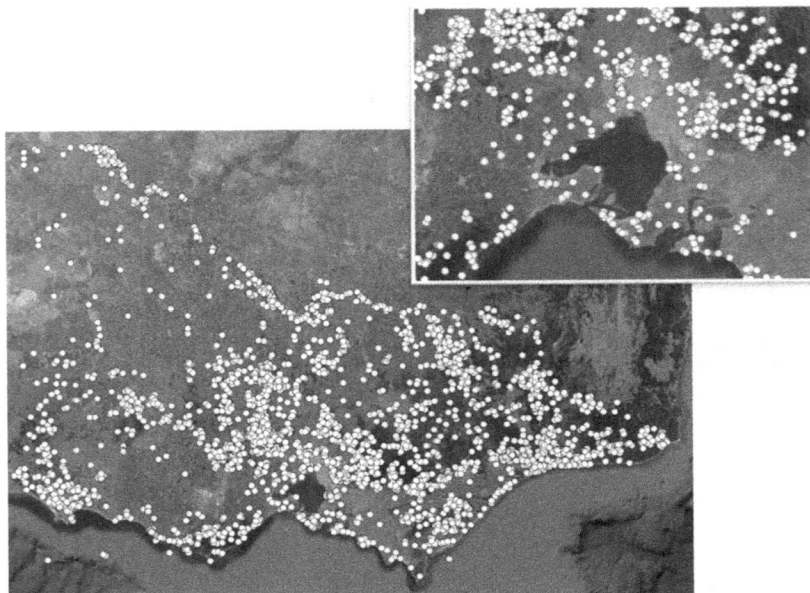

La información sobre la localización contenida en estos conjuntos de datos es razonablemente detallada (aunque aquí no se ofrecen detalles), lo que permite comprender la naturaleza de las distintas categorizaciones de incendios en Victoria. Por ejemplo, se observan claras diferencias entre la localización de los incendios categorizados como maliciosos y los clasificados como causados por rayos. Los incendios maliciosos aparecen más a menudo en la interfaz entre zonas urbanas o residenciales y matorrales, donde también aparecen carreteras de acceso. Por el contrario, los incendios provocados por rayos aparecen muy concentrados en las tierras altas del noreste y se producen en terrenos inaccesibles en zonas sin acceso evidente.

Sin embargo, a pesar del detalle observado, los datos vuelven a presentar lagunas e incertidumbres. Por ejemplo, algunos de los puntos notificados se encuentran fuera de la línea de costa, en el océano, lo que pone de manifiesto que la exactitud de algunos de los datos de localización es potencialmente cuestionable. Además, hay poca información disponible sobre cómo se ha llegado a un acuerdo sobre la categorización de las causas de ignición asociadas a cada punto y cómo este régimen de clasificación puede haber cambiado con el tiempo; ¿es por comité, consenso, informes sobre el terreno, conjetura o de otro modo? Aunque es más fácil distinguir entre los incendios provocados intencionadamente y los provocados por rayos, la distinción entre los que se consideran deliberadamente malintencionados o provocados por "hogueras (lo que representa más de 2.500 incendios), es menos clara (véase la figura 9.5 y también el capítulo 2).

Aunque los datos del DELWP parecen exhaustivos tanto por su volumen como por su naturaleza, es posible que se produzcan más incoherencias cuando se comparen con los datos recogidos de la Autoridad de Bomberos del País (CFA). Esto puede deberse, en parte, a que sólo se registran los incendios en los que interviene cada cuerpo de bomberos, por lo que no está claro qué nivel de "doble contabilidad" puede haber en los datos. Sin embargo, es necesario aclarar esta cuestión para poder fusionar los conjuntos de datos y comprender mejor las causas de los incendios en Victoria, ya que se trata de información importante para establecer prioridades en las respuestas de prevención. Dadas las probables disparidades, no se sabe con certeza si estos conjuntos de datos podrían fusionarse o comprenderse de forma cohesiva, ni cómo. Esto enturbia una vez más la posible comprensión de la naturaleza y las características de los incendios en Victoria. Además, aunque sabemos que existen conjuntos de datos comparables de la CFA, el proceso para acceder a ellos con fines de comparación e interrogación es difícil y contrasta notablemente con la política de datos abiertos del DELWP, antes mencionada, lo que hace que se pierda la oportunidad de acceder a ellos. del DELWP, lo que perjudica a los residentes y comunidades que podrían beneficiarse.

Figura 9.5: Localización estimada de todas las categorías de incendios registrados en el conjunto de datos DELWP de Victoria.

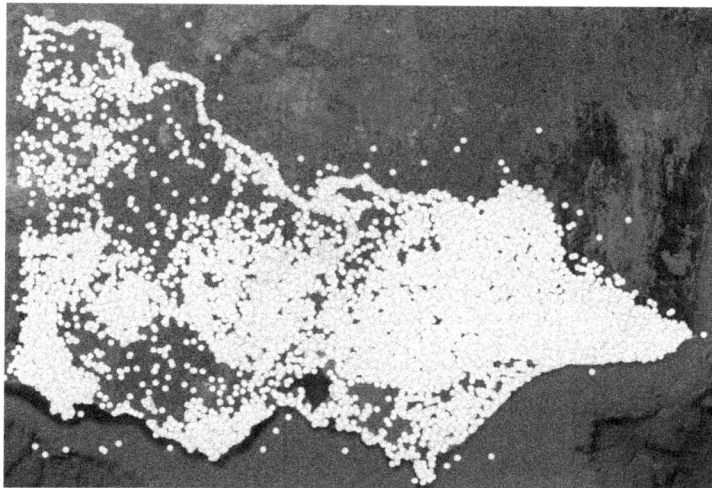

Resumen: reunir datos relacionados con personas y lugares

Esta información y los mapas ofrecen una interesante muestra de lo que debería ser posible en la incipiente era de los macrodatos y la analítica. Sin embargo, la clave está en la recopilación y organización de los datos en estructuras útiles. La falta de transparencia, disponibilidad, coherencia de enfoques y contenido de los datos de los servicios de emergencia es común a escala internacional. No es exagerado afirmar que el estado actual de los datos relacionados con el fuego y los incendiarios (por ejemplo, sospechosos o pirómanos confirmados) contiene suficientes lagunas como para hacerlos prácticamente inutilizables como recurso para predecir o prevenir incendios en el futuro.

La falta de continuidad presente entre las fuentes de datos (Policía de Victoria, DELWP, CFA) y el diferente énfasis que cada organismo da a los datos que posee, ya se centren en personas o en lugares, reduce significativamente el valor de cada conjunto de datos. Una estrategia de gestión de datos sobre incendios en Victoria para el futuro debería tratar de paliar estos problemas. Un árbitro de conjuntos de datos, que supervise la recopilación y el enlace de la recogida y el análisis de datos entre organismos, podría aportar un gran valor a cualquier zona de alto riesgo de incendios, incluida Victoria, ayudando a orientar mejor los escasos recursos, e identificar y prevenir la proliferación de incendios y sucesos de incendios que han marcado gran parte de la historia de Victoria y de las vidas de los victorianos. Este esfuerzo está al alcance de la tecnología, la gestión de datos, la gobernanza y los medios analíticos actuales. A bajo coste podría ponerse en práctica casi de inmediato si existiera voluntad interdepartamental.

Nuestras recomendaciones son, por tanto, las siguientes:

1. Debería crearse una oficina central de datos sobre incendios con el único propósito de vincular y coordinar los datos sobre personas y lugares que actualmente recopila cada uno de los organismos mencionados y otras organizaciones, según proceda (por ejemplo, el Cuerpo de Bomberos Metropolitano, el Departamento de Salud y Servicios Humanos). Esta cuestión se trata con más detalle en el capítulo 10.

2. La oficina debe tener el mandato de hacer cumplir la recogida de datos relacionados con incendios en un formato que permita vincular todos los incidentes con los registros policiales y otros datos relacionados con personas e incidentes.

3. Los conjuntos de datos Los conjuntos de datos CFA y DELWP basados en el lugar deben fusionarse y todos los datos recopilados deben

normalizarse en relación con la codificación de las fuentes de ignición, las fuentes de calor, las normas de localización del SIG y todos los demás campos.

4. El actual conjunto de datos de LEAP debe seleccionarse para reducir la presencia de personas de interés a aquellas marcadas en el conjunto de datos como prioritarias para la investigación.

Sección 3
El camino a seguir

Los dos últimos capítulos ofrecen una visión general de las ideas sobre el lugar de la prevención y los acuerdos de gobernanza e ideas sobre posibles programas de prevención. El capítulo 10 presenta una visión general de la posición y el papel de la prevención, mientras que el capítulo 11 ofrece sugerencias sobre programas de prevención.

Capítulo 10
Un nuevo enfoque para la prevención de incendios forestales

La gravedad del problema de los incendios forestales

La gravedad del problema de los incendios forestales se debe en gran parte al cambio climático. El Foro Económico Mundial elabora anualmente un *Informe sobre Riesgos Mundiales* en el que clasifica las amenazas económicas, sociales, geopolíticas, tecnológicas y medioambientales en función de la probabilidad de que se produzcan y de su impacto. En el informe de 2019, los riesgos medioambientales dominan por tercer año consecutivo. Los tres principales riesgos que se consideran más probables son: "fenómenos meteorológicos extremos", "fracaso de la mitigación del cambio climático y adaptación al cambio climático, y 'grandes catástrofes naturales'". El riesgo de "impacto" calificó los "fenómenos meteorológicos extremos" como el segundo mayor riesgo, las "grandes catástrofes naturales" como el cuarto mayor riesgo y el "fracaso de la mitigación y adaptación al cambio climático" como el quinto. El Grupo Intergubernamental de Expertos sobre el Cambio Climático (IPCC) dijo sin rodeos en octubre de 2018 que tenemos como máximo 12 años para hacer los cambios drásticos y sin precedentes necesarios para evitar que la temperatura media mundial aumente más allá del objetivo de 1,5 °C del Acuerdo de París. El eminente científico del clima Hansen (2018) escribe que, siendo 2018 otro año de tormentas, incendios e inundaciones, el mundo está claramente caminando dormido hacia la catástrofe.

Jones (2010) documenta el inicio de la comprensión científica del cambio climático. Ya en 1824, Fourier afirmó que la atmósfera mantenía el calor de la superficie de la Tierra. En 1896, el químico sueco Arrhenius acuñó el nombre de "efecto invernadero" y calculó la relación entre los cambios en los niveles de dióxido de carbono y la temperatura atmosférica. Las cuestiones sobre los problemas medioambientales se discutían más allá de la comunidad científica, incluso al principio de la Revolución Industrial. Malthus (1766-1834) hablaba de los límites de la oferta de tierras y de la reducción de los alimentos per cápita a medida que la población. Marx (1818-1883) escribió sobre el fracaso de los sistemas económicos capitalistas modernos debido a su insostenibilidad, sobre todo en relación con la destrucción del medio ambiente (Pearce & Turner 1990). El pensamiento económico primitivo consideraba el papel del mercado, el crecimiento y los recursos, y muchas de estas ideas se han reintroducido en los debates medioambientales contemporáneos (Pearce & Turner 1990). Sin

244 Capítulo 10

embargo, los economistas de la corriente dominante sostenían, y muchos aún sostienen, la opinión de que es posible un crecimiento ilimitado, dado un sistema de precios que funcione eficazmente y mercados libres apoyados por el cambio tecnológico.

Bryson (2010) cuenta la historia del inicio de la fiebre del petróleo. La perforación se emprendió como parte de la búsqueda de una mejor iluminación que el aceite de ballena y el queroseno exprimido del carbón. Bissell formó la Pennsylvania Rock Oil Company y envió a Drake a buscar petróleo. El 27 de agosto de 1859, un año y medio después, Drake y sus hombres dieron con petróleo. Bryson continúa diciendo que "el primer problema para la compañía fue dónde almacenar todo el petróleo que estaban produciendo. ...durante las primeras semanas almacenaron el petróleo en bañeras, lavabos, cubos y cualquier otra cosa que pudieron encontrar. ...aunque nadie se dio cuenta en ese momento, acababan de cambiar el mundo por completo y para siempre" (Bryson 2010, p.131). Del mismo modo, la electricidad entró en funcionamiento práctico en septiembre de 1882, cuando Edison, que había tendido quince millas de cable, encendió las luces de toda una calle de Nueva York (Bryson 2010). Hacia 1900, la electricidad en las ciudades de los países occidentalizados era cada vez más la norma.

Hacia finales del siglo XX, poco más de 100 años después, además de la mejora de las condiciones de vida de muchas personas, sobre todo en el mundo occidental, empezaron a revelarse y experimentarse graves consecuencias adversas de estos descubrimientos. No se trata de un patrón inusual cuando se introducen nuevas tecnologías. Muchas de estas consecuencias adversas están asociadas al rápido aumento de los gases de efecto invernadero. Este problema sólo se reconoce después de que muchos países, estructuras económicas y sociales y modelos de vida hayan quedado atrapados en una dependencia de las energías no renovables. Pero no todos los países. Muchos habitantes de los países no industrializados[1] aún no han establecido una dependencia total de los combustibles fósiles. Sin embargo, estos países se están acercando rápidamente a esta situación. Las creencias ideológicas sobre el "progreso" y el modo de vida en una "economía desarrollada" se han convertido en grandes bloqueos a las acciones para resolver el problema de las emisiones de gases de efecto invernadero.

---

[1] En este libro se habla de países "industrializados" y "no industrializados" en lugar de los términos más comunes "desarrollados" y "en vías de desarrollo". Con ello se pretende evitar el juicio de valor implícito de que sólo son "desarrollados" los países que han adoptado una economía de estilo occidental. En realidad, un país puede tener una forma de economía más tradicional bien desarrollada.

Superar las dependencias del camino

La Isla de Pascua es famosa por sus casi 900 figuras gigantes de piedra, con una media de 4 metros de altura y 13 toneladas de peso, construidas por personas que eran maestros artesanos e ingenieros. Sin embargo, para conseguirlo, despojaron totalmente la isla de árboles, ya que la palmera autóctona se utilizaba para construir herramientas agrícolas y ayudar en el transporte de las estatuas de la isla, lo que provocó la caída y el colapso de la sociedad de la Isla de Pascua (de la Croix & Dottori 2008). Merece la pena citar la conclusión de Wright en su libro sobre la pérdida histórica de civilizaciones: "Ahora nos encontramos en la fase en la que los habitantes de la Isla de Pascua aún podrían haber detenido la tala y el tallado sin sentido, podrían haber recogido las semillas de los últimos árboles para plantarlas fuera del alcance de las ratas. Tenemos las herramientas y los medios para compartir recursos, limpiar la contaminación, dispensar atención sanitaria de salud y control de la natalidad, y establecer límites económicos acordes con los naturales. Si no hacemos estas cosas ahora, mientras prosperamos, nunca podremos hacerlas cuando los tiempos se pongan difíciles. Nuestro destino se nos escapará de las manos. Y este nuevo siglo no envejecerá mucho antes de que entremos en una era de caos y colapso que empequeñecerá todas las eras oscuras de nuestro pasado" (Wright 2004 p. 132).

Aunque aún queda mucho por comprender tanto sobre el cambio climático y los incendios forestales, los conocimientos fundamentales son suficientes para comprender la necesidad del cambio. Aunque los conocimientos adicionales mejorarán la naturaleza y la eficacia de las respuestas, la necesidad de respuestas urgentes es absolutamente evidente. Sin embargo, al igual que los habitantes de la Isla de Pascua, no se están tomando medidas suficientes. Los sistemas democráticos tienden a no estar preparados para las respuestas decisivas y rápidas que se necesitan. Los seres humanos tienden a interpretar la información en el contexto de su ideología personal, eligiendo y distorsionando la información para que se ajuste a sus sistemas de creencias y a sus propios intereses. Las decisiones rara vez se toman de forma lógica y razonada, ya que existen múltiples y complejos factores que han provocado que hasta la fecha no se haya respondido adecuadamente. Entre ellos figuran la conveniencia política, el interés propio, el conocimiento parcial, el pensamiento confuso, el miedo al cambio y las presiones sectoriales, así como campañas con muchos recursos diseñadas para tergiversar la información objetiva.

Rifkin (2011) sostiene que gran parte de nuestro pensamiento se basa en un paradigma histórico. Esto sirvió a las naciones desarrolladas para llevar a la gente a la revolución industrial y a la base energética que marcó este cambio, la electricidad generada a partir del carbón. Sin embargo, este pensamiento, que sigue impregnando nuestros modelos económicos, empresariales y de gestión dominantes, se basa ahora en el interés propio, la competitividad y el poder, el miedo al cambio y, en las últimas décadas, el consumismo desenfrenado. Sukhdev (2012) habla de la corporación 1920, que sigue funcionando comúnmente hoy en día, donde los beneficios para los accionistas y la sostenibilidad financiera de la corporación son los objetivos empresariales.

La industrialización, y el enfoque neoliberal como marco organizativo, han demostrado ser inadecuados como herramienta para el futuro (Alexander 2015). No está claro cómo la sociedad va a pasar a un régimen diferente. El cambio requerirá comprender que muchos de los problemas que hay que resolver son sistémicos a escala internacional y deben ser resueltos por naciones que desempeñen cada una su papel. También exigirá ser consciente de los juicios de valor o de las opciones, reconociendo que habrá pérdidas y ganancias en esas opciones. Los privilegiados deben compartir los recursos para el bien común. Los cambios profundos implican trastornos en los sistemas existentes para instaurar nuevos mecanismos de gobernanza. Sin embargo, habrá que encontrar soluciones a estos problemas si se quiere reducir la amenaza de los incendios forestales.

Pearce, uno de los primeros pioneros de la economía medioambiental, expresó la siguiente opinión hace casi tres décadas: "Mantener las temperaturas en 2,5C por encima de los niveles preindustriales para 2030 contendría los aumentos de temperatura por debajo de la temperatura máxima experimentada durante los últimos millones de años en los que los seres humanos han estado en la Tierra. Permitir que las temperaturas suban por encima de este nivel sería, por lo tanto, entrar en una 'zona de ignorancia' que queda fuera de la historia de la humanidad" (Pearce et al. 1991, p.16). Estas advertencias siguen produciéndose: "A pesar de las advertencias de los últimos 30 años, seguimos desarrollando infraestructuras globales para extraer cada tonelada de carbón económicamente accesible, barril de petróleo convencional o de esquisto/arena y metro cúbico de gas natural y gas de veta de carbón" (PNUMA 2011).

Sin embargo, un punto de inflexión para la industria del carbón puede estar en el horizonte. Quiggin (2019) (con optimismo) cree que: "Para 2030... la mayoría de los países desarrollados habrán dejado de utilizar energía de carbón. Los demás avanzarán rápidamente en esa dirección. Hasta ahora, bajo la presidencia de Trump, Estados Unidos ha cerrado 50 centrales eléctricas de carbón y es casi seguro que no volverá a construir ninguna otra". Por desgracia, este punto de inflexión puede ser más lento en Australia. Los gobiernos federales y de Queensland están apoyando, en 2019, la apertura de una importante zona de Queensland a la minería del carbón. Por desgracia, Quiggin ofrece apoyo a la industria nuclear como alternativa a los combustibles fósiles. Pasar de un desastre medioambiental a la posible ocurrencia de otro no es la respuesta.

Sin una respuesta urgente al cambio climático, las condiciones que exacerban los incendios forestales no harán más que empeorar, lo que hace más crítica una respuesta más amplia a la prevención de incendios forestales, tal y como se propone en este libro. Reducir las emisiones es más difícil en el contexto de los incendios catastróficos. El cambio climático y los incendios forestales interactúan y agravan los problemas en circuitos de retroalimentación (Meadows 1997). Esto puede verse en la pérdida permanente de permafrost en las turberas de permafrost del oeste de Canadá en los últimos 30 años (Gibson et al. 2018). El aumento de las temperaturas derrite el permafrost y los incendios forestales han ampliado esta pérdida en un 25%. El impacto del deshielo del permafrost es una de las retroalimentaciones biogeoquímicas potencialmente más importantes del cambio climático antropogénico, a través del aumento de la tasa de respiración del dióxido de carbono del suelo. Hoy en día, muchas de esas preocupaciones aparentemente lejanas se están convirtiendo en realidad, con implicaciones aleccionadoras para la población mundial de nueve mil millones de personas en 2050 (PNUMA 2011).

Así pues, la necesidad de actuar contra el cambio climático es clara y urgente. Aunque el impacto destructivo de los GEI ha sido ampliamente reconocido desde hace al menos 40 años, la tendencia de crecimiento de los GEI en el mundo continúa. Las razones de ello son, como ya se ha señalado, las dificultades para cambiar los comportamientos arraigados. Además, hay muchas y complejas razones para la inacción que están ligadas a la ideología, los juicios de valor, las prácticas culturales, la política, las formas de pensar del pasado, los hábitos, las creencias, las agendas contrapuestas y la ignorancia. Las personas no siempre son conscientes de las motivaciones que subyacen a sus pensamientos y acciones (Ison 2010). Las creencias, los hábitos y las formas de pensar se han formado a lo largo de la vida y se han arraigado en el lenguaje, la cultura, las estructuras de la sociedad y los acuerdos de gobernanza. El cambio climático, afirma Klein, "es una llamada de atención a la civilización, un poderoso mensaje transmitido en el lenguaje de los incendios, las inundaciones, las tormentas y las sequías. Ya no se trata de cambiar las bombillas. Se trata de cambiar el mundo, antes de que el mundo cambie tan drásticamente que nadie esté a salvo. O saltamos o nos hundimos" (Klein 2014).

Un nuevo marco para la gestión de los incendios forestales

Es necesario un cambio importante

Cada vez se reconoce más la convergencia de muchos retos serios, incluido el de cómo prevenir los incendios forestales, que requiere una nueva forma de pensar y nuevas soluciones que surgirán no de ajustes a lo habitual, sino de enfoques completamente nuevos del problema. En el capítulo 5 se analiza el enfoque actual de la gestión de riesgos, en el que la reducción del riesgo es el elemento central de una cadena de actividades basada en la preparación, la respuesta, la rehabilitación y la reconstrucción. Este libro aboga por un enfoque modificado, pero no es el único. Sapountzaki y sus colegas (2011, p.1447) describen la cadena de gestión de riesgos como fragmentada, "donde la información, el conocimiento y las acciones políticas corren en paralelo sin ningún vínculo, retroalimentación e interacciones mutuas", junto con la financiación de las tareas. La falta de integración con la planificación y la ordenación del territorio se considera especialmente preocupante, ya que "en la mayoría de los casos de peligro, la planificación espacial inadecuada, ausente, insuficiente o mal aplicada está relacionada con las causas del peligro (por ejemplo, los incendios provocados y la negligencia como causas de los incendios forestales están estrechamente relacionados con la expansión urbana y el desarrollo incontrolado de la WUI)" (Interfaz urbano-forestal) (Sapountzaki et al. 2011, p.1447-8). Esto no quiere decir que las organizaciones individuales responsables de una tarea específica, como la extinción de incendios, no sean eficaces y receptivas a los nuevos avances en su campo de especialización.

Grecia, Italia y Alemania son objeto de críticas por la fragmentación de la cadena de gestión de riesgos (Sapountzaki et al. 2011). Se dice que estos países tienen modelos descendentes de formulación, de elaboración y aplicación de políticas, con separación de responsabilidades y una cultura administrativa que impide la coordinación, lo que da lugar a una cultura de culpabilización (Sapountzaki et al. 2011). Se dice que la región italiana del Lacio adolece de una separación entre los ámbitos políticos en cuanto a financiación, aspectos jurídicos y planificación territorial. Como consecuencia, existe el riesgo de que se produzca una doble financiación, infrafinanciación e ineficacia, así como una falta de rendición de cuentas.

La integración requiere una respuesta que comprenda el problema desde un enfoque sistémico que no puede aportar ninguna entidad o sector que actúe por su cuenta (Butcher et al. 2019). No es probable que se trate de una simple modificación del enfoque actual de la resolución de problemas, que suele ser lineal, deconstruccionista, unidisciplinar, reacio al riesgo y con horizontes a corto plazo. El planteamiento tiene que ser estratégico a largo plazo, buscar soluciones en múltiples frentes, reconocer la complejidad y establecer un marco de planificación de principios que definan y estructuren el proceso. El Victorian Bushfire Royal Commission Implementation Monitor (2012) también señala la envergadura de esta tarea. Compartir responsabilidades exige modificar instituciones como leyes, reglamentos, culturas laborales o expectativas sociales. Es necesario romper las fronteras entre las iniciativas dirigidas por las agencias y las basadas en la comunidad (McLennan & Handmer 2014, p.9). La gestión de este tipo de intervención también implica vincular políticas y programas entre departamentos gubernamentales funcionales, una tarea que se ha comprobado que es muy difícil de lograr. Sin un cambio importante en los procesos intradepartamentales, la integración intergubernamental no es posible.

Butcher y sus colegas (2019) creen que el modelo burocrático tradicional de administración pública no está a la altura de la tarea de abordar problemas sociales complejos, ya que la colaboración: necesita tiempo, esfuerzo, energía emocional y compromiso y recursos dedicados; puede ser impredecible; requiere una capacidad para tolerar la falta de certeza; legitimidad externa con las partes interesadas; y confianza y buena voluntad sostenidas con el ejecutivo y la junta. Por último, la agilidad y la adaptabilidad son necesarias para hacer frente al cambio continuo. Buxton y sus colegas (2011), en el contexto de los incendios forestales, se refieren a la Teoría de los Sistemas Complejos que está presente en un entorno de cambio continuo, incertidumbre y asociaciones no lineales (Folke et al. 2002). Ison (2010) cree que los responsables políticos no han sido capaces de afrontar el reto hasta la fecha, a pesar de que los problemas "perversos" se definieron hace unos 40 años.

Aunque existen guías sobre cómo abordar estas cuestiones, poco se dice sobre cómo y dónde desarrollar las capacidades para emprender este enfoque y sobre si las estructuras actuales están en condiciones de permitirlo. El pensamiento sistémico requiere un pensamiento reflexivo. Esto implica cuestionar los supuestos y las "verdades", pensar de forma holística sobre los problemas, comprender qué es lo mejor que se puede hacer ante una situación, definir los límites dentro de los cuales se puede actuar y comprender los puntos desencadenantes y los circuitos de retroalimentación positivos y negativos. Debido a la naturaleza compleja e interconectada de los sistemas humanos, económicos y naturales, un impacto o una decisión concretos pueden dar lugar a una cadena de efectos secundarios o a una cadena de impactos que afecten a varios sectores diferentes de la sociedad. Los bucles de retroalimentación negativos alertan de que algo necesita un ajuste. Un bucle de retroalimentación positiva amplía la condición: crecimiento, población, erosión, y epidemias. La omisión de esta retroalimentación es una fuente común de mal funcionamiento del sistema (Meadows 1997). Cuando hay falta de transparencia o información y aportaciones públicas sobre las decisiones del gobierno, esto disminuye la retroalimentación sobre el impacto. Dado que un cambio concreto en las circunstancias puede tener un efecto muy diferente en distintas personas y lugares, el conocimiento local y la planificación local también son muy importantes para complementar y potenciar las cuestiones regionales, estatales y nacionales, combinando así las perspectivas estratégicas de alto nivel y los intereses locales.

Estos cambios importantes suelen describirse en el contexto de un enfoque transformador, en lugar de un enfoque hacia la mejora (Prilleltensky & Prilleltensky 2006). El cambio transformacional es un campo de trabajo creciente en el mundo académico que está más avanzado en el contexto europeo. Prilleltensky & Prilleltensky entienden que un enfoque transformador se fundamenta en:

- Enmarcar las cuestiones y los problemas en torno a cuestiones de poder y resolución de problemas

- Valores colocados en primer plano

- Múltiples niveles de análisis con el bienestar colectivo en primer plano

- Un enfoque preventivo

- El resultado pretendía mejorar el bienestar con el poder-y la equidad en primer plano.

- La intervención comparte poder y la participación en lugar de estar "dirigida por expertos

- La experiencia profesional proporciona capacitación, desarrollo de programas y evaluación en lugar de ver los problemas como cuestiones técnicas.

Dicho de otro modo, la transición puede considerarse como cambios en los mercados, las prácticas de los usuarios, las políticas (Geels & Schot 2010, recogido en Coenen, Benneworth & Trufferd 2012). Como se pide en muchos documentos, estos resultados requieren un enfoque colaborativo para la gestión de los incendios forestales.

Al hablar de innovación social en general, Parés, Ospina y Subirats (2017) la describen como procesos y prácticas cooperativas que se basan en la participación ciudadana, para mejorar las soluciones existentes a las demandas sociales. Como se ilustra en la Figura 10.1, esto implica difuminar los límites entre el gobierno, las empresas y las organizaciones sin ánimo de lucro, así como las organizaciones de la sociedad civil. El proceso es perturbador por naturaleza, ya que afecta al poder, la rutina y las creencias plasmadas en las rutinas básicas, los recursos y el flujo de autoridad del proceso de gestión existente (Ospina & Subirats 2017; Pelling 2010; Westley & Antadze 2010, citado en Parés). Por lo tanto, la transformación es un "proceso confrontador y desafiante" (O'Neill & Handmer 2010). Skinner (2010) habla de la necesidad de crear una cultura adecuada en las organizaciones, en particular en las administraciones públicas, que permita la innovación para facilitar procesos complejos en torno a problemas perversos. Un entorno de colaboración ofrece a las personas tanto el estímulo para asumir riesgos como el apoyo si los riesgos asumidos no resultan satisfactorios.

Figura 10.1: Modelo integrado de gestión de incendios forestales.

Planificación del uso del suelo

Prevención de encendidos

Gestión integrada de incendios.

Cuestiones transversales clave

Preparación/ planificación para reducir el impacto del fuego

Recuperación post-incendio

Supresión

Un nuevo modelo

En la figura 10.1 se propone un marco integrado. Muestra el abanico de actividades que deben llevarse a cabo para gestionar los incendios forestales. Estas actividades reflejan en gran medida las ampliamente documentadas en el Marco de Sendai y otros informes importantes (véase el capítulo 5). Se trata de la planificación del uso del suelo, preparación y planificación para reducir el impacto de los incendios, incluida la reducción del combustible, la extinción de incendios, la recuperación tras el incendio y la prevención de la ignición. Se trata de un enfoque basado en sistemas integrados que reúne las cinco áreas de trabajo principales. Esto implica conexiones tanto verticales como horizontales que reúnen el compromiso de múltiples partes interesadas. Sin embargo, lo que se suele dejar de lado en este sistema de 5 grupos de actividades, es la prevención de incendios forestales, los autores de este libro ven la prevención como un componente crítico.

El área central de la Figura 10.1 se ocupa de las cuestiones transversales, fundamentales para todas las actividades. Incluye la mitigación del cambio climático; la aclaración de los objetivos y resultados estratégicos, los enfoques o programas tácticos y las vertientes operativas de las actividades (STO) (que se analizan más adelante). También aborda las definiciones de las funciones de las partes interesadas y un nuevo enfoque en las regiones.

Aunque cada una de estas 5 áreas de actividad es un sistema en sí mismo, el resto de este capítulo aborda en gran medida esta área central integradora que une las actividades y el componente de prevención de este modelo.

Cuestiones transversales para un enfoque integrado de la gestión de los incendios forestales

Integración de la gestión

Los sistemas complejos se gestionan en muchos ámbitos de la empresa y, a veces, en la administración, aplicando la integración vertical y horizontal de la gobernanza. La integración vertical trata de vincular la toma de decisiones a través de los niveles jerárquicos de gestión, mientras que la integración horizontal vincula estrategias y programas entre departamentos, organizaciones y grupos.

La dirección vertical de la toma de decisiones engloba los procesos estratégicos, tácticos y operativos, siguiendo el modelo antes mencionado, que fue desarrollado por Van de Velde (1999) en el ámbito del transporte. Sin embargo, esta estructura se utiliza actualmente en muchos entornos. Las decisiones sobre las orientaciones estratégicas, incluida la política, abarcan la visión global (por ejemplo, ¿dónde queremos estar dentro de cinco años?) y los resultados y valores que se persiguen en la línea de trabajo. El nivel táctico aborda los programas o servicios que serán necesarios para alcanzar la visión y los objetivos políticos, así como la combinación y coordinación de los programas. Esta tarea suele corresponder a los mandos intermedios. El tercer componente del marco es el nivel operativo, donde se gestionan los proyectos específicos, a menudo a nivel local, como acciones derivadas de las decisiones estratégicas y tácticas. La duración de las decisiones se acorta a medida que se pasa del nivel estratégico al operativo, pasando por el táctico. El Moran Review (Commonwealth de Australia 2010) afirma que la estrategia requiere tener una visión a lo largo de una década o más, especialmente más allá del siguiente ciclo electoral, mientras que la planificación operativa es mucho más a corto plazo.

En cuanto a la dimensión horizontal, las responsabilidades, en relación con los aspectos de los incendios forestales, recaen en la jurisdicción de una variedad de organismos nacionales, estatales y locales. Múltiples agencias son responsables de los componentes de la actividad en torno a los incendios forestales, con los incendios intencionados de forma aún más amplia. La gran variedad de los implicados (pero rara vez integrados formalmente en una estructura de gobierno) en las cuestiones relacionadas con los incendios forestales puede verse en la siguiente lista parcial: servicios de bomberos rurales y metropolitanos, servicios de policía, tribunales de justicia, servicios penitenciarios, servicios de libertad condicional y rehabilitación, servicios forenses de salud mental, escuelas, departamentos funcionales del gobierno federal, estatal y local, compañías de seguros, investigadores académicos y miembros de la comunidad.

Un árbol de toma de decisiones vertical y horizontal correctamente integrado debería dar lugar a la coordinación de objetivos, lo que se traduciría en mejoras de los resultados y eficiencia en el uso de los recursos, así como en el manejo de múltiples objetivos, compensaciones e incertidumbre (Misni & Lee 2017). Las estructuras organizativas tampoco parecen estar bien integradas en los enfoques estratégicos y tácticos; así, existen dificultades para establecer resultados deseados, planes a largo plazo y estructuras organizativas eficaces y eficientes para establecer acciones integrales y eficaces sobre el terreno, incluidas las dirigidas a la prevención (Buergelt & Smith 2015). Los autores de este libro creen que el bienestar de la sociedad y el medio ambiente no debe considerarse como una contrapartida, sino como un resultado fundamental que se busca en cualquier ámbito de trabajo.

Importante, aunque raramente mencionado en la bibliografía, es el flujo de comunicación inverso, en el que se tiene en cuenta la eficacia del programa de trabajo (Smith 2001). Una revisión o evaluación para saber si los proyectos operativos están logrando los resultados deseados, si los programas tienen éxito y si la combinación de programas incluye las mejores opciones para alcanzar los objetivos estratégicos. Esta revisión también debería considerar si los objetivos estratégicos son los deseados o si las circunstancias han cambiado desde que se establecieron y es necesario modificarlos (Misni & Lee 2017). Por supuesto, los flujos financieros también deberán ajustarse para reflejar los respectivos éxitos en la consecución de los resultados buscados. Dicha retroalimentación también debería dar lugar a ajustes en el sistema cuando sea necesario, para mejorar la inclusión y la toma de decisiones entre las partes interesadas.

Visión Objetivos que conforman la dirección estratégica

Un sentido claro de la dirección, la visión y los objetivos, o el "bien común" para los ciudadanos, es un punto de partida fundamental para adaptar eficazmente una respuesta global a las actividades ilustradas en la figura 10.1, incluida la prevención de incendios forestales. Las cuestiones relacionadas con la sostenibilidad y la equidad para las generaciones posteriores obligan a tomar decisiones importantes sobre los objetivos de los resultados deseados. En la actualidad, en Australia, estos debates estratégicos son poco frecuentes, especialmente entre los políticos y los responsables políticos. Es necesario debatir sobre el tipo de vida que le gustaría a la gente; sobre la base ideológica y los juicios de valor que fundamentan estas elecciones; sobre las implicaciones de estas elecciones para los individuos y la sociedad; y sobre lo que es posible dadas las actuales tendencias globales medioambientales y sociales. El futuro puede configurarse en determinadas direcciones si se explicitan los tipos de elecciones y resultados posibles, si se da a la gente la oportunidad de elegir y si creen que su elección contará. Prilleltensky y Prilleltensky (2006) afirman que las opciones de valor en política y programas deben girar en torno a la autodeterminación, la participación, el bien común, el apoyo a la comunidad y la justicia social. Jackson (2009), junto con muchos otros, expresa una visión en la que la economía no está separada de la sociedad y el medio ambiente.

Una visión estratégica de un futuro medioambiental, social y económico sostenible se expresa en ciudades progresistas como Londres, Vancouver y Friburgo (Stanley, Stanley & Hansen 2017). Es probable que esta visión tenga una amplia aplicación en otros ámbitos, como la gestión de los incendios forestales. La visión tiene en cuenta un equilibrio entre una sociedad sana, el medio ambiente y la economía, y ofrece orientación para la planificación y la acción futuras y la acción (Cuthill 2004). Los resultados incluyen:

- aumentar la productividad económica, es decir, el valor de la actividad económica, en lugar del crecimiento económico

- reducir la huella ambiental del ser humano y proteger el entorno natural y los derechos de otras especies

- aumentar la inclusión social y el bienestar y reducir las desigualdades

- mejorar la salud y la seguridad

- fomento de la equidad intergeneracional

- implicar ampliamente a la comunidad como ingrediente esencial de la sostenibilidad social y cuestión de derechos humanos básicos

- aplicación de acuerdos de gobernanza integrada

Los dos últimos puntos se refieren a los objetivos de tratamiento. Establecer objetivos claros y logros con plazos concretos permite que las metas y los costes asociados sean transparentes (Gough 2018).

Para tener éxito, las comunidades locales deben participar en el establecimiento de una visión comunitaria y de los resultados deseados que sean relevantes para los grupos de interés locales, tal y como se analiza con más detalle en el capítulo 7. Esto podría incluir el equilibrio entre el riesgo de incendio y la reducción del combustible en el entorno natural, la protección de zonas de gran valor de la tierra, o cómo se toman las decisiones locales. Un enfoque de este tipo es ventajoso, ya que puede proporcionar "un grado de comprensión mutua e incluso de apropiación entre las partes interesadas" (Healey 1998, p. 14). Una visión acertada también puede ayudar a desarrollar un liderazgo compartido entre los cargos electos y los miembros de la comunidad, así como procesos de colaboración y consenso que impliquen activamente a los ciudadanos (Ayres et al. 1990; Ayres 2012; Cuthill 2004). El ejercicio de visión empodera a la comunidad en un ejercicio ascendente; sin embargo, el éxito también dependerá de factores como las capacidades, los problemas, el tiempo y los recursos disponibles (Morse 1996). El ejercicio debe encontrar un equilibrio entre los intereses personales y los comunes.

La inclusión de la prevención en el modelo de gestión de incendios forestales

Los obstáculos a la prevención de incendios forestales

Los obstáculos a la actuación en materia de prevención de la ignición de incendios forestales se han tratado a lo largo de este libro, pero merece la pena reiterarlos aquí. A pesar de la gravedad potencial del resultado de los incendios forestales y de los crecientes riesgos que supondrán para muchas personas, estructuras sociales, el medio ambiente y otras especies, apenas se ha reflexionado estratégicamente de forma coordinada sobre la mejor manera de prevenirlos. Como se ha señalado anteriormente, el Monitor de la Aplicación de la Real Comisión de Incendios Forestales de Victoria (2012) señala que los obstáculos para un mejor enfoque de los incendios forestales se centran en problemas de cultura organizativa, comunicación, coordinación, interoperabilidad, recopilación e intercambio de información. Cuestiones que también están relacionadas con los enfoques de prevención. La toma de decisiones en materia de incendios forestales tiende a estar enmarcada política e ideológicamente. En algunas organizaciones, el enfoque de la gestión de incendios se basa en una estructura organizativa jerárquica tradicional, de cultura masculina. Lo que se necesita es una organización adaptable, flexible e inclusiva, que también sea responsable de las tareas organizativas y de la toma de decisiones más allá de la respuesta de emergencia (Australian Associated Press 2017; Blond 2010).

El enfoque actual para la prevención de la ignición de incendios forestales se ha resumido en este libro como de pequeña escala, descoordinado, carente de un enfoque integral y raramente evaluado (Stanley & Read 2016). A pesar de la escasa atención prestada durante mucho tiempo a la ignición de incendios forestales (por ejemplo, Catry et al. 2009), el campo sigue viéndose obstaculizado por un enfoque pequeño y limitado de la investigación. Una excepción a esto ha sido un cuerpo especializado de investigación dentro del campo de la psicología durante la última década aproximadamente, que examina las características y el método de los pirómanos. Las investigaciones más recientes sobre incendios forestales se centran sobre todo en la extinción de incendios y, en particular, en la modelización de los movimientos del fuego, un área crítica en la que también se necesita investigación. La investigación sobre la prevención de incendios forestales ha carecido en gran medida de interés en el tema, tanto por parte de las revistas académicas como de los financiadores de la investigación.

El campo de la prevención se ve gravemente obstaculizado por la escasez de datos, tal y como se expone en el capítulo 9. Esto se debe, en parte, a problemas relacionados con los métodos de recopilación de datos y a la falta de legibilidad de los mismos, pero también a la falta de responsabilidad y transparencia de algunos servicios de bomberos. Aunque los organismos de respuesta a emergencias recopilan algunos datos sobre incendios, como la ubicación del fuego y el objetivo de la ignición, algunos organismos comparten esta información, mientras que otros optan por no ponerla a disposición del público o de los académicos para la investigación. Se argumenta que esta información debería estar disponible como fuente de datos integrada y compartida por todas las agencias y partes interesadas en los incendios. En resumen, los incendios forestales provocados por el hombre son poco conocidos (Balch et al. 2017).

Enseñanzas del sector de la prevención de la delincuencia

Una parte importante de la prevención de la ignición es la prevención de la delincuencia. El Marco Nacional de Prevención de la Delincuencia fue elaborado por el Instituto Australiano de Criminología (AIC) a partir de normas internacionales, incluidas las de las Naciones Unidas, como un recurso que describe los enfoques más eficaces para la prevención de la delincuencia (sin fecha). La prevención eficaz de la delincuencia implica:

- un liderazgo fuerte y comprometido a todos los niveles

- colaboración entre múltiples partes interesadas para abordar las diversas causas de la delincuencia

- la aplicación de los resultados de la investigación y la evaluación resultados orientados a las zonas más necesitadas y adaptados a las condiciones locales

- centrarse en los efectos y los resultados mensurables

- aplicación de políticas e intervenciones eficaces de prevención de la delincuencia

- promover una comunidad activa y comprometida, y responder a la diversidad y la naturaleza cambiante de las comunidades

- compromiso a largo plazo para lograr una reducción sostenible de la delincuencia

- coordinación intersectorial para integrar la prevención de la delincuencia en las políticas sociales y económicas pertinentes, como las de educación, empleo, salud y vivienda, en particular las dirigidas a las comunidades de riesgo, los niños, las familias y los jóvenes.

Este marco de prevención de la delincuencia debe integrarse en la gobernanza y la toma de decisiones en materia de prevención de incendios forestales.

Un modelo de prevención de incendios forestales

Aunque deben establecerse fuertes conexiones entre los componentes o cada una de las actividades de la figura 10.1, también deben considerarse sistemas independientes, cada uno con su propia estructura de gobernabilidad. La figura 10.2 ofrece una estructura para el proceso de gestión y dirección específica para abordar la prevención de la ignición. Este paso introduce un nuevo enfoque acorde con la importancia de la cuestión. La innovación que es a la vez disruptiva y provoca un cambio en las instituciones públicas y en las relaciones de poder (Martínez 2011, recogido en Parés, Ospina & Subirats 2017) es de especial importancia para construir y desarrollar el campo de la prevención de incendios forestales. A veces el problema debe resolverse, no con más o mejor gobernabilidad, sino con nuevas formas y sistemas de gobernabilidad. Dicha gobernanza necesita examinar cuestiones que van desde el presente, hasta cómo visionar y planificar el futuro (Unión Europea 2011). O'Neill y Handmer (2010, p.2) afirman que: "la transformación exige una reevaluación de cómo las personas se conciben a sí mismas y a los demás tanto en su relación con el medio ambiente como dentro de procesos políticos más amplios". La estructura esbozada en 10.2 no se ajusta a las estructuras administrativas existentes, como el gobierno local, sino que permite abordar más fácilmente las numerosas cuestiones que traspasan fronteras.

El modelo de la figura 10.2 ofrece un medio para unir la toma de decisiones y las acciones comunitarias con las iniciativas y estrategias de política superior. Un sistema de este tipo puede surgir mientras se adaptan los sistemas más antiguos (Gualini, Mourato y Allegra 2016). Aunque es probable que ese nuevo sistema surja a través de un enfoque basado en el lugar local, es necesario ampliarlo y extenderlo. La organización basada en el lugar, Gippsland Arson Prevention Program (GAPP), a la que se hace referencia en varias ocasiones en este libro, es probablemente un buen ejemplo de un nuevo modelo de funcionamiento puesto a prueba y probado en Victoria. Es probable que se extienda a otros lugares de Victoria, esperemos que con algunos ajustes. El modelo presentado en la figura 10.2 es un posible marco de gestión y toma de decisiones que podría modificarse en función de las necesidades y preferencias locales. Es importante señalar que el modelo traslada gran parte de las actividades de prevención al ámbito local. Es aquí donde se produce el riesgo de ignición y donde hay que actuar.

Este enfoque de la prevención de la ignición debería ser financiado por los gobiernos federales y estatales. Adoptaría la forma de un bien público, esencial para el bienestar de la sociedad en el que todas las personas puedan acceder a los beneficios derivados de la actividad.

Figura 10.2: Nuevo modelo encargado de la prevención de la ignición de incendios forestales.

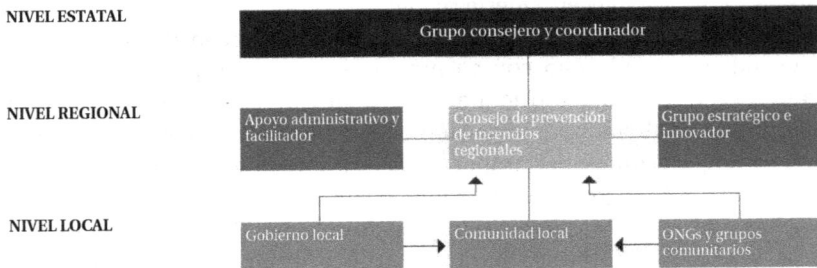

Consejo Regional de Prevención de Incendios Forestales

Como puede verse en la figura 10.2, el organismo coordinador en cada región es el Consejo Regional de Prevención de Incendios Forestales, apoyado por un grupo de apoyo administrativo y un grupo de apoyo a la innovación y la investigación. El Consejo Regional estaría compuesto por representantes de cada uno de los sectores. Este Consejo establecería las prioridades, coordinaría los enfoques, garantizaría los recursos y supervisaría los avances a nivel regional, trabajando en estrecha colaboración con los niveles estatal y local. El Consejo tendría la función de facilitar foros públicos para debatir cuestiones y principios generales en torno a las decisiones sobre incendios forestales. Por ejemplo, los límites entre las libertades personales y la protección de la comunidad, cómo entendemos un grado de riesgo "aceptable", cómo sabemos cuándo una comunidad es suficientemente "resistente" a los incendios forestales, si se debe obligar a la gente a mudarse de casa si se encuentra en una zona muy vulnerable a los incendios forestales, ¿y quién debe pagar los costes, y/o las indemnizaciones, y/o compensaciones? Como señala Eburn (2015), estas decisiones son políticas y muchas de ellas se basan en valores. Todas las partes implicadas deben aceptar las decisiones tomadas con conocimiento de causa, incluso si entran en conflicto con las prioridades del Gobierno en materia de seguridad pública (Eburn, 2015). Sin embargo, algunas decisiones pueden requerir cambios en la política gubernamental y Servicios de Emergencia y Legislación de los Gobiernos Locales, cambios que tendrían que ser coordinados a nivel regional por el gobierno estatal, y tal vez el gobierno federal, como se discute a continuación.

Un Grupo de Facilitación y Administración de Apoyo actuaría como Secretaría de los Consejos. Este grupo ofrecería apoyo administrativo, gestionaría un sitio web y una estrategia de comunicación, y facilitaría la comunicación a nivel estatal y local. Un Grupo de Innovación y Estrategia, compuesto por especialistas e investigadores, aportaría nuevos conocimientos, tecnologías y avances que influirían en el proceso y lo facilitarían.

Grupo de Coordinación y Asesoramiento

El Consejo Regional de Prevención de Incendios Forestales contaría con la ayuda de un Grupo Consultivo y de Coordinación Estatal. Este organismo sería independiente del gobierno, pero contaría con representación gubernamental entre sus miembros. Estaría formado por representantes de los departamentos gubernamentales estatales, del sector empresarial y del sector de la investigación. El Grupo recopilaría los conocimientos clave de los Consejos Regionales y los transmitiría a los departamentos de los gobiernos estatal y federal para permitir la adopción de estos conocimientos en la política y los programas gubernamentales. Este grupo ofrecería información, coordinación, dirección y objetivos a los gobiernos locales. El Grupo también podría desempeñar un papel importante en la revisión de la Ley de Planificación para actualizar las capacidades de planificación a la luz del cambio climático. Podría hacer representaciones y sugerencias en relación con otros organismos jurídicos que intervendrán en la adaptación, como el Tribunal de Apelaciones Civiles y Administrativas de Victoria. Otras tareas consistirían en aclarar y facilitar las mejores prácticas en materia de prevención de incendios forestales y ser un conducto de información actualizada. Revisaría y proporcionaría información para mejorar la eficacia operativa y coordinaría el aprendizaje de otras estructuras regionales de adaptación.

Un papel importante de este grupo de coordinación a nivel estatal sería abordar cuestiones que van más allá del ámbito local, cuestiones de importancia estatal o nacional. Podría tratarse, por ejemplo, de lugares de gran valor patrimonial o de gran valor de conservación, donde el impacto de la toma de decisiones tenga importancia para muchos australianos. Las decisiones locales se coordinarían con las cuestiones regionales y nacionales. También puede ser que ese organismo general fije normas y objetivos a alcanzar en ámbitos amplios, como los niveles de GEI procedentes de los incendios. Esta información debería transmitirse al gobierno federal.

Nivel comunitario local

Las respuestas locales serían coordinadas y facilitadas por un Grupo Comunitario Local dirigido por el sector comunitario. Estos grupos proporcionarían información, recursos y un punto central de organización y coordinación para la comunidad. Dispondrían de una oficina y de recursos de apoyo administrativo, así como de un presupuesto operativo seguro. Iniciarían y apoyarían proyectos de prevención de incendios forestales y contribuirían a la toma de decisiones. Sería un punto de capacitación de la comunidad, un centro de conocimientos y un medio para abordar vulnerabilidades específicas.

Es posible que el modelo para estos grupos comunitarios locales sea una empresa social. Una empresa social es un negocio con objetivos principalmente sociales, cuyos excedentes se reinvierten principalmente en el negocio o en la comunidad. La empresa social necesitará funciones de gestión y administración para desempeñar sus funciones, quizá mediante un acuerdo con una entidad local debidamente cualificada. Los accionistas, que son miembros de la comunidad local y de las organizaciones comunitarias locales, son los propietarios de la empresa social. Los accionistas elegirán el Consejo de Administración, que deberá incluir un equilibrio de personas con las aptitudes de dirección necesarias y representación de los principales grupos interesados.

El Grupo de Comunidades Locales ofrece un núcleo comunitario coordinado centralmente, que:

- coordinar un plan y un programa de prevención de incendios forestales
- recaudar, distribuir y coordinar recursos.
- proporcionar un servicio de información para asesorar a los residentes/ visitantes de la región sobre las necesidades y opciones en materia de prevención de incendios forestales
- prestar asistencia en torno a programas y actividades de prevención
- supervisar los progresos en la comunidad local
- representar a la comunidad en la toma de decisiones de otros sectores en materia de prevención de incendios forestales y otras cuestiones, como las respuestas de emergencia ante sucesos extremos

- comprender las vulnerabilidades específicas a los incendios forestales y coordinar un enfoque para abordarlas

- ofrecer oportunidades de liderazgo y voluntariado

- posiblemente también ofrezcan formación laboral

El grupo reúne a personas expertas con otras que disponen de los recursos, el tiempo y el deseo de trabajar por el cambio. Ayudaría a aquellos que tienen barreras adicionales para responder a la prevención de incendios forestales, como los que no pueden limpiar alrededor de su casa debido a una discapacidad. Estos centros son un punto de unión para quienes de otro modo podrían quedar excluidos. El centro comunitario puede recibir recursos financieros que se gastan a través de las decisiones democráticas de los miembros, animando así a que surjan otras organizaciones comunitarias que den lugar a una "inversión colectiva en proyectos elegidos, a través del ejercicio de la autogestión comunitaria" (Jordon 2010, p.173). En la zona rural de Victoria se está llevando a cabo con éxito un ensayo de este tipo de organización comunitaria para coordinar y proporcionar transporte comunitario (Wines et al. 2014).

Grupo de Innovación y Estrategia

La investigación y la evaluación son fundamentales para aplicar con éxito los procesos y programas de prevención de incendios forestales. Aunque se ha investigado poco sobre los incendios forestales en general, se ha investigado aún menos sobre el papel del ser humano en relación con los incendios forestales (Muller 2009a). Diez años más tarde, en una reciente mesa redonda (Huhes 2019) se seguía señalando la falta de investigación, sobre todo en áreas como los diferentes riesgos en diferentes lugares y los impactos locales; cómo pueden llevarse a cabo las quemas controladas de forma que se protejan los sistemas ecológicos; y cómo utilizar los recursos de forma más eficaz, basándose en una amplia percepción de los costes y beneficios. El Grupo de Innovación y Estrategia supervisaría y orientaría la investigación y la evaluación y recomendaría políticas y programas para la prevención del sistema de ignición.

Es necesario mejorar la base de conocimientos para poder dar respuestas de prevención mejor orientadas. En Reino Unido se han desarrollado vías de evaluación y derivación para los jóvenes incendiarios, en los ámbitos de la salud y la educación. En algunos países europeos se han creado sistemas de intercambio de datos dentro de los servicios de bomberos y, en menor medida, a través de las fronteras. Los programas de prevención de incendios provocados en Australia tienden a tomar material de los EE.UU., una ecología y cultura muy diferentes. La prevención debe basarse en un enfoque estructurado y contrastado, con resultados claramente definidos que conduzcan al desarrollo de una base de conocimientos compartida, a una recogida de datos mejorada y uniforme, a enfoques multidisciplinares e intersectoriales y a la consideración de todas las partes del sistema.

Además, la investigación se ha quedado muy corta a la hora de proporcionar a los responsables políticos conocimientos en los que basar una buena política. A menudo, las políticas deben basarse en conocimientos limitados, a lo que no contribuye el desarrollo de una práctica política que, con demasiada frecuencia, asume que, incluso cuando se dispone de investigación, no es necesaria una base teórica y empírica para la acción. La investigación y la información son elementos clave de cualquier proceso de toma de decisiones, especialmente cuando éstas deben tomarse en condiciones de incertidumbre. La falta de diferenciación entre las áreas que requieren pruebas y las que requieren una posición de valor, ha sido un obstáculo importante en el establecimiento de indicadores y umbrales. La ausencia de pruebas de investigación en muchas áreas no ha ayudado a esta distinción, lo que a menudo ha dado lugar a una acción dirigida ideológicamente.

Los recursos para apoyar al Grupo de Innovación y Estrategia procederían principalmente del Gobierno federal y estatal, con el apoyo de empresas y organizaciones filantrópicas. El beneficio de un buen servicio público es tradicionalmente difícil de medir, ya que existen incentivos para que las personas no revelen el verdadero valor del bien para ellas (Stopher & Stanley 2014). Las dificultades para medir las actividades de prevención hacen que comprender el beneficio/coste sea aún más difícil. Sin embargo, los recientes incendios forestales catastróficos en Australia deberían proporcionar algún nivel de referencia de los costes, si dicha medición se lleva a cabo de forma exhaustiva y a lo largo del tiempo.

Panorama general y conclusiones

En este libro se argumenta que la adopción de un enfoque de gestión del riesgo de incendios forestales ha dado lugar a una visión muy limitada y, según se argumenta, ha llevado a descuidar la prevención de la ignición, pasando por alto este paso y comenzando con la idea de cómo reducir la intensidad de los incendios forestales, lo que se denomina mitigación. Este libro aboga por un replanteamiento total de la forma de abordar los incendios forestales. La tarea requiere una respuesta de toda la sociedad a la prevención de incendios forestales, que se una a los servicios de bomberos para abordar mejor la creciente preocupación por estos incendios. Tal y como se expone en el capítulo 5, es necesario integrar las áreas funcionales existentes en el gobierno, como por ejemplo entre la planificación del uso del suelo y los servicios de emergencia, dos de los autores investigan actualmente los retos que esto plantea en Australia. La eficacia y el impacto de la gestión de incendios deben comprenderse mejor, con opciones y compensaciones transparentes y una amplia participación en las decisiones matizadas y localizadas sobre esta práctica. Existe un amplio abanico de oportunidades que podrían, y deberían, emprenderse en torno a la prevención, especialmente en el contexto de la abrumadora proporción de incendios que son provocados por personas. Hay algunos pequeños signos positivos de cambio, con algunas pruebas de un alejamiento de la gobernanza transaccional (simplemente comprando servicios) hacia la gobernanza relacional (participando de manera más holística y estratégica en la solución de problemas complejos) (Butcher et al. 2019).

Quay (2010, p.498) sugiere que es necesario un enfoque de gobernanza anticipatoria para la toma de decisiones, sobre todo en un contexto de gran incertidumbre, como el de los incendios forestales, en el que el modelo actual de "predecir y planificar" sólo es viable bajo futuros estables y predecibles. La gobernanza anticipatoria se describe como una forma de utilizar la previsión para reducir el riesgo, recurriendo a la anticipación del futuro a través de una amplia gama de escenarios basados en evaluaciones de riesgo, la creación de estrategias de adaptación flexibles y el seguimiento y la acción. "Sin embargo, a pesar de que los gobiernos hablan de asociación, redes, codiseño y colaboración en sus comunicaciones formales y declaraciones políticas, sigue existiendo una palpable falta de voluntad política y de declaraciones, y sigue existiendo una brecha palpable entre la retórica y la realidad" (Butcher et al. 2019, p. 76, en referencia a Butcher & Gilchrist 2016).

Sin embargo, este enfoque es difícil de conseguir, en un contexto de múltiples influencias sobre cómo y por qué se toman determinadas decisiones, como la conveniencia política, y no analiza las externalidades asociadas a las decisiones. Un enfoque de este tipo implicará cambios a nivel personal, grupal, comunitario, regional, nacional e internacional para lograr la integración vertical (Ison 2017). Esto también requerirá una respuesta coordinada a nivel estratégico, táctico y operativo, a través de áreas funcionales y partes interesadas para lograr la integración horizontal. Si bien esto también cambiará la práctica en todo el continuo de respuesta de prevención, planificación, respuesta de emergencia y recuperación, este libro se centra en la dimensión de prevención de la ignición de los incendios forestales. Tampoco será fácil desarrollar una mejor cooperación entre los organismos interesados. Las agencias tienen sus propias responsabilidades, su propia cultura organizativa y sus propias prioridades, lo que dificulta la coordinación de actividades.

Parte de esta tarea consiste en ser mucho más claros con los términos y conceptos, como "resiliencia", "mitigación", "riesgos naturales" y "extinción de incendios". Es necesario aclarar si un incendio forestal "controlado" se mantiene como una "quema controlada" o si lo que se busca es la extinción, y también si el objetivo del incendio es "ecológico" o reducir el combustible. Detrás de todo esto, hay una necesidad urgente de mejorar el registro de datos en aras de la coherencia, la transparencia y permitir una amplia comprensión de las métricas de los incendios en todos los sectores. El capítulo 11 ofrece sugerencias sobre el conjunto de tácticas de prevención que podrían/deberían emprenderse para evitar los incendios forestales.

Capítulo 11
Programas de prevención

Introducción

El capítulo 10 ofrece una visión general de un nuevo modelo de gobernanza que podría utilizarse para comprender, promover y coordinar políticas y programas de prevención de la ignición de incendios forestales. En este libro se ha argumentado que la prevención de la ignición se ha pasado por alto en gran medida a nivel internacional. En su lugar, se confía en la prevención de la propagación y la intensidad de un incendio forestal, y en la capacidad de sofocarlo, una vez prendido. Se ha argumentado que omitir el primer paso, la prevención de la ignición, se traduce en costes más elevados, ya que es necesario extinguir el incendio y reparar los daños. Los costes son en términos de recursos y consecuencias para las personas, las infraestructuras, las empresas y el medio ambiente. Esto no quiere decir que reducir la gravedad de un incendio y poder apagarlo rápidamente no sea muy importante, pero estas actividades también tienen costes asociados que, se argumenta, podrían reducirse si se prestara más atención a la prevención de la ignición. Como ocurre con muchas cosas en la vida, las decisiones deben tomarse basándose tanto en conocimientos como en juicios de valor. Existe una necesidad urgente de ambos componentes en nuestro enfoque de los incendios forestales.

A nivel internacional, parece que sólo se utiliza una pequeña proporción de los posibles programas de prevención. Es probable que esto se deba a una serie de razones expuestas en este libro y resumidas aquí. En primer lugar, los efectos del cambio climático se han producido mucho más rápido de lo previsto, lo que ha provocado un rápido aumento de la frecuencia y la gravedad de los incendios forestales, en comparación con lo que hasta hace poco era "normal". En segundo lugar, no se reconoce el papel humano en la ignición de los incendios forestales, en parte debido a un enfoque disciplinario muy limitado en relación con los incendios forestales. Esta visión estrecha se ha visto exacerbada por la dependencia de la trayectoria, donde las "soluciones" a los incendios forestales se consideraban principalmente como el control del fuego (mitigación y extinción), tareas realizadas por las autoridades locales. y extinción), tareas de las que se encargan los servicios de un país especializados en la extinción de incendios.

En tercer lugar, otros sectores, como el académico, los departamentos gubernamentales, las empresas, las organizaciones no gubernamentales y la comunidad, no se han implicado en gran medida en las cuestiones relacionadas con los incendios forestales, aunque actualmente esto parece estar cambiando lentamente a medida que empeora la situación de los incendios forestales. Este enfoque limitado puede deberse en parte a la reticencia de los servicios de bomberos a implicarse más ampliamente. Suele haber una cultura dominante asociada a los servicios de bomberos, basada en una estructura de mando jerárquica, en la que predomina una cultura masculina muy tradicional. Aunque es probable que dicha estructura sea importante para las actividades de extinción de incendios, también actúa como barrera para otras formas de operar cada vez más importantes, como la participación de la comunidad en la toma de decisiones. En cuarto lugar, existen fuertes refuerzos que actúan en contra del cambio en las formas de operar. La dependencia del camino se trata en el capítulo 10. La pertenencia al cuerpo de bomberos local puede reportar muchos beneficios a una persona. Son pocas las oportunidades que la sociedad ofrece a los hombres para pertenecer a una organización comunitaria, con el capital social y las amistades que ello conlleva. Sin embargo, pueden surgir complicaciones adicionales cuando una organización de este tipo también tiene que ocuparse de cuestiones de autoridad, emergencias, traumas y sentimientos elevados asociados por parte de la comunidad, lo que a veces conduce a la condición de héroe.

En quinto lugar, hacer frente a los incendios forestales, y especialmente prevenirlos, es un proceso muy complejo. A menudo es más fácil simplificar el proceso reduciendo los aspectos a un nivel manejable. Esto es especialmente cierto cuando las aportaciones y el apoyo de una serie de organizaciones no están integrados en el proceso de gobierno ni de toma de decisiones. El éxito en la prevención de incendios requiere múltiples enfoques, derivados de una amplia participación, lo que implica la necesidad de contar con una buena gobernanza, recursos y conocimientos, así como un debate abierto sobre las opciones de actuación y los juicios de valor. Aunque la necesidad de este enfoque está ampliamente reconocida en algunos países, es difícil de poner en práctica, ya que requiere la voluntad de experimentar cambios considerables. En sexto lugar, los mensajes al público tienden a transmitirse a través de los medios de comunicación, a menudo con una representación común de crisis, emociones exacerbadas y tragedia, más que en forma de consejos constructivos sobre prevención. Por último, los servicios de bomberos responden de la manera que saben y donde reside su experiencia: en un incendio, en lugar de ampliar su enfoque para responder a las muchas complejidades de la prevención de incendios forestales.

Un enfoque global

Este capítulo ofrece sugerencias sobre políticas y programas de prevención que podrían utilizarse en relación con los incendios forestales. Se organiza en torno a las causas de la ignición de incendios forestales y cómo se puede actuar sobre ellas para reducir la probabilidad de ignición. Es importante señalar que esta visión general es sólo el principio de un viaje que debe basarse en mucha más investigación y evaluación de la eficacia de proyectos concretos y de la mejor combinación de proyectos para lograr los mejores resultados posibles. Como afirman Doley y sus colegas (2011), la identificación de los factores de riesgo de la ignición contra incendios está en pañales. Del mismo modo, cabría añadir, está el planteamiento de la prevención de los incendios imprudentes y accidentales.

La naturaleza de los enfoques de prevención sugiere que habrá una gran variación en la rapidez con la que los impactos surtirán efecto, ya que se requiere una mezcla de enfoques a largo, medio y corto plazo. Del mismo modo, los proyectos deben realizarse a escalas muy diferentes e iniciarse por una amplia gama de organismos y personas, desde enfoques internacionales hasta enfoques locales a pequeña escala. Se necesitan enfoques próximos y distales (Weatherburn 2001). Las causas distales pueden reflejar predisposiciones de fondo, como que la persona haya sufrido maltrato y abandono infantil, mientras que las causas próximas pueden ser el estímulo inmediato de un grupo de iguales para cometer el delito. Del mismo modo, algunos enfoques abordarán los factores que aumentan el riesgo de que se produzca un delito de incendio forestal, como la retirada de un coche abandonado, mientras que otros enfoques se dirigirán directamente a aquellos que han mostrado propensión a encender fuegos, con el fin de disuadirles de repetir este delito (Weatherburn 2001). Sin embargo, incluso esto se complica aún más, debido a la variedad de tipologías de personas propensas a provocar incendios forestales, como se ilustra en el capítulo 3 de este libro. No todas las personas responderán de la misma manera a un programa de prevención (Andresen 2014). Por ejemplo, la vigilancia basada en el contacto personal y en recordar a un incendiario potencial que se le está vigilando puede, en realidad, aumentar la probabilidad de que encienda fuego. Es posible que a la persona se le recuerde su comportamiento y tal vez capte un mensaje tácito de que se le define como incitador, por lo que debe cumplir las expectativas.

Los autores sugieren que el proceso y los acuerdos de gobernanza esbozados en el capítulo 10 son fundamentales para comprender el panorama total, en términos de capacidad para emprender un enfoque amplio de las políticas y programas de prevención y evaluar qué funciona mejor, por qué y dónde. Las disciplinas que se ocupan de las razones de los incendios abarcan los campos de la psicología, la criminología y la sociología, todas ellas con fuertes implicaciones para las disciplinas integradoras, como la planificación, el trabajo social, la economía y la geografía. La psicología trata de comprender el comportamiento personal; la criminología suele considerar la oportunidad de delinquir; la sociología examina las estructuras sociales. Podría decirse que todas estas cuestiones forman parte de las causas de la ignición. Por lo tanto, se necesitará una red de programas que abarque toda la gama de enfoques de prevención, primaria, secundaria y terciaria.

El Instituto Australiano de Criminología, en el Marco Nacional de Prevención de la Delincuencia, elaborado para el Grupo de Altos Funcionarios de Prevención de la Delincuencia de Australia y Nueva Zelanda, aboga por un enfoque integrador. Afirma que: "los programas que han demostrado su eficacia para reducir la reincidencia dependen de la estrecha cooperación entre los organismos del sistema de justicia penal y los que están fuera de él, incluidos los organismos gubernamentales responsables de la vivienda, la sanidad y la educación, los proveedores de servicios no gubernamentales, las organizaciones no gubernamentales y las ONG. (Instituto Australiano de Criminología, sin fecha, p. 8).

El Marco de Prevención nomina los requisitos para una prevención eficaz de la delincuencia y el establecimiento de factores de protección a través de:

1. Abordar las condiciones ambientales que promueven y mantienen la delincuencia. Esto incluye tanto enfoques situacionales como iniciativas de planificación más amplias, diseñando y modificando el entorno físico para reducir las oportunidades de que se produzcan delitos.

2. Eliminar los factores de riesgo y potenciar los factores de protección para reducir la probabilidad de que las personas incurran en conductas delictivas. Esto incluye intervenir precozmente en los momentos críticos de transición en el desarrollo de una persona para abordar los factores que pueden conducirla a una futura participación en la delincuencia.

3. Fortalecer las comunidades, abordando la exclusión social y fomentando la cohesión de la comunidad. Aspectos de la exclusión social, incluidas las desventajas del vecindario, el desempleo, las desventajas inter-generacionales, las limitadas perspectivas educativas, la mala salud infantil y el bienestar y las personas sin hogar.

4. Aumentar la capacidad de los organismos de justicia penal para prevenir la delincuencia y la reincidencia.

Sin embargo, este marco no tiene en cuenta las razones personales para cometer el delito, que pueden ser instrumentales o expresivas. Así, una persona que enciende ilegalmente un incendio forestal puede hacerlo para lograr un propósito, como destruir pruebas de otro delito. Alternativamente, pueden estar respondiendo a una necesidad emocional, creada por una enfermedad mental, o un deseo de pertenecer a un grupo con alta estima, o alguna otra razón personal. Los programas de prevención de incendios forestales también pueden dirigirse a mejorar la expresión de estas causas personales de ignición.

Prevención de la ignición de incendios forestales

Como ya se ha comentado en este libro, las causas de la ignición de incendios forestales se pueden clasificar en tres categorías: naturales, accidentales y malintencionadas, aunque, como ya se ha señalado, existe un solapamiento entre estas áreas. Esta sección da una indicación de algunas posibles respuestas de prevención de la ignición que podrían utilizarse. Una vez más, el conocimiento local es vital. La gama completa de posibles acciones de prevención, su coste respectivo, su viabilidad y su eficacia potencial deben estudiarse a nivel local. Esto debería conducir al establecimiento de prioridades y a la introducción de un plan de aplicación, seguimiento y evaluación. Este proceso no requiere reinventar la rueda, ya que un número considerable de igniciones son actos delictivos, y muchos de ellos pueden prevenirse utilizando los conocimientos que tradicionalmente se han aplicado a otros delitos (Muller 2009a). Una vez más, aunque nos desviemos hacia la mitigación, el riesgo de incendios forestales se ha exacerbado en muchos países (España, China, Brasil, etc.) debido a la plantación de eucaliptos australianos, una especie muy propensa a los incendios. La eliminación de estas plantaciones, sustituyéndolas por especies autóctonas de crecimiento más lento y mejor adaptadas al fuego, reduciría el riesgo de incendio.

Encendido natural

Siguiendo la discusión de este libro, las causas naturales de ignición se refieren en gran medida a los rayos, pero también podrían referirse a causas menos comunes, como una erupción volcánica y la ignición en vertederos, etc. Mientras que la prevención no parece ser una opción para los eventos volcánicos, la investigación sugiere que algunos eventos de rayos pueden estar relacionados con el cambio climático, ya que se prevé que los rayos aumenten con el aumento de la temperatura. Esto es especialmente cierto en el caso de los rayos y las tormentas secas, que también pueden estar relacionadas con el cambio climático debido a los cambios en los regímenes de precipitaciones. Está claro que la política para reducir las emisiones de gases de efecto invernadero es una política de prevención vital para reducir el aumento de los rayos y, por tanto, los posibles incendios forestales. Los seres humanos también intervienen en la relación entre rayos e incendios forestales. Las quemas controladas repetidas están modificando la composición de algunos sistemas ecológicos, cambiando la vegetación dominante, como los bosques de fresnos de montaña en Australia, por vegetación de matorral más pequeña que tiene mayor inflamabilidad. Así, en algunas situaciones, es más probable que el bosque se incendie tras el impacto de un rayo.

Mientras que esto se aleja de las causas de la ignición hacia un enfoque de reducción del riesgo, la política adoptada en EE.UU. y Rusia de extinguir los rayos o la ignición humana de incendios forestales en una zona remota mediante la supresión inmediata desde el aire podría ser un enfoque más eficaz que confiar exclusivamente en la modificación del medio ambiente. Las personas que realizan este trabajo se denominan "rappelers" (Fowlkes 2019). En Estados Unidos hay 13 equipos de rappel, especialmente concentrados en el noroeste del Pacífico. Responden con rapidez, pudiendo estar en el aire a los 10 minutos de una llamada, buscando extinguir el fuego antes de que se propague. Los bomberos descienden en rápel entre 60 y 90 metros desde un helicóptero para extinguir el incendio. Pueden contar con el apoyo de equipos de tierra. En EE.UU. también se realizan búsquedas rutinarias de humo sobre los bosques. Como alternativa, algunos bomberos se lanzan en paracaídas sobre un incendio forestal y se abastecen de comida, agua y herramientas de extinción, lo que les permite ser autosuficientes durante 48 horas. Esta respuesta a la extinción está más extendida en Rusia, con 4.000 "saltadores de humo" desde 340 bases. Esta puede ser la única forma de combatir incendios en más de 800 millones de hectáreas (2.000 millones de acres) de bosques (Hodges 2019). Pueden contar con el apoyo de bomberos locales en zonas más pobladas y también de rappelers desde helicópteros. La mejora de la vigilancia en general, como torres contra incendios y cámaras, facilitaría una respuesta más rápida a los incendios en zonas boscosas.

Incendios forestales malintencionados

Tal y como se expone en el capítulo 2, no existe una perspectiva internacional consensuada sobre el alcance de los incendios provocados de forma malintencionada. Esto se debe en gran parte a la recopilación de datos incoherente e incompleta por parte de los bomberos y otros servicios de emergencia. Esto ha agravado el problema del escaso número de incendiarios detenidos. A su vez, esto ha reducido la actual base de conocimientos sobre los incendiarios malintencionados, que se basa en las características de los delincuentes institucionalizados (Ellis, Kanowski y Whelan 2004; Muller 2009a). La mejora de los conocimientos y los procesos es vital para el éxito de la prevención del encendido doloso de fuegos. Hasta que esto ocurra, es probable que la prevención basada en enfoques situacionales y comunitarios de prevención de la delincuencia en las zonas locales tenga más éxito. Esto también debería incluir mejoras en los procesos, todo ello vinculado a la coordinación en el enfoque, tal y como se discute en los capítulos 4 y 10, como la provisión de información a otros servicios cuando incendiarios conocidos o sospechosos de encender fuego viajan o se desplazan a otras ciudades o estados (Ellis, Kanowski & Whelan 2004).

Gannon y sus colegas (2012) han desarrollado una Teoría de Trayectoria Múltiple de Incendios de Adultos[1] que examina por qué un adulto con problemas de salud mental podría desear iniciar un incendio. La teoría se orienta en gran medida hacia el tratamiento una vez que se detiene a la persona (véase el capítulo 3). Si bien se señala que hay muchos tipos de comportamientos que pueden llevar a encender fuego, Gannon y sus colegas ofrecen cuatro vulnerabilidades psicológicas generales clave que probablemente estén asociadas con lo que ellos denominan encender fuego:

- Interés inapropiado por los incendios/"scripts"

- Cogniciones que apoyan el delito o sentimientos delictivos generales que pueden apoyar el encendido de fuegos, problemas de autorregulación/regulación emocional o respuestas emocionales o de afrontamiento deficientes, resolución de problemas o impulsividad.

- Problemas de comunicación, como problemas de habilidades sociales, soledad emocional y poca asertividad.

Estas vulnerabilidades psicológicas surgen de la etiología o educación de la persona. La propensión a encender un fuego está influida por factores próximos y desencadenantes, como los acontecimientos vitales, los factores contextuales, el afecto/cognición internos, la biología y la cultura, así como por cualquier factor moderador, en particular la salud mental y la autoestima.

Esta teoría constituye una importante contribución a la comprensión de la predisposición psicológica y las circunstancias relacionadas con un adulto propenso a encender fuego. Es importante para comprender un enfoque terapéutico eficaz que pueda ofrecerse a un incendiario apresado o auto referido. Sin embargo, el propósito es un poco diferente de lo que se busca en este libro, que se esfuerza por comprender cómo prevenir que se enciendan fuegos. Por lo tanto, es necesario ampliar el modelo para permitir un conjunto completo de actividades/programas que puedan disuadir/prevenir a la persona que enciende un incendio forestal. Este modelo también incluiría cuestiones externas a la persona. Por ejemplo, las influencias o locales que pueden facilitar o dificultar el encendido del fuego, factores desencadenantes externos a la persona, como influencias de grupo y otros factores de protección, como una fuente de apoyo. Es la interacción contextual con las vulnerabilidades de la persona lo que puede llevar a encender o no el fuego. Sin embargo, cuando

---

[1] Por incendio se entiende "cualquier acto problemático de prender fuego a la propiedad, incluido el entorno natural, fuera de los límites sociales y culturales aceptados" (Doley, Dickens y Gannon (2016, p. 1). Esta definición no incluye los incendios "accidentales".

la preocupación central es la prevención del encendido de fuegos, entonces si el contexto o el entorno pueden reducir los riesgos de encendido de fuegos, entonces estas cuestiones son importantes a la hora de abordar los problemas desde la perspectiva del incendio, más que desde la perspectiva de la persona. Los enfoques de prevención pueden abordar más de una de las dimensiones aquí tratadas, por lo que pueden no encajar perfectamente en una de las categorías de riesgo. Esto es especialmente cierto cuando la comunidad local se implica más profundamente en la prevención.

Prevención primaria

Brantingham y Faust (1976) enumeran los siguientes enfoques generales de prevención primaria de la delincuencia:

- Programas de bienestar social y físico generales

- Diseño medioambiental

- Educación para la prevención de la delincuencia

Los autores de este libro opinan que los programas de prevención que abordan las desventajas tienen que ser mucho más amplios que limitarse a los individuos, como se da a entender en el primer punto, más arriba. Como se señala en el capítulo 4, las investigaciones han demostrado que en la periferia de las grandes ciudades de Australia y en torno a los asentamientos rurales es el retraso en los servicios de infraestructura lo que contribuye a reducir las oportunidades de obtener ingresos y garantizar la inclusión social. Otros programas de prevención primaria deben centrarse en el desarrollo infantil y la prevención del maltrato y el abandono de los niños, las estructuras de apoyo a las familias con dificultades y la creación de apoyos comunitarios para lograr comunidades sanas, integradoras y dinámicas. Es probable que el inicio de un amplio cambio en las comunidades y las consiguientes repercusiones en las personas tengan un largo calendario, por lo que necesitan un plan a largo plazo. El cambio comunitario está estrechamente asociado a una planificación espacial. A continuación, se tratan algunos de ellos con más detalle. La construcción de infraestructuras y otros cambios medioambientales, así como los programas de apoyo y bienestar en los barrios desfavorecidos, deben contribuir a mejorar las oportunidades y el bienestar de los residentes. Es probable que esto reduzca el riesgo de comportamientos antisociales, incluido el encendido de focos de incendio. Australia tiene una gran población de jóvenes desempleados, subempleados y desvinculados de la educación y el empleo (véase el capítulo 4). El grupo de edad más común para encender fuego es el de los jóvenes. Muchos jóvenes viven en los suburbios de las grandes ciudades y en asentamientos rurales donde hay menos oportunidades de empleo, un transporte público muy deficiente y menos servicios, además de estar cerca de matorrales y pastizales. Es urgente reducir el riesgo de que estos jóvenes "olvidados" adopten comportamientos problemáticos, incluida la posibilidad de que algunos enciendan fuego.

Intervención precoz y prevención del maltrato y abandono infantil

Un hallazgo común en las investigaciones que analizan las características de los jóvenes que se dedican a encender fuego de forma maliciosa es un trasfondo de abuso y abandono infantil y una tendencia asociada a la participación en actividades de encender fuego (Stanley 2002). En muchos países, los servicios para abordar este problema son insuficientes, y muchos niños se quedan percibiendo un entorno abusivo, que puede conducir a un comportamiento perturbado consecuente (Stanley & Goddard 2002). Es vital, por muchas razones, que los servicios que previenen el maltrato y el abandono infantil estén ampliamente extendidos y demuestren su eficacia.

Mejorar las infraestructuras, los servicios y el transporte

El riesgo de caer en la delincuencia o de ser víctima de ella es mayor en las comunidades que experimentan altos niveles de exclusión social o falta de cohesión social. También se reconoce cada vez más la importancia de abordar la exclusión social (privación, desventaja y acceso limitado a los servicios) y de ayudar a los grupos desfavorecidos a reducir su riesgo de participación en la delincuencia (Andresen 2014; Brain, Stanley & Stanley 2018; Nicolopoulos 1997; Prestemon & Butry 2005). Los aspectos de la exclusión social, incluidas las desventajas del vecindario, el desempleo, las desventajas intergeneracionales, las perspectivas educativas limitadas, la mala salud infantil y el bienestar, y la falta de vivienda, se dice que se encuentran entre los predictores más fuertes de la agresión adolescente, el comportamiento delictivo y una serie de resultados negativos a largo plazo (Andresen 2014).

Es necesario seguir investigando la eficacia de los programas comunitarios de prevención primaria para reducir la delincuencia a largo plazo. Sin embargo, Andresen (2014) señala que los programas que pretenden abordar la exclusión social y la cohesión tienen más probabilidades de éxito cuando:

- identificar a las comunidades necesitadas, basándose en pruebas y consultas a la comunidad y análisis de los factores que pueden contribuir a la desventaja social o la exclusión

- aumentar las oportunidades de participación y promover la participación y consulta de la comunidad en el diseño de programas y la toma de decisiones

- fomentar la representación de diversos grupos, en particular de los miembros de la comunidad más expuestos a la marginación

- coordinar los esfuerzos de los organismos gubernamentales y no gubernamentales para actuar en múltiples zonas desfavorecidas, con el apoyo de la regeneración de barrios

- dispongan de recursos humanos, financieros y físicos permanentes y

- revisar periódicamente los avances para garantizar que las iniciativas siguen por buen camino

La investigación En el capítulo 4 se señala que la accesibilidad para satisfacer las principales necesidades, como la educación y el trabajo, es muy importante para obtener buenos resultados, por lo que es muy importante hacer hincapié en facilitar el transporte público y activo, en consonancia con una buena planificación territorial y una densidad que respalde la viabilidad financiera de la construcción de infraestructuras. Así pues, la ordenación del territorio debe desempeñar un papel mucho más importante de lo que lo hace ahora en muchos países. Como apunte al margen, es interesante observar la asociación entre la iluminación contra incendios y la escasez de viviendas asequibles y de personas sin hogar en California. Uno de los recientes incendios en California se originó en una hoguera abierta en un campamento de indigentes en un bosque.

Prevención de la delincuencia mediante el diseño medioambiental

Newman (1972) escribió sobre cómo se podía prevenir la delincuencia, reduciendo las oportunidades de delinquir mediante el diseño del entorno construido, el trazado de las calles y el paisajismo. En su opinión, el diseño del lugar puede facilitar la vigilancia natural. El diseño puede facilitar la presencia de personas que puedan observar lo que ocurre, especialmente cuando hay espacios abiertos y un buen alumbrado público. Así, es probable que el delincuente potencial sea consciente de que la gente tiene un sentimiento de pertenencia a su comunidad y podría estar observando su actividad. Esto da pistas al delincuente potencial de que la zona no es propicia para el comportamiento delictivo (Newman 1972). Gran parte de este pensamiento se basa en la obra de Jacobs (1961), que criticaba la planificación urbana que conduce a la decadencia de los barrios, lo que a su vez genera barreras en la interacción humana. Este enfoque está vinculado al trabajo realizado sobre la prevención situacional de la delincuencia, y también cuando existe un fuerte sentido de comunidad, ambos tratados más adelante. Es más probable que sea eficaz cuando los incendios intencionados se producen en un entorno más urbano o en la periferia de los asentamientos.

Reforzar las oportunidades para las redes informales, el capital social y estructuras de apoyo

El desarrollo comunitario Los programas que se centran en el fortalecimiento de las redes informales y la mejora de las estructuras comunitarias tienen el potencial de desarrollar la capacidad de la comunidad, lo que puede, a su vez, proporcionar oportunidades para movilizar a las comunidades para abordar los problemas de delincuencia local. Esto se trató en el capítulo 7. La imperiosa tarea de prevenir los incendios forestales solo puede lograrse eficazmente si la comunidad desempeña un papel mucho más central en muchas actividades sobre el terreno (Carpenter et al. 2012; Stanley y Read 2016). Carpenter y sus colegas (2012) señalan que las personas aisladas tienen sus límites a la hora de provocar cambios, mientras que colectivamente se puede lograr mucho más, especialmente cuando hay un líder inspirador. Esto es especialmente cierto cuando el incitador procede de la misma comunidad. La organización internacional Crime Stoppers parte de la base de que una comunidad, sobre todo rural, suele saber quién corre el riesgo de encender un fuego. Es necesario que haya oportunidades para aprovechar los conocimientos locales y aumentar la participación de las comunidades en programas de prevención que se basen en una sólida comunicación bidireccional (Howes et al. 2013). Un enfoque más distribuido y participativo de la toma de decisiones normativas también contribuiría a la aplicación y adopción de decisiones locales, gracias a la aceptación y el compromiso locales.

Se ha informado del éxito de las denuncias comunitarias de presuntos incendios malintencionados o ilegales en Australia Occidental (Plucinski 2014). La estrategia consiste en informar a la comunidad del nivel de incendios en su zona y fomentar la denuncia de comportamientos sospechosos a Crime Stoppers. Hay una amplia participación de la mensajería al respecto, con golpes de puerta, exposiciones en centros comerciales y visitas a las escuelas. El programa parece haber tenido éxito. En una zona, el número de incendios forestales se redujo de 45 a 4 en el mismo periodo en años sucesivos. En otra zona, el número de incendios provocados pasó de 123 en diciembre de 2001 a 49 en diciembre de 2002. Este enfoque fue especialmente eficaz con los incendios forestales malintencionados y sospechosos, el uso de máquinas de cortar y soldar, y el uso de cerillas o mecheros.

Por desgracia, la pérdida de la idea de vecindario, debido a los desplazamientos en coche y a estructuras como las grandes superficies comerciales, ha reducido las cualidades protectoras de la comunidad (Andresen 2014). Así, la vigilancia de las actividades de los jóvenes de la zona por parte de vecinos y miembros de la comunidad puede haberse roto en algunas localidades. Sin embargo, las políticas que tienen en mente la prevención de incendios pueden utilizar el diseño, como se ha comentado anteriormente, para construir espacios y estructuras que atraigan a los jóvenes, los mantengan ocupados, aprovechen la vigilancia de la comunidad y ofrezcan actividades no delictivas como opción óptima.

Planificación urbana para reducir el riesgo de ignición en la interfaz rural/urbana

Gran parte del debate sobre posibles enfoques en la prevención de incendios de origen natural tiene como estructura fundamental una buena planificación espacial y territorial. En el capítulo 6 se analiza el papel de la administración local y se señalan los enfoques compartimentados entre los servicios de emergencia y la planificación urbana y territorial. Esto ha ocurrido a pesar de los patrones espaciales que se pueden encontrar a nivel internacional en los incendios forestales, discutidos en el capítulo 5. Está claro que una de las principales zonas de peligro de ignición se encuentra en la interfaz rural/urbana, donde las viviendas se extienden en nuevos desarrollos urbanos en lo que a menudo eran zonas agrícolas, o donde la gente construye cerca de un entorno forestal por razones de estilo de vida.

El riesgo de incendios forestales sugiere ahora que la planificación urbana debe prestar mucha más atención a la ubicación de los terrenos liberados y a cómo se establecen. Mejorar las oportunidades de "una buena vida" en los suburbios periféricos, desalentar el desarrollo periurbano, establecer un límite urbano duro y políticas de densificación para absorber la población adicional, son formas importantes de reducir el riesgo de ignición de incendios forestales. Se trata de una cuestión de planificación que no se está abordando adecuadamente en Australia ni en otras zonas que sufren graves incendios, como el sur de Europa y Estados Unidos.

Llausàs, Buxton y Bellin (2016) señalan que actualmente no existe una planificación que englobe una visión clara, unificada y estratégica sobre cómo abordar los retos futuros, una cuestión que también señalan varios autores (véase Buxton et al. 2006; McKenzie 1997; Millar 2010). En lugar de un enfoque colectivo que planifique un área espacial y coordine esta planificación con las áreas espaciales limítrofes, existe un enfoque individual de las solicitudes de permisos que da lugar a resultados y usos del suelo ad hoc. Este enfoque es menos capaz de prever y atender las necesidades a largo plazo y la mejora de la capacidad de adaptación a un entorno cambiante (Llausàs, Buxton y Bellin, 2016). Se necesita una legislación urbanística más estricta para restringir las nuevas construcciones en lugares con alto peligro de incendio. Sin embargo, se crean dificultades debido a la complejidad del sistema de planificación junto con las limitaciones y la disponibilidad de datos, que pueden complicar la toma de decisiones y aumentar el riesgo de litigios. Los planificadores deben respetar en mayor medida las superposiciones de planificación, como las superposiciones de incendios forestales y vegetación en Victoria. Un ejemplo reciente en Victoria, donde la superposición de incendios forestales calificó una zona como de riesgo extremo de un incendio forestal catastrófico que es casi seguro que ocurra, fue aparentemente ignorado. Se construyó un gran complejo turístico que ha provocado un gran aumento del número de personas en la zona, con el consiguiente riesgo de incendio (Stanley 2015b).

Información sobre peligros

Aunque la información sobre comportamientos potencialmente arriesgados en relación con la ignición de incendios forestales es en gran medida relevante para los incendios accidentales o imprudentes, algunos programas basados en la información pueden conducir a una reducción del riesgo de encender fuego de forma malintencionada. Sin embargo, dicha comunicación tendría que realizarse con cuidado, para no fomentar el efecto contrario, es decir, que aumente la excitación de la persona por el fuego y su deseo de encenderlo. Los conocimientos sobre el riesgo de incendio podrían integrarse en las asignaturas escolares, por ejemplo, en las clases de ciencias. Estos contenidos podrían incluir información sobre las consecuencias de los incendios forestales y una forma segura y confidencial de comunicar las preocupaciones a la escuela. Por supuesto, no es probable que estos mensajes tengan éxito a menos que el programa vaya acompañado de vías para abordar los problemas detectados. Esto se refiere en particular a las opciones de intervención para las personas con deseos de encender fuego. Tales opciones son limitadas en Victoria, y su ausencia puede disuadir a las personas de denunciar tales comportamientos, especialmente cuando conocen personalmente al infractor (Read & Stanley 2017).

Prevención secundaria

La prevención secundaria Las medidas de prevención secundaria se dirigen a situaciones y personas concretas en las que se cree que existe algún elemento de riesgo. Brantingham y Faust (1976) señalan que los enfoques de prevención secundaria suelen tener un plazo corto o medio para surtir efecto, pero puede haber una confusión entre la forma de los enfoques de prevención primaria y secundaria.

Prevención situacional de la delincuencia

La prevención situacional de la delincuencia consiste en modificar las circunstancias que favorecen la comisión de un delito en un lugar determinado. Estos enfoques suelen aplicarse en las zonas de alta criminalidad. Así pues, la prevención situacional de la delincuencia pretende reducir la repetición de episodios delictivos allí donde ya se han producido. Cornish y Clark (2003, p.90) ofrecen un útil resumen de las acciones que pueden llevarse a cabo. Abordar cada uno de estos componentes debería reducir la incidencia del encendido de fuegos, ya que el encendido malicioso de fuegos suele tener un patrón geográfico y temporal (véase el capítulo 4). Un resumen de las posibles formas de aumentar la "tutela" es:

- Aumentar el esfuerzo para el pirómano, por ejemplo, impidiendo el fácil acceso a un lugar vulnerable, en zonas boscosas detrás de un colegio o en parques nacionales en días de alto peligro de incendio.

- Aumentar el riesgo de que sean descubiertos, por ejemplo, incrementando la vigilancia mediante el uso evidente de cámaras y el aumento de la iluminación en el lugar, así como patrullas en coche.

- Reducir las recompensas por emprender la extinción de incendios, por ejemplo, reducir la presentación del "estatus de héroe" por la extinción de incendios.

- Reducir las provocaciones que pueden conducir a conductas delictivas, por ejemplo, facilitar la educación y el empleo a los jóvenes desempleados, así como opciones recreativas prosociales.

- Eliminar las excusas, por ejemplo, reducir los montones de basura y los coches tirados, anunciar ampliamente las prohibiciones de incendios y en varios idiomas.

En algunas zonas, puede resultar difícil llevar a cabo la prevención situacional de la delincuencia, especialmente en los lugares más aislados. Es necesario examinar cuidadosamente la prevención situacional de la delincuencia; que realmente esté previniendo la delincuencia, en lugar de simplemente trasladarla a otro lugar. Las carreteras permiten el acceso a los incendiarios potenciales que suelen realizar su actividad lejos de la visibilidad y/o buscan un lugar donde creen que es más probable que el fuego prenda y quizás el incendio no sea descubierto inmediatamente. Sin embargo, las carreteras son un enigma, ya que son necesarias para proporcionar acceso a los camiones de bomberos para permitir la extinción de incendios, pero también pueden permitir el acceso a un pirómano. Christensen (2008) sugiere que existen opciones para reducir el riesgo de los puntos de acceso. Esto incluye el uso de puertas a caminos forestales cerradas con llave, establecer zonas vigiladas para los fines recreativos y la eliminación de curvas cerradas en las vías, aumentando así la visibilidad a larga distancia. Cada vez se dispone de más métodos de vigilancia de la delincuencia y la seguridad (por ejemplo, programas informáticos de reconocimiento de matrículas), que pueden ayudar a disuadir y detener a los delincuentes. Las patrullas pueden realizarse desde coches y también desde aviones y drones, como es la política con algunas empresas forestales. Se ha demostrado la eficacia de los recursos policiales empleados en las zonas de mayor riesgo de incendio intencionado, incluso cuando no se dirigen a personas concretas (Prestemon & Butry 2005). Muller (2009a) escribe sobre "el incendio de pastos de las 4 de la tarde". Es necesario documentar los conocimientos locales para que no se pierdan con los cambios de personal.

En 2010 se celebró en Melbourne un simposio nacional (Stanley & Kestin 2010). En uno de los talleres, del que informan Cozens y Christensen (2011), se debatió sobre cuáles podrían ser las estrategias situacionales más eficaces para reducir los incendios provocados. Se debatieron muchas de las estrategias enumeradas anteriormente. El enfoque más comúnmente sugerido fue la señalización que proporciona información sobre el comportamiento ilegal, los daños, el riesgo y las advertencias, incluyendo avisos en otros idiomas para los no angloparlantes (Cozens & Christensen 2011). Otras sugerencias del taller fueron las siguientes:

- limitar el acceso de los niños a los productos para encender fuego, aunque esto puede resultar difícil

- retirada de coches y basuras, así como de estructuras abandonadas, una práctica habitual en la actualidad

- mayor uso de los puntos calientes de incendios por parte de grupos comunitarios

- asociación con grupos de vigilancia vecinal o forestal

- crear un sentimiento de propiedad comunitaria de la zona, quizás dándole el nombre de la comunidad

Mayor implicación de la comunidad en la prevención

La comunidad es un gran recurso infrautilizado. Desde la Comisión Real de 2009 sobre los Incendios Forestales de Victoria se ha hablado de "responsabilidad compartida" y "compromiso de la comunidad", pero este enfoque rara vez se ha puesto en práctica (National Emergency Management Committee 2011; Teague, McLeod & Pascoe 2010). Existen muchas oportunidades para la acción preventiva, que deben ir acompañadas de la adquisición por parte de la comunidad de capacidades de toma de decisiones, recursos y poder-compartir. La denuncia anónima de una sospecha de incendio imprudente o malintencionado, disponible a través de Crime Stoppers, es un proceso muy eficaz. Sin embargo, nuestra investigación ha demostrado que algunos miembros del público son reacios a informar debido a la falta de conocimiento de los comportamientos de encendido de fuego, y los riesgos y la incertidumbre de la razón del comportamiento del sospechoso (Read 2015). Una mayor educación del público en torno al incendio provocado, y sobre el proceso de denuncia y el abordaje de otras barreras identificadas para la denuncia, aumentaría la respuesta de denuncia a Crime Stoppers.

Una forma importante de otorgar más responsabilidad y capacidad de decisión a la comunidad es a través de un programa como el Programa de Prevención de Incendios Provocados de Gippsland (GAPP). En este modelo, los servicios de emergencia, las empresas locales, una gran empresa forestal y la administración local colaboran para prevenir los incendios intencionados. Esto se hace mediante campañas de información, gestión de puntos calientes y patrullas organizadas en días de alto riesgo de incendio, además de compartir recursos e información entre las organizaciones. La primera recomendación del informe del Parlamento de Victoria (2017) sobre la preparación para los incendios forestales era prestar apoyo adicional al GAPP y establecer programas de este tipo en otras zonas propensas a los incendios forestales, en los que participaran tanto la comunidad como los organismos gubernamentales.

Coches tirados

Como ya se ha señalado, la rápida retirada de los coches abandonados es una importante actividad de prevención, debido a la frecuencia de los incendios encendidos en estos vehículos. Esto debe llevarse a cabo con rapidez, ya que la mayoría de los incendios de coches abandonados se producen en las 24 horas siguientes a su abandono (Ransom 2007). Las medidas que reducen el robo de coches y la probabilidad de abandono de los mismos, como la retirada gratuita de coches, son formas importantes de reducir la quema malintencionada de vehículos (Muller 2009a).

Medios de comunicación e imitadores de incendios

Al igual que ocurre con la escasez de investigaciones sobre la provocación de incendios en general, el impacto de los medios de comunicación en la iluminación de incendios sigue siendo un tema sobre el que hay que trabajar mucho. Basándonos en el impacto de los medios de comunicación en otros delitos, es probable que algunos aspectos de los medios de comunicación fomenten la provocación de incendios en algunas personas. La relación entre las noticias de los medios de comunicación sobre suicidios y los intentos de imitación está bien establecida, de tal manera que gran parte de los medios de comunicación ahora no informan sobre suicidios (Doley, Ferguson & Surette 2013; Surette 2011). El Royal Australian & New Zealand College of Psychiatrists (2019) alerta a los medios de comunicación de que: "ciertas formas de informar y debatir sobre el suicidio pueden alienar a los miembros de la comunidad, darle un carácter sensacionalista al tema o, inadvertidamente, dar cierto glamour al suicidio", una posición que bien podría tomarse en relación con prender fuego en el bosque para provocar incendios forestales. La investigación ha demostrado que los niños aprenden comportamientos y valores de los medios de comunicación (Surette 2002). La relación entre la exposición a contenidos delictivos en los medios de comunicación y el comportamiento delictivo suele ser instructiva, ya que los medios actúan como catalizadores de la delincuencia (Doley, Ferguson y Surette 2013).

Esta influencia procede de los medios de comunicación en general, así como de la cobertura informativa y de películas y vídeos. Por ejemplo, un voluntario de 20 años del Servicio de Bomberos Rurales fue descrito en un periódico australiano como "criado a base de películas de acción". Tenía un "antiguo deseo de emular las hazañas de los bomberos", que se convirtió en "un deseo después de ver en la televisión imágenes de bomberos sacando a gente de los escombros del World Trade Center". Quería "los mismos elogios y el mismo reconocimiento". Inició incendios utilizando el mismo método que se retrata en el expediente de guerra "Stalag 17" (Chulov 2002, p.1 y 4). De hecho, los medios de comunicación que informan sobre los incendios forestales a menudo utilizan un lenguaje asociado con el ejército y la guerra, como "combatientes" fuertes, valientes, bien entrenados y disciplinados que utilizan "maniobras tácticas de campo" (Burton 2016).

Surette (2002) cree que los delitos de imitación podrían producirse en uno de cada cuatro delitos, aunque la tasa es difícil de determinar, ya que las pruebas dependen de las declaraciones de los propios delincuentes que han sido detenidos, admiten el delito e informan correctamente de por qué encendieron el fuego. La baja tasa de y condenas asociadas a los incendios intencionados no ayuda a comprender los incendios provocados por imitadores (Muller 2008b; Tomison 2010). Los detenidos también pueden haber provocado incendios antes de su arresto. Así pues, aunque a veces se produzcan agrupaciones de incendios, no es posible determinar con exactitud si se deben o no a la comisión de delitos en serie. El contenido de los medios de comunicación que presenta la delincuencia como algo gratificante, justificado e incuestionable, se ha correlacionado con la delincuencia de imitación autodeclarada (Doley, Ferguson y Surette, 2013). En relación con el delito de prender fuego, es probable que las representaciones de héroes de la extinción de incendios en los medios de comunicación, así como la emoción y la adrenalina asociadas a la lucha contra los incendios (Chulov 2002; Hinds-Aldrich s/f), fomenten la imitación. Los pirómanos que tienen un inquietante interés por los incendios pueden asociarse con los servicios de bomberos para satisfacer su necesidad de que se les asocie con el fuego.

Doley, Ferguson y Surette (2013) ofrecen recomendaciones para reducir el impacto de los imitadores de los medios de comunicación. El incendio, como tal, no debe ser el centro de atención, y las imágenes visuales deben reducirse al mínimo. No se debe informar de los métodos de ignición, ni de informes detallados sobre el delito que puedan parecer glorificarlo o justificarlo. Se cree que características similares de tipo sensacionalista y dramático sobre el suceso del incendio son rasgos asociados a los suicidios imitadores (Siask & Värnik 2012). Los medios de comunicación podrían informar sobre el castigo a los condenados y sobre las consecuencias negativas del incendio.

Las conexiones asociadas entre estos comportamientos y la provocación de incendios sugieren que la vulnerabilidad a la representación mediática es una cuestión que requiere más investigación en relación con los medios de comunicación en general y la forma de los medios de comunicación, incluyendo Internet y los medios de comunicación sociales y restringidos. Es probable que los pirómanos imitadores constituyan un subgrupo diferenciado que podría requerir iniciativas de prevención específicas (Doley, Ferguson y Surette, 2013).

Control de los bomberos

Aunque ahora es común llevar a cabo controles penales de los bomberos voluntarios, es probable que su eficacia sea baja debido al escaso número de condenas penales en relación con el encendido malintencionado de fuegos. También debería ser obligatoria la evaluación psicológica del personal de los servicios de bomberos, con intervenciones de tratamiento asociadas una vez que se haya identificado a una persona como de riesgo de encender fuegos.

Prevención terciaria

La prevención terciaria tiene por objeto aportar una respuesta adecuada una vez que una persona ha cometido un delito doloso de encendido de fuego o ha provocado un incendio, ya sea el enjuiciamiento penal y el castigo y/o el tratamiento adecuado. Así pues, su objetivo es evitar que una persona que ya ha sido identificada como susceptible de cometer un delito de incendio o que ya lo ha cometido, vuelva a provocar un incendio.

Intervención y tratamiento

Existen muy pocos programas de tratamiento específicos para los que encienden fuego, ya sean niños, jóvenes o adultos. A pesar de que puede haber indicios precoces de que los niños encienden fuego y de que a menudo es posible identificar a estos niños en el contexto escolar, el hecho de que los jóvenes enciendan fuego tampoco se tiene suficientemente en cuenta. La investigación muestra que, cuando se sorprende a un niño jugando con fuego, ya se han producido diez casos anteriores (Williams 2013). Los niños pueden ser remitidos a asesoramiento general, pero a menudo esto ocurre en el contexto de un amplio espectro de conductas antisociales. Un diagnóstico diferencial es muy importante para el tratamiento, de modo que se comprenda la causa del encendido del fuego, como la curiosidad, la respuesta a la crisis, el comportamiento delictivo o patológico. Existen distintos patrones de comportamiento antisocial (Kolko & Kazdin 1990) y una fuerte relación predictiva entre encender fuego en el pasado y en el futuro (Rice & Harris 1996), que se extiende hasta la edad adulta (Putnam & Kirkpatrick 2005). Este tema se trata con más detalle en el capítulo 3. Dirigir los recursos al grupo de alto riesgo debería ayudar a reducir el encendido de fuegos, así como a reducir la incidencia de otros comportamientos antisociales. La guía de apoyo a los jóvenes que provocan incendios (Stanley & Read 2016), un sistema de recursos y derivaciones multiinstitucional de ámbito estatal a través de los sistemas judicial, sanitario y educativo, es una herramienta que puede utilizarse como guía para el uso de las actuales oportunidades de intervención general en Victoria. Aparte de la importancia de contar con opciones de tratamiento, la notificación adicional de sospechas surgirá de la percepción de la comunidad de que su notificación de sospechas a Crime Stoppers tendrá sentido, ya que a la persona se le ofrecerá ayuda para cambiar su comportamiento (Stanley & Read 2013).

Correccional

El incendio provocado se considera un delito grave, que suele juzgarse en Victoria en el Tribunal del Condado (Sentencing Advisory Council 2015). La pena máxima es de 15 años de prisión si se determina que el acusado tenía la intención de poner en peligro la vida de otra persona mediante la destrucción de bienes con fuego. En Victoria, 22 personas fueron condenadas por incendio provocado (de todo tipo, incluidos los incendios no relacionados con la vegetación) en 2013-14 y 23 personas el año anterior (Sentencing Advisory Council 2015). De las 22 personas condenadas en 2013-14, 13 recibieron una pena privativa de libertad, definida como encarcelamiento, condena parcialmente suspendida, orden de ingreso en un centro de justicia juvenil, orden de ingreso en un hospital o una combinación de ambas. Siete personas recibieron una Orden Correccional Comunitaria. La duración media de las penas de prisión impuestas entre 2009-10 y 2013-14 fue de algo menos de dos años y ocho meses (Sentencing Advisory Council 2015).

Dado que la Policía de Victoria registró 3.315 delitos de incendio provocado en 2012-13, la tasa implícita de encarcelamiento por incendio provocado en Victoria ese año fue inferior al 1%. No se sabe cuántos incendios fueron provocados por cada una de estas personas. Además, algunas personas sospechosas de incendio provocado no pueden proceder a juicio por ser menores de edad o padecer una enfermedad mental. A pesar de ello, parece que los que acaban siendo acusados son un número muy pequeño en comparación con el número de incendiarios que operan. El Sentencing Advisory Council (2012) de Tasmania señala que el porcentaje de delincuentes condenados por ese delito, en comparación con el número total de delitos denunciados, es el más bajo de todos los delitos cometidos en Australia. Tomison (2010) sitúa la tasa de condenas en torno a cuatro de cada 1000 incidentes (0,4%), una cifra basada en los incendios registrados, no en el número de incendios constatado por imágenes de satélite. De los condenados por un delito de incendio provocado en Victoria entre 2010 y 2015, algo menos de una cuarta parte eran mujeres (Sentencing Advisory Council 2015). De los condenados por un delito principal de incendio provocado, la media de delitos por los que fueron acusados fue de 4,7 (Sentencing Advisory Council 2015). Una limitación de estas estadísticas de condenas es que no distinguen los incendios provocados por incendios forestales de los estructurales y otras formas, registrando únicamente la categoría general de incendios provocados. Dados los problemas señalados anteriormente sobre los bajos índices de detección y la proporción de pirómanos que no son enjuiciados debido a problemas de salud mental, los condenados por incendio provocado representan sólo un subconjunto de los autores de incendios provocados y pueden no ser representativos de todos los que provocan incendios forestales.

NSW ha experimentado muchos incendios graves a mediados de 2019, y como resultado, se cambió la legislación para aumentar el período de no libertad condicional para un condenado por encender fuego malicioso, de 5 a 9 años (Gobierno de NSW 2019a). Cada vez hay más pruebas que analizan el impacto del encarcelamiento. Esta literatura señala que el encarcelamiento no actúa como un fuerte elemento disuasorio, y tampoco lo hace un aumento de la duración del encarcelamiento, dada la compleja naturaleza de la delincuencia (Lansdell, Anderson & King 2011; Ritchie 2011). Dado que solo entre el 2 % y el 5 % de los delincuentes están en prisión, esto sugiere que la amenaza de la cárcel es muy débil como elemento disuasorio de la delincuencia (Andresen 2014). Sin embargo, Prestemon y sus colegas (2012) demostraron que las detenciones de pirómanos podrían ser muy eficaces para reducir este comportamiento. Así lo demuestra también la investigación realizada por Donoghue y Main (1985). Descubrieron que la aplicación de la ley en EE.UU., medida por el número anual de actuaciones policiales en un estado, estaba negativamente relacionada con la aparición de incendios provocados, pero no con otras formas de incendios provocados por el hombre.

Los estudios también han tratado de comprender cómo influye el encarcelamiento en los índices de reincidencia de los pirómanos. Por ejemplo, un estudio neozelandés descubrió que, de una muestra de 1.250 delincuentes que habían sido encarcelados por un delito primario relacionado con un incendio provocado, solo el 6 % había cometido delitos relacionados con incendios provocados en un seguimiento de 10 años (Edwards & Grace 2014). Sin embargo, las tasas de reincidencia por delitos violentos y otros delitos no violentos fueron mucho más elevadas, con un 49% y un 79% de reincidencia respectivamente. La baja reincidencia en los incendios intencionados puede estar asociada a los niveles más bajos de reincidencia en incendios provocados en general y/o a la baja tasa de aprehensión. Ningún estado australiano dispone de un programa sistemático para tratar a los pirómanos en el sistema penitenciario, durante las penas no privativas de libertad o combinado con el apoyo posterior a la puesta en libertad de los presos.

También se observaron tendencias similares en un estudio australiano sobre el historial delictivo de los incendiarios acusados (Muller 2008). De los 133 acusados de incendio forestal que se presentaron ante un tribunal de Nueva Gales del Sur, sólo un pequeño número tenía antecedentes de delitos relacionados con incendios forestales. Sin embargo, los antecedentes por otros tipos de delitos eran mucho más elevados: más de un tercio de los incendiarios forestales habían sido condenados por algún otro delito en los siete años anteriores (Muller 2008). Esta tendencia predominante a la reincidencia no específica se ha observado en otros estudios (Doley et al. 2011; Ducat, McEwan & Ogloff 2015) y se ha constatado en niños y adolescentes incendiarios (Lambie et al. 2013). Sin embargo, se han encontrado tasas más altas de reincidencia en incendios provocados en estudios que utilizan muestras clínicas en contraposición a los datos de la justicia penal (Ducat, McEwan & Ogloff 2015). No obstante, es importante conocer las tasas de reincidencia en incendios provocados, ya que quienes reinciden tienden a tener un interés prolongado por el fuego, sufren abuso de sustancias y pertenecen a un grupo de edad más joven (Doley et al. 2011).

Mejorar la tasa de tasa

Dado que sólo se detiene y condena a un pequeño porcentaje de los autores de incendios provocados, es necesario mejorar el índice de detenciones. Woods (2011) señala que existe la tendencia a no dar prioridad a la investigación de los incendios, debido a la carga de trabajo de la policía y a que la mayoría de los incendios se han apagado tradicionalmente con rapidez (Woods 2011). Sin embargo, para conseguir un cambio de comportamiento en aquellos pirómanos que son capturados, debe existir un programa de tratamiento asociado a la aprehensión. Dependiendo del lugar y del delito, entre el 50% y el 75% de la población reclusa ha estado antes en prisión y volverá a estarlo.

Aumentar la tasa de detenciones requerirá muchos más recursos para investigar la causa de la ignición de los incendios forestales y personal policial para hacer un seguimiento cuando se descubra una intención delictiva. El número de personas asignadas a estas tareas especializadas es históricamente muy bajo. La tarea de investigación y detención es muy difícil. En el incendio de Marysville de 2009, provocado deliberadamente, murieron 38 personas. 250 investigadores policiales tomaron más de 4.000 declaraciones en relación con este incendio. Como ya se ha señalado, la tarea sería considerablemente más fácil si se investigara más sobre el posible incitador y se mejorara mucho la recogida de datos.

La formación en la investigación de incendios provocados en serie fue iniciada por el Grupo Nacional de Coordinación de Incendios Forestales de Australia y adoptada en EE.UU. y Canadá. El curso proporcionó a los investigadores de incendios de la Policía y de los Servicios de Bomberos los conocimientos necesarios para que estos grupos mejoraran sus investigaciones conjuntas, compartieran información e identificaran a los delincuentes (Woods 2011). En 2009, el ACT Rural Fire Service de Australia adoptó este curso, ofreciendo formación en toda Australia y Nueva Zelanda. Al parecer, este curso no está disponible en la actualidad. Woods señala que el curso contribuye a aumentar la seguridad de las comunidades propensas a los incendios forestales frente a este delito. Lansdell, Anderson y King (2011) abogan por una integración del marco jurídico de los incendios provocados en toda Australia, pero señalan que es necesario un enfoque integrado más amplio en el que participen la policía, los servicios de bomberos y otros servicios penitenciarios.

Grubb y Nobles (2016) y Braga (2011) informan de que la vigilancia de puntos calientes, o el patrullaje policial, ha demostrado ser eficaz en la prevención de la delincuencia en general. Asimismo, las patrullas nocturnas de las zonas en las que se producen incendios malintencionados podrían ayudar a evitar que se repitan, especialmente en las dos primeras semanas tras el delito inicial y en un radio de unas dos manzanas del suceso. Sin embargo, todas estas investigaciones se han realizado en relación con la delincuencia urbana. Es necesario investigar si estos enfoques preventivos evitarían el inicio de incendios forestales.

Una nueva categoría de prevención de incendios intencionados

Los incendios forestales malintencionados asociados a la tala y/o tala ilegal también pueden estar asociados a la violencia y la intimidación. Sin embargo, los enjuiciamientos son poco frecuentes (Human Rights Watch 2019). En la última década se han producido más de 300 asesinatos por conflictos en torno a la deforestación de la selva tropical del Amazonas. Sin embargo, solo 14 de estas muertes llegaron finalmente a juicio, lo que se dice que se debió en gran parte a que la policía no llevó a cabo las investigaciones adecuadas. Con los incendios forestales arrasando la selva amazónica, el presidente de Brasil ha prohibido el uso del fuego para despejar tierras en todo el país durante 60 días, aunque el presidente ha insistido repetidamente en que la Amazonia debe abrirse al desarrollo y ha desfinanciado a los organismos responsables de denunciar la actividad ilegal (Darlington et al. 2019).

Los incendios forestales arrasan de nuevo Indonesia. La gravedad de los incendios refleja la de los ocurridos en 2015. Una vez más, la propagación de incendios está asociada a la deforestación, a menudo asociada a grandes empresas agrícolas. Investigadores de las universidades estadounidenses de Harvard y Columbia, examinando esta materia en particular (PM 2,5), calcularon que los incendios indonesios de 2015 se asociaron a 91.600 muertes en Indonesia, 6.500 en Malasia y 2.200 en Singapur (France-Press 2016). Se calcula que los incendios de 2019 han puesto en peligro a 10 millones de niños indonesios (The Guardian 2019). Miles de escuelas han sido cerradas debido a la contaminación. Greenpeace ha acusado al gobierno indonesio de no imponer ninguna sanción seria a las empresas de aceite de palma y celulosa. En su lugar, el gobierno indonesio decidió no conceder nuevas licencias para plantaciones de aceite de palma en 2018 y estableció la restauración en 336 aldeas. Sin embargo, el programa presenta algunas deficiencias, ya que ofrece asesoramiento, pero no supervisa los avances (Normille 2019).

Mientras tanto, múltiples incendios forestales siguen ardiendo en África, en Angola, Zambia y la República Democrática del Congo. Aunque muchos de estos incendios son de tala y quema asociados a la agricultura, algunos de estos incendios están fuera de control, y otros incendios están abriendo nuevas zonas agrícolas, ambos fenómenos exacerbados por el cambio climático. Mientras que algunos incendios pueden ser pequeños, los números son altos, con más de 6.900 incendios registrados por el satélite de la NASA en Angola y 3.400 en el Congo, en una semana en 2019 (Cascais 2019). El bosque de la cuenca del Congo ha sido descrito como el "segundo pulmón verde" de la Tierra después de la región amazónica, ya que, al igual que el Amazonas, absorbe una gran cantidad de dióxido de carbono. En Madagascar, antaño cubierto de bosques, sólo queda un 10% y cada año se pierden grandes extensiones debido a los incendios forestales. Esto se debe a la práctica de la tala y quema, que traslada las explotaciones a zonas más fértiles cada pocos años.

Las consecuencias de estos incendios para toda la humanidad son tales que es necesario un esfuerzo internacional para poner en marcha medidas preventivas. Entre ellas, fuertes sanciones para las empresas responsables de encender los fuegos. Esto sugiere que la Corte Penal Internacional debería tomar cartas en el asunto. Cuando los incendios están asociados a prácticas agrícolas tradicionales, se necesitan enfoques alternativos y el desarrollo de conocimientos para apoyar a estos agricultores, lo que debe ser facilitado por la comunidad internacional. Debe apoyarse la extinción de incendios allí donde los servicios locales no dispongan de los recursos necesarios para llevar a cabo esta labor (Turkewitz 2019).

Comportamiento imprudente/accidental que provoca incendios forestales

Los incendios imprudentes y accidentales abarcan un amplio abanico de sucesos, aunque hay variaciones entre países en cuanto a la forma de clasificarlos. Aunque los enfoques preventivos se examinan por separado en esta sección, como ya se ha señalado, existe una escala de culpabilidad en relación con los incendios provocados por imprudencia o accidente. Esto se reconoce en parte en algunos países, a través del uso de cargos penales, donde si hay una condena, podría resultar en una multa (la cantidad a menudo depende de los recursos financieros de la persona), o una sentencia de cárcel corta o larga (Miller 2017). Este planteamiento parece depender de cada caso, ser poco numeroso y más bien ad hoc (Saillant 2007). El castigo parece consistir en recuperar algunos de los costes de un incendio forestal resultante y/u ofrecer un ejemplo al público sobre la falta de cuidado con el fuego. Se trata de otra situación en torno a los incendios forestales que requiere una revisión exhaustiva y un debate público para adoptar un enfoque coherente que se base en la justicia social.

Prevención primaria

En los estados occidentales de Estados Unidos, como en muchas otras partes del mundo, las zonas más vulnerables a los incendios forestales son las que registran un crecimiento demográfico más rápido (Burton 2016). Conciliar las zonas de alto peligro de incendios con la planificación para limitar la subdivisión en zonas de interfaz peligrosas en las nuevas zonas de desarrollo. Burton cree que la gente no está informada de los riesgos, y que hay una respuesta desigual por parte del gobierno local en torno a los enfoques de mitigación, como códigos de construcción y espacios defendibles. De hecho, una reciente mesa redonda sobre gobiernos locales e incendios señaló que los propios ayuntamientos, en particular los concejales, deben estar mejor informados sobre el cambio climático (Hughes 2019). Es habitual a nivel internacional que los organismos con interés en los incendios den mensajes de tipo educativo al público. Estos mensajes son muy variados, desde no aparcar un coche sobre ningún tipo de vegetación seca y apagar hogueras, hasta mensajes dirigidos a los niños que juegan con fuego.

Prevención secundaria

La reaseguradora Munich Re aboga por mejorar la gestión de las líneas eléctricas aéreas. Deberían talarse los árboles en las zonas boscosas alrededor de las líneas. En las zonas de alto riesgo próximas a zonas pobladas, las líneas eléctricas deben ser subterráneas o utilizar tecnologías que reduzcan considerablemente el riesgo de incendio. El partido político de los Verdes australianos pide que las líneas eléctricas sean obligatoriamente subterráneas en todas las nuevas urbanizaciones con alto riesgo de incendio.

La Comisión Real de Incendios Forestales de Victoria (2010) llegó a la conclusión de que la necesidad de sustituir las infraestructuras eléctricas anticuadas para proteger la vida humana "era imperativa" (p.13). La Comisión recomendó:

- En Victoria, el reemplazo progresivo de todas las líneas eléctricas de retorno a tierra de un solo cable, con cables aéreos, cableado subterráneo u otra tecnología, que se completará en las áreas de mayor riesgo de incendios forestales dentro de 10 años

- La sustitución progresiva de todos los alimentadores de distribución de 22 kilovoltios por cable aéreo agrupado, cableado subterráneo u otra tecnología que reduzca considerablemente el riesgo de incendios forestales

- El Estado exige a las empresas de distribución que cambien sus normas y procedimientos de inspección de activos para exigir que todas las líneas eléctricas de retorno a tierra de un solo cable y todos los alimentadores de 22 kilovoltios en zonas de alto riesgo de incendio forestal sean inspeccionados al menos cada tres años.

- El Estado exige a las empresas de distribución que revisen y modifiquen sus prácticas, normas y procedimientos actuales de formación y auditoría de los inspectores de activos

- El Estado modifica el marco reglamentario de la seguridad eléctrica para exigir que las empresas de distribución adopten, en el marco de sus planes de gestión, medidas para reducir los riesgos que plantean los árboles peligrosos (p.12)

No está claro si se han seguido estas recomendaciones.

La Oficina del Auditor General de Australia Occidental (2013) detectó problemas similares en Australia Occidental, con un riesgo significativo para la seguridad pública de que la red eléctrica provoque un incendio forestal. El informe señalaba que la red de postes de madera ha sufrido décadas de falta de inversión, lo que ha exigido un gasto muy superior a los niveles de mantenimiento habituales, con una necesidad de gasto de 2.000 millones de dólares hasta 2022.

El Comisionado de Servicios Contra Incendios (2012) de Victoria encargó un informe en respuesta a la respuesta de los servicios contra incendios a tres importantes incendios en vertederos ocurridos en enero de 2012. Es importante destacar que el informe afirma que "parece que los incendios en las instalaciones de vertederos no son una de las principales preocupaciones de los operadores" (2012, p. 9), ya que ninguno de los tres vertederos examinados en el informe del FSC cumplía toda la normativa vigente para hacer frente a los incendios en el emplazamiento.

En Australia, la policía puede obtener información valiosa sobre comportamientos sospechosos en el encendido de fuegos, que pueden estar asociados a actividades maliciosas o imprudentes, de un miembro local de la comunidad. Esta información puede comunicarse directamente a Crime Stoppers, donde se transmite a la policía. La investigación se ha llevado a cabo sobre los factores que influyen en la denuncia por parte de la comunidad de sospechas de encendido de fuego a las autoridades, ya que existe una gran variabilidad con la propensión de una persona a denunciar, esto varía mucho dependiendo de las circunstancias (Read & Stanley 2017, 2018). Se desconoce el "éxito" de las denuncias a la hora de conducir a la detención y condena de un pirómano.

Prevención terciaria

Como se señala en el capítulo 2, las multas cívicas no son suficientes para servir de elemento disuasorio, no se aplican de manera uniforme y son difíciles de hacer cumplir en Victoria (Parlamento de Victoria 2017). Aumentar las consecuencias de los comportamientos ilegales e imprudentes que puedan provocar (o hayan provocado) incendios forestales puede servir para disuadir de encender fuego. El informe, Inquiry into Fire Season Preparedness (Parlamento de Victoria 2017), recomendó que se aumentaran las penas y se reforzara la aplicación de las infracciones contra los requisitos de Prohibición Total de Incendios. Otra posible enmienda podría ser que quienes provoquen un incendio forestal quemando basura paguen el coste total de apagar el fuego y los daños causados a las personas, las estructuras y el medio ambiente. Nueva Gales del Sur modificó recientemente la legislación para que una persona que encendiera un fuego de forma imprudente o deliberada en un Día de Prohibición Total de Incendios pueda recibir una pena de cárcel de hasta 14 años (Gobierno de Nueva Gales del Sur 2019b).

Una investigación en Victoria revela que, si un incendio forestal se considera grande y peligroso, es más probable que una persona comunique sus sospechas a una autoridad. Es probable que esto ocurra tanto si sus sospechas se refieren a un desconocido como a un niño, pero no si el niño es suyo o la persona es íntima del denunciante. Cuando la persona es bien conocida, hay un 50% de probabilidades de que "maneje la situación por sí misma" en lugar de comunicar sus sospechas a un funcionario. Un joven descrito como "difícil" tiene más probabilidades de ser denunciado a un organismo oficial que un joven que no es visto como tal. Las intenciones percibidas del agresor, tanto si el incendio se considera accidental como intencionado, pueden alterar la denuncia a una autoridad hasta en un 17%. Otros factores que influyen en la denuncia son la delincuencia en general en el lugar donde vive el denunciante (a más delincuencia, menos probabilidades de denunciar una sospecha de incendio); y también la confianza del denunciante en la policía y otras autoridades (a mayor confianza, más probabilidades de denunciar una sospecha de incendio).

Conclusiones

Este libro se abrió con un reconocimiento de los incendios forestales que arden en todo el mundo y se cerrará con la misma historia. En agosto y septiembre de 2019, los medios de comunicación informaron de grandes incendios en los principales sistemas forestales, especialmente en la selva amazónica y en los bosques tropicales de Indonesia. En la interfaz rural/urbana en las zonas costeras del norte de Nueva Gales del Sur y Queensland, que se extendieron hacia el norte hasta la zona tropical, donde el fuego ha sido un gran desconocido. Los medios de comunicación informan de que en Indonesia 40.000 personas han sido tratadas por infecciones respiratorias agudas; las escuelas están cerradas, incluyendo 100s en Malasia y los aeropuertos cerrados (Massola & Rompies 2019). Se dice que el 99% de estos incendios fueron causados por fuegos intencionados.

En Australia, los informes sugieren que hubo probablemente dos causas principales de las igniciones: la limpieza del terreno en los bosques y el fuego intencionado. Es urgente actuar para evitar estas igniciones, lo que implica voluntad política, recursos para identificar, acusar y procesar a los infractores cuando son adultos y, sobre todo, conocimiento, educación y cambio del comportamiento y las circunstancias que conducen a la ignición. Detrás de estas respuestas directas, como se argumenta en este libro, hay que hacer importantes ajustes de contexto. Éstos se refieren a la reducción del cambio climático, la reducción del crecimiento demográfico, planificación territorial y la investigación y evaluación para adquirir conocimientos sobre la eficacia, los costes y beneficios de las políticas, programas, y de las acciones. En concreto, se necesita una transición hacia un nuevo enfoque de la gestión de la prevención de incendios forestales, que sea integrador, abierto y basado en el conocimiento empírico, la sabiduría y las posturas de valor. Sin embargo, en Victoria, las reuniones entre "servicios de emergencia y funcionarios del gobierno", una reunión celebrada a principios de este año debido al segundo semestre más cálido registrado en toda Australia, se centraron en la extinción, con el anuncio de una flota de 100 helicópteros y aviones para apoyar a los bomberos (Grieve & Preiss 2019, p.12). No parece que se haya tenido en cuenta una perspectiva más amplia.

Buscando algo de inspiración para las palabras de cierre de este libro, profundizamos en una reciente publicación estimulante, Degrowth in the Suburbs: A Radical Urban Imaginary, de Alexander y Gleeson (2019). El libro trata un tema relacionado, el daño que está causando el crecimiento económico y el uso excesivo de los recursos naturales. Sin embargo, hay palabras de sabiduría allí para los problemas en torno a los incendios forestales. Es necesaria una visión de mundos alternativos, cómo podrían ser y cómo podrían realizarse. Es necesario un cambio cultural, en el que las pequeñas acciones y prácticas a escala doméstica y comunitaria movilicen el cambio. Esta parece ser una receta para el cambio en relación con la lucha contra el cambio climático. En ausencia de voluntad política, la respuesta de la comunidad, cuando es capaz, interviene. Es necesaria una cultura moldeada por una visión y unos valores que vivan sobre una huella ecológica "justa". Alexander y Gleeson (2019) expresan la opinión de que los esfuerzos para producir un cambio serían baldíos. Los autores de este libro no son tan pesimistas, ya que, en parte, el tema de los incendios forestales y sus impactos tienen mayor visibilidad que las ideologías neoliberales y de mercado. Ciertamente, en Victoria se está produciendo un deseo de cambio, especialmente en la Policía de Victoria, pero la escasez de recursos y las directrices políticas populistas a corto plazo no ayudan.

Otro trabajo muy interesante procede de la Unión Europea (Mair et al. 2019). El informe aborda algunas cuestiones críticas sobre la toma de decisiones. Señala que pensar colectivamente puede superar el sesgo individual y mejorar significativamente la calidad del resultado, pero solo si se comparte toda la información crítica, el conocimiento único y la experiencia. Es necesario crear un entorno de seguridad psicológica que permita compartir información crítica, ideas, preguntas y opiniones discrepantes. También es necesario reconocer la importancia de las emociones en la toma de decisiones, ya que percibir las preocupaciones, temores y esperanzas de los ciudadanos podría proporcionar nueva información importante para orientar las decisiones políticas. La ciencia no está exenta de valores; es necesario ser transparente sobre los valores que engloban las decisiones. Los responsables políticos deben comprender los valores, intereses y expectativas de los ciudadanos.

Este libro sólo aborda algunas de las cuestiones relacionadas con los incendios forestales. Es de esperar que abra un campo que exige conexiones, conocimiento, comunicación, ideas y un cambio significativo y urgente. Sin embargo, como dice Flannery (2019) en relación con el cambio climático, lo que también es apto para la prevención de incendios forestales, "los guantes están fuera", los acuerdos políticos o las innovaciones tecnológicas no han detenido la trayectoria ascendente de los incendios forestales.

Referencias

ABC News 2019, 'SKM charged with environmental offences over Coolaroo recycling plant fire, 8 Mar 2019', https://www.abc.net.au/news/2019-03-08/skm-charged-with-environmental-offences-over-coolaroo-fire/10883016

ABS (Australian Bureau of Statistics) 2013, 2011.0.55.001 *Census of Population and Housing 2011*, customised report, http://abs.gov.au/ausstats/abs@.nsf/lookep/2011.0.55.001Main%20Features22011

Abt, K Butry, D Prestemon, J & Scranton, S 2015, 'Effect of fire prevention programs on accidental and incendiary wildfires on tribal lands in the United States', *International Journal of Wildland Fire*, vol. 24, pp. 749-762.

(ACOSS) Australian Council of Social Services 2013, *Extreme weather, climate change and the community sector: ACOSS submission to the Senate Inquiry into recent trends in and preparedness for extreme weather events*, https://www.acoss.org.au/images/uploads/ACOSS_submission_to_Senate_Inquiry_into_extreme_weather.pdf

Adger, W 2003, 'Social capital, collective action, and adaptation to climate change', *Economic Geography*, vol. 79, no. 4, pp. 387-404.

AFAC (Australasian Fire and Emergency Service Authorities Council) & FFMG (Forest Fire Management Group) 2016, *National guide for prescribed burning operations*, https://knowledge.aidr.org.au/media/4869/national-position-on-prescribed-burning.pdf

AFAC (Australian Fire and Emergency Services Authorities Council) & (FFMG) Forest Fire Management Group 2017, *National guidelines for prescribed burning strategic and program planning*, https://knowledge.aidr.org.au/media/4897/national-guidelines-for-prescribed-burning-strategic-and-program-planning.pdf

Ager, A Day, M Short, K & Evers, C 2016, 'Assessing the impacts of federal forest planning on wild re risk mitigation in the Pacific Northwest, USA', *Landscape and Urban Planning*, vol. 147, pp. 1–17.

Alcock, P 2004, 'Participation or pathology: contradictory tensions in area-based policy', *Social Policy & Society*, vol. 3, no. 2, pp. 87-96.

Alexander, D 2015, 'Disaster and emergency planning for preparedness, response, and recovery, Natural Hazard Science', *Oxford Research Encyclopedia*, https://oxfordre.com/naturalhazardscience/view/10.1093/acrefore/9780199389407.001.0001/acrefore-9780199389407-e-12

Alexander, S & Gleeson, B 2019, *Degrowth in the suburb: a radical urban imaginary*, Palgrave, Macmillan, Singapur.

Altangerel, K & Kull, C 2013, 'The prescribed burning debate in Australia: conflicts and compatibilities', *Journal of Environmental Planning and Management*, vol. 56, no. 1, pp.103-120.

American Psychiatric Association 2013, *Diagnostic and statistical manual of mental disorders: diagnostic and statistical manual of mental disorders*, (5th ed.), American Psychiatric Association, Arlington, VA.

Andresen, M 2014, *Environmental criminology: evolution, theory, and practice*, Routledge, Londres & N.Y.

Anwar, S Langstrom, N Grann, M & Fazel, S 2011, 'Is arson the crime most strongly associated with psychosis? - A national case-control study of arson risk in schizophrenia and other psychoses', *Schizophrenia Bulletin*, vol. 37, pp. 580-586.

Arango, T 2018, Behind most wildfires, a person and a spark: 'We bring fire with us', *New York Times*, August, 20, https://www.nytimes.com/2018/08/ 20/us/ california-wildfires-human-causes-arson.html

Arnstein, S 1969, 'A latter of citizen participation', *Journal of the American Institute of Planners*, vol. 35, pp. 216-214.

Arson Control Forum 2004, *Implementing arson reduction programs: findings from the Arson Control Forum's new projects initiative*, Office of the Deputy Prime Minister, Research bulletin no. 2, http://www.stoparsonuk.org/arson/ documents/Research_Doc_5_Arson_Terminology.pdf

Ash, N Blanco, H Brown, C Garcia, K Henrichs, T Lucas, N Ruadsepp-heane, C Simpson, R Scholes, R Tomich, T Vira, B & Zurek, M 2010, *Ecosystems and human well-being: a manual for assessment practitioners*, https://www.un ep-wcmc.org/resources-and-data/ecosystems-and-human-wellbeing--a- manual-for-assessment-practitioners

Atleework, K 2018, 'Power lines are burning the West', *The Atlantic*, May 25, https://www.theatlantic.com/technology/archive/2018/05/power-lines-are -burning-the-west/561212/

Attorney-General's Department 2009, *Report on the National Forum to Reduce Deliberate Bushfires in Australia*, https://library.dbca.wa.gov.au/static/Full TextFiles/070276.pdf

Australian Associated Press 2017, 'Victorian Country Fire Authority investigator says she was harassed by managers', 18 Oct https://www.theguardian.com/ australia-news/2017/oct/18/victorian-country-fire-authority-investigator-says- she-was-harassed-by-managers

Australian Institute for Disaster Resilience 2019, 'Bushfire: Australian Disaster Resilience Glossary', Australian Institute for Disaster Resilience, https:// knowledge.aidr.org.au/glossary/?wordOfTheDayId=&keywords=Bushfire&alpha= &page=1&results=50&order=AZ

Australian Institute of Criminology 2006, *Bushfires lit deliberately during adverse bushfire weather.* Bushfire arson bulletin No. 39, Australian Institute of Criminology, Canberra. https://aic.gov.au/publications/bfab/bfab039

Australian Institute of Criminology 2017, *Proportion of deliberate bushfires in Australia.* Bushfire arson bulletin No. 51, Australian Institute of Criminology, Canberra, https://aic.gov.au/publications/bfab/bfab051

Australian Institute of Criminology (undated) *National crime prevention framework*, Australian Institute of Criminology, Canberra, https://www.police.qld.gov. au/sites/default/files/2018-10/NCP%20Framework.pdf

Ayres, J 2012, Essential ingredients in successful visioning community visioning programs processes and outcomes, in N Walzer & G Hamm (eds.), *Community visioning programs: processes and outcomes*, Routledge, Nueva York, 16-32.

Ayres, J Hein, C & Cole, R 1990, *Take Charge: Economic Development in Small Communities - Empowering Rural Communities for the 1990's*, Ames, I.A., North Central Regional Center for Rural Development.

Badlan, R Sharples, J Evans, J & McRae, R 2017, 'The role of deep flaming in violent pyroconvection', paper presented at the *22nd International congress on modelling and simulation*, Hobart, Tasmania, Australia, 3 a 8 de diciembre, https://ozewex.org/event/the-22nd-international-congress-on-modelling-and-simulation-modsim2017/

Baird, R 2006, 'Pyro-terrorism: the threat of arson-induced forest fires as a future terrorist weapon of mass destruction', *Studies in Conflict & Terrorism*, vol. 29, no. 5, pp. 415-428.

Balch, J Bradley, B Abatzoglou, J Nagy, C Fusco, E & Mahood, A 2017, 'Human-started wildfires expand the fire niche across the United States', *Proceedings of the National Academy of Sciences*, vol. 114, no. 11, pp. 2946-2951.

Bandura, A 1976, 'Self-reinforcement: theoretical and methodological considerations', *Behaviorism*, vol.4, no. 2, pp. 135–155.

Barnett, W Richter, P & Renneberg, B 1999, 'Repeated arson: data from criminal records', *Forensic Science International*, vol. 101, pp. 49-54.

Barron, A 2018, Time to refine key climate policy model, *Nature Climate Change*, vol. 8, pp. 350–352, www.nature.com/natureclimatechange

Barrowcliffe, E & Gannon, TA 2015, 'The characteristics of un-apprehended firesetters living in the UK community', *Psychology, Crime and Law*, vol. 21, no. 9, pp. 836-853.

Bates, M 2004, *Managing landfill site fires in Northamptonshire*, Environment and Transport Scrutiny Committee, University College Northampton, http://www.scirp.org/(S(i43dyn45teexjx455qlt3d2q))/reference/ReferencesPapers.aspx?ReferenceID=128140

BBC News 2018a, 'Military called in to tackle fire near Saddleworth Moor', 27 June https://www.bbc.co.uk/news/uk-england-manchester-44634023

BBC News 2018b, 'Saddleworth Moor fire is out after more than three weeks', 18 July, https://www.bbc.co.uk/news/uk-england-manchester-44880331

BBC News 2018c, 'Winter Hill TV mast fire: Man arrested as blaze continues', 29 June, https://www.bbc.co.uk/news/uk-england-lancashire-44654410

Beale, J & Jones, W 2011, 'Preventing and reducing bushfire arson in Australia: a review of what is known', *Fire Technology*, vol. 47, pp. 507-518.

Beck, U 1992, *Risk society, towards a new modernity*, Sage Publications, Londres.

Bell, R Doley, R & Dawson, D 2018, 'Developmental characteristics of firesetters: are recidivist offenders distinctive? *Legal and Criminological Psychology*, vol. 23, pp. 163-175.

Berger, S 2004, 'Species dying 1000 times faster', *The Age*, 18 de noviembre, p.12.

Berke, PR 2002, 'Does sustainable development offer a new direction for planning? Challenges for the twenty-first century, *Journal of Planning Literature*, vol. 17, no.1, pp. 21-36.

Bernstein, A 2010, 'Reduced biodiversity directly affects human health', Radio National, The Science Show, June 5, https://www.abc.net.au/radionational/programs/scienceshow/past-programs/index=2010

Bernstein, A 2011, 'Reduced biodiversity directly affects human health', *The Science Show, ABC Radio National*, 26 de junio.

Berwyn, B 2018, 'It's complicated: While CO2 causes long-term warming, aerosols can have both a warming and a temporary cooling effect', *Inside Climate News*, 23 de agosto, https://insideclimatenews.org/news/23082018/extreme-wildfires-climate-change-global-warming-air-pollution-fire-management-black-carbon-co2

Besenyö, J 2017, 'Inferno terror: forest fires as the new form of terrorism', *Terrorism and Political Violence*, julio, https://doi.org/10.1080/09546553.2017.1341876

Better Regulation Commission, 2006, *Risk, responsibility and regulation – Whose risk is it anyway?* Londres, https://www.scie-socialcareonline.org.uk/risk-responsibility-and-regulation-whose-risk-is-it-anyway/r/a11G00000017tVBIAY

Biasia, R Colantonib, A Ferrarac, C Ranallid, F & Salvatid, L 2015, 'In-between sprawl and fires: long-term forest expansion and settlement dynamics at the wildland–urban interface in Rome, Italia, *International Journal of Sustainable Development & World Ecology*, vol. 22, no. 6, pp. 467–475.

Blanchi, R Leonard, J Haynes, K Opie, K James, M & Dimer de Oliveira, F 2014, 'Environmental circumstances surrounding bushfire fatalities in Australia 1901–2011' *Environmental Science & Policy, vol.* 37, pp. 192-203.

Blanchi, R Leonard, J & Leicester, R 2006, *Bushfire risk at the rural-urban interface.* Bushfire Cooperative Research Centre, Melbourne, http://bushfirecrc.com/sites/default/files/managed/resource/bushfire_risk_at_the_rural_urban_interface_-_brisbane_2006_0.pdf

Blanco, C Alegria, AA Petry, NM Grant, J Simpson, HB Liu, S Grant, B & Hasin, D 2010, 'Prevalence and correlates of firesetting in the US: results from the National Epidemiologic Survey on Alcohol and Related Conditions', *Journal of Clinical Psychiatry*, vol. 71, pp. 1218–1225.

Blond, P 2010, *Red Tory: How left and right have broken Britain and how we can fix it*, Faber and Faber Ltd, Londres.

Bluff, L 2016, *Reducing the effect of planned burns on hollow bearing trees - fire and Adaptive Management Report*, no.29, https://www.ffm.vic.gov.au/data/assets/pdf_file/0006/21120/Report-95-Reducing-the-effect-of-planned-burns-on-hollow-bearing-trees-2016.pdf

Bond, T & Mercer, D 2014, 'Subdivision policy and planning for bushfire defence: a natural hazard mitigation strategy for residential peri-urban regions in Victoria, Australia', *Geographical Research*, vol. 52, pp. 6-22.

Brett, A 2004, '"Kindling theory" in arson: how dangerous are firesetters?' *Australian and New Zealand Journal of Psychiatry*, vol. 38, pp. 419-425.

Bowman, D & Murphy, B 2015, 'Ashes to ashes: Increased fire frequency threatens Alpine Ash forests', *National Environmental Research Program*, University of Tasmania, http://www.lifeatlarge.edu.au/_data/assets/pdf_file/0018/650007/Reshaping-alpine-landscapes-summary.pdf

Bowman, D Murphy, B Boer, MB Bradstock, RA Cary, GJ Cochrane, MA Fensham, RJ Krawchuk, MA Price, OF & Williams, RJ 2013, 'Forest fire management, climate change, and the risk of catastrophic carbon losses,' *Frontiers in Ecology and the Environment*, vol. 11, no. 2, pp. 66-68.

Bradstock, R Penman, T Boer, M Price, O & Clarke, H 2014, 'Divergent responses of fire to recent warming and drying across south-eastern Australia', *Global Change Biology*, vol. 20, pp.1412-1428.

Braga, A 2001, 'The effects of hot spots policing on crime', *The Annals of the American Academy of Political and Social Science*, vol. 578, no. 1, pp. 104-125.

Brain, P Stanley, J & Stanley, J 2018, *Making the most of opportunities*, informe a la Municipal Association Victoria, informe sin publicar.

Brain, P Stanley, J & Stanley, J 2019, *Melbourne: how big, how fast and at what cost?* marzo, MSSI, Universidad de Melbourne, Melbourne, https://sustainable.unimelb.edu.au/__data/assets/pdf_file/0006/3065334/MSSI -Research-Paper-2019_Stanley_et_al.pdf

Brantingham, P & Brantingham, P 1981, *Environmental criminology*, Sage, Beverly Hills, CA.

Brantingham, P & Brantingham, P 1993, 'Environment, routine and situation: toward a pattern theory of crime', *Advances in Criminological Theory*, vol. 5, pp. 259-294.

Brantingham, P & Brantingham, P 1995, 'Criminality of place: crime generators and crime attractors', *European Journal of Criminal Policy and Research* vol. 3, pp. 5-26.

Brantingham, P & Faust, F 1976, 'A conceptual model of crime-prevention', *Crime and Delinquency*, vol. 22, no. 3, pp. 284-96.

Bryant, C 2008a, *Understanding bushfire: trends in deliberate vegetation fires in Australia*. Technical and Background paper no. 27, Australian Institute of Criminology, Canberra.

Bryant, C 2008b, *Weekly patterns in bush reignitions*, Bushfire Arson Bulletin No. 55, 28 de octubre, Australian Institute of Criminology, ACT.

Bryson, B 2010, At *home: a short history of private life*, Random House, Australia.

Buergelt, P & Smith, R 2015, 'Wildfires: an Australian perspective', in D. Paton (ed) *Wildfire Hazards, Risks, and Disasters*, pp. 101-121, Elsevier, Oxford.

Bulwa, D 2008, 'Accidental fire-starter furious at punishment', *SFGATE*, August 10, https://www.sfgate.com/news/article/Accidental-fire-starter-furious-at-punishment-3200351.php

Bureau of Meteorology 2019, *2019 Australian Weather Calendar*, http://www.b om.gov.au/calendar/

Burton, L 2016, Problems in the wildland-urban interface, *The Denver Post*, junio de 2012, https://www.denverpost.com/2012/06/21/problems-in-the-wild land-urban-interface/

Burton, L & Sun, L 2015, (eds.), Cassandra's curse: law and foreseeable future disaster, *Cassandra's (Studies in Law, Politics and Society)*, Elsevier, https://www.emerald.com/insight/content/doi/10.1108/S1059-433720150000068011/ full/html

Butcher, JR & Gilchrist, DJ 2016, *The three sector solution: delivering public policy in collaboration with Not-For-Profits and business*, ANU Press, Canberra.

Butcher, JR Gilchrist, DJ Phillimore, J & Wanna, J 2019, 'Attributes of effective collaboration: insights from five case studies in Australia and New Zealand', *Policy Design and Practice*, vol. 2, no.1, pp. 75-89.

Butt, A Buxton, M Haynes, R & Lechner, A 2009, 'Peri-urban growth, planning and bushfire in the Melbourne City Region', paper presented at the *State of Australian Cities*, National Conference, 24-27 de noviembre, Perth, Australia Occidental, http://researchbank.rmit.edu.au/view/rmit:13842

Buxton, M Haynes, R Mercer, D & Butt, A 2011, 'Vulnerability to bushfire risk at Melbourne's urban fringe: the failure of regulatory land use planning', *Geographical Research*, vol. 49, no. 1, pp. 1-12.

Buxton, M Tieman, S, Bekessy, T Budge, D Mercer, M Coote, M & Morcombe, J 2006, *Change and continuity in peri-urban Australia, state of the peri-urban regions: A Review of the literature*. RMIT University, Melbourne, http://researchbank.rmit.edu.au/view/rmit:160299

California Department of Forestry and Fire Protection 2015, *Incident information*, http://cdfdata.fire.ca.gov/incidents/incidents_stats

Cambridge Advanced Learner's Dictionary 2017, (3rd ed.), Cambridge University Press, Reino Unido, https://webforpc.com/software/dictionary/cambridge–advanced-learners-dictionary-download-free/

Canter, D & Fritzon, K 1998, 'Differentiating arsonists: a Model of firesetting actions and characteristics.' *Legal and Criminological Psychology*, vol. 3, pp. 73-96.

Cardille, J Ventura, S & Turner, M 2001, 'Environmental and social factors influencing wildfires in the upper Midwest, United States', *Ecological Applications*, vol. 11, no. 1, pp. 111-127.

Carpenter, S Arrow, K Barrett, S Biggs, R Brocks, W Crépin, A. ... DeZeeuw A 2012, 'General resilience to cope with extreme events', *Sustainability*, vol. 4, pp. 3248–3259.

Cascais, A 2019, 'Amazon versus Africa forest fires: is the world really ablaze?' *DW*, 30 August, https://www.dw.com/en/amazon-versus-africa-forest-fires-is-the-world-really-ablaze/a-50229553

Catry, F Damasceno, P Silva, J Miguel Galante, M & Moreira, F 2007, 'Spatial distribution patterns of wildfire ignitions in Portugal', artículo presentado en la conferencia *Wildfire*, enero, Sevilla, España, https://www.academia.edu/1804467/Spatial_distribution_patterns_of_wildfire_ignitions_in_Portugal

Catry, F Rego, FC Bação, F & Moreira, F 2009, 'Modeling and mapping wildfire ignition risk in Portugal', *International Journal of Wildland Fire*, vol. 18, pp. 921-931.

CBC radio Canada 2018, 'How do CO2 emissions from forest fires compare to those from fossil fuels?' https://www.cbc.ca/radio/quirks/sept-15-2018-summer-science-camping-under-a-volcano-plastic-in-beluga-bellies-and-more-1.4821942/how-do-co2-emissions-from-forest-fires-compare-to-those-from-fossil-fuels-1.4821944

CFA (Country Fire Authority) 2015, *Working together: Integrated fire management planning*. CFA, Burwood East, Vic, http://www.cfa.vic.gov.au/about/working-together/

CFA (Country Fire Authority) 2017, *Annual Report 2016-17*, CFA, Victoria, https://www.cfa.vic.gov.au/documents/20143/203205/CFA-Annual-Report-2017.pdf/92403a6f-9799-84cc-cc13-e76bbdac43ff

Chaplin, E & Henry, J 2016, 'Assessment and treatment of deliberate firesetters with intellectual disability', in R Doley, G Dickens & T, Gannon (eds.) *The psychology of arson a practical guide to understanding and managing deliberate firesetters*, Psychology Press y Routledge Academic, NY, pp. 55-67.

Cheney, NP 1981, 'Fire Behaviour', in, A M Gill, RH Groves & lR Noble (eds.), *Fire and Australian Biota*, Australia Academy of Science, Canberra.

Chesnais, M Green, A Phillips, B Aitken, P Dyson, J Trancoso, R Rajan, J & Dunbar, C 2019, *Queensland: state heatwave risk assessment*, Queensland Fire and Emergency Services, 14 de mayo.

Christensen, W 2008, 'The prevention of bushfire arson through target hardening', *Flinders Journal of Law Reform*, vol. 10, no. 3, pp. 693-713.

Chulov, M 2002, 'Arsonist burned with desire to be fire hero', *The Australian*, 4 June, pp. 1 & 4.

Clarke, R (ed) 1992, *Situational crime prevention: successful case studies*, (2nd ed.) Harrow and Heston, NY.

Climate Action Tracker 2018, abril, https://climateactiontracker.org/coun tries/australia/

COAG 2011, *National strategy for disaster resilience: building our nation's resilience to disasters*, Council of Australian Governments, Canberra, ACT.

Coen, J Stavros, N & Fites-Kaufman J 2018, 'Deconstructing the King Megafire', *Ecological Applications*, vol. 6, pp. 1565-1580, https://www.ncbi.nlm.nih.gov/pubmed/29797684

Coenen, L Benneworth, P & Trufferd, B 2012, 'Toward a spatial perspective on sustainability transitions', *Research Policy*, vol. 41, pp. 968-979.

Cohen, J 2000, What is the wildfire threat to homes? Thompson Memorial Lecture, 10 de abril, https://www.fs.fed.us/rm/pubs_other/rmrs_2000_cohen_j003.pdf

Cohen, JD 2008, The wildland-interface fire problem: a consequence of the fire exclusion paradigm. *Forest History Today*, vol. 20 pp. 20–26.

Cohen, LE & Felson, M 1979, 'Social change and crime rate trends: a routine activity approach', *American sociological review*, vol. 44, pp. 588–608.

Collins, K & Ison, R 2006, 'Dare we jump off Arnstein's ladder? Social learning as a new policy paradigm', artículo presentado en la conferencia Participatory Approaches in Science & Technology, 4-7 de junio, Edimburgo, https://www.researchgate.net/publication/42793728_Dare_we_Jump_off_Arnstein%27s_Ladder_Social_Learning_as_a_New_Policy_Paradigm

Collins, K Owen, Price, F & Penman, T 2015, 'Spatial patterns of wildfire ignitions in south-eastern Australia', *International Journal of Wildland Fire*, vol. 24, pp. 1098–1108.

Commissioner for Environmental Sustainability 2018, *State of the environment report: Scientific Assessments*, Melbourne, Victoria State Government.

Common, M 1995, *Sustainability and Policy: Limits to Economics*, Cambridge University Press, Cambridge.

Commonwealth of Australia 2010, *Ahead of the game: blueprint for the reform of Australian Government Administration*, Department of Prime Minister and Cabinet, Canberra.

Connors, P & McDonald, P 2011, 'Transitioning communities: Community, participation and the Transition Town Movement', *Community Development Journal*, vol. 46, no. 4, pp. 558-572.

Constanza, R et al. 2007, 'The value of the world's ecosystem services and natural capital', *Nature* vol. 387, no. 6630.

Constanza, R d'Arge, R de Groot, R Farberk, S Grasso, M Hannon, B Limburg, K Naeem, S O'Neill, RV Paruelo, J Raskin, RG Suttonkk, P & van den Belt, M 1997, 'The value of the world's ecosystem services and natural capital', *Nature*, vol. 387, no. 6630, pp. 254-260.

Cornish, D & Clarke, R 1986, *The reasoning criminal: rational choice perspectives on offending*, Springer-Verlag, NY.

Cornish, D & Clarke, R 2003, 'Opportunities, precipitators and criminal decisions: a reply to Wortley's critique of situational crime prevention', *Crime Prevention Studies*, vol. 16, pp. 41-96.

Coughlan, M & Petty, A 2012, 'Linking humans and fire: a proposal for a transdisciplinary fire ecology', *International Journal of Wildland Fire*, vol. 21, pp. 477-487.

Country Fire Authority 2015, *The value of CFA volunteers*, Parliamentary Enquiry: Fire Services Review, Melbourne, https://www.parliament.vic.gov.au/images/stories/committees/SCEP/Fire_Season_Prepardeness/Submissions/Submission_39_-_Volunteer_Fire_Brigades_Victoria-Attachment_7.pdf

Cox, C 2018, 'Everything we know about the Saddleworth Moor fire so far', *Manchester Evening News*, 27 Jun, https://www.manchestereveningnews.co.uk/news/greater-manchester-news/saddleworth-moor-fire-carrbrook-army-14837737

Cozens, P 2010, 'Overview: environmental criminology and the potential for reducing opportunities for bushfire arson', in Stanley J & Kestin T (eds.), *Advancing bushfire arson prevention in Australia*, report from "Collaborating for Change: Symposium advancing bushfire arson prevention in Australia", Melbourne, 25–26 de marzo, Monash Sustainability Institute, Melbourne, pp. 49–53, http://www.aic.gov.au/media_library/conferences/2010-bushfirearson/ad vancing_bushfire_arson_prevention.pdf

Cozens, P & Christensen, W 2011, 'Environmental criminology and the potential for reducing opportunities for bushfire arson', *Crime Prevention and Community Safety*, vol. 13, no. 2, pp. 119-133.

Crichton, D 1999, 'The risk triangle', in J Ingleton (ed), *Natural disaster management* pp. 102-103, Tudor Rose, Londres.

Crime Statistics Agency 2016, *Spotlight: arson offences*, https://www.crimestatistics.vic.gov.au/crime-statisticshistorical-crime-datayear-ending-30-september-2016/spotlight-arson-offences

de la Croix, D & Dottori, D 2008, 'Easter Island's collapse: a tale of a population race, *Journal of Economic Growth*, vol. 13, no. 1, pp. 27-55.

Crutzen, P & Andreae, M 1990, 'Estimates of worldwide biomass burning: biomass burning in the tropics: impact on atmospheric chemistry and biochemical cycles', *Science*, vol. 250, no. 4988, https://www.ncbi. nlm.nih.gov/pubmed/17734705

Curman, AS 2004, *Spatial-statistical analysis of arson activity in the Greater Vancouver region of British Columbia*, M. A. Thesis, Arts and Social Sciences, School of Criminology, Simon Fraser University, Burnaby, Canadá.

Cushman, P 1990, 'Why the self is empty: towards a historically situated psychology', *American Psychologist*, vol. 45, no. 5, pp. 599-611.

Cuthill, M 2004, 'Community visioning: facilitating informed citizen participation in local area planning on the Gold Coast, *Urban Policy and Research*, vol. 22, pp. 427–455.

Dalhuisen, L Koenraadt & Liem, M 2017, 'Subtypes of firesetters', *Criminal Behaviour and Mental Health*, vol. 27, pp. 59-75.

Danielsen, F Burgess, N Jensen, P Pirhofer-Walzl, K 2010, 'Environmental monitoring: the scale and speed of implementation varies according to the degree of people's involvement', *Journal of Applied Ecology*, vol. 47, pp. 1166-1168.

Darlington, S Trucco, F Garcia, J & Britton, B 2019, 'Bolsonaro bans land-clearing fires in Amazon for 60 days', *CNN*, 29 de agosto, https://edition.cnn.com/2019/08/29/americas/brazil-amazon-bolsonaro-fire-ban-intl/index.html

Davidson, AM 2006, *Key determinants of fire frequency in the Sydney basin*, Unpublished honours thesis, Australian National University, Canberra.

Davidson, P Saunders, P Bradbury, B & Wong, M 2018, *Poverty in Australia*, ACOSS/UNSW Poverty and Inequality Partnership Report No. 2, ACOSS, Sydney.

Davis, MR & Bennett, D 2016, 'Future directions for criminal behaviour analysis of deliberately set fire events', in RM Doley, GL Dickens & TA Gannon (eds.), *The psychology of arson: a practical guide to understanding and managing deliberate firesetters*, pp. 131-146, Routledge/Taylor & Francis Group, NY.

Deloitte Access Economics 2016, *The economic cost of the social impact of natural disasters*, marzo, http://australianbusinessroundtable.com.au/ assets/ documents/Report%20-%20Social%20costs/Report%20-%20The%20economic %20cost%20of%20the%20social%20impact%20of%20natural%20disasters.pdf

DELWP (Department of Environment, Land, Water and Planning) 2015, *Safer together: a new approach to reducing the risk of bushfire in Victoria*, Victorian Government. Melbourne.

DELWP (Department of Environment, Land, Water and Planning) 2019, 'Past bushfires', *Forest Fire Management*, https://www.ffm.vic.gov.au/history-and-incidents/past-bushfires

Department of Sustainability and Environment 2003, *Ecological effects of repeated low-intensity fire in a mixed eucalypt foothill forest in south-eastern Australia: summary report (1984–1999)*, diciembre, Gobierno de Victoria.

Denniss, R 2017, *Curing affluenza: How to buy less stuff and save the world*, Black Inc, Australia.

Department of Sustainability and Environment 2012, *Code of Practice for Bushfire Management on Public Land*, junio, Gobierno de Victoria, Melbourne.

Department of the Environment and Energy 1992, *National strategy for ecologically sustainable development*, Gobierno de Victoria, Canberra, https://www.environment.gov.au/about-us/esd/publications/national-esd-strategy

Dervis, Z & Qureshi, R 2016, *Trends in income inequality: global, inter-country, and within countries*, Brookings Institute, agosto, https://www.brookings.edu/wp-content/uploads/2016/08/income-inequality-within-countries_august-2016-003.pdf

Dickens, GL & Sugarman, P 2012 'Differentiating firesetters: lessons from the literature on motivation and dangerousness', in GL Dickens PA Sugarman & TA Gannon (eds.), *Firesetting and mental health: theory, research and practice*, pp. 48-67, RCPsych Publications.

Dickens, G Sugarman, Edgar, S, Hofberg, K Tewari, S & Ahmad, F 2009, 'Recidivism and dangerousness in arsonists', *Journal of Forensic Psychiatry & Psychology*, vol. 20, pp. 621-639.

Doherty, TJ & Clayton, S 2011, 'The psychological impacts of global climate change,' *American Psychologist*, vol. 66, no. 4, pp. 265-276.

Dolan, M & Stanley, J 2010, 'Risk factors for juvenile firesetting', in J Stanley & T Kestin, (eds.), *Collaborating for change: Symposium advancing bushfire arson prevention in Australia*, pp. 31-2, Monash Sustainable Institute, Melbourne.

Doley, R 2003, 'Making sense of arson through classification', *Psychiatry, Psychology and Law*, vol. 10, pp. 346-352.

Doley, R Dickens, G & Gannon, T 2016, 'Deliberate firesetting – an overview'. in R Doley, G Dickens & T Gannon (eds.) *The psychology of arson: a practical guide to understanding and managing deliberate firesetters*, pp. 1-7, Psychology Press and Routledge Academic, UK.

Doley, R Ferguson, C & Surette, R 2013, 'Copycat firesetting: Bridging two research areas', *Criminal Justice and Behavior*, vol. 40, no. 12, pp.1472-1491.

Doley, Fineman, K, Fritzon, D & McEwan, T 2011, 'Risk factors for recidivistic arson in adult offenders', *Psychiatry, Psychology and Law*, vol.18, pp. 409-423.

Donoghue, L & Main, W 1985, Some factors influencing wildfire occurrence and measurement of fire prevention effectiveness, *Journal of Environmental Management*, vol. 20, no.1, 87-96.

Doolittle, M & Lightsey, M 1979, 'Analysing wildfire occurrence data for prevention planning', *Fire Management Notes*, vol. 39, no. 2, 507.

Doyle, K 2018, 'Prescribed burning debate rages as Australia finds there's no time to burn going into peak fire season', *ABC News online*, http://www.abc.net.au/news/2018-09-13/is-the-prescribed-burn-window-closing-in-australia/10236048

Drake, DS & Block, CR 2003, 'An evaluation of arson-associated homicide in Chicago – 1965 to 1995', en CR Block & RL Block (eds.), *Public health and criminal justice approaches to homicide research*, Actas del encuentro de 2003 Homicide Research Working Group, HRWG Publications, Chicago, IL.

Ducat L, McEwan T & Ogloff J 2015, 'An investigation of firesetting recidivism: factor related to repeat offending', *Legal and Criminological Psychology*, vol. 20, no. 1, pp. 1–18.

Ducat, L McEwan, T & Ogloff, JR 2017, 'A comparison of psychopathology and reoffending in female and male convicted firesetters', *Law and Human Behavior*, vol. 41, no. 6, 588-599.

Ducat, L & Ogloff JR 2011, 'Understanding and preventing bushfire-setting: a psychological perspective', *Psychiatry, Psychology and Law*, vol. 18, pp. 341-356.

Ducat, L Ogloff, JR & McEwan, TE 2013, 'Mental illness and psychiatric treatment amongst firesetters, other offenders, and the general community', *Australian and New Zealand Journal of Psychiatry*, vol. 47, no.10, pp. 945-53.

Duff, TJ Cawson, JG & Penman, TD 2019, 'Determining burnability: Predicting completion rates and coverage of prescribed burns for fuel management', *Forest Ecology and Management*, vol. 433, no. 15, pp. 431-440.

Dupéy, L & Smith, J 2018, 'An integrative review of empirical research on perceptions and behaviors related to prescribed burning and wildfire in the United States', *Environmental Management*, vol. 61, pp.1002–1018.

Dutta, R Das, A Aryal, J 2016, 'Big data integration shows Australian bush-fire frequency is increasing significantly', *Royal Society Open Science*, http://rsos.royalsocietypublishing.org

DW 2017, *How climate change is increasing forest fires around the world*, http://www.dw.com/en/how-climate-change-is-increasing-forest-fires-around-the-world/a-19465490

Eburn, M 2015, *Policies, institutions and governance of natural hazards: Annual project report 2014-2015*, Bushfire and Natural Hazard CRC, Melbourne.

Eckersley, R 2004, *Well & good: How we feel & why it matters*, The Text Publishing Company, Melbourne.

Edwards, J 2015, 'Lancefield bushfire: controlled burn that destroyed homes "poorly planned, under-staffed" *ABC News*, 19 de noviembre, https://www.abc.net.au/news/2015-11-19/lancefield-fire-poorly-planned-under-staffed-report-finds/6952528

Edwards M & Grace R 2014, 'The development of an actuarial model for arson recidivism', *Psychiatry, Psychology and Law*, vol. 21, no. 2, pp. 218–230.

Ekayani, M 2011, *Comparison of discourses in global & Indonesian media and stakeholders' perspectives on forest fire*, Cuvillier Verlag, Gotinga.

Ellicott, J & Stock, S 2002, Young firebugs to face their victims - bushfire crisis' *The Australian*, edition 1, 3 de enero, p. 2.

Ellis, S Kanowski, P & Whelan, R 2004, *National Inquiry on Bushfire Mitigation and Management*, 31 de marzo, Commonwealth of Australia, https://www.dfes.wa.gov.au/publications/GeneralReports/FESA_Report-NationalInquiryon BushfireMitigationandManagement.pdf

Ellis-Smith, T Watt, BD & Doley, RM 2019, 'Australian arsonists: an analysis of trends between 1990 and 2015', *Psychiatry, Psychology and Law*, vol. 26, no. 4, pp. 593-613.

Emergency Management Victoria 2015a, *Emergency management manual Victoria*, Melbourne, Emergency Management Victoria, Melbourne, http://files.em.vic.gov.au/EMV-web/EMMV-Part-6A.pdf

Emergency Management Victoria 2018a, *Emergency management manual Victoria*, Estado de Victoria, Melbourne.

Emergency Management Victoria 2018b, *Bushfire safety policy framework*. Melbourne Emergency Management, Victoria.

Environment Policy 2003, 'Putting out the fire: Saving Greece's forests', *Environment Policy*, http://www.greece.gr/ENVIRONMENT/Environmental Policy/AttackingTheRoot.stm

Eriksen, C & Prior, T 2011, 'The art of learning: wild fire, amenity migration and local environmental knowledge', *International Journal of Wildland Fire*, vol. 20, no. 4, pp. 612-624.

European Union 2011, *Cities of Tomorrow: Challenges, Visions, Ways Forward*, European Union, Bruselas.

Evans, S 2019, 'Uni team solves firestorm puzzle', *The Age*, 9 de enero, p. 11.

Faidley, P 2015, *Correlation of risk factors and methodologies in juvenile fire setters: Literature review*, en cumplimiento parcial del Master of Emergency Management (Fire Investigation) Charles Sturt University, NSW.

Faivie, N 2018, *Forest fires: Sparking firesmart policies in the European Union*, November, European Commission, Bruselas, Bélgica.

Faivre, N Jin, Y Goulden, M & Randerson, J 2016, 'Spatial patterns and controls on burned area for two contrasting fire regimes in Southern California', *Ecosphere*, vol. 7, no. 5, pp. 1-24.

FAO (Food and Agricultural Organisation of the United Nations) 1999, *FAO meeting on public policies affecting forest fires*, FAO Forestry Paper 138, UN Food and Agriculture Organization, Roma, Italia.

Farmers for Climate Action 2016, 'Australian climate farmer survey', Farmers for Climate Action, https://d3n8a8pro7vhmx.cloudfront.net/farmersfor climateaction/pages/64/attachments/original/1480387204/FCA_survey _digital.pdf?1480387204

Farnsworth, S 2012, 'Black Saturday arsonist jailed for almost 18 years', *ABC News*, 27 April, http://www.abc.net.au/news/2012-04-27/black-saturday-arsonist-sentenced-to-28holdholdhold29/3976564

Fathi, D 2018, 'Prisoners are getting paid $1.45 a day to fight the California wildfires', 15 de noviembre, American Civil Liberties Union, https://www. aclu.org/blog/prisoners-rights/prisoners-are-getting-paid-145-day-fight-california-wildfires

Ferguson, C Doley, R Watt, B Lynehan, M & Payne, J 2015, *Arson-associated homicide in Australia: a five year follow-up*, Trends and issues in crime and criminal justice, 484. https://aic.gov.au/publications/tandi/tandi484

Findlay, M 2002, 'Search for the spark that animates the firebugs', *The Australian*, Edition1, 8 de enero, p.11.

Fineman, KR 1980, 'Firesetting in childhood and adolescence', *Psychiatric Clinics of North America*, vol. 3, pp. 483-499.

Fineman, KR 1995, 'A model for the qualitative analysis of child and adult fire deviant behavior', *American Journal of Forensic Psychology*, vol. 13, pp. 31-59.

Fire Services Commissioner Victoria 2012, *Towards improved fire management in landfill sites*, julio, https://files-em.em.vic.gov.au/public/EMV-web/Fire_ Management.pdf

Flannery, T 2012, 'After the future: Australia's new extinction crisis', *Quarterly Essay*, Issue 48, https://www.quarterlyessay.com.au/essay/2012/11/after-the -future

Flannery, T 2019, 'The gloves are off: 'predatory' climate deniers are a threat to our children', *The Conversation*, 17 de septiembre, https://theconversation.com/the-gloves-are-off-predatory-climate-deniers-are-a-threat-to-our-children-123594?utm_medium=email&utm_campaign=Latest%20from%20The%20Conversation%20for%20

Folke, C Carpender, S Elmqvist, T Gunderson, L Holling, C & Walker, B 2002, 'Resilience and sustainable development: building adaptive capacity in a world of transformations', *Ambio*, vol. 31, no. 5, pp. 4370440.

Forest Fire Management Group 2014, *National bush fire management policy statement for forests, and rangelands*, The Council of Australian Governments, ACT.

Foss-Smith, P 2010, *Understanding landfill fires*, Waste Management World, https://waste-management-world.com/a/understanding-landfill-fires

Fowlkes, C 2019, 'Siskiyou Rappellers prepare for lightning strike', *Ashland Tidings*, 9 de agosto, https://ashlandtidings.com/top-videos/how-rappellers-prepare-for-wildfire-in-southern-oregon

France-Presse, A 2016, 'Haze from Indonesian fires may have killed more than 100,000 people – study', *The Guardian*, 19 de septiembre, https://www.theguardian.com/world/2016/sep/19/haze-indonesia-forest-fires-killed-100000-people-harvard-study.

Frankenberg, E McKee, D & Thomas, D 2005, 'Health Consequences of Forest Fires in Indonesia', *Demography*, vol. 42, no.1, pp. 109-129.

Fryar, R 2012, 'An overview of prescribed fire in Karkansas and Oklahoma over the last 40 years', Artículo presentado en la conferencia *Proceedings of the 4th fire in Eastern Oak Forests*, Estados Unidos, Department of Agriculture & Forest Service, http://www.nrs.fs.fed.us/

Furlaud, J & Bowman, D 2017, 'To fight the catastrophic fires of the future, we need to look beyond prescribed burning', *The Conversation*, 15 de diciembre, https://theconversation.com/to-fight-the-catastrophic-fires-of-the-future-we-need-to-look-beyond-prescribed-burning-89167

Furlaud, JM Williamson, GJ Bowman, D 2017, 'Simulating the effectiveness of prescribed burning at altering wildfire behaviour in Tasmania, Australia', *International Journal of Wildland Fire*, vol. 27, no.1, pp. 15-28.

Gammage, B 2011, *The biggest estate on earth: how Aborigines made Australia*, Allen & Unwin, NSW.

Gannon, TA & Barrowcliffe, E 2012, 'Firesetting in the general population: the development and validation of the firesetting and fire proclivity scales', *Legal and Criminological Psychology*, vol. 17, pp. 105-122.

Gannon, T Ó Ciardha, C Barnoux, N Tyler, N Mozova, K & Alleyne E 2013, 'Male imprisoned firesetters have different characteristics than other imprisoned offenders and require specialist treatment', *Psychiatry*, vol. 76, no. 4, pp. 349-364.

Gannon, T Ó Ciardha, C Doley, R & Alleyne, E 2012, 'The Multi-trajectory theory of adult firesetting (M-TTAF),' *Aggression and Violent Behavior*, vol. 17, no. 2, pp. 107-121.

Gannon, TA & Pina, A 2010, 'Firesetting: psychopathology, theory and treatment', *Aggression and violent behavior*, vol. 15, pp. 224-238.

Ganteaume, A Camia, A Jappiot, M San-Miguel-Ayanz, J Long, M Lampin, C 2013, 'A review of the main driving forces of forest fire ignition over Europe', *Environmental Management*, vol. 51, no. 3, pp. 651-662.

Garnett, S 2012, 'Saving Australian endangered species – a policy gap and political opportunity', *The Conversation*, 26 de noviembre, https://theconversation.com/saving-australian-endangered-species-a-policy-gap-and-political-opportunity-10914

Gazzard, R McMorrow, J Aylen, J 2016, 'Wildfire policy and management in England: an evolving response from Fire and Rescue Services, forestry and cross-sector groups', *Philosophical Transactions B*, Royal Society B, vol. 371, http://dx.doi.org/10.1098/rstb.2015.0341

Geels, FW & Schot, J 2010, 'The dynamics of socio-technical transitions: a socio- technical perspective', in Grin J Rotmans J Schot J (eds.), *Transitions to sustainable development: new directions in the study of long term transformative change*, Routledge, Londres.

Geller, JL Fisher, WH & Bertsch, G 1992, 'Who repeats? A follow-up study of state hospital patients' firesetting behavior', *Psychiatric Quarterly*, vol. 63, pp. 143-157.

Geller, JL Fisher, WH & Moynihan, K 1992, 'Adult lifetime prevalence of firesetting behaviors in a state hospital population', *Psychiatric Quarterly*, vol. 63, pp. 129-142.

Genton, M Butry, D Gumpertz, M & Prestemon, J 2006, 'Spatio-temporal analysis of wildfire ignitions in the St Johns River Water Management District, Florida', *International Journal of Wildland Fire*, vol. 15, pp. 87-97.

Gibson, C Chasmer, L Thompson, D Quinton, W Flannigan, M & Olefeldt, D 2018, 'Wildfire as a major driver of recent permafrost thaw in boreal peatlands', *Nature communications*, vol. 9, no. 3041, https://www.nature.com/articles/s41467-018-05457-1

Giddens, A 1997, *Sociology*, 3ª edición, Polity Press, Reino Unido.

Giddens, A 1998, *The Third Way: The Renewal of Social Democracy*, Cambridge, Polity Press.

Giljohann, K McCarthy, M Kelly, L & Regan, T 2015, 'Choice of biodiversity index drives optimal fire management decisions, *Ecological Applications*, vol. 25, no. 1, pp. 264–277.

Gill, MA 2005, 'Landscape Fires as Social Disasters: an overview of 'The Bushfire Problem'," *Global Environmental Change B: Environmental Hazards*, vol. 6, pp. 65–80.

Gill, T 2011, *Children and nature: a quasi-systematic review of the empirical evidence*, Londres: London Sustainable Development Commission, Greater London Authority.

Gill, AM Allan, G & Yates, C 2003, 'Fire created patchiness in Australian savannas', *International Journal of Wildland Fire*, vol. 12, pp. 323-331.

Gill, AM & Bradstock, RA 2003, 'Fire regimes and biodiversity: a set of postulates', paper presented at the *Proceedings of the Australian National University Fire Forum*, February 2002, CSIRO Publishing, Melbourne.

Gill, A Stephens, S & Cary, G 2013, 'The worldwide "wildfire" problem', *Ecological Applications*, vol. 23, no. 2, pp. 438-454.

Gippsland Arson Prevention Program 2017, *Fire Submission No. 85, Inquiry into bushfire preparedness*, https://www.parliament.vic.gov.au/images/stories/committees/SCEP/Fire_Season_Prepardeness/Submissions/Submission_85-GAPP.pdf

Givetash, L 2019, 'The Amazon is still on fire. Conservation groups blame illegal logging and criminal networks' *NBC News*, https://www.nbcnews.com/news/world/amazon-still-fire-conservation-groups-blame-illegal-logging-criminal-networks-n1056236

Global Forest Watch Fires 2018, 'Fire report for Indonesia', 5-12 de agosto, https://fires.globalforestwatch.org/report/index.html#aoitype=PROVINCE&dates=fYear-2018!fMonth-8!fDay-5!tYear-2018!tMonth-8!tDay-12&aois=Aceh!Bali!Bangka-

Goldston, SE (ed), 1987, *Concepts of primary prevention: A framework for program development*. California Department of Mental Health, Sacramento.

Gonzalez-Mathiesen, C March, A & Stanley, J 2019, 'Challenges for wildfire-prone urban-rural interfaces: the case of Melbourne', *Urbano*, vol. 22, no. 39, 88-105.

Goodwill, A 2014, Where to next? Importance of directional considerations in offender geo-spatial sequential decision-making, *Legal and Criminological Psychology*, 19, 218-220.

Goodwill, A & Alison, L 2006, 'The development of a filter model for prioritizing suspects in burglary offences, *Psychology, Crime and Law*, vol.12, pp. 395-416.

Goudriaan, H Wittebrood, K & Nieuwbeerta, P 2006, 'Neighbourhood characteristics and reporting crime: effects of social cohesion, confidence in police effectiveness and socio-economic disadvantage', *British Journal of Criminology*, vol. 46, pp. 719–742.

Gough, M 2018, 'Prioritising natural disaster funding – mitigation vs recovery', *Aither: Think Piece* http://www.aither.com.au/wp-content/uploads/2017/03/Aither-Think-Piece-Prioritising-disaster-funding.pdf

Gralewicz, NJ Nelson, T & Wulder, MA 2012, 'Spatial and temporal patterns of wildfire ignitions in Canada from 1980 to 2006', *International Journal of Wildland Fire*, vol. 21, no. 3, pp. 230-242.

Green, SW 1931, 'The forest that fire made', *American Forests*, vol. 37, pp. 53-54.

Grieve, C & Preiss, B 2019, 'East Gippsland to bear brunt of fire season', *The Age*, 19 September, p. 12.

Grubb, J & Nobles, M 2016, 'A spatiotemporal analysis of arson', *Journal of Research in Crime and Delinquency*, vol. 53, no. 1, pp. 66-92.

Gualini, E Mourato, JM & Allegra, M 2016, *Conflict in the city: contested urban spaces and local democracy*, Jovis, Berlín.

Gurran, N, Norman, B & Haminc, E 2012, 'Climate change adaptation in coastal Australia: An audit of planning practice,' *Ocean and Coastal Management*, http://www.sciencedirect.com/science/article/pii/S09645691 12002955

Hann, W & Bunnell, D 2001, Fire and land management planning and implementation across multiple scales, *International Journal of Wildland Fire*, 2001, vol. 10, pp. 389–403.

Hahn, G Coates, A Latham, R & Mjidzadeh, H 2019, 'Prescribed fire effects on water quality and freshwater ecosystems in moist- temperate Eastern North America', *Natural Areas Journal*, vol. 39, no. 1, pp. 46-57.

Haines, S Lambie, I & Seymour, F 2006, *International approaches to reducing deliberately lit fire: Prevention Programs Final Report*, New Zealand Fire Services Commission Research Report no. 60, Uni Services Ltd., Nueva Zelanda.

Halton, M 2018, 'What the fire near Saddleworth Moor means for wildlife', *BBC News*, 28 de junio, https://www.bbc.com/news/science-environment-44643827

Hamers, L 2018, 'Wildfires are making extreme air pollution even worse in the northwest U.S.', *Science News*, vol. 194, no. 4, p. 9.

Hamilton, C & Denniss, R 2005, *Influenza: when too much is never enough*, Allen & Unwin, Reino Unido.

Hansen, J 2018, *Climate change in a nutshell: the gathering storm*, 18 December, http://www.columbia.edu/~jeh1/mailings/2018/20181206_Nutshell.pdf

Hartley, J 1982, *Understanding News*, Methuen, Londres.

Healey, P 1998, 'Collaborative planning in a stakeholder society', *Town Planning Review* vol. 69, no.1, pp. 1-21.

Heller, M & Polsky, S 1976, *Studies in violence and television*. American Broadcasting Company, NY.

Henkey, T 2018, *Urban emergency management: planning and response for the 21st Century*, Elsevier, UK.

Hinds-Aldrich, M undated, 'Firesetting firefighters: Reconsidering a persistent problem, *International Fire Services Journal of Leadership and Management*, vol. 533, https://www.academia.edu/1052901/Firesetting_Firefighters_Reconsidering_a_Persistent_Problem--Firefighter_Arson_Research

Hodges, G 2019, 'Russian smokejumpers', *National Geographic Magazine*, mayo, https://www.nationalgeographic.com/environment/natural-disasters/russian-smokejumpers/

Holland, M March, A Yu, J & Jenkins, 2013, 'Land use planning and bushfire risk: VFA referrals and the February 2009 Victorian fire area', *Urban policy and Research*, vol. 31, no. 1, pp. 41-54.

Holpuch, A. & Anguiano, D. 2018, 'Trump blames forest management again on California fires visit', *The Observer, California*, 18 de noviembre, https://www.theguardian.com/us-news/2018/nov/17/donald-trump-visit-california-wildfires

Hopkins, LD 2001, *Urban Development: The logic of making plans*, Island Press, Washington.

Howden, M 2019, UN 'Climate change report: Land clearing and farming contribute a third of the world's greenhouse gases', *The Conversation*, August 8, https://theconversation.com/un-climate-change-report-land-clearing-and-farming-contribute-a-third-of-the-worlds-greenhouse-gases-121551

Howes, M Grant-Smith, D Reis, K Bosomworth, K Tangney, P Heazle, M McEvoy, D & Burton, P 2013, *Rethinking disaster risk management and climate change adaptation: Final report*. National Climate Change Adaptation Research Facility, Gold Coast, Australia.

Howlett, M Vince, J & del Rio, P 2017, 'Policy integration and multi-level governance: dealing with the vertical dimension of policy mix designs', *Politics and Governance*, vol. 5, no. 2, pp. 69-78.

Huang, R Zhang, X Chan, D Kondragunta, S Russell, AG & Odman, MT 2018, 'Burned area comparisons between prescribed burning permits in southeastern United States and two satellite-derived products', *Journal of Geophysical Research: Atmospheres*, vol. 123, pp. 4746–4757.

Hughes, L 2019, *Be prepared: climate change, bushfire and local governments*, Expert Roundtable and Media Training 19 de febrero, https://citiespower partnership.org.au/events/climate-change-bushfires-and-local-government-roundtable/

Hughes L & Alexander, D 2017, *Climate change and the Victoria bushfire threat: update 2017*, Climate Council of Australia Ltd., Australia.

Hughes, L & Fenwick, J 2016, *The burning issue: climate change and the Australian bushfire threat*, Climate Council of Australia Ltd., Australia.

Human Rights Council 2018, *Report of the detailed findings of the Independent International Fact-Finding Mission on Myanmar*, 17 de septiembre, https:// www.ohchr.org/en/hrbodies/hrc/myanmarffm/pages/index.aspx

Human Rights Watch 2019, *Rainforest mafias: how violence and impunity fuel deforestation in brazil's amazon*, 17 de septiembre, https://www.hrw.org/ report/2019/09/17/rainforest-mafias/how-violence-and-impunity-fuel-deforestation-brazils-amazon

Hylands, P 2019, Creative Cowboy Films, https://www.creativecowboyfilms.com

Icove, DJ & Estepp, M 1987, 'Motive-based offender profiles of arson and fire-related crimes', *FBI Law Enforcement Bulletin*, vol. 56, pp. 17-23.

Inciardi, J 1970, 'The adult firesetter' *Criminology*, vol. 8, pp. 145-155. https:// doi.org/10.1111/j.1745-9125.1970.tb00736.x

Ingamells, P 2007, 'A blazing row over grazing', *HeraldSun*, 24 de enero, https://www.heraldsun.com.au/news/opinion/a-blazing-row-over-grazing/ news-story/92b6669a9c906802990887f0feadc6be?sv=7502a4ac589dba093c 6c19d330e9690d

Ingamells, P 2016a, 'Appreciating limits of fuel reduction burns vital to effective fire management in Victoria', *The Sydney Morning Herald*, 10 de enero, https://www.smh.com.au/opinion/appreciating-limits-of-fuel-reduction-burns-vital-to-effective-fire-management-in-victoria-20160110-gm2o3t.html

Ingamells, P 2016b, *Submission to Environment and Planning Committee: Inquiry into Fire Season Preparedness*, Victorian National Parks Association, Carlton, https://www.parliament.vic.gov.au/images/stories/committees/SCEP/Fire_ Season_Prepardeness/Submissions/Submission_32_-_Victorian_National_ Parks_Association_VNPA.pdf

Insurance Information Institute 2019, *Facts + statistics: wildfires*, https://www. iii.org/fact-statistic/facts-statistics-wildfires

International Wellbeing Group 2013, *Personal Wellbeing Index*, 5ª Ed., *Centre on Quality of Life*, author, Deakin University, Melbourne, Australia, http://www. deakin.edu.au/research/acqol/instruments/wellbeing-index/index.php

IPCC (Intergovernmental Panel on Climate Change) 2007, 'Summary for policymakers', En *Climate change 2007: impacts, adaptation and vulnerability*, Contribution of Working Group 11 to the Fourth Assessment Report of the Intergovernmental Panel on Climate Change, Cambridge University Press, Cambridge, Reino Unido.

IPCC (Intergovernmental Panel on Climate Change) 2019, *Climate change and land: IPPC Special Report on climate change, desertification, land degradation, sustainable land management, food security, and greenhouse gas fluxes in terrestrial ecosystems: summary for policymakers*, Borrador de 7 agosto, https://www.ipcc.ch/report/srccl/

Irfan, U 2018a, 'The West is on fire ... again', *Vox*, https://www.vox.com/2018/7/20/17582890/wildfires-2018-carr-fire-california-cranston-ferguson-colorado

Irfan, U 2018b, 'California's wildfires are hardly "natural" — humans made them worse at every step', *Vox*, 9 de agosto, https://www.vox.com/.../california-wildfires-2018-mendocino-carr-ferguson-climate

Ison, R 2010, Governance that works, *Ideas Australia needs now*, 25 de julio, Centre for Policy Development, p.81. https://onlinedocumentarymelissakliese.files.wordpress.com/2010/08/morethanluckideasaustralianeedsnow4.pdf

Ison, R 2017, *Systems practice: how to act: in situations of uncertainty and complexity in a climate change world*, 2ª ed., Springer, Open University, Milton Keynes, Reino Unido,

Ison, R & Schlindwein, S. 2006, 'History repeats itself: current traps in complexity practice from a systems perspective', artículo presentado en la 12ava conferencia de Australia New Zealand Systems llamada Society *Sustaining our Social and Natural Capital*, 3-6 diciembre, Katoomba, NSW Australia.

Jackson, T 2009, *Prosperity without growth? The transition to a stable economy*, March, Sustainable Development Commission, Reino Unido.

Jackson, B & Frelinger, D 2007, *Rifling through the terrorists' arsenal Exploring groups' weapon choices and technology strategies*, octubre, RAND Corporation, https://www.rand.org/content/dam/rand/pubs/working_papers/2007/RAND_WR533.pdf

Jackson, HF Glass, C & Hope, S 1987, 'A functional analysis of recidivistic arson', *British Journal of Clinical Psychology*, vol. 26, pp. 175-185, https://doi.org/10.1111/j.2044-8260.1987.tb01345.x

Jacobs, J 1961, *The death and life of great American cities*, Random House, NY.

Jaffe, M 2019, 'Climate change is transforming Western forests and that could have big consequences far beyond wildfires', *The Colorado Sun*, 25 de july, https://coloradosun.com/2019/07/25/climate-change-reshaping-western-forests/

Jenner, L 2018, 'Agricultural fires seem to engulf Central Africa', *NASA*, junio, https://www.nasa.gov/image-feature/goddard/2018/agricultural-fires-seem-to-engulf-central-africa

Jenner, L 2019, '2019 Huge forest fires in Venezuela create havoc', 29 de marzo , y 'Wildfires in Far Eastern Russia have increased', 20 de marzo, *NASA*, https://www.nasa.gov/image-feature/goddard/2018/agricultural-fires-seem-to-engulf-central-africa

Jia, G Shevliakova, E Artaxo, P De Noblet-Ducoudré, N et al. 2019, 'Land-Climate Interactions', IPCC (Intergovernmental Panel on Climate Change) (ed), *Climate change and land: IPPC special report on climate change, desertification, land degradation, sustainable land management, food security, and greenhouse gas fluxes in terrestrial ecosystems: Summary for Policymakers*, Borrador de 7 de agosto.

Johns, C 2014, 'Climate change, carbon and wildfires', *Future Directions International*, 7 October, http://futuredirections.org.au/wpcontent/uploads/2014/10/FDI _Strategic_Analysis_Paper_-_Climate_Change_Carbon_and_Wildfires.pdf

Johnsen, T 2018, 'Forest fires in Sweden - huge areas burned in 2018', *Forestry.com*, 6 de agosto, https://www.forestry.com/editorial/forest-fires-sweden/

Johnson, S 2014, 'How do offenders choose where to offend? Perspectives from animal foraging, *Legal and Criminological Psychology*, vol. 19, pp. 193-210.

Johnson, S Summers, S & Pease, K 2009, 'Offender as forager? A direct test of the boost account of victimization, *Journal of Quantitative Criminology*, vol. 25, pp. 181-200.

Joint Counterterrorism Assessment Team 2019, 'Recognizing arson with a nexus to terrorism', *First Responder's Toolbox*, https://www.dni.gov/files/ NCTC/documents/jcat/firstresponderstoolbox/First_Responders_Toolbox-Recognizing_Arson_With_a_Nexus_to_Terrorism_Originally_Published-14_ April_20171_May_2019-survey.pdf

Jones, B 2010, 'Democratic challenges in tackling climate change', *Perspectives*, Whitlam Institute, University of Western Sydney, diciembre, https://www. whitlam.org/publications/democratic-challenges-in-tackling-climate-change

Jones, D 2012, 'Koala Cul-de-sac? Development a dead end for wildlife' *The Conversation*, 27 de agosto, https://theconversation.com/koala-cul-de-sac-development-a-dead-end-for-wildlife-9047

Jordon, B 2010, *What's wrong with social policy and how to fix it*, Polity Press, Cambridge, Reino Unido.

Judd, A 2018, 'B.C. wildfires map 2018: current location of wildfires around the province', *Global News*, 9 de agosto, https://globalnews.ca/news/4232690/b-c-wildfires-map-2018/

Keeley, J & Syphard, A 2018, 'Historical patterns of wildfire ignition sources in California ecosystems', *International Journal of Wildland Fire*, vol. *27*, pp. 781–799.

Kelly, L Giljohann, K. & McCarthy, M 2015, 'Percentage targets for planned burning are blunt tools that don't work', *The Conversation*, 30 de marzo, https://theconversation.com/percentage-targets-for-planned-burning-are-blunt-tools-that-dont-work-39254

Kennedy, PJ Vale, EL Khan, SJ & McAnaney, A 2006, 'Factors predicting recidivism in child and adolescent fire-setters: a systematic review of the literature', *Journal of Forensic Psychiatry and Psychology*, vol. 17, pp. 151-164.

Kenny, B Sutherland, E Tasker, E & Bradstock, R 2003, *Guidelines for Ecologically Sustainable Fire Management*, NSW Government, Sydney.

Ker, P 2009, 'Water harvest from dams may fall 30%', *The Age*, 18 de febrero, http://www.theage.com.au/national/water-harvest-fromdams-may-fall-30-20090217-8aa4.html

Kilgore, B 1973, 'The ecological role of fire in Sierran conifer forests', *Quaternary Research*, vol. 3, pp. 496-513.

King, A 2017, 'Climate change to blame for Australia's July heat', *The Conversation*, 4 de agosto, https://theconversation.com/climate-change-to-blame-for-australias-july-heat-81953

King, C Feltey, K & Susel, B 1998, 'The question of participation: toward authentic public participation in public administration, *Public Administration Review*, vol. 58, pp. 317-326.

Kirkhim, R 2019, 'Soldiers Hill car fires, why arsonists burn', *The Courier*, 21 de marzo, https://www.thecourier.com.au › News › Latest News

Kirkpatrick, J 2013, 'Does fuel reduction burning help prevent damage from fires?' *The Conversation*, 21 de enero, https://theconversation.com/does-fuel -reduction-burning-help-prevent-damage-from-fires-11600

Kitzberger T, Falk, DA, Westerling, AL & Swetnam, TW 2017, 'Direct and indirect climate controls predict heterogeneous early-mid 21st century wildfire burned area across western and boreal North America', *PLoS ONE* vol. 12, no. 12, https://journals.plos.org/plosone/article/file?id=10.1371/journal.pone. 0188486&type=printable

Klein, N 2014, *This changes everything: capitalism vs the climate*, Simon & Schuster, Reino Unido.

Klein, N 2019, *On fire: the burning case for a green new deal*, Allen Lane, Reino Unido.

Kocsis, RN & Itwin, H 1997, 'An analysis of spatial patterns in serial rape, arson, and burglary: the utility of the circle theory of environmental range for psychological profiling,' *Psychiatry, Psychology, and Law*, vol. 4, pp.195-206.

Kolden, C & Henson, C 2019, 'A Socio-ecological approach to mitigating wildfire vulnerability in the wildland urban interface: A case study from the 2017 Thomas Fire', *Fire*, vol. 2, no. 9.

Kolko, DJ 2002, *Handbook on firesetting in children and youth*, Academic Press, NY.

Kolko, DJ Day, BT Bridge, JA & Kazdin, AE 2001, 'Two-year prediction of children's firesetting in clinically referred and non-referred samples, *Journal of Child Psychology and Psychiatry*, vol. 42, pp. 371–380.

Kolko, DJ & Kazdin, AE 1986, 'A conceptualization of firesetting in children and adolescents', *Journal of Abnormal Child Psychology*, vol. 14, no.1, pp. 49–61.

Kolko, DJ & Kazdin, AE 1990, 'Matchplay and firesetting in children: relationship to parent, marital, and family dysfunction', *Journal of Clinical Child Psychology*, vol. 19, no. 3, pp. 229-238.

Kolko, DJ & Kazdin, AE 1992 'The emergence and recurrence of child firesetting: a one-year prospective study, *Journal of Abnormal Child Psychology*, vol. 20, pp.17–37.

Koson, DF & Dvoskin, J 1982, 'Arson: a diagnostic study', *Bulletin of the American Academy of Psychiatry and Law*, vol. 10, pp. 39-49.

Lambie, I Loane J, Randell, I & Seymour, F 2013, 'Offending behaviours of child and adolescent firesetters over a 10-year follow-up', *The Journal of Child Psychology and Psychiatry*, vol. 54, no. 12), pp. 1295–1307.

Lambie, I & Randell, I 2011, 'Creating a firestorm: a review of children who deliberately light fires', *Clinical Psychology Review*, vol. 31, no. 3, pp. 307-327.

Lambie, I Randell, I Ioane, J & Seymour, F 2009, *An outcome evaluation of New Zealand Fire Service Fire Awareness and Intervention Programme Final Report*, Wellington: NZ Fire Services Commission.

Lambie, I Seymour, F & Popaduk, T 2012, 'Young people and caregivers' perceptions of an intervention program for children who deliberately light fires', *Evaluation and Program Planning*, vol. 35, pp. 445-452.

Lansdell, G Anderson, J & King, M 2011, '"Terror among the gum trees" – is our criminal legal framework adequate to curb the peril of bushfire arson in Australia?' *Psychiatry, Psychology and Law*, vol. 18, no. 3, pp. 357-377.

Lawson, S 2019, 'Why aren't there many wildfires in China?' julio, *Quora*, https://www.quora.com/Why-aren't-there-many-wildfires-in-China

Leitch, A & Inman, M 2012, *Supporting local government to communicate coastal inundation, resources kit prepared for the Sydney Coastal Councils Group Inc.*, CSIRO Climate Adaptation Flagship, Brisbane.

Leone, V Lovreglio, R Martin, M Martinez, J & Vilar, L 2009, Human factors of fire occurrence in the Mediterranean Ecosystems, in E. Chuvieco, (ed.) *Earth observation of wildland fires in Mediterranean ecosystems*, pp149-170, Springer-Verlag, Berlín.

Leopold, A 1987, *Game management*, University of Wisconsin Press, EE.UU.

Lewis, C 2018, 'Arson attack blamed for field fire in Barnsley', *The Star*, 27 de junio, https://www.thestar.co.uk/news/arson-attack-blamed-for-field-fire-in-barnsley-1-9224141

Lewis, S & Perkins-Kirkpatrick, S 2018, 'Australia burns while politicians fiddle with the leadership', *The Conversation*, https://theconversation.com/ australia-burns-while-politicians-fiddle-with-the-leadership-101905

Lewis, ND & Yarnell, H 1951, *Pathological fire setting (pyromania): nervous and mental disease*, monograph number 82, Coolidge Foundation, NY.

Lindell, J 2019, 'More than 50 cars burn near homes and bush across Canberra in December', *The Canberra Times*, enero, https://www.canberratimes.com.au/story/5997440/more-than-50-cars-burn-near-homes-and-bush-across-canberra-in-december/

Lindenmayer, D 2007, 'Firestorm' *Four Corners*, ABC 13 de marzo, https://www.abc.net.au/4corners/firestorm/8953390

Linn, R Winterkamp, J Weise, D & Edminster, C 2010, 'A numerical study of slope and fuel structure effects on coupled wildfire behaviour', *International Journal of Wildland Fire*, vol. 2, pp. 179-201.

Llausàs, A Buxton, M & Bellin, R 2016, 'Spatial planning and changing landscapes: a failure of policy in peri-urban Victoria, Australia', *Journal of Environmental Planning and Management*, vol. 59, no. 7, pp. 1304-1322.

Lönnermark, A Blomqvist, P & Marklund, S 2008, 'Emissions from simulated deep-seated fires in domestic waste', *Chemosphere*, vol. 70, pp. 626-639.

Lovelock, J 2006, *The Revenge of Gaia: why the earth is fighting back and how we can still save humanity*, Penguin, NY.

Lovreglio, R Leone, V Giaquinto, P & Notarnicola, A 2010, 'Wildfire cause analysis: four case-studies in southern Italy', *iForest - Biogeosciences and Forestry*, vol. 3, no. 1, pp. 8-15.

Lovreglio, R Ronchi, E & Nilsson, D 2015, 'A model of the decision-making process during pre-evacuation', *Fire Safety Journal*, vol. 78, pp. 168-179.

Löw, P 2019, *The natural disasters of 2018 in figures: losses in 2018 dominated by wildfires and tropical storms*, Munich Re, 8 de enero, https://www.munichre.

com/topics-online/en/climate-change-and-natural-disasters/natural-disasters/the-natural-disasters-of-2018-in-figures.html

Lucas, CK, Hennessy, G Mills & Bathols, J 2007, *Bushfire Weather in Southeast Australia: Recent Trends and Climate Change Impacts*, Bushfire Cooperative Research Centre, Melbourne.

McCaffey, S Toman, E Stidham, M & Scindler, B 2014, 'Social science findings in the United States', in J. Shroder (ed), *Wildfire hazards, risks, and disasters*, pp. 15-36, Elsevier, Reino Unido.

McCaw, L 2013, 'Managing forest fuels using prescribed fire: a perspective from southern Australia', *Forest Ecology and Management* vol. 294, pp. 217–224.

McClelland, R 2010, 'Opening of bushfire arson prevention symposium', in J Stanley & T Kestin, (eds.), *Advancing bushfire arson prevention in Australia*, Monash University, Melbourne.

McDonald, K 2010, *Perspectives on effectiveness: What works in a juvenile fire awareness and intervention program?* Doctoral thesis, http://vuir.vu.edu.au/16037/2/kate_mcdonald_PHD_Final_Thesis1.pdf

McDonald, K et al. 2012, *Youth firesetting support guide: a resource for parents and practitioners concerned about fire risk behaviour in a child or young person*, CFA, Burwood East, Victoria, http://www.cfa.vic.gov.au/fm_files/attachments/plan_and_prepare/firestarters_v7-4_interactive.pdf

McEwan, TE & Ducat, L 2015, 'The role of mental disorder in firesetting,' in R Doley GL Dickens & TA Gannon (eds.), *The psychology of arson: a practical guide to understanding and managing deliberate firesetters*, pp. 211-217, Routledge, Londres.

McGee, T McFarlane, B & Tymstra, C 2015, 'Wildfire: a Canadian perspective', in D. Paton (ed.), *Wildfire hazards, risks, and disasters*, pp. 35-57, Elsevier, Oxford.

Macht, LB & Mack, JE 1968, 'The firesetter syndrome', *Psychiatry: Journal for the Study of Interpersonal Processes*, vol. 31, no. 3, pp. 277–288.

Maciak, B Moore, M Leviton, L & Guinan, M 1998, 'Prevention Halloween arson in an urban setting: a model for multisectoral planning and community participation', *Health Education & Behavior*, vol. 25, pp. 194-211.

Macintosh, A 2012, *Coastal adaptation planning: a case study on Victoria, Australia*, Working Paper Series 2012/2, ANU Centre for Climate Law and Policy, Canberra.

MacKay, S Henderson, J Del Bove, G Marton, P Warling, D & Root, C 2006 'Fire interest and antisociality as risk factors in the severity and persistence of juvenile firesetting', *Journal of the American Academy of Child and Adolescent Psychiatry*, vol. 45, pp. 1077–1084.

MacKay, S Paglia-Boak, A Henderson, J Marton, P & Adlaf, E 2009, 'Epidemiology of firesetting in adolescents: mental health and substance use correlates', *Journal of Child Psychology and Psychiatry*, vol. 50, no. 10, pp. 1282-1290.

Mair, D Smillie, L La Placa, G Schwendinger, F Raykovska, M Pasztor Z & van Bavel R 2019, *Understanding our political nature: How to put knowledge and reason at the heart of political decision-making. Executive summary*, June, European Union, Luxembourg.

March, A 2017, 'Integrated education for resilient urban adaptation: wildfire risk reduction in Australia', *Planning Practice and Research*, vol. 32, no. 5, pp. 524-536.

March, A Nogueira de Moraes, L Riddell, GA Stanley, J van Delden, H Beilin, R. Maier, H 2018a, *Practical and theoretical issues - integrating urban planning and emergency management*, Melbourne: Bushfire and Natural Hazards CRC. https://www.bnhcrc.com.au/file/8951/download?token=u4pNzrhc

March, A Nogueira de Moraes, L Riddell, G Dovers, S Stanley, J van Delden, H Bellin, R Maier, H 2018b, *Australian inquiries into natural hazard events: recommendations relating to urban planning for natural hazard mitigation (2009-2017)*, Bushfire and Natural Hazards CRC, Melbourne.

March, A Nogueira de Moraes, L & Stanley, J 2020, 'Dimensions of risk justice and resilience: mapping urban planning's role between individual versus collective rights', in A Lukasiewicz & C Baldwin, *natural hazards and disaster justice: challenges for Australia and its neighbours*, pp. 93-115, Palgrave Macmillan, Australia.

Maron, M Griffin, A Reside, A Laurence, B Driscoll, D Tithie, E & Turton, S 2019, 'To reduce fire risk and meet climate targets, over 300 scientists call for stronger land clearing laws', *The Conversation*, 11 de marzo 11, https://the conversation.com/to-reduce-fire-risk-and-meet-climate-targets-over-300-scientists-call-for-stronger-land-clearing-laws-113172

Martin DA 2016, 'At the nexus of fire, water and society,' *Philosophical Transactions B* vol. 371, 5 de junio, https://www.ncbi.nlm.nih.gov/pmc/ar ticles/PMC487 4410/

Martin, G Bergen, H Richardson, AS Roegar, L & Allison, S 2004, 'Correlates of firesetting in a community sample of young adolescents', *Australian and New Zealand Journal of Psychiatry*, vol. 38, pp. 148–154.

Martínez, R 2011. 'Políticas públicas e innovación social', *Marcos conceptuales y efectos en la formulación de las políticas*, Universitat Autònoma de Barcelona, Barcelona.

Martinez, J Vega-Garcia, C & Chuvieco, E 2009, 'Human-caused wildfire risk rating for prevention planning in Spain', *Journal of Environmental Management*, vol. 90, pp. 1241–1252.

Massola, J & Rompies, K 2019, 'Demand for action on roaring fires', *The Age*, 18 de septiembre, p.20.

Masters, R & Waymire, J 2012, 'Oak savanna restoration: Oak response to fire and thinning through 28 years', artículo presentado en *Proceedings of the 4th Fire in Eastern Oak Forests Conference*, United States Department of Agriculture & Forest Service, http://www.nrs.fs.fed.us/

McKenzie, F 1997, 'Growth management or encouragement? A critical review of land use policies affecting Australia's major exurban regions,' *Urban Policy and Research*, vol. 15, no.2, pp. 83-99.

McLaren, D Lefoe, G Ede, F Dugdale, T Steel, J Kwong, R Weiss, J Mahr, F Clements, D & Hunt, T 2016, 'Highlighting the complexity of interactions between peri-urban environment and weed management using case studies from Southern Victoria', in M Kennedy, A Butt & M Amati (eds.), *Conflict and change in Australia's peri-urban landscapes*, pp. 189-203, Routledge, Londres.

McLennan, B & Handmer, J 2014, *Sharing responsibility in Australian disaster management: Final report for the sharing responsibility project*, January, RMIT University, Melbourne.

McLennan, J Reid, K & Beilin, R 2019, 'Shared responsibility, community engagement and resilience: international perspectives', *Australian Journal of Emergency Management*, vol. 34, no. 3, pp. 40-46.

Meadows, D 1997, 'Places to Intervene in a System', *Whole Earth Winter*, https://www.bfi.org/sites/default/files/attachments/pages/PlacesIntervene System-Meadows.pdf

Mell, W Manzello, S Maranghides, A Butry, D & Rehm, R 2010, 'The wildland-urban interface fire problem – current approaches and research needs', *International Journal of Wildland Fire*, vol. no. 19, pp. 238-251.

Melvin, M 2018, *National prescribed fire use survey report*, Technical Report 03-18.

Mikkola, E 2008, 'Forest fire impacts on buildings', in J Heras, C Brebbia, D Viegas & V Leone (eds.), *Modelling, monitoring and management of forest fires*, WIT Press, Southampton.

Millar, J 2010, 'Land-use Planning and Demographic Change: Mechanisms for Designing Rural Landscapes and Communities', in *Demographic change in Australia's rural landscapes*, GW Luck, D Race, & R Black, eds., Dordrecht Springer, EE.UU.

Miller, J 2017, 'The maximum criminal penalty for accidentally starting a Utah wildfire? A year in jail' The Salt Lake Tribune, https://archive.sltrib.com/ article.php?id=5470610&itype=CMSID

Miller, C Abatzoglou, J Brown, T Syphard, A 2011, 'Wilderness Fire Management in a changing environment', in D McKenzie, C Miller, D Falk, (eds.), *The Landscape Ecology of Fire*, pp. 269-294, Springer, Londres.

Millennium Ecosystem Assessment 2019, *Overview of the Millennium Ecosystem Assessment*, Millennium Ecosystem Assessment, https://www.millennium assessment.org/en/About.html

Milman, O 2015, 'Victoria seeks answers on preventing bushfires in changing conditions' *The Guardian*, 9 de octubre, https://www.theguardian.com/australia -news/2015/oct/09/victoria-seeks-answers-on-preventing-bushfires-in-changing-conditions

Misni, F & Lee, L 2017, 'A review on Strategic, Tactical and Operational decision planning in reverse logistics of green supply chain network design', *Journal of Computer and Communications*, vol 5, no. 8, pp. 83-104.

Morgan, A & Homel, P 2013, *Evaluating crime prevention: lessons from large-scale community crime prevention programs*, Trends & Issues in Crime and Criminal Justice No. 458. Australian Institute of Criminology, Canberra, Australia.

Morse, S 1996, 'Building collaborative communities', *Leadership Collaboration Series*, Pew Partnership for Civic Change, www.pew-partnership.org/research/ lcs/collabinex

Morton, S Sheppard A & Lonsdale, M 2012, 'Explainer: What biodiversity and why does it matter?', *The Conversation*, 12 de octubre, https://theconversation. com/explainer-what-is-biodiversity-and-why-does-it-matter-9798

Muller, D 2008, *Offending and reoffending patterns of arsonists and bushfire arsonists in New South Wales*, Australian Institute of Criminology, Canberra, Australia.

Muller, D 2009a, *Using crime prevention to reduce deliberate bushfires in Australia*, Research and Public Policy Series 98, Australian Institute of Criminology Canberra, Australia.

Muller, D 2009b, *Patterns in bushfire arson*, Bulletin No.58, Australian Institute of Criminology, Canberra, Australia.

Muller, DA & Bryant, C 2009, 'Understanding and preventing bushfire arson', In J Handmer & K Haynes (eds.), *Community bushfire safety*, pp. 99-106, CSIRO Publishing, Melbourne.

Muller, D & Stebbins, A 2007, *Juvenile arson intervention programs in Australia*. Trends & issues in crime and criminal justice no. 335. Australian Institute of Criminology, Canberra, Australia. http://www.aic.gov.au/publications/current series/tandi/321-340/tandi335.html

Municipal Association of Victoria 2015, *Local government emergency management handbook*, Attorney General's Department, Victoria.

Munroe, T 2019, 'Embers under the earth: the surprising world of coal seam fires', *Global Forest Watch*, 30 de enero, https://blog.globalforestwatch.org/fires/embers-under-the-earth-the-surprising-world-of-coal-seam-fires

Nanayakkara, V Ogloff, JR McEwan, TE & Davis, MR (in press b), 'Firesetting among people with mental disorders: differences in diagnosis, motives and behaviour', *International Journal of Forensic Mental Health*.

Nanayakkara, V Ogloff, JR & Thomas, SD 2015, 'From Haystacks to hospitals: an evolving understanding of mental disorder and firesetting', *International Journal of Forensic Mental Health*, vol. 14, pp. 66-75.

Nanayakkara, V Ogloff, JR McEwan, TE & Davis, MR (in press a). 'Applying classification methodology to high-consequence firesetting', *Psychology, Crime, and Law*.

NASA Earth Observatory 2014, *Fires in Indonesia*, 7 de marzo, https://earth observatory.nasa.gov/images/83304/fires-in-indonesia

National Association of State Foresters & Coalition of Prescribed Fire Councils, USA, https://inpfc.org/wp-content/uploads/2019/03/2018-Prescribed-Fire-Use-Survey-Report-1.pdf

National Emergency Management Committee 2011, *Australia: National strategy for disaster resilience*, Australian government, Council of Australian Governments.

National Institute of Building Sciences in the USA 2017, *Natural hazard mitigation saves 2017, Interim Report:* An independent study, diciembre, National Institute of Building Sciences, Washington.

National Interagency Fire Centre 2019, https://www.nifc.gov/fireInfo/fireInfo _stats_totalFires.html

Natural Resources Canada 2019, *How various boreal species respond to fire*, Government of Canada, https://www.nrcan.gc.ca/our-natural-resources/forests -forestry/wildland-fires-insects-disturban/forest-fires/fire-ecology/13149

Nelson, N & Wright, S 1995, *Power and participatory development: theory and practice*, Intermediate Technology Publications, Londres.

Newman, O 1972, *Defensible space: Crime prevention through urban design*, Macmillan, Nueva York, Macmillan.

New South Wales Government 2019b, 'Prevent bushfire arson', New South Wales Government, https://www.rfs.nsw.gov.au/fire-information/prevent-bush-fire-arson

New South Wales Office of Environment and Heritage 2017, *Threatened species profile search*, https://www.environment.nsw.gov.au/topics/animals-and-plants/threatened-species/about-threatened-species/key-threatening-processes

New South Wales Rural Fire Service 2013, *Ministerial releases*, 10 de enero, www.rfs.nsw.gov.au/dsp_more_info.cfo.cfm?CON_=8401&CAT_ID=1327

Nicolopoulos, N 1997, *Socio-economic characteristics of communities and fires*, NSW Fire Brigades Statistical Research Paper Issue 4, https://catalogue.nla.gov.au/Record/2518864?lookfor=NSW%20Fire%20Brigades%20Statistical%20Research%20Paper%20Issue%204.&offset=1&max=2421502

NIEIR (National Institute of Economic and Industry Research) 2013, *Firefighters and climate change: the human resources dimension of adapting to climate change: final and consolidated report*, febrero, informe sin publicar, Melbourne.

NIEIR (National Institute of Economic and Industry Research) 2014, *State of the regions 2013/14*, informe sin publicar, Melbourne.

Normille, D 2019, 'Indonesia's fires are bad, but new measures prevented them from becoming worse,' 1 de octubre, *Science*, https://www.sciencemag.org/news/2019/10/indonesias-fires-are-bad-new-measures-prevented-them-becoming-worse

Notzon, N & Damjanovic 2017, 'Wildfires believed to be deliberately lit by pig hunters burning near Darwin,' *ABC News*, 15 de junio, https://www.abc.net.au/news/2017-06-14/nt-fire-lit-by-pig-hunters-authorities-say/8618816

Nuccitelli, D 2017, 'California's hellish fires: a visit from the Ghost of Christmas Future', *The Guardian*, 11 de diciembre, https://www.theguardian.com/environment/climate-consensus-97-per-cent/2017/dec/11/californias-hellish-fires-a-visit-from-the-ghost-of-christmas-future

Nugent, D Steven, W Leonard, A & Clarke, M 2014, 'Interactions between the superb lyrebird (Menura novaehollandiae) and fire in south-eastern Australia', *Wildlife Research*, vol. 41, pp. 203–211.

OECD (Organisation for Economic Co-operation and Development), IOM (UN Migration), UNHCR (United Nations High Commissioner for Refugees) 2018, *G20 International Migration and Displacement Trends Report*, septiembre, http://www.oecd.org/els/mig/G20-international-migration-and-displacement-trends-report-2018.pdf

Office of Bushfire Risk Management 2018, *Report of the circumstances that led to the escapes of planned burns in the South West and Great Southern Regions of Western Australia on 24 and 25 May 2018*, https://dfes.wa.gov.au/waemergencyandriskmanagement/obrm/Documents/Final-Report-Circumstances-Escape-of-Planned-Burns-SW-and-GS-Region-24-25-May-2018.pdf

Office of the Auditor General Western Australia 2013, *Western Power's Management of its Wood Pole Assets*, noviembre, http://www.parliament.wa.gov.au/publications/tabledpapers.nsf/displaypaper/3911155ad68b3bec3886867648257c29001fbc64/$file/1155.pdf

Ogloff, JR 2009, 'Shedding light on the unfathomable: the psychology of firesetting in the wake of Victoria's bushfires', *InPsych*, vol. 31, no.2, pp.16-17.

Ojerio, R Moseley, Lynn, K & Bania, N 2011, 'Limited involvement of socially vulnerable populations in federal programs to mitigate wildfire risk in Arizona', *Natural Hazards Review*, vol. 12, no, 1, pp. 28–36.

Oliveira, S Pereira, JMC San-Miguel-Ayanz, J Lourenco, L 2014, 'Exploring the spatial patterns of fire density in Southern Europe using geographically weighted regression', *Applied Geography*, vol. 51, pp. 143–157.

O'Neill, S & Handmer, J 2010, 'Responding to bushfire risk: The need for transformative adaptation', *Environmental Research Letters*, vol. 7, no. 1, 4018.

Padilla, M & Vega-Garcia, C 2011, 'On the comparative importance of fire danger rating indices and their integration with spatial and temporal variables for predicting daily human-caused fire occurrences in Spain', *International Journal of Wildland Fire*, 20, 46-58.

Palmer, E Caulfield, L & Hollin, C 1995, *Evaluation of interventions with arsonists and young firesetters*, Office of the Deputy Prime Minister, Londres.

Parés, M Ospina, S & Subirats, J 2017, 'Social innovation and relational leadership: opening up new perspectives on social change', *International Journal of Urban and Regional Research*, vol. 42, no. 5, pp. 958-960.

Parliamentary Education Office and Australian Government Solicitor 2010, *Australia's constitution*, Commonwealth of Australia, Canberra.

Parliament of Victoria 2017, *Inquiry into fire season preparedness: final report*, junio, Victorian Government Printer.

Parsons, M Glavac, S Hastings, P Marshal, G McGregor, J McNeill, J Morley, P Reeve, I & Stayner, R 2016, 'Top-down assessment of disaster resilience: a conceptual framework using coping and adaptive capacities', *International Journal of Disaster Risk Reduction*, vol. 19, pp. 1-11.

Partington, A 2012, 'Police launch anti-arson program for summer', *The Age*, 19 November, http://www.theage.com.au/victoria/police-launch-antiarson-program-for-summer-20121119-29luw.html

Paschen, J & Ison, R 2011, *Exploring local narratives of environmental change and adaptation*, Monash Sustainability Report 11/1, Monash Sustainability Institute, Melbourne.

Patel, K 2018, 'Six trends to know about fire season in the western U.S.', 5 de diciembre, *Ask NASA Climate*, https://climate.nasa.gov/blog/2830/six-trends-to-know-about-fire-season-in-the-western-us/

Paton, D Buergelt, P & Flannigan, M 2015, 'Ensuring that we can see the wood and the trees: growing the capacity for ecological wildfire risk management', en D Paton (ed.), *Wildfire hazards, risks, and disasters*, pp. 247-262, Elsevier, Oxford.

Paton, D Buergelt, P Tedim, F & McCaffrey, S 2015, 'Wildfires: international perspectives on their social-ecological implications', in D Paton (ed.), *Wildfire hazards, risks, and disasters*, pp. 1-14, Elsevier, Oxford.

Pausas, J & Fernández-Muñoz, S 2012, 'Fire regime changes in the Western Mediteranean Basin from fuel-limited to drought-driven fire regime,' *Climate Change*, vol. 110, pp. 215-226.

Paveglio, T Kooistra, C Hall, C & Pickering, M 2016, 'Understanding the effect of large wildfires on residents' well-being: what factors influence wildfire impact? *Forest Science*, vol. 62, no.1, pp. 59-69.

Pearce, D 1991, 'The global commons', in *Blueprint 2: greening the world economy*, in D Pearce, (ed), pp. 11-30, Earthscan Publications Ltd, Londres.

Pearce, D Barbier, E Markandya, A Barrett, S Turner, RK & Swanson, T 1991, *Blueprint 2: greening the world economy*, Earthscan Publications Ltd, Londres.

Pearce, D Markandya, E & Barbier, B 1989, *Blueprint for a green economy*. Earthscan Publications Ltd., Londres.

Pearce, D & Turner R 1990, *Economics of natural resources and the environment*, Harvester Wheatsheaf, Londres.

Pease, K 1998, 'Repeat victimisation: taking stock', *Police Research Group*, https://pdfs.semanticscholar.org/dd35/f369b91332ae9ca9fce929cbebfd7b0cfc06.pdf

Pelling, M 2010, *Adaptation to climate change: from resilience to transformation*, Routledge, Londres.

Pendrey, C Carey M & Stanley, J 2012, *Extreme weather and the health of homeless people in Victoria, Australia: An emerging challenge for health equity*, unpublished report.

Penn, I 2017, 'Power lines and electrical equipment are a leading cause of California wildfires', *Los Angeles Times*, 17 de octubre, https://www.latimes.com/business/la-fi-utility-wildfires-20171017-story.html

Penman, T 2015, 'Saving homes, saving wildlife: Victoria ditches burnoff targets', *The Conversation*, 25 de noviembre, https://theconver sation.com/saving-homes-saving-wildlife-victoria-ditches-burnoff-targets-51114

Penman, TD Bradstock, RA & Price, O 2013, 'Modelling the determinants of ignition in the Sydney Basin, Australia: Implications for future management', *Faculty of Science, Medicine and Health – Papers: Part A*, vol. 22, pp. 469-478, https://ro.uow.edu.au/smhpapers/991/

Pérez-Peña, R & Stevis-Gridneff, M 2019, 'Brazil's rainforest fires prompt alarm and anger in Europe', *New York Times*, 23 de agosto, https://www.nytimes.com/2019/08/23/world/americas/amazon-fires-brazil.html?action=click&module=RelatedCoverage&pgtype=Article&region=Footer

Perry, R 2012, 'A review of fire effects on bats and bat habitat in the eastern Oak region'. *Proceedings of the 4th Fire in Eastern Oak Forests Conference*, United States Department of Agriculture & Forest Service, http://www.nrs.fs.fed.us/

Pidot, J 2015, 'Symbolic, cognitive, and structural obstacles to formulating disaster policy', *Special Issue: Studies in Law, Politics, and Society*, vol. 68, pp. 33-64.

Plucinski, M 2014, 'The timing of vegetation fire occurrence in a human landscape', *Fire Safety Journal*, vol. 67, pp. 42-52.

Ponce, J Penalver, A Capdeferro, O & Burton, L 2015, 'The multi-level prevention and control of catastrophic wildfires in Mediterranean Europe: the European Union, Spain and Catalonia, Special Issue: Cassandra's Curse, *Studies in Law, Politics, and Society*, vol. 68, pp. 189-225.

Pooley, K 2018, *An evaluation of youth justice conferencing for youth misuse of fire*, PhD thesis, Queensland University of Technology.

Preece, N & Oosterzee, P 2017, 'Australia is a global top-ten deforester – and Queensland is leading the way', *The Conversation*, 17 de noviembre, https://theconversation.com/australia-is-a-global-top-ten-deforester-and-queens land -is-leading-the-way-87259

Preiss, B 2019, 'Another recycling plant catches fire', *The Age*, 25 de abril, https://www.theage.com.au/national/victoria/another-recycling-plant-catches -fire-20190425-p51h8c.html

Prestemon, J & Butry, D 2005, 'Time to burn: modeling wildland arson as an autoregressive crime function', *American Journal of Agricultural Economics*, vol. 87, no. 3, pp. 756-770.

Prestemon, J Butry, D & Thomas, D 2013, 'Exploiting Autoaggressive properties to develop prospective urban arson forecasts by target', *Applied Geography*, vol. 44, pp. 142-53.

Prestemon, JP Chas-Amil, ML Touza JM & Goodrickm SL 2012, Forecasting intentional wildfires using temporal and spatiotemporal autocorrelations, *International Journal of Wildland Fire*, vol. 21, pp. 743–754.

Prestemon, J Hawbaker, T Bowden, M Carpenter, J Brooks, M Abt, K Sutphen, R & Scranton, S 2013, *Wildfire ignitions: A review of the science and recommendations for empirical modeling*, United States Department of Agriculture, Forest Service, General Technical Report SRS-171.

Pretty, J Angus, C Bain, M Barton, J Gladwell, V Hine, R et al. 2009, *Nature, childhood, health and life pathways*, University of Essex, Colchester.

Price, O 2013, 'Reducing bushfire risk: Don't forget the science', *The Conversation*, 11 de octubre, http://theconversation.com/reducing-bushfire-risk-don't-forget-the-science-19065

Price, O & Bradstock, R 2013, 'Landscape scale influences of forest area and housing density on house loss in the 2009 Victorian bushfires', *Plos One*, vol. 8 no. 8.

Prilleltensky, I & Prilleltensky, O 2006, *Promoting well-being: linking personal, organisational and community change*, John Wiley & Sons, Inc., Hoboken, New Jersey.

Prins, H 1995, 'Adult fire-raising: law and psychology', *Psychology, Crime and Law*, vol. 1, pp. 271-281.

Productivity Commission 2010, *Contribution of the not-for-profit sector research report*, https://www.pc.gov.au/inquiries/completed/not-for-profit/report

Productivity Commission 2015, *Inquiry report*, Australian Government, https://www.pc.gov.au/inquiries/completed/disaster-funding/report

Productivity Commission 2018, *Report on Government Services 2018*, Part D, Chapter 9, Emergency services for fire and other events, https://www.pc.gov.au/research/ongoing/report-on-government-services/2018/emergency-management/emergency-services

Putnam, R 1995, 'Bowing alone: America's declining social capital', *Journal of Democracy*, vol. 6, pp. 65-78.

Putnam, C & Kirkpatrick, J 2005, 'Juvenile firesetting: a research overview', *Juvenile Justice Bulletin*, enero, U.S. Department of Justice, https://files.eric.ed.gov/fulltext/ED485846.pdf

Quay, R 2010, 'Anticipatory governance: a tool for climate change adaptation', *Journal of the American Planning Association*, vol. 76, no.4, pp. 496-511.

Queensland Councils of Social Services 2011, Submission to the Queensland Floods Commission of Inquiry www.floodcommission.qld.gov.au/_data/assets/file/0008/6983/Qld_Council_of_Social_Service_QCOSS.pdf

Quiggin P 2019, 'Explaining Adani: why would a billionaire persist with a mine that will probably lose money?' *The Conversation*, 3 de junio, https://theconversation.com/explaining-adani-why-would-a-billionaire-persist-with-a-mine-that-will-probably-lose-money-117682

Quinsey, V Rice, M Harris, G & Cormier, C 2006, *Violent offenders: Appraising and managing risk*, American Psychological Association, Washington, DC.

Ransom, S 2007, 'A profile of motor vehicle theft related arson in New South Wales and South Australia', *Information Bulletin*, mayo, https://carsafe.com.au/docs/mvt_and_arson.pdf

Rayda, N 2019, 'Death toll rises as millions in Indonesia suffer from raging forest fires,' 13 de septiembre, *Channel New Asia*, https://www.channelnewsasia.com/news/asia/death-toll-rises-as-millions-in-indonesia-suffer-from-raging-11902862

Read, P 2015, *Community attitudes towards reporting bushfire arson to Crime Stoppers in Victoria, 2009 – 2015: have patterns changed?* Diciembre, informe sin publicar.

Read, P & Stanley, J 2017, *Community attitudes towards reporting bushfire arson to Crime Stoppers Victoria 2012-2015*, Crime Stoppers Victoria, Melbourne Sustainable Society Institute, University of Melbourne.

Read, P & Stanley, J 2018, *Preventing wildfires through community reporting to Crime Stoppers: 2017 survey, Sixth report to Crime Stoppers Victoria*, Melbourne Sustainable Society Institute, Crime Stoppers Victoria.

Rebbeck, J 2012, 'Fire management and woody invasive plants in Oak ecosystems', *Proceedings of the 4th Fire in Eastern Oak Forests conference*, United States Department of Agriculture & Forest Service, http://www.nrs.fs.fed.us/

Reddel, T 2004, 'Third way social governance: Where is the State?' *Australian Journal of Social Issues*, vol. 39, no. 2 pp. 129-142.

Reid, K & Beilin, R 2015, 'Making the landscape 'home': narratives of bushfire and place in Australia', *Geoforum*, vol. 58, pp. 95-103.

Rice, ME & Harris, GT 1991, 'Firesetters admitted to a maximum security institution', *Journal of Interpersonal Violence*, vol. 6, pp. 461-475.

Rice, M & Harris, G 1996, 'Predicting the recidivism of mentally disordered firesetters', *Journal of Interpersonal Violence*, vol. 11, pp. 364-375.

Ridge, T 2002, *Childhood poverty and social exclusion: from a child's perspective*, The Policy Press, Bristol, Reino Unido.

Rifkin, J 2011, *The Third Industrial Revolution: how lateral power is transforming energy, the economy, and the world*, Palgrave Macmillan, N.Y.

Rijksen, E & Dickman, C 2014, 'Predators get the advantage when bushfires destroy vegetation', *The Conversation*, 12 de diciembre, https://theconversation.com/predators-get-the-advantage-when-bushfires-destroy-vegetation-32821

Ritchie, D 2011, *Sentencing matters: does imprisonment deter? A review of the evidence.* Sentencing Advisory Council, https://www.sentencingcouncil.vic. gov.au/sites/default/files/publication-documents/Does%20Imprisonment %20Deter%20A%20Review%20of%20the%20Evidence.pdf

Rix, KJ 1994, 'A psychiatric study of adult arsonists', *Medicine, Science and the Law,* vol. 34, pp. 21-34.

Roberts, D 2018, 'We are almost certainly underestimating the economic risks of climate change', *Vox,* 9 de junio, https://www.vox.com/energy-and-environment/2018/6/8/17437104/climate-change-global-warming-models-risks

Robinson, M 2018, 'California fires maps LIVE: Fires won't be out until SEPTEMBER - 14,000 fight RAGING blaze', *Express,* 10 de agosto, https:// www.express.co.uk/news/world/999928/California-fires-2018-map-LIVE-updates-current-fires-northern-southern-California-latest

Roe-Sepowitz, D & Hickle, K 2011, 'Comparing boy and girl arsonists: crisis, family, and crime scene characteristics', *Legal and Criminological Psychology,* vol. 16, pp. 277-288.

Romps, D Seeley, J Vollaro, D & Molinari, J 2014, 'Projected increase in lightning strikes in the United States due to global warming', *Science,* vol. 346, pp. 851-854. http://www.atmos.albany.edu/facstaff/vollaro/pubs/Romps.et.al-SCI2014.pdf

Rook, G 2013, 'Regulation of the immune system by biodiversity from the natural environment: an ecosystem service essential to health', *Proceedings of the National Academy of Science,* vol. 110, no. 46, pp. 18360-18367.

Rossmo, D 2000, *Geographical profiling,* Boca Raton, Fl: CRC Press On-line, https://www.worldcat.org/title/geographic-profiling/oclc/42692068

Rozsa, M 2018, 'On climate change, it's time to start panicking', *Salon,* 5 de agosto, https://www.salon.com/2018/08/05/on-climate-change-its-time-to-start-panicking/

Ryan, R & Deci, E 2001, 'On Happiness and human potentials: a review of research on hedonic and eudaimonic well-being', *Annual Review of Psychology,* vol. 52, pp. 141-166.

Sagala, S Sitinjak, E & Yamin, D 2015, 'Fostering community participation to wildfire: Experiences from Indonesia', en D. Paton (ed) *Wildfire hazards, risks, and Disasters,* pp. 247-262, Elsevier, Oxford.

Saillant, C 2007, 'Accidental wildfires draw aggressive prosecutions', *Los Angeles Times,* 2 de diciembre, https://www.latimes.com/archives/la-xpm-2007-dec -02-me-firestart2-story.html

Salvador, R 2016, 'Jumping from the frying pan into the fire: a criminological study of forest fire-setting in Spain', in J Donnermeyer (ed), *The Routledge international handbook of rural criminology,* pp. 339-350, Routledge, Londres & Nueva York.

San-Miguel-Ayanz, J Durrant, T Boca, R et al. 2018, *Forest fires in Europe, Middle East and North Africa 2017,* Informe de la Comisión Europea, https://www. researchgate.net/publication/329775375_Forest_fires_in_Europe_Middle_ East_and_North_Africa_2017

Sapountzaki, K Wanczura, S Castertano, G Greiving, S Xanthopoulos, G & Ferrara, F 2011, 'Disconnected policies and actors and the missing role of spatial planning throughout the risk management cycle', *Natural Hazards*, vol. 59, pp. 1445-1474.

Saunders, B 2017, 'Words matter: textual abuse of childhood in the English-Speaking world, and the role of language in the continuing denial of children's rights, *International Journal of Children's Rights*, vol. 25, pp. 519-536.

Schilders, M & Ogloff, JR 2014, 'Review of point-of-reception mental health screening outcomes in an Australian prison', *Journal of Forensic Psychiatry and Psychology*, vol. 25, pp. 480 – 494.

Schulte, S Miller, KA 2010, 'Wildfire risk and climate change: the influence on homeowner mitigation behavior in the wildland–urban interface', *Society & Natural Resources*, vol. 23, no. 5, pp. 417–435.

Schumacher, EF 1973, *Small is beautiful*, Blond & Briggs Ltd, Londres.

Scott, A Bowman, D Bond, W Bond, S Pyne, S & Alexander, M 2014, *Fire on earth: an introduction*, John Wiley & Sons, Hoboken, NJ.

SCRGSP (Steering Committee for the Review of Government Service Provision) 2012, *Report on Government Services for 2012, Volume 1*, Steering Committee for the Review of Government Service Provision, Productivity Commission, Canberra.

SCRGSP (Steering Committee for the Review of Government Service Provision) 2016, *Report on Government Services 2016*, vol. D, Emergency Management, Productivity Commission, Canberra, Australia.

Secombe, M 2018, 'Love for a coal climate', *The Saturday Paper*, 8 de septiembre 8-14, pp. 10-11.

Semega, J Fontenot, KR Kollar, MA 2018, Income poverty in the United States, 2017, Census Bureau, septiembre, https://poverty.ucdavis.edu/faq/what-current-poverty-rate-united-states

Sentencing Advisory Council 2012, 'Arson and deliberately lit fires, Final Report no. 1, author, diciembre, https://www.sentencingcouncil.tas.gov.au/__data/assets/pdf_file/0008/227906/Arson_and_Deliberately_Lit_Fires_Final_Report_No_1.pdf

Sentencing Advisory Council 2015, *Sentencing snapshot: sentencing trends in the higher courts of Victoria 2009-10 to 2013-14*, Sentencing Advisory Council, Melbourne. https://www.sentencingcouncil.vic.gov.au/sites/default/files/publication-documents/Snapshot%20174%20Make%20Threat%20to%20Kill%20Higher%20Courts%20May%202015.pdf

Sharples, J Carey, G Fox-Hughes, P Mooney, S Evans, J Fletcher, M Fromm, M Grierson, P McRae, R & Baker P 2016, 'Natural hazards in Australia: extreme bushfire', *Climate Change*, vol. 139, pp. 85-99.

Siask, M & Värnik, A 2012, 'Media roles in suicide prevention: a systematic review', *International Journal of Environmental Research and Public Health*, vol. 9, no. 1, pp. 123-138, https://www.ncbi.nlm.nih.gov/pmc/articles/PMC3315075/

Sibthorge, C & Lowrey, T 2018, 'Residents urged to create bushfire survival plans as firefighters work to bring Canberra blaze and spot fires under control', 4 de noviembre, *ABC News*, https://www.abc.net.au/news/2018-11-04/crews-still-trying-to-get-canberra-fire-under-control/10463648

Singer, SD & Hensley, C 2004, 'Applying social learning theory to childhood and adolescent firesetting: can it lead to serial murder?', *International Journal of Offender Therapy and Comparative Criminology*, vol. 48, no. 4, pp. 461–476.

Singh, R 2013, 'Spontaneous heating and fire in coal mines', *Procedia Engineering*, vol. 62, pp. 78-90.

Skinner, R 2010, 'Adaptation to climate change in Melbourne: Changing the fundamental planning assumptions', *Climate Change Impacts on Water Supply: An International Adaptation Forum*, Washington DC, 27 de enero.

Smith, K 2001, *Environmental hazards-assessing risk and reducing disaster*, 3ª ed., Routledge, Nueva York.

Smith, RD 2004,' Community centred bush fire (arson) reduction'. Paper presented at 11th annual *AFAC conference and inaugural Bushfire CRC conference*, Perth, Australia Occidental.

Smith, H Cawson, J Sheridan, G & Lane, P 2011, *Desktop review – impact of bushfires on water quality*, marzo, https://www.waterquality.gov.au/sites/default/files/documents/impact-bushfires.pdf

Smith, M Kolden, C Paveflio, T et al. 2016, 'The science of firescapes: achieving fire-resilient communities', *BioScience*, vol. 66, no. 2, pp. 130-146.

Smith, R Vonberg, J & Miller, B 2018, 'Sweden struggling to contain dozens of drought-fueled wildfires', *CNN*, 18 de julio, https://edition.cnn.com/2018/07/18/europe/sweden-wildfires-intl/index.html

Soothill, KJ Ackerley, E & Francis, B 2004, 'The criminal career of arsonists', *British Journal of Hospital Medicine*, vol. 44, pp. 27-40.

Stacey, R Lintrup, K Notaro, F & Kokki, E 2010, *The ANSFER project final report: recommendations for improving fire risk assessment and management in Europe*, Northumberland, Northumberland Fire and Rescue Service, http://ec.europa.eu/echo/files/civil_protection/civil/prote/pdfdocs/2008_ansfr_recommendations_en.pdf

Stahura, JM & Hollinger, RC 1988, 'A Routine Activities Approach to Suburban Arson Rates', *Sociological Spectrum*, vol. 8, pp. 349-69.

Stambaugh, M Guyette, R Stroh, Struckhoff, M & Whittier, J 2018, 'Future southcentral US wildfire probability due to climate change,' *Climatic Change*, vol. 147, pp. 617–631.

Stanley, J 2002, 'Preventing children & young people lighting bushfires in Australia', *Child Abuse Prevention Newsletter*, vol. 10, no. 2, NCPC, AIFS, Melbourne.

Stanley, J 2009, *Promoting social inclusion in adaptation to climate change: a discussion paper*, Commissioned by the Department of Sustainability and Environment, Victoria, unpublished report, Monash University, Victoria.

Stanley, J 2013, 'We know what starts fires; are we brave enough to prevent them?' *The Conversation*, https://theconversation.com/we-know-what-starts-fires-are-we-brave-enough-to-prevent-them-19323

Stanley, J 2015a, 'Social Resilience', paper for *Resilient urban communities: the new global imperative the future is now*, 2 de diciembre, conferencia anual de la Municipal Association of Victoria, Melbourne.

Stanley, J 2015b, *Comments on fire report for gondola*, mayo, Peninsula Preservation Group, informe sin publicar.

Stanley, J 2020, How a failure in social justice is leading to higher risks of bushfire events, In A. Lukasiewicz and C. Baldwin, (eds.), *Natural hazards and disaster justice: how Australia rises to the challenge of a disaster-laden future*, Palgrave Macmillan, Singapur.

Stanley, JR & Banks, M 2012, *Transport needs analysis for getting there and back: report for Transport Connections: Shires of Moyne and Corangamite*, junio, informe sin publicar.

Stanley, J Birrell, B Brain, P Carey, M Duffy, M Ferraro, S Fisher , Griggs, D Hall, A Kestin, T Macmillan, C Manning, I Martin, H Rapson, V Spence, M Stanley, C Steffen, W Symmons, M & Wright, W 2013, *What would a climate-adapted settlement look like in 2030? A case study of Inverloch and Sandy Point*, report for the National Climate Change Adaptation Research Facility, Gold Coast.

Stanley, JR & Goddard, CR 2002, *In the firing-line: violence and power in child protection work*. John Wiley & Sons, Chichester.

Stanley, JK, Hensher D, Stanley JR & Vella-Brodrick, D 2011, 'Mobility, social exclusion and well-being: exploring the links', *Transportation Research A*, vol. 45, no. 8, pp. 789-801.

Stanley, J & Kestin, T (eds.) 2010, *Advancing bushfire arson prevention in Australia*, Monash University and the Australian Institute of Criminology.

Stanley, J & Read, P 2013, Bushfire arson: prevention is the cure, *The Conversation*, 10 de enero, https://theconversation.com/bushfire-arson-prevention-is-the-cure-11506

Stanley, J & Read, P 2016, 'Current and future directions for the place of community in the prevention of bushfire arson', en R Doley, G Dickens & T Gannon (eds.), *The psychology of arson a practical guide to understanding and managing deliberate firesetters*, Psychology Press and Routledge Academic, Reino Unido.

Stanley, JK & Stanley, JR 2018, *The value of getting there: mobility for stronger Australian regions*, Policy Paper 10, Bus and Coach Industry, Canberra, ACT.

Stanley, JR Read, P & Willis, M 2016, The Gippsland Arson Prevention Program: a review, Melbourne Sustainable Society Institute, University of Melbourne and the Australian Institute of Criminology, Canberra, informe sin publicar.

Stanley, JK & Stanley, JR. & Hansen, R 2017, *How great cities happen: integrating people, land use and transport*, Edward Elgar, Reino Unido.

Statista 2019, Youth unemployment rate in EU member states as of May 2019 (ajustado por temporada), *Statista*, https://www.statista.com/statistics/266228/youth-unemployment-rate-in-eu-countries/

Steffen, W Alexander, D & Rice, M 2017, *Critical decade 2017: accelerating climate action*, Climate Council of Australia Ltd, Canberra.

Steffen, WK Richardson, Rockström, SE Cornell, et.al. 2015, 'Planetary boundaries: guiding human development on a changing planet', *Science*, vol. 347, no. 6223, pp. 736-748.

Steffen, W Rockström, J Richardson, K Lenton, T Folke, C Liverman, D Summerhayes, C Barnosky, A Cornell, S Crucifix, M Donges, J Fetzer, I Lade, S Scheffer, M Winkelmann, R & Schellnhuber, H 2018, 'Trajectories of the Earth

System on the Anthropocene', *Proceedings of the National Academy of Sciences, PNAS*, vol. 115, no. 8252-8259.

Steiner, A 2011, 'Foreword', *UNEP 2011: Towards a Green Economy: Pathways to Sustainable Development and Poverty Eradication*, United Nations Environment Program http://www.unep.org/greeneconomy/greecono myreport/tabid/29846/default.aspx

Stickle, TR & Blechman, EA 2002, 'Aggression and fire: antisocial behavior in firesetting and nonfiresetting juvenile offenders,' *Journal of Psychopathology and Behavioral Assessment*, vol. 24, no.3, pp. 177-193.

Stiglitz, J 2012, *The Price of inequality*, Allen Lane, New York.

Stopher, P & Stanley, J 2014, *Introduction to transport policy: a public policy view*, Edward Elgar, Cheltenham, Reino Unido.

Sukhdev, P 2012, *Corporation 2020: transforming business for tomorrow's world*, IslandPress, Washington.

Sullivan, H 2012, 'A Big Society needs and active state', *Policy & Politics*, vol. 40, no.1, pp. 145-148.

Summers, L Johnson, S & Rengert, G 2010, 'The use of maps in offender interviewing', in W Bernasco (ed.), *Offenders on offending*, pp. 246-272, Willan, Cullomption, Reino Unido.

Surette, R 2002, 'Self-reported copycat crime among a population of serious and violent juvenile offenders', *Crime and delinquency*, vol. 48, no.1, pp. 46–69.

Surette, R 2011, *Media, crime and criminal justice, images and realities*, (4th edition), Wadsworth, Belmont, CA.

Sweetlove, L 2011, 'Number of species on Earth tagged at 8.7 million', *Nature*, 23 de agosto, https://www.nature.com/news/2011/110823/full/news.2011.498.html

Syphard, A Radeloff, VC Keeley, JE Hawbaker, TJ Clayton, MK Stewart, SI & Hammer, RB 2007, 'Human influence on California fire regimes', *Ecological Applications*, vol. 17, pp. 1388–1402.

Taylor, J 2013, 'Pathological firesetting and adults with intellectual and developmental disabilities', paper presented at the *International Conference on the Care and Treatment of Offenders with ID*, Northumbria University, Newcastle, Reino Unido.

Teague, B McLeod, R & Pascoe, S 2010, *2009 Victorian Bushfires Royal Commission: Final Report: Summary*, julio, Government Printer, Victoria.

Tedim, F Leone, V Amraoui, M Bouillon, C Coughlan, M Delogu, G Fernandes, P Ferreira, C McCaffrey, S McGee, T Parente, J Paton, D Pereira, M Ribeiro, L Viegas, D & Xanthopoulos, G 2018, 'Defining extreme wildfire events: difficulties, challenges, and impacts', *Fire*, vol. 1, no. 9, https://www.mdpi.com/2571-6255/1/1/9/htm

Tedim, F Xanthopoulos G & Leone, V 2015, 'Forest fires in Europe: facts and challenges', In D. Paton (ed.), *Wildfire Hazards, Risks, and Disasters*, pp. 77-100, Elsevier, Oxford.

The British Psychological Society 2016, *The first comprehensive theory-based treatment of firesetting*, 26 de septiembre, https://www.bps.org.uk/news-and-policy/first-comprehensive-theory-based-treatment-firesetting

The Economist 2018a, 'In the line of fire: The world is losing the war against climate change', *The Economist*, 4-10 de agosto, p. 7.

The Economist 2018b, 'Burning out', *The Economist*, 17 de noviembre, p. 89.

The Economist 2018c, 'The new abnormal', November 17, *The Economist*, p.37-38.

The Guardian 2019, 'Indonesian forest fires putting 10 million children at risk, says UNICEF, *The Guardian*, 25 de septiembre, https://www.theguardian.com/world/2019/sep/25/indonesian-forest-fires-putting-10-million-children-at-risk-says-unicef

The Prince's Rainforest Project 2009, Rainforests: the burning issue, *The Ecologist*, https://theecologist.org/2009/nov/09/princes-rainforests-project-keeping-forests-standing

The Royal Australian & New Zealand College of Psychiatrists 2019, *Suicide reporting in the media*, March, https://www.ranzcp.org/news-policy/policy-and-advocacy/position-statements/suicide-reporting-in-the-media

Thomas, D Butry, D & Prestemon, J 2012, 'Social disorder, accidents and municipal wildfires, Reframing shared responsibility in Australian disaster policy', *Proceedings of 3rd Human Dimensions of Wildland Fire*, 17-19 de abril, Seattle, Washington, EE.UU.

Thornton, J 2002, *Environmental impacts of Polyvinyl Chloride (PVC) building materials, a briefing paper for the Healthy Building Network*, http://mts.sustainableproducts.com/SMaRT/ThorntonRevised.pdf

Tidey, A (2019) 'Bolivia, like neighbour Brazil, battles intense wildfires that have so far burnt 500,000 hectares', *Euronews*, August, https://www.euronews.com/2019/08/22/bolivia-like-neighbour-brazil-battles-intense-wildfires-that-have-so-far-burnt-500-000-hec

Tomison, A 2010, 'Bushfire arson: setting the scene', in J Stanley & T Kestin, (eds.), *Advancing bushfire arson prevention in Australia*, Report from Collaborating for change: Advancing bushfire arson prevention in Australia symposium, Melbourne 25-26 de marzo.

Townsley, M & Sudebottom, A 2010, 'All offenders are equal, but some are more equal than others: variation in journeys to crime between offenders', *Criminology*, vol. 48, pp. 897-917.

Trutnevyte, E Stauffacher, M & Scholz, R 2012, 'Linking stakeholder visions with resource allocation', *Environmental Science & Technology*, vol. 46, pp. 9240-9248.

Turco, M Rosa-Cánovas, J Bedia, J Jerez, S Montávez, J Llassat, M & Provenzale, A 2018, 'Exacerbated fires in Mediterranean Europe due to anthropogenic warming projected with non-stationary climate-fire models, *Nature Communications*, vol. 9, pp. 3821,

Turkewitz, J 2019, 'The Amazon Is on Fire. So Is Central Africa', *The New York Times*, 27 de agosto, https://www.nytimes.com/2019/08/27/world/africa/congo-angola-rainforest-fires.html

Twenge, J & Baumeister, R 2005, 'Social exclusion increases aggression and self-defeating behavior while reducing intelligent thought and prosocial behaviour', in D Abrams, M Hogg & J Marques, (eds.), *The social psychology of inclusion and exclusion*, pp. 27-46, Psychology Press, NY.

Tyler, N Gannon, TA Ciardha, CO Ogloff, JR & Stadolnik, R (in press), 'Deliberate firesetting: an international public health issue', *The Lancet Public Health*.

Tyler, N Gannon, TA Dickens, GL & Lockerbie, L 2015, 'Characteristics that predict firesetting in male and female mentally disordered offenders', *Psychology, Crime and Law*, *https://www.tandfonline.com/doi/abs/10.1080/ 1068316X.2015.1054382*

Tyler, N Gannon, TA Lockerbie, L King, T Dickens, GL & De Burca, C 2014, 'A firesetting offense chain for mentally disordered offenders', *Criminal Justice and Behavior*, vol. 41. No. 4, pp. 512–530.

UNEP (United Nations Environment Program) 2011, Towards a green economy: pathways to sustainable development and poverty eradication, Prólogo de Steiner, A.

UNEP (United Nations Environment Programme) 2012, *The Emissions Gap Report* http://www.unep.org/publications/ebooks/emissionsgapreport/pdf s/EMISSIONS_GAP_TECHNICAL_SUMMARY.pdf

UNISDR (United Nations Office for Disaster Risk Reduction) 2015, *Sendai framework for disaster risk reduction 2015 – 2030*, http://www.uni sdr.org/ files/43291_sendaiframeworkfordrren.pdf

United Nations Department of Economic and Social Affairs 2017, *2017 world population prospects 2017*, Department of Economic and Social Affairs of the United Nations Secretariat, Population Division, https://population.un. org/wpp/

United Press International 2006, 'Africa leads globe in forest fires', *Phys.org*, April 2, https://phys.org/news/2006-04-africa-globe-forest.html

US Department of Agriculture 2015, *Forest service report: rising firefighting costs raises alarms*, Washington, 5 de agosto, https://www.usda.gov/media/press-releases/2015/08/05/forest-service-report-rising-firefighting-costs-raises-ala

US Department of Agriculture 2019, *Cost of fire operations*, https://www.fs.fed. us/about-agency/budget-performance/cost-fire-operations

US Department of the Interior 2018, *New analysis shows 2018 California wildfires emitted as much carbon dioxide as an entire year's worth of electricity*, 30 de noviembre, https://www.doi.gov/pressreleases/new-analysis -shows-2018-california-wildfires-emitted-much-carbon-dioxide-entire-years

US Fire Administration 2004, Fire in the United States 1992–2001, octubre, https://www.usfa.fema.gov/downloads/pdf/publications/fa-286.pdf

US Fire Administration 2014, Vehicle arson — a combustible crime, mayo, https://www.usfa.fema.gov/downloads/pdf/arson/aaw14_media_kit.pdf

US Forest Fire Services 2019, *Military partners*, https://www.fs.fed.us/managing -land/fire/partners/military

US National Park Service 2017, *Wildland fire ecology resource brief wildland fire and ecosystems*, 5 de octubre, https://www.nps.gov/articles/wildland-fire-ecosystems.htm

Van de Velde, DM 1999, 'Organisational forms and entrepreneurship in public transport, *Transport Policy*, vol. 6, pp. 147-157.

Van Dijk, A 2019, 'Australia's 2018 environmental scorecard: a dreadful year that demands action', *The Conversation*, 4 de abril, https://theconversation.com/ australias-2018-environmental-scorecard-a-dreadful-year-that-demands-action-114760

Victorian Bushfires Royal Commission 2009, *Fire preparation: response and recovery*, http://royalcommission.vic.gov.au/Commission-Reports/Final-Report/Volume-2/Print-Friendly-Version.html

Victorian Bushfires Royal Commission 2010, *Final report*, julio, Parlamento de Victoria, Melbourne.

Victorian Bushfires Royal Commission Implementation Monitor 2012, *Bushfires Royal Commission implementation monitor: final report*. Melbourne: Government Printer for the State of Victoria.

Victorian Department of Sustainability and Environment 2009, *Advisory List of Threatened Invertebrate Fauna in Victoria – 2009*, Department of Sustainability and Environment, East Melbourne, Victoria.

Victorian Government 2015, *Safer together: a new approach to reducing the risk of bushfire in Victoria*, Melbourne, Gobierno de Victoria.

Virkkunen, M de Jong, J, Bartko, JJ Goodwin, FK & Linnoila, M 1989, 'Relationship of psychobiological variables to recidivism in violent offenders and impulsive fire setters: a follow-up study', *Archives of General Psychiatry*, vol. 46, no. 7, pp. 600-603.

Virkkunen, M Nuutila, A Goodwin, FK & Linnoila, M 1987, 'Cerebrospinal fluid monoamine metabolite levels in male arsonists', *Archives of General Psychiatry*, vol. 46, pp. 600-603.

Vreeland, R & Levin, B 1980, 'Fires and human behaviour' in D Canter (ed.), *Psychological aspects of firesetting*, pp. 31–46, Wiley, Chichester, England.

Wachi, T Watanabe, K Yokota, K Suzuki, M Hoshino, M Sato, A & Fujita, G 2007, 'Offender and crime characteristics of female serial arsonists in Japan,' *Journal of Investigative Psychology and Offender Profiling*, vol. 4, pp. 29-52.

Wang, Y & Anderson, K 2010, 'An evaluation of spatial and temporal patterns of lightning- and human-caused forest fires in Alberta, Canada, 1980-2007', *International Journal of Wildland Fire*, vol. 19, pp. 1059-1072.

Ward Thompson, C 2011, 'Linking landscape and health: the recurring theme', *Landscape and Urban Planning*, vol. 99, no. 3, pp. 187-195.

Watt, BD Geritz, K Hasan, T Harden, S & Doley, R 2015, 'Prevalence and correlates of firesetting behaviours among offending and non-offending youth', *Legal and Criminological Psychology*, vol. 20, pp. 19-36.

Watson, R & Albon, S 2011, *UK National Ecosystem Assessment: Synthesis of the Key Findings*, UNEP-WCMC, Cambridge.

Weatherburn, D 2001, 'What causes crime?' *Crime and Justice Bulletin: contemporary issues in crime and justice*, no. 54, febrero, https://www.bocsar.nsw.gov.au/Documents/CJB/cjb54.pdf

Weinhold, R 2011, 'Fields and forests in flames: vegetation smoke & human health', *Environmental Health Perspectives*, vol. 119, no. 9, septiembre, https://ehp.niehs.nih.gov/doi/pdf/10.1289/ehp.119-a386

Weitzman, ML 2010, *GHG targets as insurance against catastrophic climate damages*, 3 de junio, Department of Economics, Harvard University, https://scholar.harvard.edu/files/weitzman/files/ghgtargetsinsuranceagainst.pdf

Weitzman, ML 2012, 'GHG targes as insurance against catastrophic climate damages', *Journal of Public Economic Theory*, vol. 14, no. 2, pp. 221-244.

Wentz, J 2018, 'Six important points about the "affordable clean energy rule"', *State of the Planet*, 22 de agosto, Sabin Centre for Climate Change Law, Earth Institute, Columbia University, https://blogs.ei.columbia.edu/2018/08/22/affordable-clean-energy-rule/

Westerling, A 2016, 'Increasing Western US forest wildfire activity: sensitivity to changes in the timing of spring', *Philosophical Transactions B*, vol. 371, pp. 1-10.

Western Australia (undated) *Understanding bushfire: trends in deliberate vegetation fires in Australia*, https://aic.gov.au/sites/default/files/publications/tbp/downloads/tbp027_05_wa.pdf

Westley, F & Antadze, N 2010, 'Making a difference: strategies for scaling social innovation for greater impact. *Innovation Journal: The Public Sector Innovation Journal*, vol. 15, no. 2, pp. 1–19.

Whiteford, P 2019, 'Future budgets are going to have to spend more on welfare, which is fine. It's spending on us', 7 de marzo, *The Conversation*, https://theconversation.com/future-budgets-are-going-to-have-to-spend-more-on-welfare-which-is-fine-its-spending-on-us-111498

Wilkinson, R & Pickett, K 2009, *The spirit level: why more equal societies almost always do better*, Allen Lane, Londres.

Williams, LT 2011, 'The worst bushfires in Australia's history', *Australian Geographic*, 3 de noviembre, https://www.australiangeographic.com.au/topics/science-environment/2011/11/the-worst-bushfires-in-australias-history/

Williams, D 2013, *Understanding the arsonist: from assessment to confession*, Lawyers & Judges Publishing, EE:UU.

Williams, A Abatzoglou, J Gershunov, A Guzman-Morales, J Bishop, D Balch, J & Lettenmaier, D 2019, 'Observed impacts of Anthropogenic Climate Change on wildfire in California', *Earth's Future*, vol. 7, no. 8, pp. 892-910.

Williams, J & Hyde, A 2009, 'The mega-fire phenomenon: observations from a course-scale assessment with implications for foresters, land managers, and policy makers', *Proceedings from the Society of American Foresters 89th National Convention*, Orlando, FL 30 de septiembre a 4 de octubre, 2009.

Willis, M 2004, *Bushfire arson: a review of the literature*, Research and public policy series no. 61, Australian Institute of Criminology, Canberra, http://www.aic.gov.au/publications/current series/rpp/61-80/rpp61.html

Wilpert, J van Horn, J & Eisenberg, M 2015, Arsonists and violent offenders compared: two peas in a pod? *International Journal of Offender Therapy and Comparative Criminology*, vol. 61, no. 12, pp. 1354-1368.

Wilson, J & Kelling, G 1982, 'The police and neighbourhood safety: Broken windows', *Atlantic Monthly*, vol. 249, no. 3, pp. 29-34.

deWine, M 2013, *Ohio arson registry activated*. 1 de junio. http://www.ohio attorneygeneral.gov/Media/News-Releases/July-2013/Ohio-Arson-Registry-Activated

Wines, G Graham, M Scarborough, H Stanley, J & Wallis, A 2014, *Evaluation of Horizon 21's ConnectU social enterprise (Warrnambool and Surrounding Districts): Final monograph*, informe sin publicar, Monash University y Deakin University, Victoria.

Woods, R 2011, 'Opinion: Co-operative wildfire arson investigation: a new approach', *The Australian Journal of Emergency Management*, vol. 26, no. 2, pp. 11-14.

World Economic Forum 2019, *The global risks report 2019*, (14[ava] edición), World Economic Forum, Davos.

World Commission on Environment and Development 1987, *Brundtland report our common future*, United Nations, Oxford University Press, Reino Unido.

World Meteorological Organization 2018, *WMO confirms past 4 years were warmest on record*, https://public.wmo.int/en/media/press-release/wmo-confirms-past-4-years-were-warmest-record

World Weather Attribution 2018, *Heatwave in Northern Europe, summer 2018*, 28 de julio, author, https://www.worldweatherattribution.org/attribution-of-the-2018-heat-in-northern-europe/

Wright, R 2004, *A short history of progress*, The Text Publishing Company, Victoria.

WWF (World Wildlife Fund) 2018, *Living planet report 2018*, https://www.worldwildlife.org/pages/living-planet-report-2018

Yocom, L Jennes, J Fulé, P & Thode, A 2019, 'Previous fires and roads limit wildfire growth in Arizona and New Mexico, USA, *Forest Ecology and Management*, vol. 449, no. 117440.

Yuen, E Jovicich, S & Preston, B 2013, Climate change vulnerability assessments as catalysts for social learning: four case studies in south-eastern Australia, *Mitigation and Adaptation Strategies for Global Change*, vol. 18, pp. 567-590.

Zhang, S 2014, 'World's oldest underground fire has been burning for 6000 years in Australia', *Gizmodo*, 11 de marzo, https://www.gizmodo.com.au/2014/03/the-worlds-oldest-underground-fire-has-been-burning-for-6000-years/

Zukerman, W 2011, 'Mixed response to climate change on Australia's coasts', *New Scientist*, 31 de marzo, https://www.newscientist.com/article/dn20321-mixed-response-to-climate-change-on-australias-coasts/

Zylstra, P 2016, 'New modelling on bushfires shows how they really burn through an area', *The Conversation*, 22 de agosto, https://theconversation.com/new-modelling-on-bushfires-shows-how-they-really-burn-through-an-area-63943

Zylstra, P 2017, 'Forests, not fuels', paper presented at *Bushfires: balancing the risks* conference, July, Canberra, ACT, http://www.serca.org.au/research/2017/zylstra.pdf

Zylstra, P 2018, 'Flammability dynamics in the Australian Alps', *Austral. Ecology*, vol. 43, pp. 578-591.

Índice de términos

www.ingramcontent.com/pod-product-compliance
Lightning Source LLC
Chambersburg PA
CBHW060141280326
41932CB00012B/1595